Los 5 Patrones de Personalidad

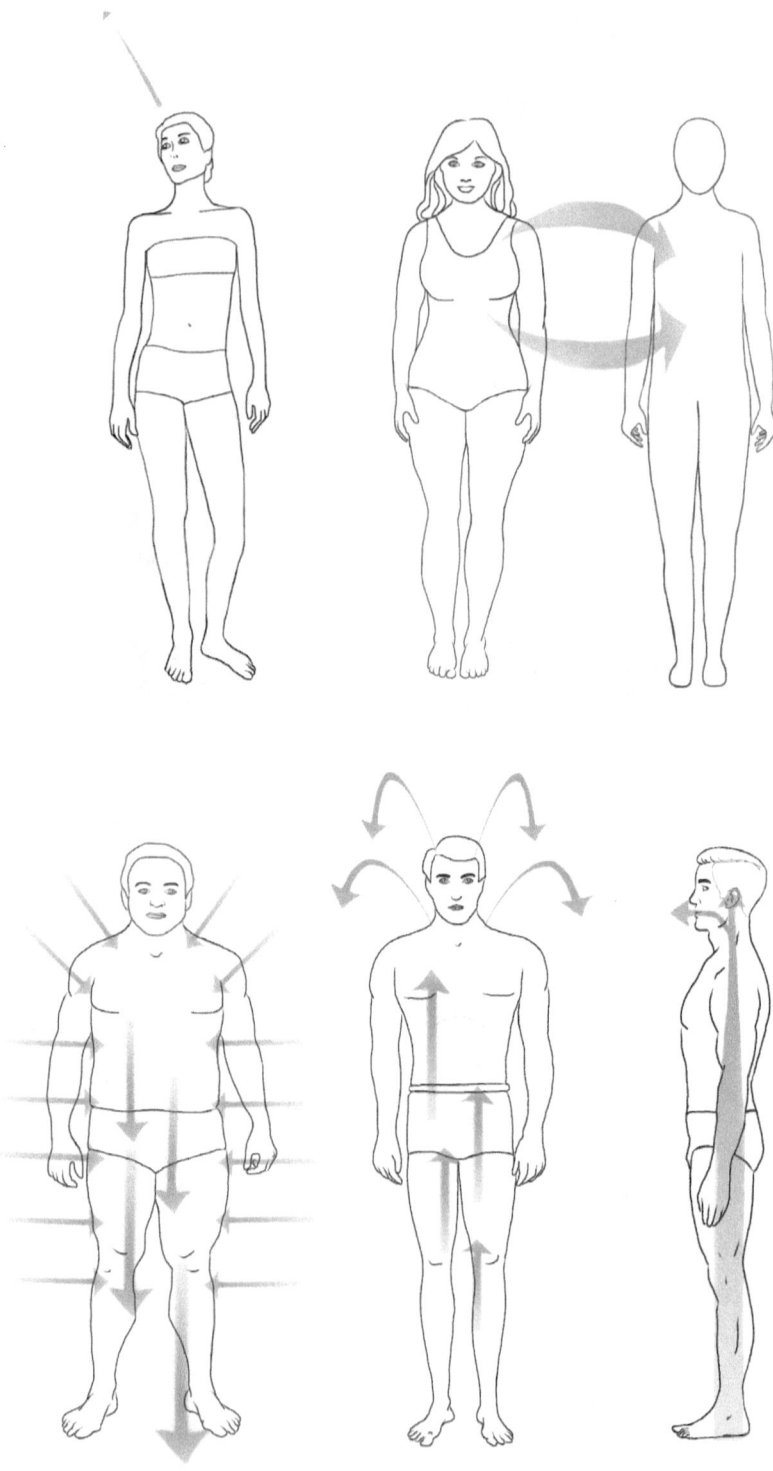

Los 5 Patrones de Personalidad

Tu guía para comprenderte a ti mismo y a los otros y desarrollar madurez emocional

STEVEN KESSLER

BODHI TREE PRESS

Publicado por Bodhi Tree Press
Richmond, California
www.BodhiTreePress.com

Edición de Jordan Gruber
Ilustraciones de Christine Chrisman
christinechrisman.com

ISBN: 978-1-961678-02-6

Si desea información sobre conferencias,
talleres y cursos sobre los patrones, visite
www.The5PersonalityPatterns.com
o póngase en contacto con el autor en
info@The5PersonalityPatterns.com.

Tu experiencia de la vida
está determinada
principalmente por
tus hábitos de atención y
el patrón de flujo de
tu energía vital.

– *Steven Kessler*

Contenido

Agradecimientos

En primer lugar, quiero dar las gracias profundamente a Lynda Caesara, que me presentó por primera vez la estructura de caracteres y ha sido mi principal maestra al respecto durante más de diez años. Gran parte del material de este libro procede de sus enseñanzas, complementadas con mis propias observaciones y reflexiones. También me he basado en los escritos de Wilhelm Reich, Alexander Lowen, John C. Pierrakos, Stephen M. Johnson, Barbara Brennan y Anodea Judith.

Mis clientes y mis compañeros de estudios han dado cuerpo a las enseñanzas proporcionando cientos de ejemplos de la vida real de los patrones de supervivencia en acción. Han sido una fuente continua de información e inspiración, y quiero darles las gracias a todos y cada uno de ellos. Doy las gracias especialmente a toda la comunidad de estudiantes de los patrones de supervivencia por sus años de sugerencias, comentarios y extraordinario apoyo a este proyecto, que ha pasado gradualmente de ser un primer borrador a convertirse en un libro terminado.

También quiero dar las gracias a Anodea Judith, que fue la primera que me invitó a enseñar los patrones de estructura de caracteres y me ha ofrecido su ayuda y apoyo durante el proceso de publicación.

La creación de este libro me ha llevado casi diez años y se ha convertido para mí en un acto de amor. Por su edición iterativa, quiero dar las gracias a Jordan Gruber. Y por sus meses dedicados a ayudarme a encontrar formas de ilustrar los flujos de energía y las formas corporales típicas de cada patrón, doy las gracias a Christine Chrisman. Por su trabajo en los diagramas, gracias a Jane Chamberlain. Por la corrección, a Sally Boden O'Sullivan. Por último, quiero dar las gracias a Camille Clark, que fue la primera que me convenció para iniciar este proyecto.

Por su ayuda en la edición de la traducción al español, me gustaría dar las gracias a Raquel Morales desde España. También me gustaría dar las gracias a Antoine Gut Derby, Manel Casanova, Cynthia Luna, Fernanda Lodeiro, Alexander Palau y a los muchos lectores entusiastas de la versión inglesa en todo el mundo que pidieron una versión en español. Sin su ayuda y aliento, este proyecto no habría sido posible.

Introducción

Gran parte de nuestro sufrimiento humano no es necesario. Está creado por patrones malsanos de formas de sentir y actuar que nos ayudaron a sobrevivir a los traumas de la infancia, pero que luego se quedaron atascados en nuestro cuerpo. Estos patrones nos han moldeado tan profundamente que ahora pensamos que eso es lo que somos. Pero estos patrones no son nuestro verdadero yo. De hecho, ocultan nuestro verdadero yo e impiden que brille en el mundo.

Afortunadamente, existe un mapa de estos patrones de supervivencia, un mapa que nos muestra cómo nos quedamos atascados y cómo podemos liberarnos y volver a estar presentes en el momento. Este libro traza ese mapa y te muestra el camino para salir de tu sufrimiento y volver a tu verdadero yo. El viaje interior sigue requiriendo tiempo y esfuerzo, pero una vez que sepas adónde vas, te resultará mucho más fácil. Sin un mapa, puede que hayas estado años caminando en círculos. Con un mapa, puedes encontrar el camino a casa.

La naturaleza de este mapa

Otros mapas de la personalidad, como el Eneagrama y el Indicador de Tipo Myers-Briggs, describen una serie de "tipos" y luego se refieren a las personas *como* un tipo, por ejemplo, llamándolas un "Cuatro" o un "Nueve" o un "ENTJ". Este mapa es fundamentalmente diferente: no describe quién eres, sino que describe las estrategias de seguridad a las que recurres automáticamente cuando empiezas a sentirte abrumado. No se trata de un conjunto de tipos, sino de un conjunto de patrones de supervivencia que salen a la luz para evitar que sientas directamente la angustia. Por lo tanto, este mapa no describe *quién* eres, sino lo que *oculta* quién eres. No sólo se centra en los patrones en los que entras, sino también en la diferencia entre estar "en el patrón" y estar "presente", y en aprender a salir del patrón y volver a estar presente. Cuando aprendes por primera vez los cinco patrones de supervivencia y descubres en cuáles entras, es fácil olvidar esta diferencia. Para resaltarla, en este libro me refiero a las personas *que entran en* un patrón, que están *en* un patrón o que siguen un patrón, pero nunca digo que ellas *sean* el patrón.

1

Otra diferencia importante entre este mapa y la mayoría de los demás mapas de la personalidad es que los patrones de supervivencia no se basan en lo que ocurre en la superficie, en lo que la gente dice y hace. Por el contrario, se basan en lo que ocurre en el interior, en cómo la corriente de energía vital y la conciencia se mueven habitualmente por el cuerpo, especialmente en momentos de angustia. Los cinco patrones de supervivencia descritos aquí surgen de cinco formas diferentes en las que el flujo de energía a través del cuerpo puede moldearse en un intento de hacer frente a la angustia. El flujo habitual puede ser:

- alejarse de otros

- acercarse a los otros

- meterse para adentro y hacia abajo

- subir hacia arriba y hacia fuera

- estar constreñido

Estos patrones de flujo de energía influyen en la forma en que una persona percibe el mundo y, por tanto, en lo que experimenta, piensa y siente. También influyen en su comportamiento, sobre todo cuando recibe demasiada energía y se siente abrumado. Estos patrones de flujo de energía son tan fundamentales que incluso moldean el cuerpo a medida que crece. Pero los patrones de supervivencia no se basan en la forma del cuerpo ni en las emociones o el comportamiento. Se basan en cómo fluye la energía por el cuerpo.

Este libro intenta darte una idea de cómo se siente cada patrón de supervivencia desde dentro, para que puedas comprender a los demás con mayor profundidad. Te abrirá una ventana a su mundo, te permitirá comprender cómo se sienten ellos mismos y te ayudará a comunicarte con ellos con más éxito. También te abrirá una ventana a tu propio mundo interior. A medida que desarrolles una relación contigo mismo que funcione mejor, empezarás a deshacerte del control que tus patrones ejercen sobre ti y te resultará más fácil volver a estar presente.

Los orígenes del mapa

El mapa de los patrones de supervivencia forma parte de un corpus de trabajo más amplio. Comienza con Wilhelm Reich, un alumno aventajado de Sigmund Freud que empezó su carrera como psicoanalista freudiano. Durante la década de 1920, Reich observó que sus pacientes mostraban patrones compartidos de "resistencias de carácter". Llamó a estos patrones "estructuras de carácter". Con el tiempo, al centrarse en comprender las estructuras de carácter de sus pacientes, el método terapéutico de Reich cambió tanto que empezó a llamarlo "análisis del carácter" para distinguirlo del psicoanálisis de Freud.

Reich también se dio cuenta de que estas estructuras de carácter se mantenían dentro de patrones de tensión muscular crónica en el cuerpo, y empezó a buscar formas de aflojar la coraza muscular de sus pacientes. Con el tiempo, descubrió que a medida que se relajaba su armadura muscular, su energía vital fluía más libremente a través de sus cuerpos. Esto le llevó a descubrir en 1935 el reflejo del orgasmo, lo que le hizo cambiar el enfoque de su terapia de las resistencias del carácter al propio cuerpo[1] y cambiar el nombre de su método a "vegetoterapia". Este nombre resultó desafortunado, ya que si bien era acertado en alemán, resultaba confuso cuando se traducía al inglés. En 1939, Reich acuñó el término "orgón" para la energía vital que fluye por el cuerpo y empezó a llamar a su método "terapia orgónica".

Alexander Lowen, uno de los primeros alumnos de Reich, defendió el concepto de estructura de carácter de Reich y su forma de trabajar basada en el cuerpo, y desarrolló aún más las ideas y métodos de Reich en una forma de terapia que denominó "Bioenergética". Otro alumno de Reich, John Pierrakos, colaboró primero con Lowen en el desarrollo de la Bioenergética. Más tarde, añadió más conciencia de la dimensión espiritual para crear su propia forma de terapia, a la que llamó "Core Energetics." Otros estudiantes, que se mantuvieron más próximos a las enseñanzas de Reich, se autodenominaron "neoreichianos". Muchas ramas crecieron a partir de estas raíces, dando lugar a las contribuciones más recientes de Barbara Brennan, Stephen M. Johnson y Anodea Judith, entre otros.

Los nombres de los patrones de supervivencia

Los nombres utilizados para los patrones han ido evolucionando con el tiempo, a medida que diversos autores intentaban aclarar los patrones y encontrar nombres más útiles para ellos. Dado que Reich los percibió inicialmente como patrones de resistencia, los denominó según las patologías psicológicas asociadas, utilizando términos freudianos como "esquizofrénico", "femenino pasivo", "histérico", "compulsivo", "masoquista" y "fálico-narcisista".

Cuando Alexander Lowen amplió el trabajo de Reich, definió cinco patrones claros y cambió el nombre de la mayoría de ellos, pero siguió utilizando términos freudianos derivados de su patología, llamándolos "esquizoide", "oral", "masoquista", "psicópata" y "rígido". En su libro, *Core Energetics*, John Pierrakos mantuvo los cinco patrones de estructura de carácter de Lowen, pero rebautizó el patrón de psicópata como "agresivo".

Algunos autores más recientes han intentado alejarse de los términos basados en la patología de Lowen renombrando los patrones por sus talentos y habilidades asociados, dándoles nombres como "Creativo", "Amante", "Comunicador", "Inspirador", "Líder carismático", "Industrioso" y "Conseguidor". Sin embargo, estos nombres implican que los patrones son algo a lo que aspirar, en lugar de lugares en los que nos hemos atascado. También desvían nuestra atención del hecho de que los patrones son creados y definidos por estrategias de seguridad, no por las habilidades y talentos necesarios para hacer que cada patrón funcione.

Para este libro, he utilizado nombres que destacan lo que *hace* cada patrón – su estrategia de seguridad – sin añadir un sesgo positivo o negativo. De ahí que haya llamado a los patrones: "Escapar", "Fusionarse", "Soportar", "Agresivo" y "Rígido". Al utilizar nombres que resaltan la estrategia de seguridad de cada patrón, también hago hincapié en el hecho de que un patrón es algo que una persona *hace* para protegerse cuando está en distrés, no algo que *es*.

Ver en qué patrones te quedas atrapado

Mientras lees este libro, puede que reconozcas en qué patrones caes. Puede que tengas revelaciones y te veas a ti mismo con más claridad. Espero que así sea. Cuando intentes averiguar qué patrones de supervivencia sigues, fíjate sobre todo en cómo actúas cuando estás alterado y abrumado. Es entonces cuando tus estrategias de seguridad son más evidentes. También puedes pedir a tus familiares y amigos que te digan cómo te comportas cuando estás alterado o agobiado. Sin embargo, no pierdas de vista que tus patrones son estrategias de seguridad: no son lo que eres ni tu esencia. Impiden que tu esencia brille y se manifieste como presencia. Trataremos este tema con más detalle en el capítulo 2.

Tus patrones de supervivencia tampoco son una forma de justificar tu comportamiento. Identificarlos te ayudará a entender qué hay detrás de tu comportamiento y cómo cambiarlo, pero no son una excusa para maltratar a nadie, ni siquiera a ti mismo. A veces sugiero a los clientes que se dejen guiar por esta instrucción: "Trátate a ti mismo al menos tan bien como has tratado a tu ser más querido".

Del mismo modo, comprender los patrones de supervivencia de otra persona te ayudará a entender qué hay detrás de su comportamiento, pero no te obliga a aceptar que te maltraten. Puede que sientas compasión por ellos y quieras ayudarles a sentirse más seguros, pero sigues teniendo que protegerte y mantenerte a salvo. Controlar su comportamiento es su responsabilidad, no la tuya. Estar molesto no da permiso para maltratar a nadie.

Espero que este libro te ayude a aprender a reconocer cuándo has entrado en un patrón, a tomar medidas para salir del patrón y a volver a estar presente. Espero que también te ayude a entender a los demás y a interactuar con ellos con más habilidad.

Ver en qué patrones se quedan atrapados los demás

Sin embargo, si se aplican mal, tus nuevos conocimientos sobre los patrones de supervivencia pueden utilizarse como arma contra quienes te rodean, incluidos tus seres queridos. A medida que leas este libro, probablemente reconocerás qué patrones de supervivencia siguen tus amigos y familiares, y sentirás la tentación de convertir tus comprensiones en acusaciones, como *"¡Qué rígido eres!"* o *"¡Te largas sin más!"*. Te aconsejo que no impongas tus percepciones a los demás ni los encasilles de esta manera. Si etiquetas a las personas, se sentirán juzgadas y no les gustará la idea de que tu nueva comprensión te de poder sobre ellas.

En lugar de eso, utiliza tu nueva comprensión para ver sus necesidades y miedos con más claridad e interactuar con ellos con más habilidad. Utilízalo para salir de tus patrones de reacción y poder tratarles de un modo más amable y compasivo. En lugar de expresar tus descubrimientos con palabras, intenta expresarlos con nuevos comportamientos que funcionen mejor tanto para la otra persona como para ti.

Cuando hables de tus descubrimientos, en lugar de decir a los demás lo que has descubierto sobre ellos, diles lo que has descubierto sobre *ti mismo* y cómo te ha ayudado. Si parecen interesados, dales este libro e invítales a explorarlo contigo.

Utiliza tus nuevos conocimientos para actuar de forma más hábil y cariñosa contigo mismo y con los demás. No lo utilices para juzgar a los demás ni a ti mismo, ni para justificar tus propios patrones de conducta poco saludables. Y no lo uses para atacar a otros por estar atascados en sus patrones, o a ti mismo por estar atascado en los tuyos. Todos lo hacemos lo mejor que podemos.

Cómo utilizar este libro

Este libro consta de tres partes principales. En la primera, se presenta la idea de los patrones de supervivencia en general, se exponen las etapas de desarrollo que subyacen a los patrones, se ofrece una breve visión general de los propios patrones y se concluye con un análisis de las habilidades necesarias para cualquier trabajo interior. La parte central comienza con un gráfico que ayuda a comparar los cinco patrones entre sí y, a continuación, lo amplía con cinco grandes capítulos, uno dedicado a cada patrón de supervivencia. La última parte del libro explica cómo los patrones interactúan entre sí dentro de una persona y explica cómo salir del patrón y volver a estar presente.

No esperes ser capaz de captar todos los matices de este mapa sin dedicar algo de tiempo a estudiarlo. A medida que leas sobre los patrones de supervivencia, procura observar tanto el panorama general como la forma en que las piezas individuales encajan para formarlo. La mayoría de la gente necesita repasar el material varias veces para lograrlo. Para ayudarte, este libro presenta el mapa tres veces, empezando con una versión sencilla y proporcionando gradualmente cada vez más detalles. En primer lugar, traza los contornos del mapa ofreciéndote un breve resumen de los cinco patrones y de cómo se crean. A continuación, presenta un gráfico que muestra cómo se relacionan los cinco patrones. Si se lee verticalmente por el gráfico, se obtendrán muchos detalles sobre cada patrón de supervivencia, mientras que si se lee horizontalmente a lo ancho del gráfico, se podrá comparar cada patrón con los demás. Por último, el libro completa el mapa describiendo detalladamente cada patrón.

Puede que tengas la tentación de ir directamente a los capítulos que describen los patrones con los que resuenas para aprender sobre ti mismo. Esto está bien como punto de partida, pero no lo confundas con aprender el mapa general. Si aún no tienes el mapa general en tu mente, no podrás ver cómo tus propios patrones encajan en el panorama general, y no tendrás dónde poner los detalles que estás aprendiendo. Así que, después de leer sobre ti mismo, te insto a que vuelvas al principio y leas el resto del libro. Al final, te sugiero que releas también los capítulos sobre tus patrones para ayudarte a captar cualquier detalle que hayas pasado por alto la primera vez. O, si puedes aguantar la espera, la forma más eficaz de componer el mapa y desarrollarlo es leer los capítulos en orden.

En las páginas siguientes encontrarás una lista de los principios en los que se basa este mapa de la personalidad. Allí se expone la esencia de todo el libro, por lo que una lectura atenta de las páginas siguientes te ayudará a asimilar el resto del libro con mucha más facilidad.

Principios

Estos son los principios en los que se basa el mapa de los patrones de supervivencia. Aquí se expone el meollo de cómo se forman los patrones de supervivencia y cómo se puede volver a la presencia.

Nuestro estado natural es simplemente estar presentes. En este estado estamos relajados y satisfechos.

Cuando nuestro cuerpo y nuestro sistema nervioso reciben demasiada energía, nos sentimos abrumados. Si se nos tranquiliza, descargamos la energía, nos relajamos y volvemos simplemente a estar presentes.

Si cuando somos niños no se nos tranquiliza, sino que nos quedamos con sentimientos abrumadores, empezamos a construir una defensa contra esos sentimientos. La defensa nos protege de experimentar directamente nuestra abrumación.

De niños, probablemente probamos varias estrategias de defensa. Y nos quedamos con las que mejor nos ayudan a resolver los problemas a los que nos enfrentamos.

Si utilizamos una determinada estrategia de defensa con la suficiente frecuencia, se convierte en un hábito y luego en un patrón de supervivencia.

Todos los patrones de supervivencia surgen de la sensación de inseguridad y todos son intentos de crear algún tipo de seguridad para nosotros mismos.

Construimos nuestras estrategias de seguridad a partir de nuestros talentos y habilidades. Todos los patrones de supervivencia se basan en habilidades, ya que el éxito en el uso de cualquier patrón depende de tener las habilidades necesarias para hacerlo funcionar.

Cada uno de nosotros suele establecer un patrón de supervivencia primario y un patrón de reserva. Algunos tenemos dos patrones de reserva.

Entonces construimos nuestro sentido del yo en torno a esos patrones. Esto crea un falso yo y nos hace perder el contacto con nuestro verdadero yo, que es presencia.

Estar en un patrón de supervivencia afecta a nuestras percepciones sensoriales, a nuestra experiencia y al significado que asignamos a nuestra experiencia, de forma que se valida y refuerza el patrón de supervivencia. Por eso, nuestras experiencias, creencias, identidades y patrones de supervivencia se convierten en un sistema que se refuerza a sí mismo.

Podemos permanecer en un patrón de supervivencia casi todo el tiempo, con él funcionando silenciosamente en segundo plano o funcionando ruidosamente en primer plano. Esto constituye gran parte de nuestra personalidad.

Nuestro falso yo y nuestros patrones de supervivencia determinan inconscientemente muchas de nuestras elecciones en cuanto a intereses, amigos, parejas, carrera, etc.

Podemos aprender a reconocer cuándo estamos atrapados en un patrón de supervivencia y adquirir las habilidades necesarias para salir de ese patrón y volver a estar presentes.

Cuanto más presentes estamos, menos útil y atractivo nos parece el patrón. Nuestra identidad empieza a cambiar del patrón a la presencia.

Como adultos, podemos hacer prácticas espirituales para reconectar con la presencia como nuestro verdadero yo, pero hasta que no sanemos los traumas centrales en nuestro cuerpo que alimentan nuestros patrones de supervivencia, seguiremos cayendo en nuestros patrones cuando estemos abrumados.

Una experiencia sanadora que disuelva el trauma central que creó un patrón de supervivencia puede "romper" el patrón. Una vez roto, el patrón de supervivencia pierde gran parte de su irresistible fuerza emocional.

Puesto que utilizar cualquiera de los patrones requiere practicar ciertas habilidades una y otra vez, cada patrón fomenta su propio conjunto particular de dones.

- 1 -

Nuestros ojos nos engañan

NUESTROS OJOS NOS ENGAÑAN. CADA día, cada momento, miramos al mundo y creemos que lo que vemos es el mundo entero, el único mundo, el mundo que ven los demás. Pero nos equivocamos.

El mundo que vemos es una versión filtrada y distorsionada del mundo real. Algunas partes de la imagen han sido desplazadas al primer plano, enfocadas con claridad y colores vivos, mientras que otras han sido desplazadas al fondo, atenuadas y apagadas hasta que apenas las percibimos. Pero no somos conscientes de estas distorsiones, por lo que pensamos que las imágenes que vemos son una imagen exacta del mundo.

Piénsalo así: imagina que vives toda tu vida en una habitación pequeña. Las paredes, el suelo y el techo de esta habitación están hechos de pantallas de televisión, pantallas tan grandes que llenan toda la pared, el techo y el suelo. Mires donde mires, sólo hay pantallas. Todo lo que sabes del mundo – todo lo que ves, oyes, sientes, tocas, hueles, saboreas o percibes de alguna manera – viene a través de las pantallas. Incluso tu percepción de ti mismo viene a través de las pantallas.

Ahora pregúntate: *"¿Qué canal suelen sintonizar las pantallas de mi televisor?"*. ¿Estás viendo El Canal del Miedo, el canal que destaca todos los peligros que te rodean? ¿Estás viendo El Canal del Amor, el canal dedicado a sentirte conectado con los demás y agradarles? ¿Pasas la mayor parte del tiempo viendo el Canal Ganador, el canal que te muestra quién está arriba y quién abajo y cómo puedes luchar para llegar a la cima? ¿Ves el canal "Evita Perder", que se centra en cómo permanecer pequeño y escondido y evitar ser arrollado por esos luchadores? ¿Estás viendo El Canal de las Reglas, el que se centra en mantener las cosas ordenadas, correctas y controladas, en hacerlo de la manera correcta y en asegurarse de que los demás también lo hagan?

Obviamente, el canal que veas marcará una gran diferencia en cómo percibes el mundo y cómo te percibes a ti mismo. Y si ves el mismo canal todo el día, todos los días de tu vida, no tendrás con qué compararlo, no tendrás forma de saber que es sólo una parte del mundo, sólo una pequeña fracción de la imagen completa. Ni siquiera sabrás que existe una imagen completa, un mundo más grande y pleno que nunca has experimentado. No sabrás lo que te estás perdiendo.

Puede que notes que algunas personas se refieren a cosas que tú no experimentas, o que se centran en cosas que no tienen sentido para ti o que simplemente no te parecen importantes. Pero normalmente lo explicarás contándote a ti mismo una historia, como *"Son estúpidos"* o *"Soy estúpido"* o *"Se equivocan"* o *"Me equivoco"* o *"Son mezquinos"* o *"No soy lo suficientemente bueno"*, una historia que se reduce a *"Son deficientes"* o *"Soy deficiente"*. Pero, te digas lo que te digas, tus historias no desafiarán tu creencia de que tu visión del mundo es correcta. De hecho, suelen reforzarla.

Así que vamos por la vida viendo una imagen filtrada y distorsionada del mundo y tomando todas nuestras decisiones basándonos en información incompleta y distorsionada. Luego nos preguntamos por qué la vida es tan dura y por qué a menudo es tan difícil conseguir que los demás estén de acuerdo con nosotros y cooperen con nosotros.

Algunos intentamos encontrar seguridad estando solos. Algunos buscamos la seguridad a través de los demás, ya sea complaciéndolos o dominándolos. Muchos intentamos persuadir a los demás para que se parezcan más a nosotros. Pero sea cual sea la estrategia que utilicemos, todos buscamos la seguridad.

Entonces, ¿cómo podemos encontrar seguridad de verdad? ¿Cómo podemos aprender a ver el mundo como realmente es y navegar hábilmente por él? ¿Cómo podemos conseguir lo que queremos? Este libro trata de responder a esas preguntas.

El primer paso es aprender a cambiar el canal de televisión que ves en tu cabeza. Una sola experiencia de cambiar tu canal habitual y ver el mundo de otra manera hará que disminuya tu certeza de que tu canal habitual es el único y que te está mostrando la imagen completa.

Para cambiar de canal, tienes que cambiar la forma de sostener tu atención. A medida que practicas cómo sostener tu atención, te resulta más fácil hacerlo. Te vuelves cada vez mejor a la hora de identificar el canal con el que estás sintonizado, con sólo observar la temática de lo que estás viendo. Aprendes que puedes elegir: que puedes cambiar lo que estás viendo en el mundo cambiando el canal de tu interior. Te volverás más hábil a la hora de cambiar tu postura habitual de atención y, por tanto, de cambiar de canal.

Pero tal vez descubras que el canal sigue cambiando a tu antiguo canal de siempre. Una y otra vez, lo cambias por otro que te gusta más, sólo para darte cuenta de que, de algún modo, vuelve a cambiar. Así que empiezas a investigar: ¿qué es lo que hace que vuelva a cambiar? Poco a poco, te das cuenta de que cada vez que te sientes angustiado o abrumado, vuelves a tu antiguo patrón de supervivencia habitual y el canal vuelve a la misma estación de siempre.

Este libro trata sobre cómo salir de esos patrones habituales de supervivencia. Trata sobre cómo reconocer esos patrones en uno mismo y en los demás, cómo salir del patrón y volver a la presencia, y cómo lidiar con otras personas cuando estas están en el patrón. Trata de cómo salir del patrón para poder ver el mundo como realmente es y convertirte en la persona que quieres ser.

- 2 -

Acerca de los patrones de supervivencia

Patrón vs. presencia

CASI TODOS HEMOS NOTADO LA diferencia entre estar presente y estar en patrón, aunque solemos llamar a los dos estados de otra manera. Estar *presente* significa que toda nuestra atención está aquí, en este momento y lugar. Normalmente, esto sólo ocurre cuando nos sentimos relativamente seguros. En esos momentos, nuestro cuerpo no está en un estado de alarma condicionado por traumas pasados, y nuestras percepciones no están filtradas o distorsionadas por pensamientos y sentimientos del pasado. Esto nos permite percibir la situación real que está ocurriendo en ese momento y responder a ella de forma sana y eficaz.

Estar en *patrón* significa que nuestras percepciones están siendo filtradas y distorsionadas por un patrón de supervivencia. Un patrón de supervivencia es una reacción automática, basada en el cuerpo, a la que recurrimos para evitar sentirnos abrumados. Pero es una reacción condicionada por traumas del pasado. No es una respuesta a la situación presente. En algún momento del pasado, fue la mejor estrategia que pudimos encontrar para hacer frente a una situación difícil y continua. Con el tiempo, se condicionó tan profundamente en nuestro cuerpo que ahora se activa automáticamente cada vez que nos sentimos angustiados, haciéndonos reaccionar como si la situación de angustia del pasado siguiera ocurriéndonos, aunque no sea así.

Mientras estamos en un patrón, solemos sentir que nuestra reacción está completamente justificada. Esto sucede porque nuestra mente y nuestro cuerpo están inundados de los sentimientos y percepciones de las situaciones pasadas. Es como si se reprodujera una vieja grabación en cinta que ahoga nuestra percepción de la situación presente. En cierto nivel, creemos que el viejo trauma se está repitiendo. A menudo, esto hace que la amenaza presente parezca mucho mayor de lo que realmente es, lo que nos lleva a reaccionar de forma exagerada ante la situación actual. Reaccionar de forma exagerada es uno de los principales indicadores de estar en patrón.

Una amiga que está practicando el darse cuenta de cuándo está en patrón y el salir del patrón describe los dos estados de la siguiente manera:

> *El martes por la tarde tuve una breve sensación de felicidad y satisfacción tras reunirme con mi jefa y ponerla al día de mis proyectos. Taché algunas actividades importantes y me sentí bien con mi trabajo.*
>
> *Una hora más tarde, todo cambió. De repente, una avalancha de cosas por hacer me abrumó: un cargo de 1.000 dólares en la tarjeta de crédito de mi padre, formularios de reclamación de seguros pendientes de rellenar, los gastos de la matrícula de mi hija y el retraso en el pago de mis propias facturas. Mi oficina estaba desordenada y no podía encontrar las cosas que necesitaba. Llegué tarde a mi cita con el dentista. Experimenté una enorme avalancha de todo lo que había dejado fuera de mi mente debido a las prioridades del trabajo.*
>
> *En lugar de tomarme tiempo para enraizarme y abordar el hecho de que ahora estaba en patrón, salí corriendo de casa para ir a mi cita con el dentista, olvidando la cartera y que necesitaba gasolina. Desde el momento en que salí de casa, todo se convirtió en una lucha. La gente conducía como loca. No tenía dinero para comprar gasolina. En la consulta de mi dentista me habían facturado de más por una limpieza ¡y no pudieron verlo aunque era OBVIO! Cada encuentro humano era difícil, frustrante, incómodo, desquiciante y agotador.*
>
> *Más tarde, cuando me tomé un tiempo para enraizarme y salir del patrón, sentí una oleada de tranquilidad. Alivio. Una oleada de armonía y relajación. No necesitaba luchar ni esforzarme. Creo que en el fondo me sentía más segura, pero eso es tan esencial que a menudo no lo reconozco.*

Esta descripción ofrece una imagen vívida de que el hecho de sentirse amenazada y abrumada tiende a hacer que una persona entre en patrón y de lo diferente que es eso de estar presente. Sin embargo, entrar en patrón no es la

13

única respuesta posible ante una amenaza. Es posible estar presente mientras te enfrentas a un peligro real aquí y ahora. La diferencia es que, cuando estás presente, ves y oyes la situación real que te rodea y respondes a las particularidades de la amenaza actual, no a algo del pasado. Estás componiendo una respuesta nueva y flexible basada en esta situación concreta. Como tu respuesta se adapta a la situación actual, funciona mejor que una reacción automática y fija. Y, como estás presente en el momento, puedes controlar si tu respuesta funciona y ajustarla si es necesario. Tu respuesta está calibrada para esta situación; no es una reacción exagerada basada en situaciones del pasado.

Para muchos de nosotros, sin embargo, permanecer presentes cuando estamos molestos es casi imposible. Nuestros cuerpos están tan profundamente condicionados por los traumas que siguen atascados en ellos que entramos en patrón en cuanto nos sentimos incómodos. De hecho, muchos de nosotros permanecemos en patrón casi todo el tiempo. Nuestros patrones inconscientes de supervivencia se han vuelto tan fuertes que gobiernan nuestras vidas, coloreando cada uno de nuestros pensamientos y sentimientos y determinando nuestras acciones. Cuando nos preguntan por qué nos comportamos así, nuestra única respuesta suele ser: *"Así soy yo"*.

Sin embargo, las cosas no tienen por qué seguir así. Nuestras heridas pueden sanarse. Nuestros viejos condicionamientos pueden suavizarse. Podemos aprender ahora las habilidades que no aprendimos antes. Y podemos vivir la mayor parte de nuestras vidas en el presente, en lugar de hacerlo desde dentro de un patrón. Este libro te ayudará a descubrir cuándo entras en patrón y te mostrará el camino de vuelta para estar más presente en el momento.

Tus patrones de supervivencia no son quien eres

A medida que aprendes sobre los patrones de supervivencia, lo más importante que debes recordar es que *un patrón de supervivencia no es lo que realmente eres*. Es lo que *bloquea* lo que realmente eres. Amortigua las sensaciones de abrumación, pero también te impide experimentarte directamente en el momento y expresarlo en el mundo. Cuando estabas angustiado de niño, utilizabas de forma natural todas las capacidades que tenías para amortiguar y protegerte. Era necesario. Era lo mejor que podías hacer en ese momento. Poco a poco, las estrategias de amortiguación que utilizabas se condicionaron en tu cuerpo y en tu mente. Con el tiempo, estas estrategias de amortiguación desarrollaron su propia lógica y estructura internas y se convirtieron en tus patrones de supervivencia. Pero *no* son lo que tú eres.

¿Quién eres tú? Eres Presencia. Y tú eres el que está presente. Eres la conciencia, en este momento, de este momento. No eres tus pensamientos, emociones o comportamientos. Ni siquiera tu cuerpo. Sólo eres una conciencia simple y abierta. En muchas enseñanzas espirituales, esta conciencia se llama Esencia o Espíritu. También se le llama el Verdadero Yo, y este término se utiliza para distinguirlo de la personalidad, o Falso Yo. En este libro, me referiré a ella simplemente como *presencia*, o como *estar presente*. La presencia es lo que eres por debajo de todos los condicionamientos, blindaje, creencias e identidades que cargas. Tú eres el experimentador, puro y simple.

También es importante recordar que tus patrones de supervivencia no son una especie de fallo por el que debas ser castigado. Los has desarrollado para intentar mantenerte a salvo en situaciones difíciles. Y como hacer que tus patrones de supervivencia funcionen requiere que emplees algunas de tus mejores habilidades, como la creatividad, el amor, la fuerza y la voluntad, también has estado practicando y desarrollando esas habilidades, incluso mientras estabas perdido en un patrón. Adoptar un patrón de supervivencia determinado es una forma de perfeccionar un conjunto concreto de habilidades, quizá las que necesitas para lograr cosas importantes en tu vida.

Por qué necesitamos defensas

De recién nacidos, somos sobre todo presencia en un cuerpo. No pensamos ni evaluamos nuestra experiencia. No estamos recordando el pasado ni imaginando el futuro. No hemos cerrado o blindado nuestro cuerpo de ninguna manera. No hay límites, ni dentro ni fuera. No hay un yo ni un otro . . . sólo el flujo de la experiencia. Es esta Presencia pura lo que hace a los bebés tan adorables y tan irresistibles. Y recuerda, esta Presencia sigue ahí en ti, enterrada bajo todas las capas de heridas y defensas.

Pero como, al ser bebés, no tenemos bordes ni límites, tampoco tenemos amortiguadores, ni forma de modular la cantidad de sensaciones que experimentamos. Cualquier sonido o emoción que se produzca cerca de nosotros nos atraviesa. Si la persona que nos sujeta siente una emoción fuerte, ya sea amor, alegría, miedo u odio, esa emoción fluye a través de nosotros. No como un concepto mental, sino como una sensación corporal. Somos como pequeños diapasones que resuenan con cada nota que se toca cerca de nosotros.

Pero necesitamos una forma de regular la cantidad de sensaciones que experimentamos. Cualquier estímulo, ya proceda del exterior (ruido, tacto, etc.) o del interior (hambre, gases, etc.), crea una carga de energía en nuestro cuerpo. Nuestro sistema nervioso está diseñado para pasar por un ciclo regular de carga y descarga, excitación y calma, tensión y relajación. La excitación es buena, pero no en exceso ni durante demasiado tiempo. Después de la excitación, nuestro sistema nervioso necesita relajarse y volver al estado de basal para descansar.

Como a esta edad no podemos regular nuestro propio sistema, necesitamos que nuestros cuidadores (por ejemplo, mamá o papá) lo hagan por nosotros. Necesitamos que nos protejan de demasiado ruido, demasiado sol, demasiado calor o demasiado frío. Cuando nos abrumamos, ya sea por la excitación o por el dolor, necesitamos que nos calmen y nos ayuden a descargar la tensión interior. Los padres dedican mucho tiempo a calmar a sus hijos meciéndolos, abrazándolos y cantándoles nanas.

Esta necesidad de que otra persona regule la carga de nuestro cuerpo es una de las características distintivas de la infancia. A la inversa, la capacidad de regular nuestro propio cuerpo es una de las características distintivas de la edad adulta. Los adultos son capaces de reconocer sus propias necesidades y asumir la responsabilidad de darse a sí mismos lo que necesitan o de negociar formas de obtener lo que necesitan de otros. Muchos matrimonios felices se basan en que los cónyuges son capaces de ayudarse mutuamente en el proceso de carga y descarga.

El ciclo de carga y descarga

Idealmente, a medida que cada uno de nosotros crece hasta la edad adulta, adquirimos todas las habilidades que necesitamos para regular nuestro propio proceso de carga/descarga. Nos sentimos lo suficientemente seguros en nuestro cuerpo como para habitarlo plenamente. Aprendemos a enraizarnos en la Tierra y a funcionar en el tiempo y el espacio. Aprendemos a introducir la energía en nuestro cuerpo y a metabolizarla. Desarrollamos un límite energético alrededor de nuestro cuerpo que mantiene nuestra propia energía dentro y otras energías fuera. Desarrollamos una sensación-sentida del centro de nuestro propio cuerpo y aprendemos a reconocer esa sensación-sentida como "yo". Esto nos da un sentido encarnado de nosotros mismos, del "yo". Aprendemos a reconocer las sensaciones de nuestro cuerpo y a interpretar lo que dicen sobre nuestros sentimientos y deseos. Esto nos da un sentido claro de "yo siento" y "yo quiero". Y aprendemos formas saludables de satisfacer esos deseos, lo que nos da experiencias de "merezco" y "puedo". Todas estas habilidades nos ayudan a reconocer y regular la cantidad de carga de nuestro cuerpo para sentirnos cómodos, en lugar de abrumados.

Sin embargo, la mayoría de nosotros tuvimos una infancia que distaba mucho de este ideal. Nuestros jóvenes y vulnerables sistemas nerviosos no estuvieron protegidos ni regulados por unos padres ideales. A menudo nos sentíamos abrumados y solos, y para amortiguar estos sentimientos recurrentes de abrumación, desarrollamos patrones de supervivencia.

Cómo son creados los patrones de supervivencia

Si consideramos el ciclo de carga/descarga y nuestra necesidad de regular la cantidad de carga en nuestro sistema nervioso, podemos ver que todos los acontecimientos traumáticos comparten una característica: sobrecargan el cuerpo y lo ponen en situación de abrumación. Los patrones de supervivencia intentan resolver el problema de la abrumación protegiéndonos de nuestra experiencia directa, lo que hace que sea más fácil de soportar. Esta es la función principal de los patrones de supervivencia. Esto significa que cuando entras en un patrón ya no estás en contacto directo con tu experiencia: ya no estás presente. En ese momento, sin embargo, amortiguarte de este modo puede ser la mejor solución que tengas al problema de sentirte abrumado.

A grandes rasgos, el proceso por el que un niño desarrolla un patrón de supervivencia es el siguiente:

1. Te ocurre algo que te abruma. Ahora tienes un problema, una necesidad de autoprotección y autorregulación. Normalmente se trata de una experiencia repetida, aunque, si la experiencia es lo bastante intensa, un solo acontecimiento puede crear un patrón de supervivencia.

2. Utilizas cualquier capacidad que tengas a esa edad para intentar resolver tu problema. Puedes copiar algo que has visto hacer a otros o inventar una nueva estrategia. La pruebas.

3. Si la estrategia funciona, sigues utilizándola. Si falla, pruebas otra cosa.

4. Con el tiempo, te acostumbras a una estrategia para afrontar tu problema. A medida que la utilizas, se va condicionando en tu cuerpo y pasa gradualmente de ser una estrategia de seguridad a un patrón de supervivencia.

5. A medida que creces, ese patrón de supervivencia se convierte en la lente a través de la cual experimentas la vida. Influye en cómo te ves a ti mismo, cómo ves el mundo y cómo intentas protegerte.

Cada uno de nosotros nace con ciertos talentos, y si esos talentos son útiles o recompensados en nuestro entorno temprano, tendemos a desarrollarlos hasta convertirlos en habilidades. Por ejemplo, un niño que nace con talentos musicales y se cría en una familia de músicos tenderá a desarrollar habilidades musicales. Un niño que nace con sensibilidad psíquica y se cría en un entorno de violencia aleatoria aprenderá a utilizar su sensibilidad psíquica para detectar el peligro y escapar de él. Otro niño nacido en la misma familia violenta, pero con talentos diferentes, digamos, para la bravura más que para la sensibilidad, desarrollará una estrategia diferente para enfrentarse al peligro. Probablemente tendrá más éxito luchando que evitando el peligro, por lo que su estrategia de seguridad se basará más en la bravura que en la huida.

Por el contrario, si un talento nos causa angustia, podemos aprender a reprimirlo. Por ejemplo, si la inteligencia de un niño intimida a su padre, quien le humilla, el niño puede aprender a hacerse el tonto y perder así el contacto con su inteligencia. Si la belleza de una niña despierta los celos de su madre, puede ocultar o repudiar su belleza y creerse fea.

Todos los patrones de supervivencia se basan en habilidades. Tienes que tener las habilidades necesarias para llevar a cabo una estrategia concreta o no te funcionará. Si no consigues que funcione, lo más probable es que la abandones y pruebes otra estrategia.

Cómo son creados los patrones de supervivencia

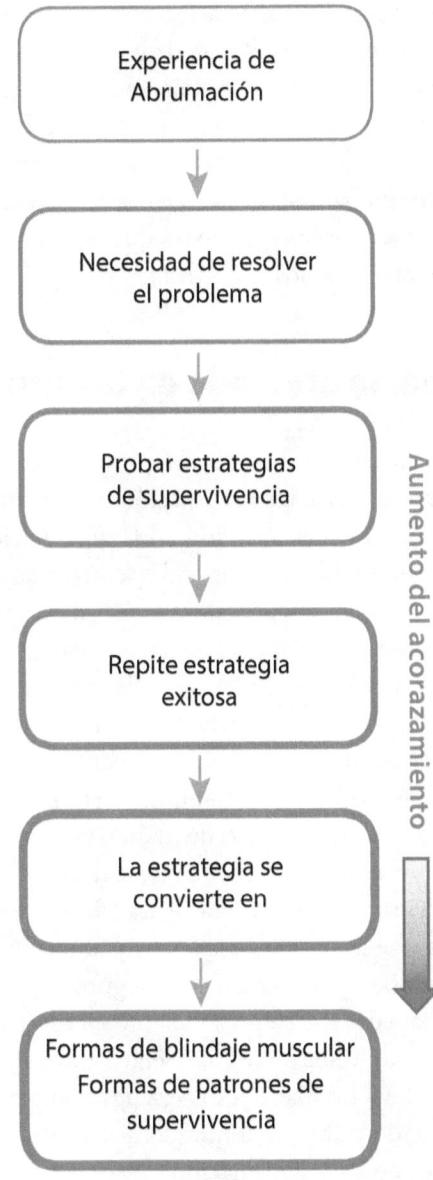

A veces, puedes ver a una niña pasar por este proceso de probar distintas estrategias hasta que encuentra una que le funciona. Supongamos que su problema es que su hermano mayor le acosa. Primero, puede intentar defenderse. Si tiene la bravura innata necesaria, esta estrategia puede funcionarle, incluso contra un hermano mayor. Pero si no le funciona, lo más probable es que intente otra cosa. Tal vez intente una estrategia de conexión, como hacerse amiga del matón y caerle bien. Si consigue que el acosador se convierta en su protector, habrá resuelto su problema. Pero si esa estrategia no funciona, puede que intente agazaparse y simplemente aguantar. Si la estrategia funciona, seguirá utilizándola. Repetirá de forma natural todas aquellas estrategias que le funcionen. Se convertirán en hábitos y luego en patrones que influirá en su forma de relacionarse con su hermano (y con los demás) el resto de su vida.

Quedarse atascado en la abrumación

En la sección anterior, hablamos de cómo las estrategias de seguridad surgen de las formas de afrontar la sensación de abrumación. Consideremos ahora qué ocurre si te quedas atascado en la abrumación. Esto puede hacer que una solución a un problema temporal se convierta en una actitud permanente ante la vida. Es entonces cuando una estrategia de seguridad temporal se convierte en un patrón de supervivencia permanente.

Cuando tu cuerpo ha acumulado demasiada carga, intentará descargar la energía sobrante. Entrará espontáneamente en un proceso de sanación natural para intentar volver al estado de basal. Pero para ello necesita una sensación de seguridad, una situación que le tranquilice en lugar de asustarle. Cuando un niño herido corre hacia el regazo de mamá, está corriendo hacia un lugar seguro. Mientras llora o se enfada por lo que le duele, está liberando la tensión de su sistema nervioso. También está buscando su ayuda en el proceso de descarga. Necesita que le sujeten, le calmen y le reconforten. Para descargar su miedo, necesita saber que vuelve a estar seguro.

Si puede permanecer el tiempo suficiente en un lugar seguro, el proceso de sanación natural de su cuerpo se completará y su sistema volverá a relajarse hasta el estado basal. La herida se resolverá por completo y volverá a sentirse feliz y seguro, confiado y abierto al mundo. Pero, ¿y si no es tan afortunado? ¿Y si se queda atascado en la abrumación?

Esto puede ocurrir de varias maneras. Una de ellas es el trauma por choque, un acontecimiento único que hace que el cuerpo se congele y entre en shock. Algo malo sucede y un estado de alta carga se congela en el cuerpo, retenido allí por la tensión crónica. Una explicación completa del trauma por choque va más allá de lo que vamos a tratar aquí, pero si te interesa saber más, te remito a la obra de Peter Levine, empezando por *Waking the Tiger*, traducido al español como *Curar el trauma*.

Una persona también puede quedar atrapada en la abrumación por un trauma de desarrollo. Esto difiere del trauma por choque en que no está causado por una sacudida del sistema, sino por un fracaso repetido a la hora de conseguir lo que necesitas. En lugar de ocurrirte algo malo, no te ocurre algo bueno. Como no consigues lo que necesitas, no puedes completar esa etapa de desarrollo y te quedas atascado en ella. De nuevo, tu cuerpo utiliza la tensión crónica para gestionar tu angustia. Hablaremos de esto con más detalle en el próximo capítulo. Para un análisis más profundo de las diferencias entre trauma por choque y trauma de desarrollo, recomiendo *Healing Developmental Trauma*, de Laurence Heller y Aline LaPierre, traducido al español como *Curar el trauma de desarrollo*.

Una persona también puede quedar atrapada en la abrumación si su proceso natural de sanación se interrumpe repetidamente. Si el proceso de sanación no puede completarse, el sistema nervioso de la persona nunca es capaz de relajarse por completo hasta el estado de reposo, y su cuerpo sigue conteniendo cierta tensión crónica. Peor aún, si los intentos de sanación de la persona no sólo se interrumpen, sino que se castigan, se añade una capa adicional de tensión. Esto ocurre cuando se burlan de un niño o le humillan por buscar seguridad y consuelo. También ocurre si se le amenaza con violencia por intentar sanarse, como en *"Deja de llorar o te daré algo por lo que llorar"*. Ahora tiene dos problemas: su sanación de la primera herida ha sido interrumpida, y si muestra que está herido, será herido de nuevo. Así que está atascado. No puede curarse y no puede pedir ayuda. Sigue agobiado, pero pedir consuelo le produce más abrumación. La única manera de detener los intentos naturales de su cuerpo de descargar la energía extra en forma de ira, lágrimas, temblores, etc., es volver a tensar su cuerpo.

En las tres situaciones, el niño queda atrapado en la abrumación. En las tres situaciones, se adaptará a su angustia crónica utilizando la tensión muscular para gestionar su estado interior. Su cuerpo aprenderá a mantener esa tensión, tanto para suprimir las emociones no expresadas como para amortiguar su conciencia de ellas.

Esta tensión crónica en sus músculos se convierte en blindaje corporal. Moldea la forma en que su energía vital se mueve a través de su cuerpo. Da forma a dónde va y a dónde no va su energía, y al fluir más energía a una parte particular del cuerpo, tiende a hacerla crecer, por lo que incluso influye en la forma en que crece su cuerpo. Esta tensión crónica en el cuerpo se convierte en parte de la base física de los patrones de supervivencia y hace que los patrones se basen en el cuerpo. Esto los convierte en reacciones fisiológicas automáticas ante la abrumación, no sólo son creencias mentales.

Cómo se autorefuerzan los patrones de supervivencia

Hasta ahora hemos visto por qué y cómo creamos patrones de supervivencia. Ahora vamos a ver cómo pueden tomar vida propia y autoperpetuarse.

La principal forma en que los patrones de supervivencia se refuerzan a sí mismos es distorsionando nuestra experiencia de la realidad. Lo hacen moldeando nuestra atención, lo que conduce a toda una cascada de otros cambios. Esquemáticamente, el proceso es el siguiente:

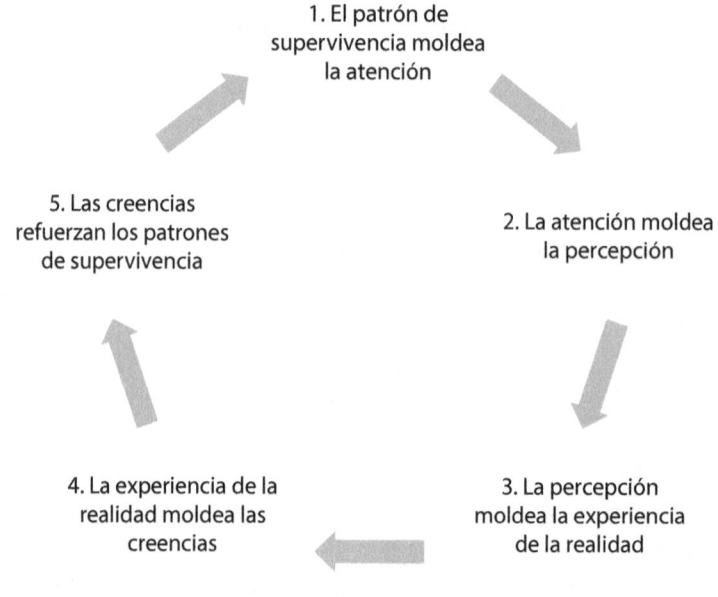

Cómo se autoperpetúan los patrones de supervivencia

Veámoslo con más detalle.

1. Nuestros patrones de supervivencia moldean nuestra atención

Esto significa que, cuando sigues un patrón de supervivencia, determina a qué detalles de tu experiencia prestas atención y cuáles ignoras. Hace que algunos detalles parezcan más importantes de lo que normalmente serían. Por ejemplo, si sigues un patrón de miedo, estarás más atento a cualquier señal de peligro. Si sigues un patrón centrado en la conexión emocional, estarás más atento a cualquier signo de aprobación o desaprobación. Y si sigues un patrón centrado en el poder, estarás más atento a cualquier señal de fuerza o debilidad. Ya hemos hablado de esto antes, cuando hablamos de ver el Canal del Miedo vs. ver el Canal del Amor.

Para hacerte una idea de cómo funciona, imagina que estás en una casa a oscuras en una noche lluviosa y tormentosa. Se acaba de ir la luz mientras veías una película de miedo sobre muertos que se levantan de la tumba y estás asustado. Ahora, cada crujido del suelo de madera y la vibración del cristal de una ventana parecen motivo de alarma. Tus oídos se esfuerzan por escuchar cualquier sonido de los engendros que se acercan. Toda tu atención se centra ahora en el exterior, buscando el peligro. Es improbable que notes siquiera una experiencia interna, como sentir hambre o cansancio. ¿Qué importan si tu vida está en peligro? El miedo ha determinado dónde pones tu atención y qué consideras que es importante para que le prestes tu atención.

Compara esto con una noche similar en la misma casa, sentado junto a un fuego cálido y leyendo una carta de amor de tu amada. Tu atención se centra en el interior, en el calor y la plenitud del amor en tu pecho y en la dulce nostalgia de echar de menos a tu amada. La lluvia que cae sobre las ventanas no hace más que añadir melancolía a la escena. Tu atención está en el amor, no en el peligro. Se centra en el interior, no en el exterior. Los muertos vivientes podrían entrar por la puerta de atrás y probablemente no te darías cuenta porque tu atención está en tu experiencia interior.

Ahora añadamos tiempo a esta ecuación. Imagina que, en lugar de ser temporal, uno de estos dos estados se convierte en permanente en ti: estás siempre enfocado hacia fuera, buscando el peligro, o siempre enfocado hacia dentro, en el amor y la relación. En ambos casos, tu atención se habitúa a ese enfoque. Ya no ve todo el panorama, sino sólo una parte.

¿Qué es lo que puede causar que un enfoque temporal de atención se fije así? Bueno, un trauma atascado en el cuerpo puede causarlo. No sólo el viejo trauma hace que busques cualquier cosa similar a la situación que te hirió, sino que cuando encuentras algo, el viejo trauma se reactiva y tu cuerpo se inunda de nuevo con las viejas percepciones y sentimientos. En un sentido muy real, estás atrapado en ese traumatizante momento en el tiempo. Estar atrapado en ese trauma hace que esa postura temporal de atención se convierta en un *hábito de atención* más permanente.

2. Nuestra atención moldea nuestra percepción

Lo hemos visto en los ejemplos anteriores. En cada uno de ellos, ciertos detalles se consideran más importantes, lo que los sitúa en primer plano y hace que parezcan más brillantes y vívidos. Otros detalles menos importantes pasan a un segundo plano, donde se vuelven grises, apagados y planos. Y todo esto ocurre en el nivel de la percepción sensorial bruta, antes incluso de que empieces a pensar en lo que estás percibiendo.

Este proceso forma parte natural de la concentración de la atención. Si el enfoque es temporal, es la forma más eficaz de utilizar tus órganos sensoriales porque te ayuda a percibir vívidamente lo que es importante en este momento. Pero si tu atención se estanca, empieza a distorsionar tu percepción de la realidad. Hace que tu hábito de atención distorsione tus percepciones sensoriales en bruto de una forma más permanente. Ciertos detalles se vuelven más fuertes, más claros y más vívidos todo el tiempo. Otros pasan a un segundo plano y ahí se quedan. Así es como una postura persistente de atención crea una percepción sensorial sesgada del mundo.

3. Nuestra percepción moldea nuestra experiencia de la realidad

Experimentamos el mundo a través de nuestras percepciones sensoriales y a partir de ellas construimos nuestra imagen del mundo. Así que un conjunto sesgado de entradas sensoriales nos da una experiencia sesgada del mundo, y a partir de ella construimos una imagen distorsionada del mundo. No sabemos que está distorsionada, porque no tenemos otra imagen con la que compararla, pero está distorsionada.

Como nuestras percepciones sensoriales son tan fundamentales para nuestra experiencia del mundo, no solemos cuestionarlas nunca. Puede resultar difícil imaginar que las percepciones sensoriales de otra persona puedan ser distintas de las propias, así que veamos algunos ejemplos extremos. Algunas personas nacen sin sentido del olfato. Para ellas, no hay olores en el mundo. Limpiar vómitos es lo mismo que limpiar masa de tortitas. Es una experiencia sensorial muy diferente de la que tiene una persona normal. Hasta que a estas personas no se les habla de olores, deben pensar que el resto de nosotros estamos locos por sentir tanta repulsión ante el vómito.

Del mismo modo, algunas personas sueñan en color, mientras que otras sueñan en blanco y negro. Los sueños de algunas personas incluyen música, incluso sinfonías enteras, mientras que otras tienen sueños mayoritariamente silenciosos. Estos cuatro grupos de soñadores tienen experiencias muy diferentes de lo que es posible en el mundo de los sueños. Para nosotros es fácil ver estas diferentes experiencias del mundo onírico porque, en el mundo de la vigilia, hemos experimentado todos estos cuatro estados. Hemos visto películas en color y en blanco y negro, y hemos oído sinfonías y silencio.

Pero supongamos que en nuestra vida de vigilia no hubiéramos tenido toda la gama de estas experiencias. Supongamos que sólo hemos experimentado uno de estos cuatro estados. Entonces todo lo que sabríamos del mundo sería lo que hubiéramos experimentado, y nos costaría creer a cualquiera que nos describiera uno de los otros estados. Y eso es exactamente lo que nos ocurre en la vida. Cada uno de nosotros supone que experimenta el mundo tal y como es y que conoce toda la verdad de la situación. Pero, en realidad, como nuestros hábitos de atención distorsionan nuestras percepciones sensoriales en bruto, sólo experimentamos una parte del mundo y la confundimos con el todo.

4. Nuestra experiencia de la realidad moldea nuestras creencias

Como la mayoría de nuestras creencias se basan en nuestra experiencia, lo que da forma a nuestra experiencia también da forma a nuestras creencias. Tomemos el ejemplo anterior, en el que estabas solo en una casa oscura, asustado y buscando señales de peligro. Si eso te ocurriera con frecuencia durante tu infancia, probablemente creerías que la vida da miedo, es peligrosa y solitaria. Sería una de tus creencias centrales. Por otro lado, si la mayor parte de tu infancia transcurrió en el segundo ejemplo, podrías creer que la vida es sobre todo amor y añoranza, y ésa sería una de tus creencias centrales. En cualquier caso, habrías construido un sistema de creencias sobre el mundo coherente con tus experiencias centrales. Y vivirías dentro del mundo que has construido, creyendo que es todo el mundo real.

5. Nuestras creencias refuerzan nuestro patrón de supervivencia

Ahora llegamos al punto en el que todo el proceso se autorefuerza. Puesto que lo que creemos determina dónde ponemos nuestra atención y cómo clasificamos nuestra experiencia, nuestras creencias basadas en patrones apoyan y refuerzan nuestros hábitos de atención. Por ejemplo, si buscamos señales de peligro, todas las pruebas de peligro nos parecen grandes e importantes y confirman nuestra creencia de que el mundo es peligroso. Esto, a su vez, nos hace estar aún más alerta, lo que confirma aún más la visión original del mundo de nuestro patrón de supervivencia y la hace parecer indiscutible.

El proceso ha cerrado el círculo. Hemos visto cómo un patrón de supervivencia moldea nuestra atención y nuestra experiencia del mundo de forma que refuerza el patrón. Y hemos visto cómo el trauma atascado en el cuerpo suministra el combustible que mantiene vivas y vívidas las percepciones y los sentimientos distorsionados y, por lo tanto, mantiene esa postura de atención.

Esto es lo que hace que los patrones de supervivencia sean tan resistentes y autosostenibles. Es lo que permite que un patrón formado en los primeros años de la infancia persista durante el resto de la vida de una persona, aunque ésta haya dejado atrás hace tiempo la situación que le hizo adoptarlo. Aunque la persona dejó el entorno externo causante cuando abandonó su familia de origen, sigue llevando ese entorno dentro de sí, en su armadura corporal, sus creencias y sus hábitos de atención. Éstos distorsionan sus percepciones y le recrean sus antiguas experiencias allá donde vaya.

Aunque cada uno de los patrones de supervivencia distorsiona nuestra experiencia de la realidad, cada uno la distorsiona a su manera. Por eso, las personas que están atascadas en patrones de supervivencia distintos experimentan realidades diferentes. Por supuesto, no nos damos cuenta de ello. Atascados en nuestros propios patrones de supervivencia, cada uno de nosotros piensa que su propia experiencia es completa y precisa. Esto nos lleva a sentirnos justificados para mantener nuestro propio punto de vista y descartar los puntos de vista de quienes se encuentran en otros patrones de supervivencia. Podemos discrepar acaloradamente durante años sin ver nunca el verdadero origen de nuestro desacuerdo. Analizaremos este punto con más detalle después de presentar una visión general de los cinco patrones de supervivencia.

Hay otro elemento que debemos tener en cuenta para ver cómo se perpetúan los patrones de supervivencia, y es el papel de las estructuras de identidad. Una estructura de identidad es una autoimagen, una imagen que llevas dentro de ti de quién eres y cuál es tu papel en relación con los demás. Si te hicieron mucho daño de niño, puede que tengas una imagen de ti mismo como "víctima". Esa imagen de ti mismo te hará más propenso a asumir el papel de víctima en una situación actual. O si te defendiste de niño, puede que hayas desarrollado una imagen de ti mismo como "guerrero". Esa imagen de ti mismo te hará más propenso ahora a adoptar una postura agresiva, en lugar de pasiva, sea cual sea la situación. Otros ejemplos de autoimágenes podrían ser "triunfador", "amante", "realista" y "soñador".

Como un cambio en una estructura de identidad tiende a sentirse como una amenaza para el yo, solemos resistirnos a él. Mantener nuestras estructuras de identidad familiares puede parecernos una cuestión de vida o muerte, por lo que inconscientemente intentamos eliminar cualquier experiencia o prueba que las ponga en tela de juicio. La gente suele revelar que está protegiendo una estructura de identidad diciendo algo como *"Yo soy así"* o *"Así estoy hecho"*. Nuestra necesidad de mantener nuestro viejo y familiar sentido de "quién soy" a menudo nos hace querer mantener nuestros patrones de supervivencia, incluso cuando nos están causando sufrimiento. También por eso a menudo luchamos tanto por nuestras limitaciones. Esas limitaciones se han convertido en parte de lo que creemos que somos.

Las etapas de desarrollo que subyacen a los patrones de supervivencia

A MEDIDA QUE CRECE, LA NIÑA* pasa por una serie de etapas de desarrollo. Lo ideal es que durante cada etapa desarrolle un nuevo conjunto de habilidades y las utilice para realizar la tarea principal de esa etapa. Diferenciaremos las etapas de desarrollo en función de esas tareas y también nombraremos cada etapa por su tarea principal.

A medida que la niña pasa a una nueva etapa de desarrollo, surgen nuevas necesidades y se vuelve sensible a sentirse privada en esa nueva área. Antes de que surja una necesidad concreta, no es sensible a si se satisface o no. Por ejemplo, un recién nacido no está intentando desarrollar su autonomía y, por tanto, no se sentirá privado si sus cuidadores no apoyan su autonomía. Sin embargo, una niña de dos años sí necesita desarrollar su autonomía y, por tanto, es muy sensible a si sus cuidadores le apoyan o no. Si castigan sus intentos de afirmar su autonomía, tendrá que encontrar una forma de amortiguar

---

* Para evitar el engorro de tener que decir continuamente "él o ella", diré "él" en algunas partes de este capítulo y "ella" en otras. En esta sección, daré por sentado que el niño es una niña. Sin embargo, todo lo que se dice de la niña en esta sección podría haberse dicho también de un niño. Cuando se utiliza "él", todo lo que se dice de él podría haberse dicho también de una niña.

sus sentimientos de frustración. Si no consigue hacer valer su autonomía, es posible que se estanque y no pueda completar esta etapa del desarrollo.

Cada uno de los cinco patrones de supervivencia puede verse como el resultado de quedarse atascado en una etapa de desarrollo concreto, incapaz de aprender las habilidades y completar la tarea principal de esa etapa. Por tanto, para entender los patrones de supervivencia, primero debemos comprender las etapas de desarrollo que los sustentan. Las principales tareas de las cinco etapas de desarrollo son:

1. Encarnación

2. Tomar dentro

3. Poner fuera

4. Confiar en otros

5. Confiar en uno mismo

A medida que la niña va aprendiendo las nuevas habilidades de cada etapa y cumpliendo su tarea principal, completa esa etapa y puede aprovechar sus nuevas habilidades para enfrentarse a los retos de la siguiente. De este modo, las habilidades adquiridas durante una etapa se convierten en la base de su éxito en la siguiente.

Sin embargo, si no aprende las habilidades ni cumple la tarea principal de una etapa concreta, el tiempo no se detiene para que pueda ponerse al día. Por el contrario, surgen nuevas necesidades que la empujan a pasar a la siguiente etapa de desarrollo, aunque todavía no domine el conjunto de habilidades anterior ni haya sentado una base sólida para la siguiente etapa. En efecto, ahora tiene un agujero en su creciente conjunto de habilidades de desarrollo, un agujero que hace aún más difícil que aprenda las habilidades necesarias para llevar a cabo la tarea principal de la nueva etapa. Sin embargo, el tiempo sigue avanzando. Su cuerpo sigue creciendo y ella tiene que arreglárselas lo mejor que pueda, utilizando las habilidades que tiene para improvisar algún tipo de solución para las habilidades que le faltan.

Esto no significa que alguien que haya completado las primeras etapas de desarrollo y no se haya atascado hasta una etapa posterior sea "mejor" persona que alguien que se haya atascado en una etapa anterior. Lo que sí significa es que dispone de más habilidades de desarrollo para hacer frente a sus sentimientos de abrumación. También significa que están más separados de sus sentimientos y percepciones en bruto y, por lo tanto, es menos probable que se sientan abrumados por ellos. Sin embargo, este distanciamiento de sus propias percepciones en bruto también tiene un inconveniente: aunque los que superaron las primeras etapas de desarrollo y sólo quedaron atrapados en los patrones posteriores tienen un conjunto de habilidades de desarrollo más sólido, también tienen un conjunto de habilidades de sensibilidad más débil. Aunque tienen más capacidad para actuar y hacer cosas en el mundo, tienen menos capacidad para conectar y relacionarse con otras personas, con los animales y con la propia naturaleza. (En las culturas occidentales, especialmente aquí en Estados Unidos, equiparamos crecer con separarse de otras personas, de la naturaleza e incluso de nuestras propias percepciones sutiles. Cuando nuestros hijos ven cosas que nosotros no vemos, invalidamos sus percepciones sutiles diciéndoles: "Ahí no hay nada. Duérmete" o "No tengas miedo. Es sólo un sueño". Cuando les decimos que lo que perciben no es real, les estamos diciendo que dejen de percibirlo, que apaguen su sensibilidad innata y su percepción sutil. Esto tiende a apagar las capacidades internas que les harían más energéticamente sensibles y capaces de sentir).

El hecho de que desarrollemos un patrón de supervivencia concreto depende de la interacción de varios factores. Depende del grado de dificultad que experimentamos cuando no se satisfacen nuestras necesidades. Depende de los talentos y habilidades que tengamos en ese momento para amortiguar la dificultad. También depende de si nuestro entorno permitirá que ese método de amortiguación tenga éxito. Si nuestro método de amortiguación tiene éxito, seguiremos utilizándolo. Se convertirá en un hábito y, con el tiempo, en un patrón de supervivencia. Sin embargo, si fracasa, ya sea porque no tenemos el talento necesario o porque el entorno no lo permite, tendremos que encontrar otro método de amortiguación. El patrón de supervivencia que adoptamos es producto tanto de la naturaleza como de la educación. Es producto de la interacción entre nuestras necesidades, nuestros talentos innatos y nuestro entorno.

Como se ha sugerido antes, cada uno de nosotros se ha quedado atascado en algún punto del camino, por lo que cada uno de nosotros tiene agujeros en su conjunto de habilidades de desarrollo. La buena noticia es que nuestros déficits no tienen por qué ser permanentes. Las habilidades que no aprendimos en la infancia pueden aprenderse más adelante, incluso en la edad adulta. La mala noticia es que el trauma que bloqueó el aprendizaje de esas habilidades la primera vez probablemente siga atascado en tu cuerpo y pueda bloquear el aprendizaje de esas habilidades ahora. Antes de que puedas aprenderlas, es posible que tengas que eliminar ese trauma de tu cuerpo. Aunque esto puede requerir un gran trabajo interior, puedes hacerlo.

Para sanar nuestros patrones y ser capaces de prosperar en el presente, cada uno de nosotros debe rellenar los huecos en nuestras habilidades de desarrollo y terminar las tareas de desarrollo que no completamos de niños. Si nos quedamos atascados en una de las primeras etapas de desarrollo, tampoco tenemos la base necesaria para tener éxito en las etapas posteriores, así que tenemos que volver al punto en el que nos quedamos atascados y reconstruir a partir de ahí. Como ahora somos adultos y tenemos más habilidades y capacidades que cuando éramos niños, nuestro proceso de reconstrucción puede ser muy rápido, pero no hay sustituto para la construcción de unos cimientos sólidos y completos.

Las personas que han superado con éxito las primeras etapas tienden a dar por sentadas las primeras capacidades de desarrollo y suponen que todo el mundo las tiene. A menudo les cuesta entender que otras personas no tengan ya esas habilidades tempranas. Pueden decirle a la persona: *"¿Qué te pasa? ¿Por qué no te espabilas y lo haces?"*. Pero para ver a los demás con claridad, debemos darnos cuenta de que no todos tienen las habilidades necesarias para "simplemente hacerlo". Ver esto nos permite reconocer cuándo alguien aún no tiene esas primeras habilidades y tratarlo con compasión.

En general, al tratar con un mundo lleno de personas que aún tienen grandes lagunas en sus habilidades, podremos actuar con más destreza y compasión si adoptamos la actitud de que *todo el mundo está haciendo lo mejor que puede*. Te sugiero que adoptes esta actitud también contigo mismo. Juzgar no ayuda. Criticar no ayuda. La comprensión y la sanación ayudarán, y espero que este libro fomente estas actitudes en todos los que lo lean.

Echemos ahora un rápido vistazo a las cinco etapas de desarrollo y a los patrones de supervivencia que se crean cuando una persona se queda atascada en cada una de ellas. Más adelante dedicaremos un capítulo entero a describir detalladamente cada patrón.

1. Encarnación - reivindicar el cuerpo

La encarnación tiene lugar cuando el espíritu/alma entrante es capaz de orientarse en el mundo físico, instalarse en el cuerpo físico y reivindicarlo. Podríamos decir que el espíritu entrante del niño *se* adhiere al mundo físico. Para ello, necesita experimentar que el mundo físico es suficientemente amoroso y seguro.

Si su entorno inicial (incluido el útero) es lo suficientemente seguro y amoroso, y si sus cuidadores están en sintonía con ella y responden lo suficientemente bien a sus necesidades, sentirá que es seguro existir aquí en el mundo físico. Podrá vincularse al mundo físico, reivindicar su cuerpo físico y lograr la encarnación. Su experiencia será algo así:

"Aquí estoy a salvo. Quiero quedarme".

Sin embargo, si hay algo en su entorno temprano o en el útero que no le da la sensación-sentida de seguridad y amor suficientes, sino que le provoca un shock y le asusta, entonces no tendrá esa sensación de seguridad en su cuerpo y no podrá orientarse plenamente hacia el mundo físico y apegarse a él y a su cuerpo. No creerá que el mundo físico es seguro y no esperará que nadie satisfaga sus necesidades. Esta es la génesis *del patrón de escapar*. Su experiencia, en este caso, es algo así:

"Tengo miedo. A nadie le importa. Quiero irme".

2. Tomar dentro - Recibir, mantenerse dentro y digerir.

Esta etapa se produce durante los primeros años de vida, cuando la principal actividad del bebé es tomar dentro y metabolizar tanto el amor como el alimento. Si el bebé es capaz de hacer esto lo suficientemente bien, se sentirá pleno y satisfecho.

Si sus cuidadores son capaces de averiguar lo que necesita, proporcionárselo y ayudarle a tomarlo dentro, su cuerpo tendrá la sensación-sentida de que sus necesidades están bien y de que serán satisfechas. Aprenderá a tomar dentro lo que necesita, y aprenderá a sujetar y digerir lo que toma dentro. En este caso, su experiencia en torno a las necesidades será algo así:

"Tengo una necesidad. La pido. La obtengo. Me siento lleno y satisfecho".

Sin embargo, si no es capaz de tomar dentro, mantenerse dentro y metabolizar lo que necesita, no tendrá esa sensación-sentida de plenitud en su cuerpo. En su lugar, se sentirá vacía y privada, y llegará a creer que sus necesidades nunca serán realmente satisfechas. Esta es la génesis *del patrón de fusionarse*. Su experiencia en torno a las necesidades será entonces algo así:

"Tengo una necesidad. Tal vez no debería tenerla. No puedo averiguarlo. Me siento vacío. Arréglalo tú".

Si intenta resolver este problema pasando de ser el bebé necesitado a ser la madre cuidadora, habrá pasado *al patrón de fusionarse compensado*. Ahora su experiencia en torno a las necesidades se convierte en algo así:

"Tengo una necesidad. La ignoro y la proyecto en ti. Cubriré tus necesidades".

3. Poner fuera - Acción y autoexpresión

Esta etapa comienza en torno a los 18 meses, cuando la voluntad y la fuerza entran en línea por primera vez, aparece la palabra "no" y el niño empieza el proceso de separación-individuación. A medida que el niño empieza a expresar su yo, en lugar de sólo una necesidad, aparecen los términos "yo", "a mí" y "mío".

Si sus cuidadores son capaces de permitirle separarse de ellos ejerciendo su propia voluntad y actuando para conseguir lo que necesita, aprenderá que tiene el poder de conseguir lo que quiere. También aprenderá que es seguro ser un individuo separado con sus propios sentimientos, voluntad y fuerza, y que es seguro expresarse. Esencialmente, aprenderá a poner fuera su energía, como acción y como autoexpresión. Su experiencia en torno a las necesidades será algo así

"Tengo una necesidad. Averiguo lo que necesito. Actúo para conseguirlo".

Sin embargo, si sus cuidadores frustran sus acciones y le castigan por actuar de forma separada de ellos, no aprenderá que puede actuar para conseguir lo que necesita ni desarrollará una sensación-sentida de orgullo por sus propias capacidades independientes. En lugar de esperar conseguir lo que quiere, esperará fracasar. Ahora, la única forma de separarse de sus cuidadores es resistirse a sus deseos. Pero la resistencia evidente sólo trae más castigo, así que aprende a ocultar su resistencia y a evitar expresar sus sentimientos o emprender cualquier acción. Ésta es la génesis *del patrón de soportar.* Su experiencia en torno a las necesidades será algo así

"Tengo una necesidad. No puedo expresar mi necesidad. No puedo actuar para conseguirla. No puedo ganar. Sólo puedo esconderme y resistir".

4. Confiar en otros – en el apoyo y guía externos

A medida que su voluntad y su fuerza aumentan durante su tercer y cuarto año, incluso un niño que ha logrado expresarse y actuar para conseguir lo que quiere seguirá necesitando sentirse contenido y protegido por algo más grande que él. Necesitará saber que su poder está limitado por una fuerza mayor, buena y bondadosa, una fuerza que le mantendrá a salvo, incluso de sí mismo. Esto le permite relajarse y confiar en el mundo, sabiendo que algo más grande y más fuerte está ahí para él, cuidando de él.

Si sus cuidadores son capaces de tolerar su creciente fuerza y aun así contenerle con cariño, aprende que hay límites a lo que puede hacer. Y si son capaces de protegerle, aprenderá que está protegido y cuidado por algo más grande en lo que puede confiar. Aprenderá a confiar en otros y que, aunque puede tener su propio poder, no tiene por qué ser el poder supremo para estar a salvo. Su experiencia en torno a las necesidades será algo así como:

"Tengo una necesidad. Identifico lo que necesito. Actúo para conseguir lo que necesito, pero hay límites a lo que puedo hacer. Me contiene y me mantiene a salvo algo bueno que es más grande que yo".

Sin embargo, si sus cuidadores no son capaces de contenerle y protegerle amorosamente, no tendrá esa sensación-sentida de que algo le contiene, le protege y le cuida. No esperará que nada le contenga ni le proteja, sino que creerá que se enfrenta al mundo solo y que siempre debe estar dispuesto a luchar para protegerse. Ahora, ser el luchador más grande y fuerte es su única esperanza de seguridad. Como tener necesidades le hace sentirse débil y vulnerable, las repudia. Esta es la génesis *del patrón agresivo*. Su experiencia en torno a las necesidades será entonces algo así:

"Si necesito algo, lo cojo. Tengo que hacerlo todo yo mismo. Nadie me apoya ni se preocupa por mí. Nada me contiene. Estoy solo".

5. Confiar en uno mismo – en el apoyo y guía internos

En cuanto una niña se entera de que *puede* hacer , se enfrenta a un nuevo reto: decidir *qué* hacer. Necesita una forma de tomar esas decisiones.

Si sus cuidadores son capaces de ayudarla a encontrar su propia verdad interior y a tomar sus propias decisiones, aprenderá que puede confiar en su propia sabiduría interior. Aprenderá a confiar en sí misma y en su Fuente interior. Su experiencia en torno a las necesidades será algo así

"Tengo una necesidad. Actúo para conseguirla. Me guía algo que es bueno, flexible e inteligente dentro de mí. Soy una chispa de ello, y estamos en contacto constante".

Sin embargo, si sus cuidadores son ciegos a la Fuente que hay en ella, descartan su sabiduría interior e insisten en que confíe sólo en sus reglas para guiarse, entonces no desarrollará una sensación-sentida de su propia sabiduría interior. No creerá que sus sentimientos son importantes ni que existe una fuente de sabiduría en su interior. Por el contrario, ignorará su propia experiencia interior y creerá que su único valor reside en su desempeño exterior. Creerá que toda la sabiduría viene de fuera y sólo se guiará por autoridades y normas externas. Esta es la génesis *del patrón rígido*. Ahora su experiencia en torno a las necesidades se ha convertido en algo así:

"Tengo una necesidad. Puedo actuar para conseguirla, pero debo obedecer las normas. Todo el mundo debe obedecer las normas. Me guía una autoridad que está por encima de mí y fuera de mí. Debo obedecerla".

Hay otros dos temas que merecen atención en este punto: en primer lugar, ninguno de los patrones de supervivencia es mejor o peor que otro: cada patrón tiene sus propios dones y sus propias dificultades. En segundo lugar, desde dentro de su propia visión del mundo, ninguno de los patrones de supervivencia es capaz de comprender el estancamiento de los otros patrones. Cada patrón observa el estancamiento de los otros patrones y piensa: *"¿Qué te pasa? ¿Por qué no dejas de hacer eso? Yo no estoy atascado así, ¿por qué tú sí?"*.

Esta incapacidad para comprender y empatizar con las dificultades de quienes están atrapados en otro patrón de supervivencia parece ser más aguda cuanto más alejado está el otro patrón del tuyo en la secuencia de desarrollo. Los que hacen los patrones más tempranos (escapar y fusionarse) miran a los que hacen los patrones posteriores (agresivo y rígido) y se preguntan: *"¿Cómo puedes ser tan cruel e insensible?"*. Al mismo tiempo, los que hacen los patrones posteriores miran a los que hacen los patrones anteriores y piensan *"¿Qué problema tienes? ¡Contrólate! ¡Defiéndete!"*.

Así que, si te encuentras juzgando uno de los patrones de supervivencia mientras estás leyendo sobre él, da un paso atrás y pregúntate: *"¿En qué patrón estoy ahora mismo? ¿Y cómo está influyendo este patrón en mi visión de lo que estoy leyendo?"*. Notar qué tipo de juicios tienes sobre cada uno de los otros patrones de supervivencia puede decirte mucho sobre los patrones en los que entras. Y eliminar las distorsiones de tus propios patrones de supervivencia te ayudará a ver a tus seres queridos con ojos más claros y amables.

Otros factores en la creación de los patrones de supervivencia

Hay muchos caminos que un niño puede seguir para adoptar un patrón de supervivencia concreto. A medida que interactúa con su entorno, encuentra su propio camino, por lo que las generalizaciones sobre qué entornos crean qué patrones de supervivencia sólo son exactas en términos generales. Pueden explicar el camino que sigue la mayoría de las personas que desarrollan un patrón, pero no pueden explicar todos los casos.

En la última sección, hablamos de cómo quedarse atascado en una etapa de desarrollo particular tiende a crear un patrón particular de supervivencia en el cuerpo. Aunque esto es cierto, no es toda la verdad. Muchos padres afirman que sus hijos "nacieron así", es decir, que ya mostraban los talentos necesarios para una estrategia de seguridad concreta muy pronto, probablemente mucho antes de que la adoptaran como patrón de supervivencia. Y las circunstancias extremas pueden crear un patrón de supervivencia en un niño antes de la edad habitual para ese patrón o, en algunos casos, un patrón de supervivencia puede crearse más tarde, en respuesta a alguna situación vital muy difícil.

Es evidente que intervienen otros factores. Algunos de esos factores parecen ser innatos, mientras que otros son ambientales. Creo que hay cuatro factores que influyen en qué patrones de supervivencia se condicionan en el cuerpo de un niño. Estos son:

1. Un niño puede quedarse atascado en una determinada etapa de desarrollo, como se ha detallado anteriormente.

2. Un niño puede *modelar* el patrón, es decir, su cuerpo lo copia de otra persona a la que ve utilizando el patrón de supervivencia.

3. El niño puede tener una tendencia innata a que la energía se mueva por su cuerpo en una dirección o de una manera determinada, lo que le predispone a un patrón de supervivencia concreto.

4. El niño puede necesitar un patrón de supervivencia concreto para cumplir su propósito vital.

Como algunos de estos factores existen sobre todo en el mundo físico, mientras que otros existen sobre todo en los mundos energético o espiritual, tus propias creencias sobre la realidad influirán naturalmente en cómo ves la situación y en cuáles de estos factores consideras creíbles.

Si se parte de la creencia en el materialismo físico, es decir, de la cosmovisión que sólo reconoce el mundo físico y no reconoce la existencia de nada más allá de él, es probable que se dé más importancia a los factores ambientales, como atascarse en una etapa de desarrollo particular y copiar una estrategia de supervivencia de otra persona.

Si también reconoces la existencia de un mundo energético, o al menos crees que hay una energía vital que fluye por el cuerpo humano y lo anima, puedes estar abierto a la posibilidad de que un niño pueda nacer con una tendencia a que su energía vital fluya de una forma determinada, una forma que apoye el desarrollo de un patrón de supervivencia concreto y desaliente el desarrollo de otros. Parece haber cinco formas principales de distorsionar el libre flujo de la energía vital a través del cuerpo:

1. Puede tender a *alejarse de los demás*.
   Esto predispone a la persona al patrón de escapar.

2. Puede tender a fluir *hacia los demás*.
   Esto predispone a una persona al patrón de fusionarse.

3. Puede tender a fluir *hacia dentro y hacia abajo*.
   Esto predispone a la persona al patrón de soportar.

4. Puede tender a fluir *hacia arriba y hacia fuera*.
   Esto predispone a la persona al patrón agresivo.

5. El flujo puede tender a *contraerse*.
   Esto predispone a la persona al patrón rígido.

Por último, tenemos la posibilidad de que exista un mundo espiritual que subyace y crea tanto el mundo físico como el energético, y que cada persona nazca con un propósito vital. Este punto de vista sostiene que desarrollamos los patrones de supervivencia que necesitamos tener para cumplir el propósito de nuestra vida.

Los que creen en la reencarnación dicen que todo el propósito de nacer en la vida humana es aprender, y que aprendemos a través de la experiencia personal. Si podemos aprender a través de experiencias agradables, estupendo, pero normalmente se requiere algo de dolor y sufrimiento para que prestemos la atención suficiente para aprender la siguiente lección. Como dice el proverbio chino: *"Un maestro es un problema del que no puedes escapar"*. Si podemos escapar de él, normalmente lo hacemos. Pero si no podemos escapar, tenemos que enfrentarnos al problema y resolverlo. Y es entonces cuando aprendemos algo nuevo. Esta forma de pensar dice que la Tierra es una especie de escuela: nuestro espíritu nace a la vida física aquí una y otra vez, y poco a poco va acumulando sabiduría a través de la experiencia personal.

Según este punto de vista, establecemos de antemano las líneas generales de cada vida para ayudarnos a aprender las lecciones que hayamos elegido. Cada vida tiene un propósito (alguna lección importante que intentamos aprender a través de nuestras experiencias), y cada vida tiene problemas diseñados para empujarnos hacia el aprendizaje de esa lección. Entonces elegimos nacer en un cuerpo determinado, en un momento y lugar determinados, con unos padres y hermanos determinados, porque esas circunstancias crearán los problemas que nos empujarán a aprender las lecciones de esta vida. Desde esta perspectiva, la adopción de un patrón de supervivencia concreto no es sólo el resultado de quedarse atascado en la etapa de desarrollo asociada, sino también un método para perfeccionar un conjunto particular de habilidades, habilidades que necesitaremos para cumplir el propósito de nuestra vida.

Las religiones y culturas orientales tienden a adoptar el punto de vista de la reencarnación, mientras que las occidentales no. Algunos maestros de los patrones de estructura de carácter respaldan la visión del propósito vital; otros no. Para una recopilación occidental de relatos sobre el viaje entre vidas, recomiendo la lectura de *El Viaje de las Almas* y *Destino de las Almas*, ambos de Michael Newton.

Personalmente, no tengo una visión lo suficientemente amplia de la realidad como para saber con certeza si esta forma de pensar es correcta, pero he observado varias cosas. En primer lugar, es la explicación más elegante que he encontrado de por qué hay tanto sufrimiento en el mundo. Dice que hay sufrimiento porque el sufrimiento es necesario para centrar nuestra atención en lo que intentamos aprender. Sin embargo, a medida que desarrollamos la capacidad de prestar atención y aprender sin sufrir, nuestro sufrimiento disminuye. Cuando miro el mundo a mi alrededor, observo que esto parece ser cierto.

En segundo lugar, esta forma de pensar replantea los problemas de la vida desde "Algo ha ido mal" o "Algo maligno intenta hacerme daño" a "¿Qué estoy intentando aprender?". He observado que adoptar este punto de vista tiende a disminuir considerablemente el sufrimiento de una persona. La vida, entonces, ya no es una lucha entre el bien y el mal, sino un movimiento desde la ignorancia hacia la sabiduría. El sufrimiento no es más que un mecanismo de aprendizaje. Y en cuanto somos capaces, podemos dejarlo ir y empezar a aprender a través del amor y la alegría.

- 4 -

Breve descripción de los patrones de supervivencia

Cada patrón de supervivencia surge de una estrategia que el niño emplea para protegerse de la sensación de abrumación que siente cuando no se satisfacen sus necesidades. Con el uso repetido, la estrategia de seguridad se condiciona en el cuerpo del niño y se convierte en un patrón de supervivencia. Lo que define un patrón de supervivencia es la estrategia concreta que utiliza para gestionar la sensación de abrumación, no la edad a la que aparece por primera vez o la herida que se produjo en ese momento. Aunque los cinco patrones cumplen la misma función – evitar que el niño experimente directamente la sensación de abrumación – emplean cinco métodos diferentes para lograrlo.

Las personas siguen patrones de supervivencia con distintos grados de intensidad. Algunas personas están atrapadas en un patrón casi todo el tiempo. Para ellas, ese patrón de supervivencia rige su vida. Se identifican profundamente con él y determina todos los aspectos de su realidad y su comportamiento. Por el contrario, otras personas llevan un patrón de supervivencia tan a la ligera que sólo aparece en su comportamiento en momentos de extrema angustia, mientras que el resto del tiempo son capaces de permanecer presentes. La mayoría de las personas se sitúan entre estos dos extremos.

Esta variación se debe en parte al hecho de que los entornos de la primera infancia también existen en un espectro que va desde lo casi ideal a lo incalificablemente horrible. Un entorno más amable e ideal tiende a hacer que el patrón del niño sea más ligero, dependiendo, por supuesto, de la sensibilidad del niño a ese tipo concreto de heridas. Un entorno temprano más extremo tiende a producir un patrón más arraigado en el niño, dependiendo también de la sensibilidad del niño a ese tipo de heridas. Aunque la gravedad de la herida influye en la posibilidad de que el niño adopte el patrón y como de profundo lo haga, hay una gran variación de una persona a otra en la cantidad de daño necesario para inducir un patrón de supervivencia concreto. Lo que un niño encuentra intolerable, otro puede apenas notarlo. Esto parece depender de las sensibilidades y talentos que traemos con nosotros y, tal vez, de lo que vinimos a hacer y aprender.

Veamos cada uno de los cinco patrones de supervivencia en orden de desarrollo.

Escapar – En este caso, la herida se produjo muy pronto, probablemente durante el embarazo, cuando el espíritu entrante del bebé no experimentó la seguridad que necesitaba para completar su transición al mundo físico. Durante este tiempo, la tarea de desarrollo es la encarnación, el proceso por el cual el espíritu se reorienta del mundo espiritual al mundo físico y se vincula con el mundo físico y el cuerpo físico. Lo ideal es que el cuerpo físico y el mundo físico se sientan lo bastante seguros para que el espíritu del bebé se instale en el cuerpo y lo reclame. Entonces, su espíritu puede utilizar el cuerpo como punto de referencia, un centro al que volver si se pierde o se fragmenta. Con el tiempo, su cuerpo físico desarrolla un límite energético que mantiene alejadas las energías extrañas y aumenta su sensación-sentida de seguridad.

En la formación del patrón de escapar, sin embargo, algo en el mundo físico provoca repetidamente shocks al espíritu entrante de tal manera que su atención se fragmenta, haciendo que huya de vuelta al mundo espiritual para protegerse. Esta forma de salir del cuerpo interfiere en el proceso del espíritu a la hora de orientarse en el mundo físico y arraigarse en el cuerpo físico. Estas sacudidas dejan al delicado ser del recién nacido tan vulnerable que cualquier energía intensa dirigida a él puede hacer que su ser se rompa de nuevo en fragmentos. Y sin un punto de referencia en el cuerpo al que volver, le resulta difícil recomponer su yo.

Esas repetidas fragmentaciones impiden que la niña llegue a cohesionar un fuerte sentido de sí misma, a anclarlo firmemente en su cuerpo y a crear un fuerte límite energético alrededor de su cuerpo que la haría menos

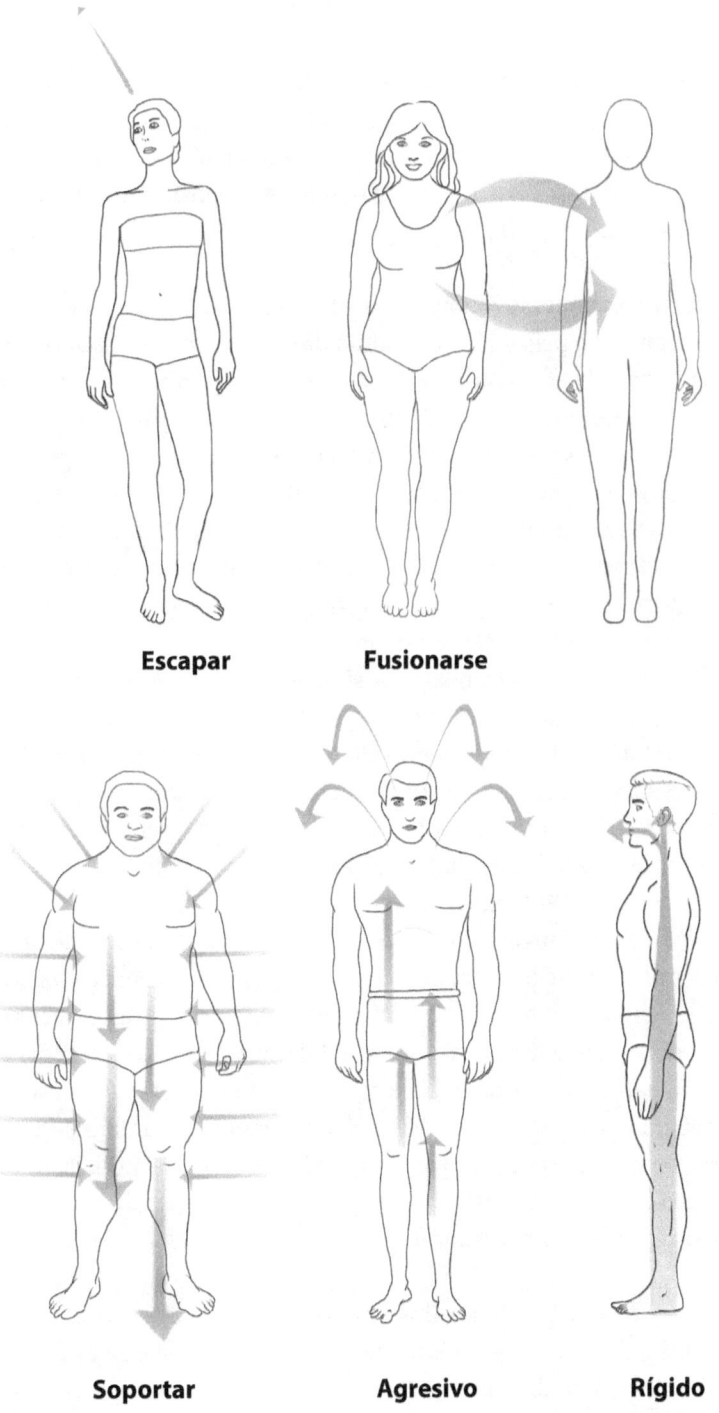

Escapar   **Fusionarse**

Soportar   **Agresivo**   **Rígido**

vulnerable a futuros choques. Esto significa que, incluso de adulta, se sentirá abrumada con facilidad. Su yo tenderá a fragmentarse bajo presión, lo que puede dejarla incapaz de funcionar porque no puede encontrar un centro desde el que operar. Lo más probable es que mantenga una fuerte conexión con el mundo espiritual y que sea muy creativa, sensible y consciente de los fenómenos energéticos. Pero dudará de su derecho a existir en el mundo físico y tendrá problemas para funcionar aquí.

Fusionarse y fusionarse compensado – En este caso, la necesidad insatisfecha era de crianza. La privación se produjo durante los primeros años de vida, normalmente en relación con la lactancia y/o alimentación con biberón. La niña no recibía o no podía tomar dentro el alimento y el amor que necesitaba, por lo que nunca se sentía plena y satisfecha. La tensión que le producía el hambre o el malestar no se liberaba por completo, por lo que siempre quedaba algo de ansiedad en su organismo. Esta ansiedad inhibía aún más su capacidad de tomar dentro y metabolizar el alimento, y se quedaba atascada en un ciclo de necesidad, sin poder recibirlo eficazmente y sin sentirse nunca saciada. Se sentía hueca y vacía por dentro.

Hay dos maneras de afrontar esta situación. Puede identificarse con la necesidad y esperar a que la rescaten, o puede proyectar su necesidad en los demás e intentar satisfacer sus necesidades. El primer método conduce al patrón de fusionarse puro, el segundo al patrón de fusionarse compensado. En esencia, se trata del mismo patrón de supervivencia, pero en el patrón de fusionarse compensado los sentimientos de necesidad e impotencia se cubren con una pretensión de autosuficiencia y poder.

Una niña con el patrón de fusionarse puro será excesivamente apegada, frágil y necesitará mucha atención. Una niña con el patrón de fusionarse compensado actuará de forma autosuficiente demasiado pronto, rechazando sus propias necesidades y se centrará en ayudar a los demás. Mientras que la segunda niña parece más funcional, la compensación es sólo una máscara que cubre el trabajo inacabado de esta etapa del desarrollo. En ambas situaciones, practica referenciar a los demás, pero evita referenciarse a sí misma. El don de esta estrategia es que se vuelve hábil para percibir las necesidades de los demás y proporcionarles lo que necesitan.

Soportar – Alrededor de los dos años, surge una nueva necesidad en el niño. Ya camina, habla y se enfrenta al descubrimiento de que está separado de su madre. Este descubrimiento de la separación trae consigo la necesidad de autonomía: la necesidad de ser dueño de su propio cuerpo y de sus actos. Empieza a decir "¡No!" y a oponerse a los intentos de controlarle.

Aunque esta afirmación de su autonomía es exactamente lo que necesita hacer para completar esta etapa de desarrollo, también es un comportamiento claramente nuevo, algo que un bebé no hace. Si sus padres o cuidadores no pueden tolerar su incipiente autonomía, surgirá un conflicto. Como el padre o la madre intentan suprimir su autonomía controlándole y castigándole, él se sentirá humillado y enfurecido.

Se resistirá activamente a la dominación de los padres durante todo el tiempo que pueda, pero acabará llegando a la conclusión de que no puede ganar y pasará a resistirse pasivamente. Se encerrará en sí mismo para proteger su último territorio soberano y, en un último acto de autonomía, volverá su voluntad contra sí mismo para suprimir su propio deseo de actuar e incluso de expresarse. Se atrincherará y limitará su oposición a *"No puedes obligarme"*. Este método de relacionarse con el mundo es el centro del patrón de supervivencia de soportar.

Para que esta estrategia de seguridad funcione, el niño debe tener la voluntad y la fuerza necesarias para perseverar en silencio, incluso soportando dificultades y malos tratos. Para ello, envía su energía vital, incluso su propio ser, al suelo y la esconde allí. La dificultad es que se queda atrapado allí, incapaz de moverse y actuar en el mundo. La ventaja es que las personas que siguen este patrón de supervivencia suelen estar más enraizadas que otras y suelen tener un gran aguante.

Agresivo – Aquí, la necesidad no satisfecha era la necesidad de sentirse contenido y protegido por algo más grande y más fuerte. Este niño ganó la batalla por la autonomía y se sintió orgulloso de su fuerza y voluntad. Pero entonces, en una situación que le pareció de vida o muerte, descubrió que lo que amaba y en lo que confiaba no estaba allí para protegerle. Así que se enfrentó solo a su miedo y sobrevivió haciendo acopio de todos sus recursos internos. Se sintió traicionado y su confianza en otros se rompió. La necesidad insatisfecha volvía a ser la seguridad, pero en este caso se centraba en la seguridad interpersonal y emocional de poder depender de los demás.

Este sentimiento de que le ha fallado o traicionado lo que creía que le estaba protegiendo puede crearse de varias formas diferentes. En un escenario, el niño simplemente tiene una energía tan grande que sus padres no son capaces de contenerlo energéticamente. Gana todas las batallas, pero descubre que se enfrenta al mundo solo. A la inversa, el padre puede ser autoritario y dominante, pero este niño se niega a ceder, aunque pierda la mayoría de las peleas.

En un tercer escenario, uno de los progenitores le seduce para formar un bando contra el otro. Al hacerlo, el progenitor seductor ignora las necesidades del niño y lo utiliza para satisfacer las suyas. La seducción puede incluir sexualidad, pero a menudo es puramente emocional. Cuando se da cuenta de que su amor por el progenitor ha sido utilizado para manipularle, el niño llega a la conclusión de que amar es peligroso y que abre la puerta a ser utilizado y traicionado. Cierra su corazón y resuelve inconscientemente: "*Nunca* me volverás a hacer eso".

El niño que desarrolla el patrón agresivo ha desarrollado un sentido cohesivo de sí mismo, una voluntad fuerte y la capacidad de defender su propio espacio personal, pero siempre está un poco en guardia. Le cuesta confiar en los demás o depender de ellos, o incluso dejarles su propio espacio, un espacio que él no controla. Sigue albergando un profundo terror inconsciente a ser utilizado y traicionado una vez más.

Dominar todas las situaciones se convierte en su única forma de crear una sensación de seguridad para sí mismo. Sin embargo, se vuelve hábil para hacer que las cosas sucedan en el mundo, y esto se convierte en uno de los dones del patrón agresivo.

Rígido – La herida aquí era que los padres no podían valorar la experiencia interior de la niña. Al haber perdido el contacto con su propia vida interior, no pudieron nutrir la vida interior de su hija. En su lugar, se centraron en la apariencia y el desempeño de la niña, en cosas como los modales, la postura, la corrección y las notas. Le enseñaban a seguir las normas que ellos seguían y a obedecer a la autoridad que ellos obedecían. Podían amar a su hija por sus logros y su desempeño, pero no por sus sentimientos y su ser.

Cada uno de nosotros necesita que su interior, su ser, sea visto y valorado. Si nuestros padres sólo ven nuestra apariencia y nuestro desempeño, tendemos a perder el contacto con nuestra experiencia interior y llegamos a creer que nuestra superficie – nuestro desempeño – es todo lo que somos. Sin contacto con nuestro ser interior, somos incapaces de encontrar nuestra propia guía interna, por lo que tenemos que confiar en una forma externa de guía que nos ayude a tomar decisiones.

Un niño que sufre esta herida se centra en las formas y reglas de la vida y pierde el contacto con la esencia y la sustancia de la vida. Tiende a experimentar el mundo indirectamente, a través de las palabras, en lugar de hacerlo directamente a través de las sensaciones y los sentimientos. Las reglas sustituyen a los sentimientos personales en su proceso de toma de decisiones.

Puede que utilice bien el lenguaje y se convierta en alguien con un excelente desempeño, pero para él, el hacer ha sustituido al ser y el mapa ha sustituido al territorio. En situaciones nuevas, su súplica será: *"Dime las reglas"*, porque sin las reglas, no tiene forma de navegar.

Cuando la energía extra llega a su sistema, intentará contenerla para que no le afecte realmente e interfiera en su desempeño. En lugar de permitir que le emocione, desviará la energía hacia la actividad: se ocupará y hará algo. Aunque las personas que siguen este patrón de supervivencia pueden no tener mucho sentimiento, creatividad o color en sus vidas, a menudo tienen mucho éxito en el exterior y viven en casas modelo con césped perfecto.

Patrones primarios y secundarios

Ahora que hemos echado un primer vistazo a los cinco patrones de supervivencia, es importante observar que las personas suelen seguir más de un patrón. Cuando se sienten abrumadas, primero recurren a su patrón primario. Si ese patrón no resuelve el problema, pasan a su patrón secundario o de respaldo. Algunas personas incluso adoptan un tercer patrón, aunque esto es poco frecuente. Por lo tanto, cuando leas las descripciones de los patrones de supervivencia, ten en cuenta que probablemente sigues dos de ellos, no sólo uno. Puede que sigas uno mucho más a menudo que el otro, o puede que los sigas por igual.

Esta observación de que cada persona sigue dos patrones, dispuestos como uno primario y otro de respaldo, me llegó a través de las enseñanzas orales de Lynda Caesara. Ella lo recibió como una enseñanza oral de Harley SwiftDeer Reagan.[*] No he visto esta información en ninguna otra fuente. A falta de esta pieza del rompecabezas, algunos autores han sugerido que cada uno de nosotros hace todos los patrones en distintos grados. Creo que esto es un error, que surge de definir los patrones de supervivencia como conjuntos de comportamientos, en lugar de como estrategias de seguridad que una persona emplea habitualmente para protegerse de los sentimientos de abrumación. En mi opinión, lo que hay que observar es qué estrategia emplea primero una persona cuando se siente angustiada y, si falla, a qué estrategia recurre a continuación. Estos son los patrones primario y secundario de la persona.

---

[*] Harley SwiftDeer Reagan dijo que recibió esta enseñanza de un psicoterapeuta cuyo nombre desconozco. Harley SwiftDeer ya ha fallecido, pero se puede contactar con su organización, la Tribu de los Ciervos, a través de su sitio web, www.dtmms.org.

Mostrar simplemente algunos de los comportamientos de un patrón determinado no es lo mismo que adoptar esos comportamientos como estrategia de seguridad. Puede que hayas asumido el comportamiento de un patrón determinado porque era lo que se esperaba de ti en tu familia o comunidad, aunque no pudieras hacer que el comportamiento funcionara como amortiguador de tu angustia. Del mismo modo, si tus padres seguían un patrón determinado y te entrenaban en sus habilidades, puede que hayas aprendido las habilidades de ese patrón, aunque no las utilices como estrategia de seguridad. O puede que hayas sido bendecido con los talentos de un patrón en particular, pero nunca hayas desarrollado esos talentos dentro de una estrategia de seguridad. Para determinar si sigues un patrón en particular, fíjate en cómo intentas protegerte cuando te sientes abrumado. Esa es la clave.

Hablaremos más detenidamente de los patrones primarios y secundarios después de describir en profundidad cada patrón de supervivencia en su propio capítulo.

Las personas con distintos patrones de supervivencia experimentan realidades diferentes

Veamos ahora brevemente cómo afecta a la comunicación entre nosotros el hecho de adoptar distintos patrones de supervivencia. ¿Alguna vez has estado en desacuerdo con alguien y te has sentido completamente desconcertado por su descripción de la situación? Quizá te hayas dicho: *"Debe de estar ciego"*, *"Debe de estar loco"* o incluso *"¡Qué idiota!"*. Lo más probable es que lo que estuviera ocurriendo es que ambos estabais siguiendo un patrón, pero patrones diferentes. Tu percepción de la realidad estaba siendo distorsionada por tu patrón de supervivencia en una dirección, y la percepción de la realidad de la otra persona estaba siendo distorsionada por su patrón de supervivencia en una dirección diferente. *Así que los dos estabais percibiendo realidades diferentes.* Cada uno estaba convencido de que su propia visión era correcta, por supuesto, porque coincidía con su forma habitual de ver el mundo. De lo que ninguno de los dos se daba cuenta era de que sus puntos de vista habituales estaban siendo distorsionados.

Entonces, ¿hay alguna forma de que dos personas puedan ver la misma realidad y estar de acuerdo en lo que ven? Sí, esto puede ocurrir de dos maneras. En primer lugar, puede ocurrir cuando ambas personas están en el mismo patrón de supervivencia. En segundo lugar, puede ocurrir cuando ambas personas están presentes, es decir, no están en ningún patrón.

Cuando ambas personas siguen el mismo patrón de supervivencia, sus visiones de la realidad están distorsionadas de forma similar, por lo que ven realidades parecidas. Ninguna de las dos realidades es exacta, pero no se dan cuenta de ello porque no tienen una visión exacta con la que comparar. En lugar de eso, se sienten tranquilos al coincidir. Lo interpretan como un apoyo a su creencia de que están viendo toda la verdad de la situación.

A todos nos gusta esta sensación, así que la buscamos. Elegimos amigos que siguen los mismos patrones de supervivencia que nosotros y nos unimos a grupos que validan nuestros patrones. Quienes temen que el peligro aceche a la vuelta de cada esquina se sienten más seguros en compañía de otros que también ven el peligro (ambos están viendo el Canal del Miedo). Los que valoran la conexión son más felices en compañía de otros que también valoran la conexión (ambos están viendo el Canal del Amor). Y los que creen en seguir las normas se sienten cómodos en compañía de otros que también valoran las normas (siempre que valoren las *mismas* normas, ya sean de "ley y orden" o de "amor libre").

La segunda situación en la que dos personas pueden ver la misma realidad se da cuando ambas están presentes, es decir, cuando ninguna de ellas está en patrón. Ahora sus visiones de la realidad son mucho más precisas y, por tanto, mucho más cercanas entre sí. Obviamente, esta es una situación mucho mejor. También es el único camino para resolver realmente los desacuerdos que se basan en estar en patrones diferentes. Por eso es tan importante que cada uno de nosotros reconozca cuándo ha entrado en un patrón y tome medidas para salir del patrón.

5

Las habilidades básicas necesarias para hacer trabajo interior

Antes de explorar cada patrón de supervivencia con más detalle, necesitamos revisar las habilidades básicas que todos necesitamos desarrollar para tener éxito cuando hacemos un trabajo interior importante. Desgraciadamente, pocos métodos de sanación enseñan todas estas habilidades, por lo que es posible que tengas que buscar ayuda en varios métodos para aprenderlas todas. Durante el proceso de tu trabajo interior, necesitarás desarrollar el testigo interno, aprender a atender a la experiencia sensorial en bruto, practicar las habilidades energéticas básicas y desidentificarte del crítico interior.

Desarrollar el testigo interno

Cuando empiezas a hacer terapia o cualquier tipo de trabajo interior de autorreflexión, tu primera tarea es desarrollar el testigo interno, también conocido como el Yo Observador. El testigo interno no juzga ni comenta tu experiencia. Su trabajo consiste simplemente en registrar lo que piensas, sientes, dices y haces – momento a momento – para que después puedas volver atrás y recorrer de nuevo la experiencia para ver cómo llegaste del punto A al punto B.

Por ejemplo, supongamos que te has vuelto a casar tras un amargo divorcio y vas a salir por la noche con tu nuevo marido. Pero aún no estás preparada, y tu marido te dice suavemente: *"Vamos, cariño, llegaremos tarde"*, y de repente te encuentras enfurecida y gritándole. ¿Qué ha pasado? ¿Cómo has pasado de "todavía no estoy preparada" a enfurecerte y gritarle? Puedes pedirle a tu testigo interno que reproduzca para ti muy despacio todos los pasos intermedios. Mientras revisas los pasos, puedes empezar a ver las conexiones. Puede que tu diálogo interior fuera algo así:

Se está haciendo tarde. Pero todavía tengo que hacer una cosa más para estar lista. Si no lo hago, no me sentiré completamente arreglada para esta fiesta.

Pero si me tomo el tiempo de hacerlo, llegaré tarde otra vez. Odio eso. ¿Qué me pasa? ¿Por qué no puedo llegar a tiempo [se autoataca]?

Probablemente se quejará de nuevo. Realmente odio eso. ¡No tiene derecho! [ataca al otro]

Mi primer marido solía quejarse de ello, y luego, cuando me dejó por su estúpida secretaria, fingió que era porque llegaba tarde tan a menudo. [ahora está furiosa y perdida en el pasado] ¡Maldito sea! ¡No era culpa mía!

En ese momento, tu desventurado segundo marido te dice: *"Vamos, cariño, llegaremos tarde"* y tú le arrancas la cabeza de un mordisco, sin distinguir entre él y tu primer marido.

Si no has desarrollado tu testigo interno, puedes creer que tu enfado debe de haber sido causado por algo que hizo tu nuevo marido, y tu mente se pondrá a buscar pruebas que justifiquen esa creencia. Pero si tienes la capacidad de repasar tu propia experiencia segundo a segundo, te darás cuenta de que lo que te enfadó fue una herida del pasado y que la situación actual sólo te la recordó.

Ahora ya sabes algunas cosas importantes:

1. Todavía estás dolida y enfadada por la situación pasada.

2. Ahora mismo no te están haciendo daño.

3. Estás atrapada en una reacción basada en tu pasado.

4. Tu nuevo marido no fue el causante de tu disgusto.

Tu testigo interno te ha ayudado a aprender algo sobre ti misma y a volver a estar más presente en el aquí y ahora.

Desarrollar el testigo interno es el primer paso necesario para todo trabajo interior. Es el espejo en el que te miras para verte con más claridad. Su trabajo consiste simplemente en mostrarte un reflejo claro de ti mismo. No juzga. No hace ningún comentario. Se limita a reproducir la película de todo lo que ha sucedido, tanto dentro como fuera de ti.

Prestar atención a la experiencia sensorial en bruto

Además de desarrollar el testigo interno, cada uno de nosotros debe ser capaz de percibir su propia experiencia sensorial en bruto y, para ello, debemos aprender a diferenciar entre nuestra experiencia sensorial y la interpretación que de ella hace nuestra mente. Muchos de nosotros pasamos la mayor parte de nuestras vidas metidos en la cabeza, comentando nuestra experiencia, decidiendo lo que significa y contándonos historias sobre ella. Los que ignoramos las sensaciones crudas de nuestro cuerpo y los que nos disociamos para no sentirlas, podemos vivir toda la vida con muy poca experiencia directa de nuestra propia vida, es decir, de nuestras percepciones de sensaciones-sentidas en bruto.

Esto nos deja con una experiencia empobrecida de la vida. Aunque nuestras mentes tienen un gran valor, no es en ellas donde tiene lugar la vida real. Vivimos en un mundo físico y nuestras vidas transcurren en la interfaz entre nuestra conciencia y el mundo físico. Es en nuestra experiencia sensorial bruta del mundo donde estamos más vivos. Ahí es donde ocurre la vida real, no en nuestros pensamientos sobre ella. Y la única manera de estar presentes en nuestra experiencia sensorial es sacar a la mente de su trono y dejarla de lado por un momento.

Cuando nos perdemos en nuestros comentarios internos, cuando estamos absortos en recuerdos o fantasías, hemos abandonado nuestra experiencia de la sensación-sentida del momento, y mientras estamos fuera, nos estamos perdiendo el Ahora. El único momento de la vida real es el Ahora. Y el único lugar donde ocurre es Aquí. Así que la única manera de participar plenamente en la vida real es estar presente en el Aquí y Ahora. Eso significa poner tu atención en tus cinco sentidos, en tu experiencia sensorial en bruto, en lugar de ponerla en tus pensamientos, creencias e historias. Significa poner tu atención especialmente en sentir el centro de tu propio cuerpo. Es en la sensación-sentida interior de tu centro donde puedes encontrarte a ti mismo más vívidamente. Y es ahí donde puedes descubrir el yo que has estado buscando en tu mente.

Aclaremos la distinción entre experimentar la vida a través de la mente y experimentarla directamente, a través de las percepciones sensoriales en bruto. La mente es el lugar del pensamiento: del razonamiento, la comprensión, la evaluación, la extracción de conclusiones y la toma de decisiones. Es el lugar donde manejamos conceptos como arriba y abajo, dentro y fuera, y causa y efecto. Es donde hacemos juicios, como bueno y malo, correcto e incorrecto, verdadero y falso. Y es en la mente donde creamos las creencias y las historias que definen quiénes somos y cómo interactuamos con el mundo.

Todas estas actividades comparten una cualidad importante: no son los datos en bruto, sino cosas que hacemos con los datos en bruto. Son el resultado de digerir los datos brutos. Se derivan de los datos brutos, por lo que están a un paso de ellos.

Los datos en bruto sólo existen en el momento presente y sólo en nuestra propia experiencia directa: en experiencias de textura, presión, movimiento, tamaño, peso, forma, temperatura, ubicación, sabor, olor, color, brillo, sonido, tono, vibración, punzada, tensión, dolor, placer y similares. Estas experiencias son vivas, frescas e inmediatas. Te están ocurriendo ahora mismo, aquí mismo, a ti.

Por ejemplo, consideremos la diferencia entre pensar en una fresa y comértela. En tu mente, probablemente tienes mucha información sobre las fresas, como su tamaño y color típicos, dónde se cultivan, cómo se cultivan, dónde se compran, cuánto cuestan, qué opinas de los pesticidas utilizados en su cultivo, cuánto tiempo se mantienen frescas, etc. Puedes tener años de información acumulada sobre ellas, historias de tus interacciones con ellas, conocimientos sobre ellas, creencias sobre ellas e incluso juicios sobre ellas.

Todo este conocimiento tiene valor, pero no es la experiencia directa de saborear una fresa aquí y ahora. Para obtener esa experiencia, debes dejar a un lado los pensamientos y centrar tu atención en las sensaciones de una fresa en tu boca, ahora mismo. La forma más fácil de hacerlo es llevarse una fresa a la boca y morderla. Pruébalo, si puedes, y fíjate en cómo el mero hecho de concentrarte en el sabor, la textura y la jugosidad tiende a apagar tus pensamientos. Observa cómo, si te gusta el sabor, todo tu cuerpo se relaja para poder tomarlo dentro. Date cuenta de que *ahora* estás experimentando *esta* fresa, no las fresas en general. Estás teniendo la experiencia de primera mano, como percepciones sensoriales en bruto.

Si no tienes una fresa a mano, tal vez puedas evocar un recuerdo sensorial de haber mordido una jugosa fresa. (Un recuerdo sensorial es un recuerdo en el que evocas las sensaciones en bruto de la experiencia, en lugar de tus pensamientos sobre ella. Recordar una experiencia de este modo es más fácil para unas personas que para otras, pero es una habilidad que todo el mundo puede desarrollar). Si eres muy hábil recordando sensaciones, puede ser casi tan vívido como una experiencia en el momento presente. Si te cuesta más recordar los sentidos, puede que te encuentres pensando en lugar de sintiendo.

En cualquier caso, fíjate no sólo en lo fácil que te resulta saborear una fresa, sino también en lo fácil o difícil que te resulta permanecer en contacto con tus percepciones sensoriales directas mientras estás alterado o cuando intentas realizar una tarea. Puede que necesites practicar esta habilidad repetidamente durante meses para llegar a dominarla. Empieza con ejercicios sencillos, como simplemente saborear la fresa, y ve añadiendo gradualmente más complejidad, como permanecer con tus percepciones directas mientras realizas una tarea rápidamente. A medida que practiques, notarás que la vida te resulta más vívida, fresca e inmediata.

Desarrollar habilidades energéticas básicas

Hay cuatro habilidades energéticas básicas que son necesarias para un funcionamiento adulto saludable. Lo ideal sería que cada uno de nosotros hubiera aprendido estas cuatro habilidades automáticamente en la infancia, del mismo modo que aprendimos a mantener el equilibrio, momento a momento. Sin embargo, muy pocos tuvimos esa suerte, por lo que la mayoría de nosotros necesitamos practicar conscientemente estas habilidades como adultos hasta que se conviertan en algo natural y las hagamos automáticamente en cada momento. La psicología moderna tiende a centrarse en la mente y las emociones, ignorando el movimiento de la energía a través del cuerpo, por lo que a menudo ignora estas habilidades o sólo las aborda de forma marginal. Esto es lamentable, ya que estas cuatro habilidades energéticas son fundamentales para nuestro funcionamiento óptimo, así como para el propio proceso de sanación.

Estas habilidades energéticas también son necesarias para salir del patrón y volver a la presencia. En los capítulos sobre los cinco patrones de supervivencia, trataremos cada una de estas habilidades con más profundidad. De momento, aquí tienes un breve resumen de cada una de ellas:

Centro: Es la habilidad de mantener tu atención en el centro de tu propio cuerpo y de sentirlo. Es lo que te da una sensación-sentida de ti mismo. Es necesario para referenciarte a ti mismo y percibir lo que realmente sientes y quieres.

Enraizamiento: Es la habilidad de conectarte energéticamente a la tierra, de tener una relación con lo que te sostiene, tanto física como energéticamente. Es lo que te da la sensación-sentida de ese apoyo.

Borde o Límite: Es la habilidad de crear y sujetar un límite energético alrededor de tu espacio personal, también conocido como tu burbuja. Al igual que cada célula de tu cuerpo tiene una membrana celular que regula lo que entra y sale de la célula, cada uno de nosotros necesita tener una membrana energética alrededor de nuestro espacio personal que regule lo que entra y sale de nuestro espacio. Este límite también es necesario para crear una carga energética en el cuerpo que te permita actuar con eficacia en el mundo.

Yo / no yo: Esta es la habilidad de distinguir entre lo que eres tú y lo que es otro (no tú). Como los pensamientos, sentimientos y energías de otras personas pueden entrar en tu espacio y confundirte sobre quién eres y qué piensas y sientes, necesitas una forma de limpiar tu cuerpo y tu espacio personal, eliminando todo lo que "no soy yo". Si tienes los sentimientos de otras personas en tu cuerpo, mezclados con los tuyos propios, puede ser muy difícil averiguar lo que realmente sientes.

Desidentificarse del crítico interior

"Las palizas continuarán hasta que mejore la moral".

Dentro de cada uno de nosotros hay una voz que nos critica cada vez que hacemos algo mal. Esta voz se llama el crítico interior, y es una amalgama de todas las órdenes que oímos de pequeños: *"Sé bueno", "Di la verdad", "Ponte derecho", "No pegues a tu hermano", "No dibujes en las paredes", "No hables con la boca llena", "No corras con las tijeras", "No contestes", etc., etc., etc.* Cada vez que mamá, papá o quienquiera que tuviera poder sobre nosotros nos daba instrucciones sobre lo que debíamos o no debíamos hacer, nuestro pequeño cerebro lo grababa. Con el tiempo, construimos una biblioteca de sus voces y las mezclamos en una sola voz que nos dice quiénes debemos ser.

El trabajo del Superego

El crítico interior forma parte de algo más grande que Freud llamó el "superego". Se desarrolla en la primera infancia, aproximadamente entre los dos y los cinco años. La función del superego es impedir que hagas cosas que te metan en problemas con tus padres y cuidadores. Intenta mantenerte dentro de la caja del Niño Bueno / la Niña Buena que ellos han definido, donde eres querido y estás seguro. El crítico interior te ayuda convirtiéndose en una especie de policía interior que te interrumpe en cuanto tienes el impulso de hacer algo malo y te regaña para que no lo hagas.

Por supuesto, para detenerte tiene que vencer muchos de tus impulsos y deseos. Al fin y al cabo, *quieres* esa galleta, tanto si es casi la hora de cenar como si no. Para que obedezcas, te critica, te avergüenza y te insulta. Todo lo que has visto hacer a otros, lo copia y lo utiliza contra ti. Su tono puede ir desde la mera desvalorización hasta la crueldad y el odio. De este modo, pasas de ser un niño libre, espontáneo y desinhibido a ser un niño internamente censurado y que se porta bien. A tus padres les gusta, por supuesto, y te elogian por ser tan buen chico o buena chica.

Desarrollar un superego es un paso importante y necesario para cualquier niño. Ahora tiene un mecanismo interno que puede regular su comportamiento, y es muy necesario algún tipo de autorregulación interna. Por primera vez, algo puede intervenir entre tener un impulso y actuar en consecuencia. Por primera vez, la respuesta de los demás entra en el proceso de toma de decisiones. Es un verdadero paso adelante, aunque lo ideal sería que no incluyera el odio hacia uno mismo, tan común en las culturas occidentales.

El superego se compone de tres partes:

- la imagen ideal de sí mismo

- el alabador interior

- el crítico interior

La imagen ideal de uno mismo sostiene literalmente todas tus imágenes interiorizadas de la versión perfecta de ti: la que mamá y papá quieren que seas, la que más quieren. Estas son tus imágenes del Buen Chico o la Buena Chica, de *Quien Debería Ser*.

Cada vez que tienes un impulso de hacer algo, ese impulso se compara con tu imagen ideal de ti mismo. Si el impulso encaja con Quién debo ser, tu alabador interior habla y dice *"¡Buen chico!"* o *"¡Buena chica!"*. En respuesta, te sientes digno y orgulloso. Te gusta el elogio, así que actúas así más a menudo. Cada vez que tu impulso o acción no encaja con Quién debo ser, tu crítico interior te ataca. Te dice: *"¡Mal chico!"* o *"¡Mala chica!"*. Como respuesta, te sientes indigno y avergonzado. No te gustan esos sentimientos, así que intentas evitar actuar así.

Pero la voz del crítico interior no es tu propia voz. Es sólo la voz de las personas que te criaron. Para algunas personas, esta voz interior es tan clara en su cabeza que pueden decir exactamente cuál de sus padres está hablando. Para otros, todas las voces se han mezclado en una sola que creen que es la suya. Y para algunos, no hay ninguna voz, sino sólo una sensación desagradable en el cuerpo, como si la voz hablara en su inconsciente y sólo la sensación desagradable se hiciera consciente.

Es importante distinguir entre el crítico interior y la conciencia. La conciencia se basa más en la empatía y la compasión por los demás, por lo que se desarrolla más tarde, a medida que esas capacidades se ponen en marcha. También te aconseja sobre lo que debes hacer y madura contigo a medida que te desarrollas. El crítico interior, sin embargo, no madura mucho después de formarse, así que durante el resto de tu vida funciona con la comprensión y la madurez de un niño de cinco años. Las nuevas situaciones sólo se miden en función de "¿Le gustará esto a mamá? ¿Se enfadará papá? ¿Me meteré en problemas por esto?". Es una parte joven de ti, que intenta protegerte a su manera como un niño de cinco años. Y el crítico interior no sólo te aconseja, sino que te ataca para controlar tu comportamiento. El ataque de un crítico siempre te devalúa de alguna manera. Siempre te hace sentir pequeño, estúpido o malo de alguna manera. Esa devaluación es el sello distintivo del crítico interior y la forma en que puedes reconocerlo siempre.

El propósito del superego es mantener la homeostasis en tu psique, lo que significa mantenerte dentro de la caja del Buen Chico/ de la Buena Chica y no dejar que ocurra nada nuevo. Obviamente, no le gusta el trabajo interior. Te atacará por explorar fuera del territorio conocido. En efecto, el superego es un padre interiorizado. Sostiene la imagen de quién se supone que debes ser, compara tu estado actual con ella y luego te corrige. Intenta evitarte problemas con mamá y papá y te ayuda a llevarte bien con otros niños. Te ayuda a aprender modales y todas las demás normas que necesitas para desenvolverte en la sociedad. Te da cierta capacidad para regular tu propio comportamiento y ajustarte a las normas sociales. Hasta aquí, todo bien. Pero hay un último paso importante que debe darse para la formación de una estructura del yo sana y madura.

Separarse del Superego

Después de que se forme tu superego, se supone que se separará de tu ego central. Entonces te desidentificarás de tu propio alabador interior y de tu crítico interior, y empezarás a oírlos como voces separadas en tu cabeza, voces que te dicen lo que mamá y papá quieren, pero no lo que tú mismo quieres. Cuando eso ocurra, volverás a oír tu propia voz con claridad y tendrás mucha información que te ayudará a decidir qué hacer. Podrás oír lo que tu crítico interior y tu alabador interior tienen que decir sobre tus impulsos, pero también podrás oír tu propia voz interior y sentir tus propios sentimientos e impulsos. Entonces podrás tomar tu propia decisión. Será una decisión informada, no el acto irreflexivo e impulsivo de un niño de dos años, ni una decisión determinada por la sumisa obediencia a las normas establecidas por mamá y papá. Ahora estás empezando a formar un ego sano y un yo auténtico.

Pero, ¿y si este último gran paso no se produce? ¿Y si tu superego no se separa de tu yo central? Entonces las voces de tu superego no sólo alaban o critican al yo, sino que ahogan la voz del yo. Entonces la voz de tu crítico interior es fuerte y constante en tu cabeza, y cuando habla, crees que es tu propia voz. No la cuestionas. Crees que dice la Verdad. Cuando tu crítico interior te ataca, no te das cuenta de que es algo separado de ti que te está atacando, ni de que puedes defenderte de sus ataques. Y no te das cuenta de que tu crítico interior no puede alabarte, sino sólo criticarte, por lo que sus palabras no son una evaluación justa de tu valía.

Desgraciadamente, muchas personas no dan este último paso en su desarrollo. Su crítico interior permanece fusionado con su propia voz interior y no pueden distinguirlos. Piensan que la voz de su cabeza – la voz que les corrige, les avergüenza y les insulta – es su propia voz.

Si escuchas atentamente a estas personas mientras hablan en voz alta, casi puedes oír lo que su crítico interior está diciendo dentro de su cabeza. Es como escuchar un lado de una conversación telefónica y adivinar por el lado que oyes lo que debe estar diciendo el otro. Por ejemplo, si te cuentan que el baño estaba inundado cuando llegaron, dirán algo así como: *"El baño ya estaba inundado cuando llegué aquí a las 10 . . . bueno, no eran las 10 en punto . . . pasaban cinco minutos de las 10."* ¿Te has dado cuenta de ello? Durante cada una de esas pausas, su crítico interior les estaba corrigiendo sobre la hora, aunque la hora exacta no fuera importante para la historia.

El no desidentificarte de tu crítico interior es un verdadero problema. Te hará sufrir frecuentes ataques del crítico, contra los que no tendrás defensa. Y te dejará muy poco espacio interior para experimentar algo nuevo. En cuanto surja en ti un nuevo impulso o sentimiento, tu crítico interior lo atacará. Intentará empujarte de nuevo a la casilla del niño bueno o la niña buena que garantizará la aprobación de mamá y papá. Sus ataques pueden ser despiadados y hacerte sentir inútil y avergonzado.

No completar este paso en el desarrollo es sólo eso, un paso incompleto en el desarrollo, no un patrón de supervivencia. Aunque es una parte importante del patrón rígido, no garantiza que una persona adopte el patrón rígido. Muchas personas que siguen otros patrones también permanecen identificadas con su crítico interior y sufren mucho por ello, aunque no sea fundamental para el mecanismo de sus patrones de supervivencia.

Para completar el proceso de separación de su crítico interior, la mayoría de las personas necesitan formación para reconocer su voz. Algunos clientes con los que he trabajado se sorprenden al darse cuenta de que en realidad están oyendo la voz de su madre o de su padre: no sólo la misma intención y el mismo tono, sino la misma voz, con las mismas palabras, la misma inflexión y el mismo acento. Una vez que pueden percibir a su crítico interior como algo separado de ellos mismos, pueden empezar a reconocer sus ataques. Algunos de esos ataques pueden ser una voz o un pensamiento en su cabeza que los devalúa. Otros pueden ser sólo una sensación desagradable en el cuerpo.

La característica distintiva de un ataque crítico es que ataca tu valor como persona. No se limita a corregir un error, sino que te hace sentir mal contigo mismo por haberlo cometido. No es la voz que dice: *"Oye, estás conduciendo demasiado rápido. Será mejor que reduzcas la velocidad"*. Es la voz que dice: *"¡Idiota! ¡Vuelves a meter la pata! Siempre haces lo mismo"*. Te hace sentir pequeño, inútil y avergonzado de ti mismo.

En resumidas cuentas: si aún no lo has hecho, tienes que encontrar la manera de evitar que tu crítico interior te machaque y dirija tu vida. Para llegar a ser nosotros mismos, cada uno de nosotros necesita desarrollar su propia voz interior, por lo que desidentificarse del crítico interior es un paso crucial en el trabajo interior de cada uno. Cada uno de nosotros debe aprender a referenciar y sentir su propia experiencia interior y sus deseos.

Defenderse contra un ataque de crítica

Una vez que puedes reconocer un ataque de crítica, estás preparado para aprender a defenderte de él. Para ello, utiliza tu propia energía vital para rechazarlo, en lugar de dejar que utilice *tu* energía vital para aplastarte. Con el tiempo, esta práctica cambiará profundamente tu relación con tu crítico interior.

Aunque al principio tu crítico interior pueda parecer un gorila de 800 libras que pisotea a su antojo a tu pequeño e indefenso yo, a medida que practiques contraatacarlo, la fuerza vital que solía alimentar a tu crítico interior se redirigirá hacia la alimentación de tu yo. Tu crítico interior empezará a encogerse y tu yo crecerá. Con el tiempo, tu yo será más grande y más fuerte que tu crítico interior. Será capaz de sentir un ataque entrante y mantener al crítico interior a distancia o simplemente decirle *"¡Siéntate!"*.

A medida que cambias tu relación con tu crítico interior, hay una cosa más que quizá necesites hacer, y es impedir que utilice tu boca para atacar a los demás. Al igual que tu crítico interior intenta que te comportes según las reglas de papá y mamá, a menudo también intenta que los demás se comporten según esas reglas. Lo hace criticando y corrigiendo su desempeño. El grado de esto varía de una persona a otra, dependiendo de cuánta agresividad externa permitan sus patrones de supervivencia.

En algunas personas, la mayoría de los ataques críticos se dirigen hacia dentro, hacia uno mismo. En otras personas, la mayoría de los ataques críticos se dirigen hacia fuera, hacia los demás. Algunas personas empiezan con una crítica interior dirigida casi totalmente hacia dentro, pero a medida que encuentran su fuerza interior, su crítica interior se vuelve hacia fuera y empieza a atacar a los demás. Si tu crítico interior ataca a los demás, debes aprender a controlarlo. Puedes seguir expresando ira, pero debes aprender a hacerlo limpiamente, en lugar de como un ataque.

Una vez que te hayas desidentificado de tu crítico interior y hayas aprendido a defenderte de sus ataques, tu exploración interior y tu crecimiento podrán avanzar mucho más rápidamente. Habrás despejado un espacio en tu interior, dentro del cual podrás probar nuevas experiencias y encontrar tu propia voz. Aunque es poco probable que tu crítico interior desaparezca por completo, tu relación con él habrá dado un vuelco. En lugar de que tu crítico interior dirija tu vida y te domine, ahora tú estarás al mando.

Cada vez que abres la puerta a una nueva experiencia, sobre todo si se sale del esquema de niño bueno y niña buena prescrito por tus padres, es probable que tu crítico interior grazne e intente detenerte. Pero ya no tomará las decisiones. Con el tiempo, incluso llegarás a reconocer este tipo de ataque crítico como una señal de que estás creciendo y entrando en un nuevo territorio, no como una señal de que tienes problemas.

Para profundizar en este tema, recomiendo el libro de Byron Brown, *Un alma libre de vergüenza*.

6

Tabla de los patrones de supervivencia

Para más ayuda para determinar en qué patrones entras, visita

www.The5PersonalityPatterns.com

Los 5 Patrones de Personalidad

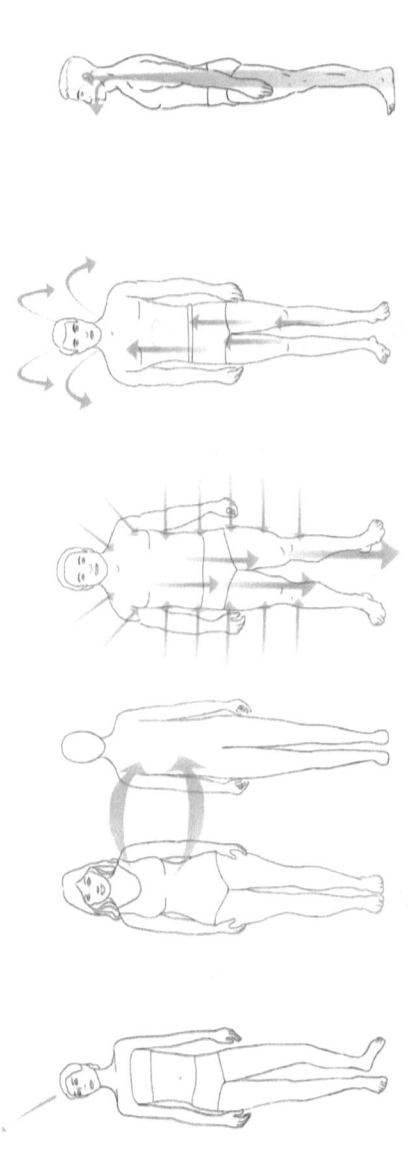

	ESCAPAR	FUSIÓNARSE	SOPORTAR	AGRESIVO	RÍGIDO
Otros nombres	Esquizoide, Creativo	Oral, Amante, Dependiente, Autosuficiente	Masoquista, Cargado, Aguantador	Psicópata, Retador-Defensor	Histérica, Triunfador, Industrioso
Dones	conciencia de la energía	cuidar, nutrir, amar, placer	enraizamiento, resistencia	gran energía, voluntad, carisma	orden, forma, estructura
Aspectos positivos	creativo, juguetón, alegre, sensible	cariñoso, generoso, cuidador, placer	constante, paciente, diplomático	fuerte, competente, ingenioso	buen triunfador, altamente funcional
Ejemplos	Albert Einstein; Nikola Tesla; Robin Williams	Marilyn Monroe; Oprah Winfrey; Bill Clinton	Eeyore en *Winnie the Pooh*; Samwise Gamgee en *El Señor de los Anillos*	Jack Nicholson; Tom Cruise; Voldemort; la mayoría de héroes y villanos	Mitt Romney; el arquetipo de la bibliotecaria

	ESCAPAR	FUSIÓNARSE	SOPORTAR	AGRESIVO	RÍGIDO
Dificultad con	la encarnación	las necesidades: recibir, sostener, digerir	expresar el yo, pasar a la acción, reclamar su propio espacio	confiar en otros, contenerse a sí mismo	sentirse a sí mismo, confiar en uno mismo
Edad típica de la herida	desde el útero hasta los 6 meses	de los 6 meses a los 2½ años	del 1½ a los 3 años	de los 2½ a los 4 años	de los 3½ a los 5 años
Tarea de desarrollo a esa edad	encarnación: reivindicar el cuerpo y la vida física	tomar dentro: recibir, sostener, metabolizar	poner fuera: reivindicar el yo y expresar el yo	confiar en otros: sentirse sostenido por una presencia buena, y más grande	confiar en uno mismo: sentirse y expresarse
Desarrollo de la voluntad y la fuerza	la voluntad y la fuerza aún no están en línea	la voluntad y la fuerza aún no están en línea	primera acción personal emprendida, pero se ve frustrada y castigada	tiene éxito en la acción personal, pero no está limitado o contenido	la acción personal está divorciada del sentimiento
Ámbito típico de la herida	energético	físico e interpersonal	interpersonal	interpersonal	interpersonal y espiritual
Progenitor típico	asustado o enfadado, insuficientemente enraizado	privar, enfermo, ausente	intrusivo, dominante, autoritario	un progenitor seductor, otro autoritario	muy obediente a las reglas
Herida típica	la hostilidad rompió la atención del espíritu entrante	incapaz de tomar dentro suficiente nutrición y amor	invadido; humillado; castigado por expresar su propia autonomía	durante el miedo a la no supervivencia, nadie estuvo ahí para ellos; utilizaron su fuerza de voluntad para sobrevivir	enseñado a ignorar la experiencia interior y confiar sólo en reglas y formas externas
Efecto de la herida	el yo queda fragmentado y frágil	no puede saciarse; se siente necesitado y vacío; teme la privación	no puede controlar su propio cuerpo espacio; teme la autoexpresión y la acción	se siente poderoso, pero solo; teme sus propias necesidades; teme la traición	teme la propia experiencia interior, la pérdida de control

Los 5 Patrones de Personalidad

	ESCAPAR	FUSIÓNARSE	SOPORTAR	AGRESIVO	RÍGIDO
Busca la seguridad a través de	escapar	fusionarse	esconder el yo, resistirse a otros	poder	contenerse y corregirse
Acción defensiva	limita el contacto y la energía entrante; abandona el cuerpo; abandona la situación	busca a los demás para satisfacer sus propias necesidades; compensado: satisface las necesidades de los demás	se resiste al otro; vuelve la voluntad contra sí mismo; se retrae y se esconde en lo más profundo de sí mismo	rechaza las necesidades; idealiza el poder; domina y controla a los demás	controla la experiencia; referencia las reglas en lugar de a sí mismo; actúa adecuadamente
Resultados de la acción defensiva	el yo es incapaz de cohesionarse y anclarse en el cuerpo; debilidad en la estructura del cuerpo y del ego; el yo se rompe con facilidad	incapaz de proveerse de su propia energía, de sostener la y metabolizarla; se desploma con facilidad	se resiste a todo; no puede expresar el yo ni emprender acciones propias; sabotea sus propias acciones	debe protegerse a sí mismo; es incapaz de necesitar a los demás, confiar en otros o pedir ayuda	incapaz de sentirse a sí mismo y confiar en la guía interna
Forma típica del cuerpo	delgada, puede ser enjuto	suave y redondeado	cuerpo fuerte y fornido; caderas y muslos pesados	hombros anchos, caderas estrechas	en forma
Señales corporales	tensión en las articulaciones; torsión del cuerpo; inquieto, torpe	pecho hundido, cabeza hacia delante; demasiado gordo o delgado; pálido, blando, débil	cuerpo pesado y comprimido	atractivo, parte superior del cuerpo fuerte; pecho inflado	cabeza alta, corazón cerrado, ritmo rápido
Flujo de energía	alejarse de los demás	hacia los demás; se filtra	hacia dentro y hacia abajo; se detiene	hacia arriba y hacia fuera; se infla	el flujo está constreñido
Relación con el centro	intenta funcionar sin cuerpo ni centro físico	no tiene centro; lo evita	tiene centro, pero se siente invadido, así que se esconde	tiene centro, pero lo vigila constantemente	no tiene centro; referencia las reglas

62

	ESCAPAR	FUSIÓNARSE	SOPORTAR	AGRESIVO	RÍGIDO
Ojos	ausentes, fijos, asustados	suplicantes, de cachorro	de sufrimiento	convincentes, dominantes	chispeantes, brillantes, ansiosos
Patrón de tensión	mantenerse unido	agarrarse (aferrarse)	mantenerse dentro	mantenerse arriba	contenerse
Principales dificultades	miedo a la encarnación y a la existencia física	necesidades: tomar dentro, sostener, digerir	reclamar su propio espacio, actuar y autoexpresión	confiar en otros, control	confiar en uno mismo, autenticidad
Duda de	su derecho a existir; el valor de la existencia física	su derecho a necesitar; derecho a tener	su derecho a actuar (autonomía)	su derecho a confiar en otros; derecho a sentirse seguro	su derecho a sentir; derecho a confiar en uno mismo
Miedos	vivir en el cuerpo humano como un individuo, desmoronarse, volverse loco	abandono, rechazo, privación; a que no sea suficiente	la invasión, la exposición, la humillación, ser controlado	la debilidad, la dominación, la traición, confiar y a dejarse llevar	el caos y el desorden, la imperfección, rendirse a los sentimientos
Se orienta hacia	el reino psíquico	la conexión	el espacio	la verdad	las reglas y las palabras
Referencia	sólo la mente	sólo al otro sólo	la resistencia	sólo a sí mismo	las reglas y las formas
Defensas psicológicas	negación; huida; retraimiento; fantasía	se identifica con las necesidades; *Comp:* proyecta las necesidades, se identifica como dador	resistirse; esconderse; auto-negación; autosabotaje; agresión pasiva	Escindirse de sus necesidades y negarlas; agresión activa	intelectualización; orden y corrección; desempeño; logro
Ilusión	mi mente es mi cuerpo	la necesidad provoca el abandono	sólo estoy intentando complacerte	todo es cuestión de voluntad	yo soy mi desempeño
Prioridades y valores del patrón	la seguridad; el tiempo a solas	la relación; el amor; ser necesitado	el espacio privado	el control de la situación	las formas; las reglas; los hechos; la competencia

Los 5 Patrones de Personalidad

	ESCAPAR	FUSIÓNARSE	SOPORTAR	AGRESIVO	RÍGIDO
Emoción por defecto	miedo	vergüenza	resentimiento; culpa	ira	crítica; culpa; resentimiento
Parloteo mental	tengo que alejarme	no puedo; *Comp:* puedo	no me lo merezco; déjame en paz.	lo haré; vamos allá.	los "deberías"; lo que está mal; los detalles
Reacción de miedo	fragmentación; escapar	rompe a llorar	resistir a	ira; agresividad	contención
Reacción de vergüenza	huye	se derrumba	se culpa a sí mismo	se enfada	se culpa a sí mismo y/o a los demás
Forma de ataque del Crítico Interior	odio a sí mismo	vergüenza	culpa	ira; ridículo	auto-culpa
Falsas creencias	"Yo no existo".	"El amor lo resolverá todo".	"No puedo ganar." "La vida es dura". "Sólo tengo que soportarlo".	"El maltrato es normal". "No hay protección".	"Todo conocimiento viene de los demás". "El amor hay que ganárselo".
Declaración de diagnóstico	pérdida de palabras y lenguaje	"No puedo" *Comp.:* "Yo puedo"	"No puedes obligarme"	"Sabía que no podía confiar en ti" "Puedo manejarlo"	"Te equivocas"
Síntomas de personalidad	frágil; carece de un sentido encarnado de sí mismo	dependiente; necesitado; da para conseguir; dramático	se siente atascado; pesado; testarudo; malhumorado	agresivo; quiere el poder; rebelde o autoritario	rígido y correcto; recto; competitivo
En patrón, la atención	se aleja	se va al otro, a rescatar	se mete dentro, atrincherado	se va a la voluntad de sobrevivir	se va a las reglas, las formas y el orden
Acción bajo estrés	congelarse; disociarse; fragmentarse	referenciar a otro; complacer	tirar hacia dentro; resistir; rechazar	amplificar la energía y la voluntad; inflar	centrarse en la superficie, el aspecto y los detalles

Tabla de los patrones de supervivencia

	ESCAPAR	FUSIÓNARSE	SOPORTAR	AGRESIVO	RÍGIDO
Sensaciones y sentimientos del patrón	puede no sentir el cuerpo en absoluto; se asusta	vacío, deficiente, débil; confundido; deprimido	pesado, grueso, sólido; estable; presión interna	poderoso; seguro de sí mismo; superior	justo; eficiente; insensible
Pensamientos del patrón	"Yo no importo". "A nadie le importa".	"No puedo". "No soy suficiente". Comp: "Te ayudaré".	"Tengo que sostenerlo todo".	"Puedo y lo haré". "No eres suficiente".	"Algo está mal". "Alguien tiene la culpa".
Comporta-mien-tos del patrón	congelarse; disociarse; alejarse	manipular; aferrarse; derrumbarse; hacerse la víctima o el salvador	atrincherarse; resistir; soportar; quejarse	desafío; lucha; intimidar; dominar	atarearse; trabajar duro; limpiar; organizar
Actos del patrón	retraerse del cuerpo y de los demás; actos autodestructivos	dar para conseguir; adaptarse; aplacar; complacer	no actuando; autosabotaje; puede arremeter si lo empu-jan demasiado lejos	agresión; lucha; estallar contra otros	encontrar lo que está mal y arreglarlo
Expresión de un deseo del patrón	"Lo tienes. Lo quiero. Simplemente imagi-naré que lo tengo".	"Lo tienes. Lo quiero. Conseguiré que me lo des a mí".	"Lo tienes. Lo quiero. He fracasado".	"Lo tienes. Lo quiero. Lo tomaré".	"Lo tienes. Lo quiero. Deberías dármelo".
Sexo	más energético que físico	amante generoso; os acurrucos nutren al bebé; fusionarse mata la pasión	amante leal, pero el sexo puede sentirse como un trabajo; puede evitar el placer	quiere el control; teme la necesidad y la vulnerabilidad	se convierte en un desempeño; puede ser mecánico
Distorsión del tiempo	en el tiempo universal no lineal; no se orienta hacia el tiempo lineal	nunca hay tiempo suficiente	el tiempo parece detenido, atascado	se precipita hacia el futuro	percibe el tiempo como algo rígido, mecánico y predecible
Estilo de comunicación	psíquico más que verbal - envía imágenes y sentimientos	muy verbal, personal, de corazón a corazón; sobre sentimientos y tono, no sobre hechos y palabras	habla lenta y reticente; a menudo una frase parcial y una pausa; se confunde si le interrumpen	estilo autoritario y declarativo; muy convincente y persuasivo, incluso cuando se equivoca	predicar, corregir, mejorar; muchas palabras y hechos, pero pocos sentimientos

Los 5 Patrones de Personalidad

	ESCAPAR	FUSIÓNARSE	SOPORTAR	AGRESIVO	RÍGIDO
Forma de queja	se disocia o se aleja	"Es demasiado duro". "No puedo".	queja verbal	"No es suficiente".	"Es incorrecto o descortés". "No tiene reglas ni orden".
El patrón cuando solicita ayuda	cree que el recurso/apoyo se alejó (pero en realidad, su atención se alejó)	evita las peticiones directas; referencia a otros para obtener respuestas; espera a ser rescatado	pide, luego devalúa lo que se le ofrece, porque quiere encontrarlo por su cuenta	rara vez pide ayuda; en su lugar, exige u ordena	la petición está organizada y justificada; a menudo impersonal
Respuesta a una solicitud	confusión	referencia el centro del solicitante y dice "sí"	automáticamente dice "no"; entonces lo considera	sólo se hace referencia a sí mismo y responde en consecuencia	lo que las reglas dicten; quiere ayudar
Forma de ira	ataque psíquico; furia incandescente por necesidades insatisfechas	poca ira directa; r esentimiento por tener que crecer	rencoroso; ya no le importa; ahora puede actuar contra todas esas violaciones de los límites	una explosión; desahogando el terror mientras niega que es terror	rectitud; palabras mordaces, normalmente sobre infracciones de las violación de reglas
Armas y tácticas utilizadas en un conflicto	alejarse; confusión; distracción; ataque psíquico	complacer y aplacar; dramatizar; manipular	atrincherarse y aguantar; no responder; agresión pasiva; provocación	agresión activa; acoso e intimidación; fuerza contundente	palabras mordaces y punzantes: sarcasmo; culpar; condenar
Elogiar al patrón	utilizar un contacto delicado, sé suave y cálido; destaca su belleza, lo divertido que es, su creatividad, su originalidad	hazlo personal y emotivo; háblales al corazón; diles que te encanta lo que han hecho	no invadas su espacio; deja suavemente tu elogio en el límite de su espacio	habla desde tu centro al centro de ellos; destaca sus competencias y logros	ponlo en palabras; hazlo objetivo, específico y verificable, con ejemplos
Tareas	encarnación, integración, individuación	metabolizar la propia energía; asumir la responsabilidad	moverse, expresarse, actuar	confiar, entregarse, recibir ayuda	sentir y valorar la propia experiencia interior

	ESCAPAR	FUSIÓNARSE	SOPORTAR	AGRESIVO	RÍGIDO
Relación con la esencia	puede experimentar la esencia unitiva; teme la esencia individuada	experimenta la esencia individual como insuficiente	la esencia individual no está protegida de los demás	tiene esencia individuada, pero teme que sea mala o malvada	no experimenta la esencia individuada; cree que no existe
Necesidad humana	individuarse; decidir vivir como un ser humano en un cuerpo físico	nutrirse a sí mismo; saber que uno mismo es suficiente	reclamar su propio espacio y la seguridad para expresarse	confiar en otros; tener necesidades y seguir estando a salvo	sentir su verdadero yo; confiar en él, expresarlo y actuar a partir de él
Necesidad espiritual	experimentar la esencia individualizada	experimentar la fuente infinita interior	reconocer la esencia individual como válida y divina	sentirse sujetado por una presencia mayor, más fuerte y amorosa	experimentar tanto la esencia unitiva como la individualidad dentro
habilidades enérgicas necesarias	enraizamiento, centro, límite, yo / no yo	enraizamiento, centro, límite, yo / no yo	límite, yo / no yo	enraizamiento, límite	enraizamiento, centro
Puede obtener placer de	la encarnación del espíritu en el mundo físico	ser competente; dar y recibir	tener mucho espacio, expresarse, actuar	dejarse llevar en un lugar seguro	sentir; conmoverse
Cómo salir del patrón	vuelve a entrar en tu cuerpo; referencia tu centro y enraízate; vuelve a reensamblar tu yo	encuentra tu centro y referéncialo; actúa desde allí	mueve tu cuerpo; reivindica tu espacio y llénalo	enraízate; permite que algo bueno y más grande que tú te contenga	concéntrate en tus sentimientos y tus sensaciones como tu guía

Para más ayuda para determinar en qué patrones entras, visita *www.The5PersonalityPatterns.com*

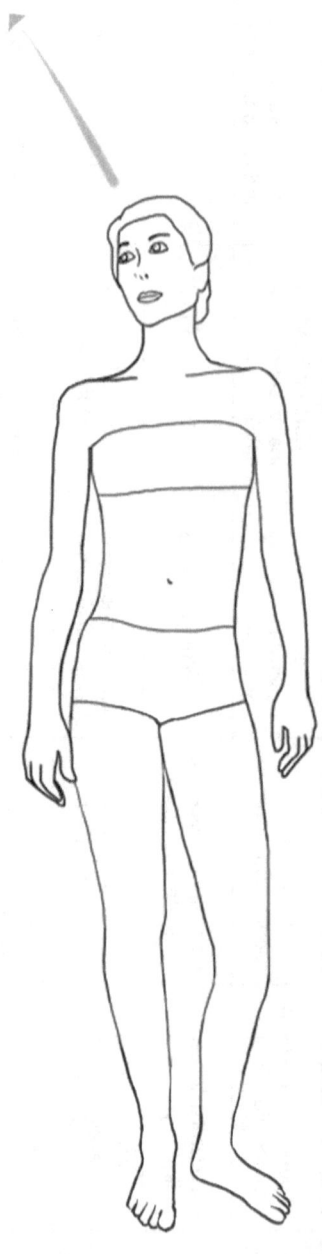

El patrón de escapar – el cuerpo y el flujo de energía

7

El patrón de escapar

"Este lugar me asusta. Quiero irme a casa".

Como todos los patrones de supervivencia, el patrón de escapar es un patrón de sujeción en el cuerpo, condicionado en el cuerpo por el trauma, que crea un hábito particular de atención. El trauma original es la ruptura en añicos de la atención del espíritu entrante, normalmente antes del nacimiento.

La estrategia de seguridad empleada aquí consiste en alejarse de lo que le da miedo o es potencialmente atemorizante. Esto se hace desplazando la atención hacia arriba, hacia la cabeza, lejos del cuerpo, e incluso lejos del mundo físico, hacia el mundo espiritual, un desplazamiento que suele denominarse disociación. Esto permite a la persona vivir en su cabeza, mantener una fuerte conexión con el mundo espiritual, ser muy creativa e inusualmente sensible y consciente de los fenómenos energéticos, pero deja el cuerpo físico debilitado y menos capaz de protegerse a sí mismo. También impide cohesionar un yo fuerte, firmemente arraigado en el cuerpo y capaz de funcionar bien en el mundo físico. Bajo presión, su frágil yo se fragmenta de nuevo y, al no poder encontrar un centro desde el que operar, puede llegar a ser incapaz de funcionar.

Una mujer que hace este patrón describió así su experiencia:

> *Estoy cansada de sentirme abrumada todo el tiempo. ¿Por qué no puedo ser como esas personas que pueden ocuparse de tres niños y nada parece afectarles tanto como a mí? Mientras que yo soy como la*

princesa y el guisante: cualquier cosa pequeña y me siento abrumada y sin poder manejarla.

Cuando me disocio, los ojos se me ponen vidriosos y entro en un lugar de imaginación, y no percibo mucho de mi alrededor cuando lo hago. No estoy realmente aquí, así que no siento cuandola gente entra en mi espacio. Alejarme es mi forma de refugiarme. En todas partes es seguro menos aquí. Aquí no es seguro.

Muchas veces me siento como una ardilla en lo alto de un árbol. Y estoy a salvo aquí arriba, pero abajo en el suelo hay perros y gatos y coches y humanos, y es bastante arriesgado. Y necesito recordarme a mí misma que no soy esa ardilla. Soy un ser humano que puede estar en el suelo y estar a salvo. No siempre tengo que trepar a este árbol y esconderme aquí arriba. Y puedo estar a salvo ahí abajo mientras no esté en mi cuerpo de ardilla, mientras esté en mi cuerpo humano. Pero sigo percibiéndome como la ardilla, que es pequeña y vulnerable y no se ve con claridad, y no me siento segura porque no sé qué está pasando.

Rango de funcionamiento

Cada uno de los patrones de supervivencia aparece en todo el espectro de funcionalidad, desde los* que se rigen completamente por el patrón hasta los que lo llevan a la ligera. En el caso de los que siguen el patrón de escapar, la variación radica sobre todo en lo frágil que es la persona, en cuánta intensidad es necesaria para llevarle a la abrumación y hacer que su yo se rompa en añicos. Las personas menos funcionales son más frágiles, mientras que las más funcionales son más resistentes.

En el extremo inferior del espectro, tenemos a los que están totalmente atrapados en el patrón. Les organiza y rige su vida. Son extremadamente sensibles a cualquier dureza del entorno y se sienten fácilmente abrumados y fragmentados. Por ello, tienen muchas dificultades para desenvolverse en el mundo físico ordinario. Temen constantemente sentirse abrumados y evitan la mayoría de las situaciones sociales para protegerse.

---

*   Para evitar el engorro de tener que decir continuamente "él o ella", asignaré un sexo al niño descrito en cada capítulo y luego me ceñiré a ese sexo a lo largo de todo el capítulo. Por ejemplo, en este capítulo, asumiré que el niño es una niña. Sin embargo, los cinco patrones se dan en ambos sexos, y todo lo que se dice sobre la niña en este capítulo podría haberse dicho igualmente sobre un niño.

En el rango medio, tenemos a personas algo más resistentes, pero que siguen desconfiando de las situaciones sociales. Aunque son fuertes en las habilidades y talentos del patrón, no han reivindicado su cuerpo lo suficiente como para utilizarlo como punto de referencia y refugio frente al estrés de la vida cotidiana.

En el extremo superior del espectro, tenemos a las personas que, por lo general, pueden permanecer presentes mientras utilizan las habilidades y talentos del patrón. Aunque siguen siendo inusualmente sensibles y conscientes de los fenómenos energéticos, han reivindicado el cuerpo lo suficiente como para utilizarlo como punto de referencia y refugio frente al estrés de la vida cotidiana. Esto les permite tolerar la angustia de la mayoría de los trastornos sin fragmentarse. Con entrenamiento, pueden ser capaces de navegar hábilmente a través de las dimensiones no físicas y traer de vuelta muchos regalos para el mundo físico.

Los dones del patrón de escapar

Cuando una persona utiliza cualquiera de los patrones, practica continuamente las habilidades que requiere ese patrón. Con el tiempo, se vuelve excepcionalmente competente en esas habilidades concretas. A medida que sana las heridas que crearon el patrón y es capaz de desviar su atención del patrón y volver a la presencia, las habilidades que ha adquirido permanecen con ella y se convierten en los dones del patrón. Ahora puede emplear sus habilidades excepcionales para responder a las necesidades del momento presente. Aunque algunas de las estructuras físicas permanecen en su cuerpo, ha salido del patrón de defensa y ha entrado en los dones del patrón.

Los dones del patrón de escapar son los dones de la percepción psíquica y sutil. Las personas que siguen este patrón son Maestros de la Percepción Psíquica, es decir, sensibles a las impresiones psíquicas y capaces de leer y rastrear la energía. Típicamente son capaces de percibir y comunicarse psíquicamente, enviando y recibiendo información sin el uso de palabras. A menudo pueden comunicarse con plantas y animales. A veces también son capaces de comunicarse con seres y fuerzas fuera del reino físico. Pueden ser conscientes de sus habilidades psíquicas y utilizarlas en su trabajo. También son energéticamente ágiles. Suelen tener un tacto ligero y se consideran "personas altamente sensibles".

Las personas con patrón de escapar tienen una atención muy ágil. Pueden ser capaces de trasladar su conciencia a lugares fuera de su cuerpo físico para experimentar un objeto o acontecimiento desde múltiples puntos de vista: desde delante, desde detrás, desde al lado, desde arriba, desde abajo o incluso desde dentro. Suelen ser muy hábiles controlando su atención y son capaces de sostener múltiples atenciones, es decir, son capaces de mantener su atención en varias cosas a la vez.

Su conciencia también es multidimensional. A menudo son capaces de moverse por otras dimensiones y vivir experiencias fuera del tiempo y el espacio ordinarios. Consideran que el tiempo y el espacio son "sólo coordenadas", no limitaciones de hasta dónde pueden llegar. Con entrenamiento, pueden viajar a dimensiones espirituales superiores y tender puentes hacia otros mundos. Cambian fácilmente a la conciencia unitiva de las dimensiones superiores y se experimentan a sí mismos como uno con todo (pero tienen dificultades para convertirse en un yo separado aquí en el mundo físico).

Debido a esta movilidad de la atención, los que siguen el patrón de escapar tienen mucha habilidad para ver el panorama general y todas sus partes (aunque tienden a no centrarse en los detalles). Su atención no es lineal, por lo que se sienten cómodos en el caos y no necesitan forzar el orden y la organización de lo que ven. Esto les permite ser conscientes de muchas posibilidades a la vez. La multitarea les resulta fácil y natural. Y cuando terminan con algo, saben desviar su atención y dejarlo ir.

Esta percepción amplia y multidimensional también les hace inusualmente intuitivos y creativos. Son capaces de ir a otras dimensiones para obtener cosas nuevas, unirlas de formas nuevas y creativas y traerlas de vuelta aquí. La mayoría de los artistas, visionarios y pensadores fundamentales del mundo pertenecen a este grupo. Algunos ejemplos son Mozart descargando sinfonías enteras y Albert Einstein montado en un rayo de luz para descubrir su teoría de la relatividad especial.

Las personas que siguen este patrón de supervivencia son curiosas y divertidas, y para ellas la diversión suave y alegre es un estado de fácil acceso. Les gustan los juegos y disfrutan inventándolos y jugándolos. Tienen una rica imaginación, disfrutan con la fantasía y pueden entretenerse fácilmente. Para ellas, el mundo físico del plano terrestre puede parecer sólo uno de los juegos posibles, no más importante que cualquier otro. Tienden a ser abiertas e infantiles, e incluso pueden tener algo de duendecillo o hada. Si sus capacidades psíquicas están desarrolladas, pueden ser amigas de los duendes, las hadas y los devas. Suelen tener agradables cualidades etéreas, mercuriales o mágicas.

Ejemplos

- Albert Einstein
- Nikola Tesla
- Pablo Picasso
- Wolfgang Amadeus Mozart, como es representado en la película *Amadeus*
- Robin Williams
- Phoebe, el personaje de Lisa Kudrow en la serie de televisión *Friends*.
- Luna Lovegood en las películas de *Harry Potter*

Nombres alternativos

- Esquizoide
- Creativo
- el Niño Odiado

Ejercicio - Estar atrapado en un patrón

Miedo a hacerse añicos

Este ejercicio está diseñado para darte una sensación-sentida de lo que es estar atrapado en el patrón de escapar. Puede resultarte muy extraño o muy familiar. En cualquier caso, trata de no juzgar tu experiencia a medida que realizas el ejercicio, sino simplemente observa lo familiar o no que te resulta y cómo sería vivir así la mayor parte del tiempo.

Siéntate en un lugar tranquilo y cierra los ojos. Respira profundamente y deja que tu cuerpo se calme en una presencia relajada, simplemente sintiéndote y dejando que tu cuerpo respire por sí mismo.

Ahora imagina que eres una ardilla y que vives en las copas de los árboles. Eres una criatura pequeña y ágil, y te sientes como en casa en lo alto de los árboles. Puedes correr, saltar y casi volar de un árbol a otro. Puedes jugar todo lo que quieras, y es muy divertido.

Aquí arriba no hay peligro, pero en el suelo hay perros, gatos, coches y humanos, y es bastante peligroso. Pueden pasar cosas malas. Puedes hacerte daño. Antes de que te des cuenta, te pueden aplastar o destrozar. Eres demasiado vulnerable ahí abajo, así que intentas permanecer en las copas de los árboles todo lo que puedes.

Pero a veces quieres ver qué pasa ahí abajo. La gente vive en casas cálidas de las que salen olores deliciosos, como a chocolate caliente y pan recién horneado. A veces bajas sigilosamente por el árbol y miras hacia el interior por las ventanas y todo parece tan cálido y feliz en el interior. Cierras los ojos e imaginas que vives allí, en medio de la calidez, los buenos olores y el sentido de pertenencia.

Pero entonces un perro ladra, ¡justo a tu lado! Y el sonido es tan fuerte que te sales del cuerpo, y ya no sabes dónde estás ni por dónde subir, ¡así que echas a correr como un loco en cualquier dirección! Y puede que subas y te pongas a salvo, pero puede que bajes y el perro te atrape y te destroce, y sólo imaginarlo es tan aterrador que ya no puedes pensar ni sentir tu cuerpo durante mucho tiempo, y te quedas ahí congelado hasta que puedes empezar a recomponerte, y tranquilizarte y orientarte de nuevo.

Ahora tómate un momento para darte cuenta de lo que ocurre en tu cuerpo. ¿Respiras rápido? ¿Estás tenso? ¿Tienes miedo? ¿Lo único que quieres es escapar?

Respira hondo y suelta el aire lentamente con los labios entreabiertos, dejando que el terror salga de tu cuerpo con cada exhalación. Siente tu trasero en el asiento y tus pies en el suelo. Sacude tu cuerpo durante un rato para ayudarle a soltar el miedo y volver a calmarse. Tómate el tiempo que quieras para dejar que tu cuerpo se asiente en un estado de presencia fácil y segura.

Ahora tómate un tiempo para asimilar lo que acabas de vivir y plantéate las siguientes preguntas:

- *¿Cómo ha sido vivir en los árboles y mirar por las ventanas e imaginar estar dentro?*

- *¿Cómo sería sentirse tan pequeño y vulnerable todo el tiempo? ¿Cómo sería saber que tu única seguridad consiste en salir rápido, antes de que te abrumes y ocurra algo malo?*

- *¿Qué pensamientos o sentimientos surgieron al realizar el ejercicio?*

- *¿Qué pensamientos o sentimientos parecían interponerse en el proceso?*

• *¿Cómo sería vivir así todo el tiempo?*

Ejercicio – Los dones del patrón

Una conciencia móvil

El siguiente ejercicio puede parecerte muy fácil y natural, o puede parecerte extraño e imposible. No te juzgues de ninguna de las maneras. Sólo estamos probando diferentes experiencias para que puedas ver cuáles te resultan familiares y cuáles no. Este ejercicio te da una muestra del tipo de conciencia móvil que es un talento del patrón de escapar.

Siéntate en un lugar tranquilo y cierra los ojos. Toma 5 o 10 respiraciones profundas y déjate relajar con cada exhalación. Observa dónde se encuentra tu conciencia. ¿Está en la cabeza, detrás de los ojos? ¿Está en otra parte del cuerpo? ¿Está fuera del cuerpo?

Mueve tu conciencia hacia el centro de tu cabeza. Puedes hacerlo simplemente con la intención, sintiéndolo o imaginándolo. Es el mismo proceso que utilizas cuando mueves la mano: simplemente tienes la intención de mover la mano y lo haces. Con la práctica, puedes mover tu conciencia de la misma manera, simplemente con la intención de moverla.

Practiquemos un poco más el movimiento.

Mueve tu conciencia hacia el lado izquierdo de la cabeza, justo dentro de la oreja. ¿Cómo experimentas esto?

Ahora muévela hacia el centro de la cabeza.

Ahora muévela hacia el lado derecho de la cabeza, justo dentro de la oreja. ¿Cómo lo experimentas?

Ahora volvamos al centro.

Ahora traslada tu atención a la parte posterior de la cabeza, sobre tu cráneo. ¿Cómo lo experimentas?

Ahora vuelve al centro de tu cabeza.

Ahora intenta entrar en tus ojos, en los mismísimos globos oculares. ¿Cómo lo experimentas?

Ahora volvamos al centro.

Ahora mueve tu conciencia hacia la parte superior de la cabeza, justo en la coronilla. ¿Cómo lo experimentas?

Ahora deja que suba unos centímetros más, hasta que esté justo por encima de tu cabeza. ¿Cómo lo experimentas?

Ahora deja que se desplace más allá de tu cuerpo, hacia el techo y hacia una esquina de la habitación. ¿Qué aspecto tiene la habitación desde aquí arriba? ¿Puedes ver tu cuerpo debajo de ti? Si es así, ¿qué efecto produce en ti ver tu cuerpo desde fuera?

Ahora desplaza tu atención a otro rincón de la habitación. ¿Cómo cambia la apariencia de las cosas al cambiar el punto de observación? Si eres capaz de mover tu conciencia independientemente de tu cuerpo, ¿cómo afecta eso a tu relación con tu cuerpo?

Ahora lleva tu conciencia de vuelta al interior de tu cuerpo, tal vez a través de la coronilla o simplemente con la intención de que vuelva al interior. Siente tu cuerpo desde dentro. Siente el trasero en la silla y las plantas de los pies en el suelo. Respira dentro de tu cuerpo, siente sus múltiples sensaciones y deja que tu conciencia vuelva a conectar plenamente con tu cuerpo físico.

Ahora, fíjate en cómo ha sido para ti toda esta experiencia y plantéate las siguientes preguntas:

- *¿Te ha resultado fácil o difícil dejar que tu conciencia se moviera dentro de tu cabeza? ¿Y fuera del cuerpo?*

- *¿Cómo de fácil o difícil te ha resultado volver a tu cuerpo? ¿Te sientes como en casa ahí? ¿Qué te dice esto?*

- *¿Cómo te sentiste al dejar que tu consciencia fuera a lugares fuera de tu cuerpo físico?*

- *¿Qué pensamientos o sentimientos surgieron al realizar el ejercicio?*

- *¿Qué pensamientos o sentimientos parecían interponerse en el proceso?*

- *¿Cómo sería tener acceso a esta habilidad todo el tiempo?*

Los orígenes del patrón de escapar

Entrar en el mundo físico

Para comprender los orígenes del patrón de escapar, primero debemos entender el proceso que atraviesa un espíritu cuando pasa de vivir en el mundo espiritual a vivir en un cuerpo humano en el mundo físico. Aquí, en el mundo físico, nos concebimos como entidades separadas, que existen en lugares específicos en el espacio y el tiempo. Nuestra conciencia tiene un límite alrededor de ella que la hace local, y sólo somos conscientes de este lugar y tiempo concretos. Por eso, la mayoría de nosotros pensamos en nosotros mismos como una cosa en un mundo de otras cosas. Este tipo de existencia es todo lo que conocemos, así que cuando pensamos en cómo un espíritu pasa del mundo de los espíritus a la vida en un cuerpo humano, naturalmente imaginamos que el espíritu también comienza como una cosa, como una entidad local limitada en el mundo de los espíritus, que luego simplemente viaja de alguna manera al mundo físico, donde toma residencia en un cuerpo humano.

Pero esta interpretación no es del todo exacta. Los espíritus del mundo espiritual no existen como cosas del mismo modo que nosotros aquí. No se experimentan a sí mismos como entidades del modo en que lo hacemos aquí. La conciencia de un espíritu en el mundo espiritual no está localizada ni limitada. El tiempo y el espacio lineales no existen, y la conciencia no está confinada a ningún lugar o tiempo en particular. Existe en todas partes a la vez. Está abierta y expandida, más como un campo ilimitado de conciencia que como un punto de conciencia, más como un espacio consciente que como una entidad consciente. Piensa en una gota de agua en el océano que se ha fundido con el océano y ya no es una gota, ya no es una entidad local y limitada, sino diseminada por todo el océano. Esta es la experiencia que se conoce como Conciencia de Unidad o Conciencia Unitiva.

Todo esto debe cambiar para que el espíritu entre en el mundo físico del espacio y el tiempo. El espíritu debe convertirse en una Conciencia Individualizada. Debe concentrar más su conciencia en un punto de conciencia. Debe condensar su atención lo suficiente como para poder orientarse hacia un cuerpo humano particular, un cuerpo que sólo existe en un lugar particular dentro del espacio-tiempo lineal del mundo físico. Debe diferenciarse del océano de la conciencia y convertirse en una sola gota, una gota que puede experimentar una vida humana.

Este proceso de condensación ya ha comenzado antes de que el espíritu entre por primera vez en el feto en el útero, y ayuda al espíritu a reorientarse hacia el mundo físico. Lo ideal es que encuentre allí un amor cálido, acogedor, que le sostenga y le haga sentirse seguro. Durante un tiempo, va y viene entre el mundo de los espíritus y el cuerpo, pero finalmente se instala en el cuerpo y fija en él su residencia permanente. Se apega tanto al mundo físico como a este cuerpo en particular. Reivindica el cuerpo como propio. Lo ideal es que esto ocurra antes del nacimiento o poco después.

Muchas tradiciones espirituales reconocen este proceso de alguna manera, aunque hablan de él con su propia terminología y desde su propio punto de vista. En el campo de la psicología somática, este proceso suele denominarse "encarnación", y es la primera tarea de desarrollo del bebé.

Apego al mundo físico

Para facilitar la encarnación del espíritu entrante, la madre ideal también le proporciona enraizamiento. Esto significa que proporciona una conexión energética y emocional desde su propio cuerpo a la tierra y al plano terrestre. Su bebé se conecta a su cuerpo, y a través de ella el bebé siente una conexión con la tierra. Esto ayuda a dar al espíritu entrante la sensación de que el plano terrestre es amistoso con él, haciendo que sea mucho más fácil para el espíritu entrante sentirse lo suficientemente seguro como para reivindicar el nuevo cuerpo como propio.

El enraizamiento se parece mucho al apego, un término que se utiliza en psicología para describir la conexión emocional de una persona con otra, normalmente de un bebé con su madre. Al igual que el apego psicológico, el enraizamiento es una forma de conexión energética y emocional que proporciona una sensación-sentida de seguridad y pertenencia a la persona que se apega. Sin embargo, el enraizamiento no es apego a un ser humano en particular, ni siquiera a los seres humanos en general. Es el apego al plano físico y, en concreto, a la tierra física y energética que sustenta y nutre toda la vida aquí. El enraizamiento con la tierra transmite al cuerpo humano la sensación-sentida de que "aquí soy bienvenido. Estoy a salvo. Le gusto a la tierra". Todas las culturas nativas reconocen esta conexión con la tierra y nuestra necesidad universal de ella, lo que les lleva a referirse a la tierra como "madre tierra" o "abuela tierra".

Hasta que una niña* tiene alrededor de seis años, necesita enraizarse a través de su madre o de algún otro cuidador. Esta es una de las razones por las que los bebés y los niños pequeños se angustian cuando se separan de sus madres. Entre los cinco y los siete años, si la niña ha adquirido una sensación-sentida de enraizamiento y ha sido capaz de modelar cómo enraizarse a través de su madre o de sus cuidadores, puede enraizar su propio cuerpo directamente en la tierra. Esto le proporciona una nueva sensación-sentida de seguridad, incluso cuando está separado de los adultos que le cuidan.

Encarnación

Una vez que un espíritu entrante ha reivindicado el cuerpo y se ha adherido a él de forma segura, el cuerpo se convierte en su protección y refugio. Cuando está desorientado o fragmentado, puede referenciar el cuerpo como el lugar al que volver. A medida que el cuerpo crece, desarrolla un límite energético a su alrededor. Este límite ayuda a proteger al espíritu de las energías dañinas del entorno. Esta es una de las razones por las que las personas que han completado el proceso de encarnación son mucho menos vulnerables a ser hechos añicos por la ira y la hostilidad de los demás que las que no lo han hecho.

Sin embargo, la cantidad de seguridad, enraizamiento y amor acogedor que es suficiente para permitir que el espíritu entrante complete el proceso de encarnación depende en gran medida de las necesidades de ese espíritu en particular. Lo que es suficiente para uno no lo es necesariamente para otro. Al principio, la conciencia recién enfocada del espíritu entrante es muy vulnerable. Todavía no se ha fusionado del todo, y las energías de ira u hostiles que la golpean pueden romperla en fragmentos. Es entonces cuando se produce la herida que conduce al desarrollo del patrón de escapar.

Cómo se forma el patrón de escapar

Hasta ahora hemos hablado de la situación ideal, en la que el cuerpo de la madre está enraizado en la tierra y sostiene al espíritu entrante con un amor acogedor y nutritivo. Pero, ¿qué ocurre si las cosas no son tan ideales? ¿Qué ocurre si la madre está desconectada de su propio cuerpo o de la tierra? ¿Y si sigue el patrón de escapar u otro patrón sin conexión a tierra y no puede proporcionar a su hijo una sensación-sentida de conexión a tierra? Además, ¿qué ocurre si no está en sintonía con el bebé o no le presta atención porque está abrumada por otras dificultades, como la enfermedad, la pobreza, la violencia doméstica o incluso la guerra? ¿Y si no quiere al niño? ¿Y si el entorno no es seguro o es hostil para el niño? ¿Y si el odio o la ira del entorno afectan energéticamente al espíritu entrante? ¿Y si esto ocurre repetidamente?

Estar roto en añicos

Cuando la conciencia recién enfocada del espíritu entrante no tiene suficiente apoyo para mantenerse unida, o cuando es golpeada por energías que la conmocionan, se rompe en fragmentos. Esto es extremadamente angustioso para el espíritu entrante, especialmente porque tiene muy poca habilidad en este punto para reensamblarse a sí mismo. Y los fragmentos no se quedan necesariamente cerca, en las proximidades del cuerpo, ni siquiera en la dimensión física; pueden dispersarse por muchas dimensiones. Para aquellos atrapados en el patrón de escapar, la fragmentación suele ser tan grave que nunca han podido recuperar todos sus fragmentos y recomponerse por completo. Pero tienen que pasar por la vida lo mejor que puedan, aunque parte de su atención siga dispersa en otras dimensiones.[1]

Ser fragmentado es terrorífico – cuando el yo se fragmenta, la sensación-sentida que se tiene es que "no hay ahí, ahí", y la persona puede encontrarse flotando en un vacío negro, incapaz de encontrar ningún punto de referencia. Sin el cuerpo como punto de referencia desde el que iniciar el proceso de recogerse y reensamblar sus fragmentos, el yo puede permanecer fragmentado, flotando y aterrorizado durante mucho tiempo.

Una persona lo expresó así:

> *Existe un gran temor a estar solo, perdido en el espacio. Allí no hay nadie. No hay universo ni mundo. No tengo cuerpo, así que no puedo hacer nada, pero sigo teniendo intelecto, así que es como una especie de locura. Incluso "flotar" suena demasiado sensual. No hay cuerpo para flotar. Sólo hay un punto mental.*

Esta vulnerabilidad es la razón por la que las personas que siguen este patrón de supervivencia quieren pasar mucho tiempo solas en entornos de baja estimulación. Se protegen de las sacudidas de su sistema y se dan tiempo para recuperarse de las que se producen.

Esta es la herida central de la niña que desarrolla el patrón de escapar: en el mismo comienzo de su existencia como conciencia separada, su atención se fragmentó tanto que no ha sido capaz de ensamblar un yo unificado e integrado y anclarlo firmemente en el cuerpo. Incluso de adulta, partes de su atención pueden permanecer perdidas en otras dimensiones.

De todos los patrones de supervivencia, la herida que crea este patrón es la más difícil de observar para el resto de nosotros desde nuestro punto de vista habitual en el mundo físico. ¿Por qué? Porque no es algo que le ocurra al cuerpo físico del bebé, sino sólo a la conciencia del espíritu entrante.

Acción defensiva

Para tratar de protegerse de nuevas fragmentaciones, el espíritu entrante aprende a huir a la primera señal de problemas. Cada vez que se asusta, abandona el cuerpo y regresa a la seguridad del mundo espiritual. Esto debilita su conexión con el cuerpo y refuerza su conexión con el mundo espiritual en un momento en el que debería estar ocurriendo justo lo contrario: debería estar reforzando su conexión con el cuerpo y trasladando su sentido de "hogar" del mundo espiritual al mundo físico y al cuerpo físico. Debería estar aprendiendo a referenciar el cuerpo como hogar y lugar de seguridad y cuidado. En lugar de eso, el espíritu entrante aprende que el mundo físico no es seguro ni afectuoso y que su mejor defensa es abandonar inmediatamente cualquier situación que le cause malestar. A medida que la persona utiliza esta estrategia una y otra vez, esta se refuerza a sí misma y se convierte gradualmente en el patrón de escapar.

Resultados de la acción defensiva

El yo sigue siendo frágil y vulnerable

La repetida ruptura en añicos de la conciencia del bebé y su huida al mundo espiritual para protegerse le impiden completar el proceso de cohesión un yo unificado e integrado. En su lugar, el yo permanece frágil y fragmentado. No desarrolla un punto de referencia en el centro del cuerpo ni un fuerte límite protector alrededor de él. Esto lo hace más vulnerable a los choques posteriores de lo que sería normalmente, y menos capaz de recomponerse a sí mismo después de tales choques. Incluso en la edad adulta, las tensiones cotidianas de la vida pueden romper el yo en fragmentos.

El mundo físico parece peligroso

La acción del espíritu de abandonar repetidamente el cuerpo, en lugar de reivindicarlo, tiene muchas consecuencias que hacen que el mundo físico parezca aún menos seguro de lo que realmente es. Para empezar, en lugar de que la energía y la conciencia del niño se distribuyan uniformemente por todo el cuerpo, se desvían habitualmente hacia la cabeza, donde la mente interpreta esta energía extra como miedo. Esto significa que cualquier aumento de energía en el cuerpo trae consigo un aumento de energía en la cabeza y una sensación de miedo.

No habitar plenamente el cuerpo también inhibe el desarrollo de un límite energético fuerte alrededor del cuerpo. Sin la protección de un límite fuerte, el cuerpo es fácilmente penetrado por las energías de otras personas y del entorno. Esto hace que la niña sea inusualmente sensible a las energías y a las impresiones psíquicas, y a menudo la lleva a etiquetarse a sí misma como una persona altamente sensible. El ser invadida frecuentemente de esta forma es aterrador y abrumador, y hace que el mundo físico le parezca aún menos seguro.

Tener un límite energético débil también le dificulta diferenciar el interior del exterior, separar lo que es "yo" de lo que es "no yo". Al ser penetrada frecuentemente por las energías de otros y no ser capaz de discernir que estas nuevas energías dentro de su sistema "no son yo", es probable que acumule muchas energías dentro de su cuerpo que no pertenecen allí y sólo la confunden. Tener todas estas energías extrañas en su interior le dificulta aún más de lo normal cohesionar un yo.

Una amiga que sigue este patrón describió así su experiencia de estar fragmentada en pedazos:

> *Es como si estuvieras intentando montar un puzzle de tu propia cara, pero no tienes la tapa de la caja con la foto de cómo debería quedar, así que no tienes ni idea de dónde encajan las piezas. Y el montón de piezas que tienes está todo hecho un lío. Te faltan muchas piezas del puzzle, porque están perdidas en otra dimensión o atrapadas en el cuerpo de otra persona. Y muchas de las piezas que tienes dentro de ti no son realmente tuyas; son sólo basura que flotó desde algún otro lugar. Así que no tienes las piezas correctas, y no sabes dónde van, y parece imposible.*

Dificultad para orientarse en el mundo físico

Otra consecuencia de no reivindicar el cuerpo físico es que la niña tiene dificultades para aprender sobre sí misma a través de sus interacciones con el mundo físico. Lo ideal es que, a medida que la niña va creando su sentido del yo, reciba constantemente información del mundo físico sobre lo que es «yo» y lo que no lo es. Una niña que choca contra una mesita recibe información sobre el tamaño y la forma de su cuerpo y sobre dónde se encuentra exactamente su límite. Pero si la conciencia de esa niña no está en su cuerpo en el momento del golpe, es posible que ni siquiera lo sienta y se pierda por completo esa información.

Sentir el cuerpo desde dentro es una de las principales formas en que una niña llega a conocerse a sí misma y a formarse un sentido estable de sí misma. Por supuesto, el sentido del yo en cualquier niño pequeño es muy delicado y frágil, como demuestra la facilidad con la que un niño se desmorona cuando recibe un golpe o se siente abrumado. Incluso un ruido fuerte puede ser suficiente para que un bebé rompa a llorar. Pero si la niña ha conseguido reivindicar el cuerpo físico, esta fragilidad disminuye gradualmente a medida que crece su conexión con su propio centro. Con el tiempo, su sentido de sí misma se une en torno a su centro y forma un yo cohesivo y unificado que está anclado en el cuerpo físico. Se vuelve más resistente y se desmorona con menos frecuencia. Si sufre una conmoción, es capaz de recomponerse más rápidamente en torno a su propio centro. Y si, después de desmoronarse, puede acudir a un adulto que la sujete y la consuele, también aprenderá que la conexión con otros seres humanos es segura. Aprenderá que le ofrece un refugio en el que recomponerse.

Ahora, mientras lucha por recomponerse después de que una conmoción la haya dejado destrozada, cuenta con dos formas cruciales de apoyo: tiene un lugar seguro en el que recomponerse y un punto de referencia en torno al cual reensamblarse. Se encuentra en el camino hacia un sentido unificado e integrado de sí misma como individuo separado en el mundo físico. Pero una niña que desarrolla el patrón de escapar no tuvo estos apoyos, o no los tuvo lo suficiente.

Como esta experiencia de abandonar el cuerpo se repite una y otra vez, se convierte en un hábito. Pero, aunque resuelve el problema en el momento, impide que el espíritu entrante complete su primera tarea de desarrollo: asentarse en el cuerpo y reivindicarlo. Sin reivindicar el cuerpo, el espíritu de la niña no puede utilizarlo para orientarse y encontrar protección en el mundo físico.

Todo ello conlleva dificultades para desenvolverse en el mundo físico. Su percepción física del cuerpo está disminuida, lo que dificulta el desarrollo de la coordinación y la fuerza físicas. En su cuerpo hay menos energía vital y vitalidad de la que habría en otras circunstancias, lo que hace que le resulte más difícil sentirse conectada a su cuerpo y a la vida física en general, especialmente cuando el reino espiritual parece mucho más vívido e interesante.

El mundo físico se siente frío y hostil

Dado que acudir a los demás en busca de consuelo y alivio no les funcionó, las personas con el patrón de escapar no tienen un modelo de conexión humana segura y nutritiva, ni esperan que acudir a los demás les ayude ahora. En su lugar, experimentan el mundo como algo frío y hostil.

Los que siguen este patrón están acostumbrados a experimentarse a sí mismos como parte de una conciencia unitiva mayor, pero no han terminado el proceso de separarse de esa conciencia unitiva y llegar a conocerse a sí mismos como una conciencia personal, individualizada, como un humano individual en el mundo humano. Normalmente, no les gusta ni valoran el mundo físico, y no están seguros de querer estar aquí. Incluso de adultos, muchos de los que siguen este patrón aún no han decidido quedarse a vivir en el mundo físico. No tienen el impulso hacia la vida aquí.

Al retraerse para protegerse, se desarrolla un ciclo que se refuerza a sí mismo. Esperan hostilidad de los demás, pueden verla aunque no esté ahí y huyen en cuanto la ven. Abandonar su cuerpo con tanta frecuencia lo debilita y también tiende a provocar la ira de los demás, que se sienten abandonados cuando desaparecen. Entonces, su propia sensación de debilidad y la ira de los demás se combinan para reforzar su creencia de que el mundo no es seguro. Cuando este ciclo se repite, se crea el patrón de escapar.

En resumen: ocurre algo que hace añicos la conciencia del espíritu entrante. Huyendo de ello, el espíritu del bebé se refugia en el mundo espiritual y no reivindica plenamente el cuerpo. La tarea de encarnación no se completa y el yo permanece frágil y no integrado. El mundo físico se experimenta como frío y poco acogedor, y el contacto humano se considera siempre potencialmente peligroso. Se desarrolla un hábito en el que la persona huye a la primera señal de conflicto u hostilidad. Incluso de adulto, el yo de la persona se fragmenta con facilidad, y esta tendencia a fragmentarse se convierte en el sello distintivo del patrón de escapar.

El patrón de escapar en pleno apogeo
Señales corporales

Dado que el flujo de energía en el cuerpo ayuda a darle forma a medida que crece, el hecho de que esta persona no habite plenamente el cuerpo en realidad priva al cuerpo de la energía que necesita para volverse robusto, dejándolo más débil de lo que sería de otro modo. Puede ser enjuto, pero rara vez se diría que es musculoso. Las muñecas y los tobillos suelen ser débiles y delgados. El cuerpo de alguien con esta estructura tiende a ser delgado, especialmente si su otro patrón también tiende a crear un cuerpo delgado.

En la medida en que la energía vital se haya bloqueado o retirado de ciertas partes del cuerpo, la persona tendrá menos sensación física allí. Dado que la acción defensiva de este patrón es subir a la cabeza y salir del cuerpo desde allí, su energía vital es más fuerte en la cabeza y más débil más abajo en el cuerpo, llegando a ser más débil en los pies. La energía extra acumulada en la cabeza puede crear dolores de cabeza, mientras que las manos y los pies suelen

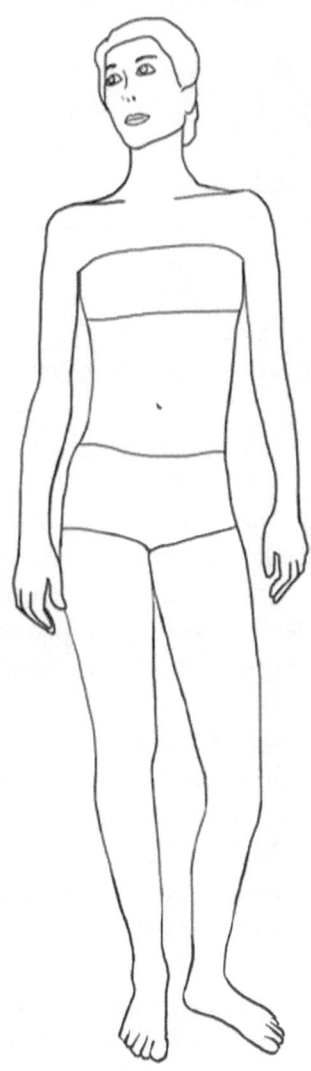

El patrón de escapar – forma típica del cuerpo

estar fríos, lo que refleja la disminución del flujo sanguíneo y de la energía vital disponible para ellos.

El cuerpo parece más un conjunto de partes que un todo integrado. Parece estar tenso y nervioso, y hay tensión en las articulaciones porque la energía se acumula en estas zonas de transición, en lugar de fluir libremente a través de ellas.

Con el tiempo, a medida que una persona distorsiona repetidamente el libre flujo de su atención y energía vital para evitar sentir plenamente su propia angustia interior, su cuerpo y su mente se condicionan para mantener automáticamente esta forma de ser. Al tratar de sentirse más segura, aprende a mantener inconscientemente un cierto patrón de tensión en su cuerpo y su mente. Este patrón de tensión se conoce como "patrón de sujeción" del patrón de personalidad.

En este caso, el patrón de sujeción en el cuerpo es el de mantener todo unido, una manifestación del esfuerzo energético necesario para mantener unido al yo no integrado.

Esta falta de integración del yo también se refleja en la forma en que se mueve el cuerpo. En lugar de la gracia que muestra un cuerpo que se mueve desde su centro como un todo unificado, los movimientos de alguien que sigue este patrón tienden a ser descoordinados y bruscos, como si las distintas partes del cuerpo no estuvieran totalmente conectadas entre sí. A veces la persona reconocerá esto llamándose torpe o "patosa". Los movimientos y el habla suelen ser rápidos. En general, la persona tiende a ser hiperactiva y a no tener los pies en la tierra.

A menudo, la columna vertebral se tuerce, como si la persona se alejara de la vida y no quisiera enfrentarse a ella directamente.[2] La cabeza suele estar inclinada hacia un lado, como si no estuviera bien conectada al cuerpo. Se trata de una manifestación fisiológica de la desconexión entre la cabeza y el cuerpo, como si la cabeza no reconociera al cuerpo como parte de sí misma.

Los ojos pueden parecer asustados, incluso en reposo, y pueden estar muy abiertos, como si estuvieran sobresaltados. Cuando un shock ha provocado que la persona se fragmente, los ojos pueden quedarse fijos y vacíos, delatando el hecho de que no hay nadie en casa en ese momento. La voz puede ser inusualmente aguda, con un sonido delgado y juvenil.

Como no valoran realmente el cuerpo físico ni viven en él, las personas que están atascadas en este patrón de supervivencia suelen descuidar su cuerpo. Puede que no se den cuenta de que tienen hambre, sed o están cansados, y pueden tener accidentes frecuentes que lesionan su cuerpo.

Psicología

El principal problema de las personas con patrón de escapar es el terror existencial, es decir, el terror de que no es seguro para ellos existir físicamente. Como se sintieron atacados al venir al mundo físico, dudan de que tengan derecho a existir aquí. Quedan atrapados en el lugar donde el espíritu pasa de vivir en el mundo espiritual a vivir en un cuerpo humano, congelados por el shock y el terror en una interrupción del desarrollo al comienzo mismo de su vida humana.

Esto les deja en un estado muy temprano desde el punto de vista del desarrollo, con una estructura del yo débil y unos límites energéticos débiles, continuamente vulnerables a la penetración energética y a la abrumación. La fragmentación del yo es una amenaza siempre presente. Como mínimo, la experiencia de fragmentarse es perturbadora y desorganizadora. En el peor de los casos, es aterradora. Esta vulnerabilidad explica gran parte del miedo que sienten estas personas y su evitación de situaciones potencialmente abrumadoras.

Con frecuencia, se ven a sí mismos como "una hoja, soplada por el viento". Esta autoimagen dice mucho de su experiencia interior. Una hoja movida por el viento no está anclada a nada en el mundo físico. No puede moverse por sí misma, pero con frecuencia es movida por fuerzas externas. Y no tiene poder para cambiar su situación, ni siquiera para pedir ayuda.

Una persona que sigue el patrón de escapar lo explica así: *"Pienso en mí como una sombra, no sólida ni permanente como otras personas. Sólo una sombra que a veces está ahí y otras no. Cuando me voy, me sorprende que los demás le den tanta importancia, porque, al fin y al cabo, sólo soy una sombra. ¿Qué importa si estoy ahí o no?".*

Creencias

Las creencias de las personas con patrón de escapar reflejan su temor a que el mundo físico sea inseguro y poco carente de amor. Algunas de sus creencias típicas son:

"No soy mi cuerpo; soy mi mente".
"No existo físicamente".
"Mis acciones no importan".
"No le importo a nadie".
"Estoy ahí fuera solo".
"No estoy a salvo aquí".
"El mundo físico es frío y sin amor".

"El cuerpo físico y el mundo físico no son míos y no son importantes".

En cambio, sus creencias sobre el mundo espiritual son mayoritariamente positivas. Lo ven como un lugar de seguridad, conexión y presencia amorosa.

Miedos

Desmoronarse y volverse loco

Por lo general, el mayor temor de las personas atrapadas en este patrón de supervivencia es desmoronarse y volverse locas. Este miedo es un reconocimiento de que, de hecho, se rompen en añicos bajo presión y que la experiencia interna de estar fragmentado se siente como volverse loco. Cuando su yo se rompe en fragmentos, pierden gran parte de su capacidad para pensar y funcionar. No pueden orientarse en el espacio y el tiempo, y pueden llegar a ser incapaces de organizar sus pensamientos lo suficiente como para hablar coherentemente o incluso entender el lenguaje. Si no encuentran un punto de referencia en torno al cual recomponerse, pueden quedar flotando indefensos en un frío y negro vacío. Literalmente, "no hay nadie ahí", ni siquiera ellos mismos. Sólo un punto de conciencia suspendido en la fría negrura, totalmente indefenso. Al final, su psique es capaz de recomponerse, pero eso puede llevar horas o incluso días. Por eso están tan atentos para evitar situaciones que puedan fragmentarlos.

Miedo a ser una persona individual en el mundo físico

Las personas que siguen el patrón de escapar también tienen miedo del mundo físico en general y de ser una persona física en él.[3] Para ellos, ser un cuerpo físico significa ser vulnerable a lesiones físicas y emocionales, una vulnerabilidad a la que no se enfrentan en el mundo espiritual. No poder protegerse en el mundo físico les hace querer evitarlo huyendo a reinos espirituales superiores, donde pueden cambiar a un estado de conciencia amorosa y unitiva. Así se sienten más seguros, pero no practican el experimentarse a sí mismos como una sola entidad individual, que es uno de los pasos esenciales en el desarrollo del ego y en la navegación por el mundo físico.

¿Qué efecto tiene en ellos vivir con tanto miedo? Cuando una persona vive sus primeros años de vida en un estado de miedo crónico, su sistema nervioso se aclimata al miedo y empieza a tratarlo como algo normal. La vigilancia mental y la excitación del sistema nervioso se convierten en estados internos familiares, incluso tranquilizadores. Llega a creer que la hipervigilancia y los sentimientos de miedo son los que la mantienen a salvo. En el extremo, esta creencia se convierte en paranoia. En una situación de curación, en la que está realmente a salvo y su cuerpo empieza a relajarse, puede que al principio se sienta aún más incómoda porque no es capaz de encontrar en su cuerpo las viejas y familiares sensaciones de miedo.[4]

Defensas psicológicas

Como ocurre con todos los patrones de supervivencia, las defensas psicológicas que utilizan las personas que siguen el patrón de escapar son intentos de ponerse a salvo en un mundo inseguro. Pero como el patrón de escapar es tan joven desde el punto de vista del desarrollo, quienes siguen este patrón de supervivencia tienen pocas opciones para protegerse psicológicamente. Sus principales defensas son la negación, la proyección, el retraimiento y la fantasía. Veamos cada una de ellas.

Negación

La negación es la más obvia de sus defensas psicológicas. Niegan las necesidades de su propio cuerpo de comida, descanso y contacto humano cálido. Es posible que ni siquiera se den cuenta de que su cuerpo está cansado, hambriento o en peligro de sufrir lesiones, y que se agoten y sufran a menudo accidentes . Con frecuencia, también niegan las necesidades de su corazón, incluido el hecho de que necesitaban amor cuando eran niños y que siguen necesitándolo ahora. Pueden empezar la terapia creyendo que tuvieron una infancia maravillosa y feliz, pero que por alguna razón no tienen o no quieren tener relaciones humanas cercanas como adultos.

Proyección

Otra defensa psicológica utilizada por las personas que siguen este patrón de supervivencia es la proyección. Esto significa que, en lugar de sentir una emoción molesta en su interior, imaginan que otra persona la está sintiendo. Las emociones que le provocan miedo y sensación de peligro son las que más a menudo se proyectan en los demás, por lo que les puede parecer que otra persona se siente enfadada o llena de odio, cuando en realidad son ellas mismas las que se sienten así. Dado que estas personas también tienen talento para la percepción psíquica y pueden llegar a ser capaces de percibir los estados internos de los demás, esta tendencia a proyectar sus sentimientos puede distorsionar sus percepciones. Sus proyecciones se mezclan con sus percepciones precisas, lo que hace que las proyecciones también parezcan precisas. Como tienen un verdadero don de percepción, aprender a diferenciar la percepción de la proyección es especialmente importante para ellos.

Retirada de los demás y del cuerpo

Otras dos defensas psicológicas que suelen utilizar las personas con patrón de escapar son la retirada de los demás y la retirada del cuerpo a la mente. Retirarse, ya sea de los demás o del cuerpo, es una forma de protegerse de la angustia que se acumula en el cuerpo. Todos necesitamos una forma de regular la cantidad de angustia en nuestro cuerpo, pero como estas personas están menos protegidas por estructuras del ego y límites energéticos fuertes que otras, necesitan alguna forma adicional de protegerse. Como no pueden mantener fuera el ruido, necesitan alejarse de él.

La retirada de los demás suele manifestarse como evitación del contacto físico y del apego emocional, a menudo justificado como "independencia" o "desapego espiritual". La cara oculta de la independencia es el miedo a la dependencia. De bebés y niños, todos dependemos de quienes nos cuidan. En el mejor de los casos, si quienes nos cuidan están presentes, en sintonía con nosotros y satisfacen amorosamente nuestras necesidades, aprendemos que depender de los demás es seguro. A medida que crecemos, somos capaces de cuidar de los demás y nuestra dependencia se convierte en interdependencia. Nos vemos como parte de un grupo en el que todos cuidamos de todos. Sin embargo, los que desarrollaron el patrón de escapar no tuvieron una experiencia infantil tan idílica. Descubrieron que los demás eran la fuente de su dolor, no el bálsamo para él. Por eso, de adultos, tienden a evitar los vínculos afectivos e incluso el contacto con los demás.

Como puedes imaginar, unirse a un monasterio o hacer largos retiros en silencio puede ser la tapadera perfecta para esta defensa psicológica. Las pretensiones de desapego espiritual pueden enmascarar temores reales de apego personal. Al elegir una práctica de trabajo interior, siempre es importante explorar lo que estás evitando, así como lo que estás persiguiendo. He conocido a personas que fueron capaces de meditar a solas durante años en la celda de un monasterio, abriéndose profundamente a estados de dicha y amor sin límites, pero luego sintieron terror cuando volvieron al mundo y se enamoraron de un ser humano real, vivo y físico. Dejar que los límites de su ego se disolvieran era tolerable, pero las necesidades de apego que despertaban el sexo y el amor personal eran aterradoras.

La retirada de la conciencia del cuerpo hacia la mente es esencialmente la misma estrategia, pero utilizada internamente, en lugar de externamente.

Como el cuerpo y el corazón parecen ser la fuente del dolor, la persona aleja su conciencia del cuerpo y la lleva a la cabeza. Verbalmente, esta retirada del cuerpo aparecerá como una tendencia a hablar en abstracciones y generalizaciones, en lugar de hablar de necesidades y sentimientos personales específicos.[5] La ilusión del patrón de escapar es "Yo soy mi mente, no mi cuerpo". En psicología, esta retirada de la conciencia del cuerpo se denomina disociación.

Fantasía

La fantasía es un mayor retraimiento dentro de la mente. En este caso, se deja atrás toda la realidad física y se crea un mundo completamente nuevo para sustituirla. Normalmente, ese nuevo mundo es mucho más atractivo, un lugar donde la persona puede ser creativa e incluso mágica.

Por otra parte, esta facilidad para el pensamiento abstracto, unida a la capacidad para recopilar ideas de otros campos e incluso de otras dimensiones, también explica el hecho de que la mayoría de los pensadores seminales de cada disciplina sigan este patrón de supervivencia. Estas personas extraordinarias tienen tanto la necesidad como la capacidad de dejar atrás el ámbito personal y dedicarse a ensamblar el panorama más amplio. Pueden ser famosos en todo el mundo, pero seguir siendo en gran medida desconocidos para sus propias familias. Albert Einstein fue un ejemplo de ello.

Relación con uno mismo y con el crítico interior

Normalmente, las personas con patrón de escapar se sienten cómodas siendo un espíritu en el mundo espiritual, pero temen ser un individuo separado en un cuerpo físico. Para ellos, el mundo físico es sólo uno de los muchos mundos posibles, por lo que ven poco valor en un cuerpo que se daña con tanta facilidad. Como están acostumbrados a moverse por el tiempo y el espacio a voluntad en el mundo espiritual, el tiempo y el espacio físicos les parecen poco importantes. En la vida cotidiana, tienden a perder la noción del tiempo y el espacio lineales, lo que hace que se pierdan, choquen con las cosas y no lleguen a tiempo. Son las personas a las que otros se refieren como "alguien que está en las nubes".

Odio a sí mismo

El miedo, tan evidente en quienes siguen este patrón de supervivencia, va acompañado de un sentimiento menos evidente de odio hacia sí mismos. En realidad, este odio procede de su crítico interior. (Para un análisis más exhaustivo del crítico interior, véanse los capítulos 5 y 11.) Puesto que el crítico interior de cualquier persona es una versión destilada de todas las actitudes negativas de sus padres hacia ella, un padre hostil tiende a crear en su hijo un crítico interior aún más hostil.[6] La voz de ese crítico interior puede ser más que simplemente crítica; puede estar llena de odio. Aunque cualquiera puede desarrollar un crítico interior odioso – independientemente de sus patrones de supervivencia – el blanco del odio de su crítico interior viene determinado por sus patrones. En pocas palabras, el crítico interior de una persona la atacará por lo que sus patrones digan que está mal en ella. Además, si no ha conseguido separar su propia voz de la voz de su crítico interior, experimentará su odio hacia ella como su propio odio hacia sí misma. Esto lleva a las personas con patrones de escapar a odiar su cuerpo físico por su debilidad y vulnerabilidad, y a odiarse a sí mismas por tener que existir en un cuerpo físico. Psicológicamente, la hostilidad que inicialmente experimentaron como proveniente del exterior ahora la han tomado dentro y se ha vuelto contra ellos mismos: "Me odian" se ha transformado en "Me odio".

Autolesiones

El odio es una emoción que quiere aniquilar lo que odia, eliminarlo de la existencia, por lo que "me odio" se convierte en "no debería existir. Debería ser destruido". Esto puede llevar a quienes están atrapados en el patrón de escapar a realizar actos que dañan su propia persona. Estos actos pueden ir desde la simple negligencia hacia uno mismo, como no comer o dormir lo necesario, hasta la autolesión activa. Su odio hacia sí mismos es una impronta muy temprana y, por lo tanto, les resulta difícil oponerse a ella. La autodestrucción es siempre una impronta. La vida quiere vivir.

Los actos autodestructivos son también una forma de expresar su rabia sin arriesgarse al conflicto y a las posibles represalias de los demás. En lugar de dirigir su ira hacia el exterior, hacia lo que les está haciendo daño, la dirigen hacia el interior, hacia sí mismos, por no haber sido capaces de evitarlo.

Furia

Los patrones de escapar están atascados en un terrible dilema. Bajo el odio que sienten por sí mismos se esconde una enorme rabia por el maltrato que sufrieron en sus primeros años. Esta rabia afirma la vida; es una respuesta natural a ser herido. Idealmente, cuando nos hieren, nuestra energía vital surge para protegernos. Puede surgir como fuerza, ira o incluso rabia para decir "¡No!" y protegernos. Es una fuerza auto-unificadora. Pero como no tienen un contenedor energético lo bastante fuerte como para sostener esta cantidad de carga o un yo lo bastante fuerte como para cabalgar esta gran ola de sentimientos sin desmoronarse, sentir conscientemente esta rabia sería abrumador para los que están atrapados en el patrón de escapar. Destrozaría el propio yo que está tratando de proteger. Así que su propia energía de fuerza, que surge para protegerles, les asusta. Su creencia inconsciente es "Mi fuerza me amenaza" o "Mi fuerza vital amenaza mi vida".[7]

Para hacer frente a este dilema, tensan y contraen el cuerpo para reducir la cantidad de fuerza vital que se mueve a través de él. Reniegan de su propia fuerza. Pueden negar incluso que tienen ira, y en su lugar se ven a sí mismos como seres amorosos y espirituales. Esta supresión de su propia energía de fuerza produce debilidad en el cuerpo y muchos de los otros signos corporales mencionados anteriormente. Les hace sentirse débiles, indefensos e inseguros, y explica muchas de sus dificultades para protegerse en sus interacciones con los demás. Sin fuerza ni límites, no tienen forma de decir "no" o de defenderse.

Como la rabia por el trato recibido no puede sentirse ni expresarse directamente, queda enterrada en el inconsciente. Sin embargo, no desaparece. Se vuelve hacia dentro, contra uno mismo, y alimenta el odio hacia uno mismo y los actos autodestructivos descritos anteriormente. Sin embargo, la rabia no puede ser sentida y liberada con seguridad hasta que la persona haya realizado un gran trabajo interior para fortalecer su yo y su contenedor energético. Entonces puede volverla hacia el exterior y empezar a sentirla gradualmente y a liberarla de forma segura. Hablaremos de esto con más detalle al final de este capítulo, en la sección sobre la sanación del patrón de escapar.

Rasgos de personalidad

Veamos ahora los rasgos de personalidad asociados al patrón de escapar. Estos son la forma en la que una persona que sigue este patrón de supervivencia tenderá a comportarse cuando está atrapada en él. Cuando simplemente está presente, estas cualidades pueden estar silenciadas o incluso ausentes, pero cuando está en el patrón, su apariencia será más parecida a lo siguiente.

Lo más probable es que lo primero que note sea una sensación general de ansiedad y miedo. A menudo esto se manifiesta conductualmente como hipervigilancia, una creencia de que el peligro está a la vuelta de la esquina y una predisposición a huir a la primera señal de aumento de la intensidad emocional (incluso de la intensidad positiva). Por otro lado, si la persona se está sintiendo segura en el momento en el que la conoces por primera vez, puede tener un aspecto más como de un duendecillo juguetón, con una ligereza infantil y encanto mágico. En cualquier caso, la impresión general es de fragilidad. Es muy sensible, tanto en el aspecto positivo como en el negativo, y por ello se sobreestimula y abruma con facilidad.

Con el tiempo, notarás una tendencia a evitar las situaciones sociales, los sentimientos personales y la intimidad emocional, junto con una necesidad aún mayor de evitar la ira, la confrontación y el conflicto. En lugar de la vulnerabilidad de compartir experiencias personales, notarás una preferencia por la abstracción mental. Todo ello son intentos de mantenerse a salvo evitando cualquier cosa que pueda sobreestimularla y abrumarla.

También se puede observar una desconfianza hacia las conexiones humanas y la creencia de que en ellas no hay seguridad ni calidez. En su lugar, hay una preferencia por las conexiones espirituales o no humanas, que a menudo aparecen como una fácil sensación de conexión con el amor divino, la naturaleza o los espíritus de la naturaleza. Puede ser buena amiga de las plantas, los animales, los ángeles y las hadas, todos ellos mucho más seguros que los humanos, ya que no tienen ego ni crítico interior, como estos.

Durante la meditación, puede sentir una conexión fácil con el espíritu y sumergirse en profundos estados interiores de unidad. Sin embargo, tiene dificultades para desenvolverse en el mundo físico y funcionar como un individuo en un cuerpo físico separado. Puede parecer distante o arrogante, especialmente si afirma estar más evolucionada espiritualmente que los demás, pero esto sólo pretende mantenerlos a una distancia segura, no controlarlos.

También puedes observar un extraordinario flujo de creatividad. Puede inventar, dibujar, pintar, escribir, componer música o aportar nuevas creaciones al mundo. A veces, este flujo se convierte en un torrente asombroso de ver, como era con Robin Williams.

Cómo recrean sus heridas tempranas

Como ocurre con todos los patrones de supervivencia, las personas con el patrón de escapar tienden a recrear sus propias heridas tempranas a través de las mismas cosas que hacen para intentar mantenerse a salvo. Esta tendencia es inconsciente, por supuesto, pero mantiene muy eficazmente el tipo de relaciones y experiencias que tuvieron en la infancia y, por lo tanto, perpetúa el patrón de supervivencia.

Una forma de recrear las heridas de su infancia es abandonar su propio cuerpo, que les da miedo a nivel celular. Cuando regresan, ese miedo a nivel celular es lo primero que encuentran. Esto refuerza su creencia de que el mundo físico no es seguro.

Otra forma de recrear sus heridas infantiles es romper la conexión con los demás y marcharse al primer indicio de perturbación emocional. Cuando se van, la otra persona se siente abandonada y protesta de alguna manera, lo que crea el mismo tipo de perturbación emocional que temían. La frustración y el enfado de la otra persona parecen entonces la prueba de que el mundo es hostil e inseguro.

Como suelen negar sus propios impulsos y actos agresivos, no son conscientes de cómo utilizan su agresividad contra los demás. Su agresividad casi siempre se expresa de formas no físicas o pasivas, como provocar la agresión en los demás y luego utilizar la agresión del otro como excusa para romper la conexión. Esta maniobra les permite retirarse de la relación, mientras culpan a la otra persona de causar la desconexión.

Pensamientos del patrón

Para las personas que siguen el patrón de escapar, el pensamiento suele estar separado del sentimiento. Esto les hace más capaces de un pensamiento puro y abstracto (como la forma en que Albert Einstein se imaginó a sí mismo montado en un rayo de luz para poder comprender la relatividad), pero menos capaces de pensar de una forma informada por el sentimiento y el corazón. Prefieren el pensamiento abstracto e impersonal al pensamiento y los sentimientos específicos y personales. Una persona lo describió así: *"Mi atención se centra en ideas, conceptos, posibilidades. Vivo gran parte de mi vida en las ideas y la inspiración. Me encanta el flujo constante de inspiración"*.

Si nos fijamos en cómo procesan su experiencia – si prefieren el canal visual, auditivo o cinestésico para su procesamiento mental – vemos que normalmente prefieren el canal visual. Este es el canal que está menos conectado con el cuerpo físico y en el que el procesamiento mental se produce más rápidamente. Como resultado, las personas que siguen este patrón de supervivencia tienen un ritmo rápido de pensamiento, movimiento y habla. Pueden procesar rápidamente la información nueva, calcular todas las posibilidades y opciones y ver las implicaciones. Son capaces de atar cabos y llegar a conclusiones más rápido que otras personas. Sin embargo, si no explican cómo han llegado a una conclusión, es probable que los demás, que no son capaces de seguirles, se sientan frustrados e impacientes. Esta rapidez de pensamiento también les lleva a hablar más rápido que la media de las personas. Desde fuera, a menudo parece que el motor que llevan dentro simplemente funciona más rápido que en la mayoría de las personas. Los que utilizan el canal cinestésico, el más lento de los canales, para procesar su experiencia suelen tener dificultades para seguirles el ritmo.

Las personas con patrón de escapar son incluso capaces de manejar varias secuencias mentales al mismo tiempo. Un hombre lo explicaba así: *"Soy capaz de entrar en una habitación, quedarme allí y escuchar muchas conversaciones diferentes a la vez por toda la habitación. Recibir y procesar todo eso no supone ningún problema. Sin embargo, si estoy perdido escuchando todas esas conversaciones, la gente que se me acerca ve que no hay nadie y no se queda a hablar".* Tengo un relato fiable de alguien con este patrón que era capaz de tocar el piano en una banda sobre el escenario mientras simultáneamente estudiaba cálculo de un libro en el atril.

El parloteo mental de los que están atrapados en el patrón de escapar es "Tengo que alejarme", y cuando entran en el patrón, su atención se aleja realmente de su cuerpo y de la experiencia personal del momento presente. Esto significa que pierden el contacto con las sensaciones de su propio cuerpo que les ayudarían a averiguar "qué siento" y "qué quiero". También les desconecta de los recursos que podrían ayudarles a salir de su angustia – tanto los recursos que ya están dentro de ellos como los recursos de otras personas a las que podrían pedir ayuda. Para ellos, sin embargo, la experiencia interna no es que ellos mismos son los que se alejaron, sino que los recursos fueron los que se alejaron. Esto les hace sentirse abandonados, cuando en realidad son ellos los que se fueron. Todo esto hace que les resulte especialmente difícil averiguar qué necesitan y pedirlo.

Cada uno de los patrones de supervivencia tiende a crear una secuencia característica de pensamientos cuando una persona con ese patrón ve que otra tiene algo que quiere. Para las personas que siguen el patrón de escapar, la secuencia es algo así: *"Tú lo tienes. Yo lo quiero. Imaginaré que lo tengo".*

Comportamientos del patrón

Alejarse

Cuando las personas atrapadas en el patrón de escapar se sienten incómodas, intentan controlar su estado interior abandonando la situación de alguna manera. Pueden volverse más mentales y abstractas, salir de la habitación o disociarse completamente abandonando energéticamente su cuerpo. Como no pueden resistirse y luchar, ni siquiera pedir lo que necesitan, marcharse es casi su única opción cuando se sienten angustiadas.

Creatividad

Su atención tiende a alejarse de las sensaciones y sentimientos del cuerpo físico y, a menudo, también del reino físico por completo. Cuando esto ocurre, gran parte de su actividad tiene lugar sólo en la mente y en otros reinos, actividad que no es aparente en el mundo físico. No es hasta que regresan, trayendo nueva música, matemáticas, ideas, soluciones a problemas, etc., que su actividad se hace evidente en este mundo. Literalmente, van a diferentes planos, reúnen muchas piezas, las ensamblan en algo nuevo y luego traen su creación de vuelta aquí.

Diversión y curiosidad

Este patrón es el más lúdico de todos los patrones de supervivencia. Los que siguen este patrón saben jugar de verdad y se deleitan con la experiencia. Como también son muy creativos, les encanta crear nuevos juegos y vivir nuevas experiencias. Son las personas que quieren ir a un restaurante nuevo y probar un plato nuevo que nunca han probado antes, las personas que probarán una nueva ruta a casa desde el trabajo sólo para ver qué pasa. Perderse no les asusta tanto como a otras personas – es algo nuevo que explorar. Las personas que siguen este patrón se sienten cómodas en el caos y no necesitan poner las cosas en orden. Pueden relajarse en el caos y dejar que las cosas se desarrollen como quieran. Se trata de un talento extraordinario.

También son muy curiosos. Quieren ver algo desde todos los puntos de vista: por delante, por detrás, por los lados, por arriba y por abajo. El arte cubista de Pablo Picasso es un ejemplo de cómo ver algo desde todos los ángulos a la vez. Si quieren saber cómo acabas de hacer algo, te desmontarán y harán ingeniería inversa de tus acciones. Se trata de una invasión, por supuesto, pero lo más probable es que lo hagan con tanta ligereza que no lo sientas.

Dificultad para funcionar

En situaciones de estrés, pueden congelarse, disociarse o fragmentarse, lo que les hace perder parte de su funcionalidad. Para disminuir su angustia y controlar su estado interno, se alejan de lo que les perturba. Como ya se ha mencionado, el odio que sienten hacia su propia vulnerabilidad e impotencia puede llevarles desde el abandono de sí mismos hasta la autolesión activa.

Experiencia del tiempo del patrón

Para las personas que siguen el patrón de escapar, el tiempo y el espacio son "sólo coordenadas", no una estructura rígida a la que hay que obedecer. Están acostumbrados a vivir en todos los tiempos a la vez de los reinos espirituales, no en el espacio y el tiempo lineales del mundo físico. La ventaja es que a veces pueden deformar el tiempo y el espacio para adaptarlos a sus necesidades. El inconveniente es que pueden perder fácilmente la noción del tiempo y el espacio físicos, lo que significa que pueden perderse con facilidad o llegar tarde.

Vida emocional del patrón

Evitar los sentimientos

Por lo general, las personas con el patrón de escapar tienden a evitar los sentimientos, sobre todo los personales y negativos, como la ira, la necesidad o el pesar intenso, y evitan especialmente tales sentimientos cuando están rodeadas de otras personas. Por otro lado, cuando están solas, a menudo repasan lo que ha sucedido y lo sienten mucho más profundamente de lo que lo sentían mientras sucedía. Cuando están en presencia de otras personas, su atención se centra en el miedo a que les hagan daño, pero cuando están solas, se sienten lo suficientemente seguras como para permitirse sentir más. También pueden previsualizar una experiencia planeada antes de que ocurra y sentirla mucho más profundamente durante la previsualización que durante la experiencia real.

Cuando se sienten seguras, pueden ser muy juguetonas y felices. Normalmente, esto sólo ocurre cuando están solas o con otros que también hacen el patrón de escapar.

Cuando son capaces de dar voz a su ira, ésta suele adoptar la forma de una ira candente por necesidades insatisfechas. La intensidad de esta expresión atestigua cuánta rabia hace falta para superar su terror interior y expresar sus necesidades al mundo exterior. La rabia que no son capaces de expresar puede transmitirse psíquicamente, ya sea de forma intencionada o no. Los que no son psíquicamente sensibles no notarán nada, pero los que sí lo son pueden reaccionar como si alguien les estuviera gritando.

Miedo

Cada uno de los cinco patrones de supervivencia tiene una emoción por defecto. Ésta es la emoción que siente una persona que sigue este patrón en particular cuando demasiada energía golpea en su sistema. El tipo de energía que incide en su sistema no importa, incluso podría ser algo positivo, como el orgullo o la alegría, pero si es suficiente para abrumarla, empezará a sentir su emoción por defecto.

Si sabes cuáles son tus propias emociones por defecto, quizá puedas evitar dejarte arrastrar por la oleada de emoción que te golpea cuando entras en abrumación. Si puedes decirte a ti mismo: *"Ah, sí, ahí está otra vez mi sentimiento habitual. Entonces, ¿es esto lo que estoy sintiendo realmente o es sólo mi emoción por defecto?"*, tendrás muchas más posibilidades de reorientarte y no perderte en la emoción.

La emoción por defecto de las personas con patrón de escapar es el miedo, e incluso un pequeño aumento del nivel de energía a su alrededor puede desencadenarlo. La energía extra que incide en su sistema se desvía hacia arriba en el cuerpo, hacia la cabeza, donde la mente la interpreta como miedo. La mente busca entonces la causa del miedo, pero como está constreñida por sus patrones de creencias, sólo mira fuera de sí misma, examinando todas sus percepciones del mundo exterior en busca de cualquier señal de peligro. Por lo general, es capaz de encontrar alguna prueba de peligro, lo que refuerza el patrón de miedo y la creencia de que el mundo es peligroso.

Interacción con los demás

Sensibilidad

Las personas con el patrón de escapar tienden a ser más sensibles energéticamente que otras. A menudo, esto las hace muy perceptivas, aunque, como ocurre con cualquier persona, sus percepciones pueden estar totalmente distorsionadas por proyecciones de su propio material inconsciente. La ventaja de esta percepción es que pueden ser increíblemente sensibles y estar en sintonía con los demás. El inconveniente es que pueden confiar tanto en sus propias impresiones que no se molesten en contrastarlas con la realidad, por lo que pueden sentirse seguros de una "percepción" que no es exacta.

Cuando trates con alguien que sigue este patrón de supervivencia, debes tener en cuenta su extraordinaria sensibilidad a la energía y su incapacidad para tolerar mucha de ella. Como sus propios límites energéticos son tan débiles, cualquier energía que irradies puede penetrar fácilmente en ella. Esto significa que ella puede sentir cómo te sientes antes que tú, pero su interpretación de lo que siente en ti puede ser exacta o no. Si te fusionas energéticamente con ella, es probable que se sienta invadida. Si estás enfadado – aunque no tenga nada que ver con ella – se sentirá asustada. Por otro lado, si la estás amando en silencio desde la habitación de al lado, es probable que ella también lo sienta.

Vulnerabilidad

Como las personas que siguen este patrón de supervivencia se sienten tan vulnerables, su principal prioridad en todas las interacciones es la seguridad. Todo lo demás es secundario a su necesidad de seguridad. Recuerda que sus padres no les enseñaron que las relaciones humanas pueden ser seguras y afectuosas. Por el contrario, les enseñaron que las conexiones humanas suelen ser frías u hostiles. Así que si tienes una intención cuando te acercas a ellos, tenderán a interpretar tu intención como una amenaza, incluso sin tener ni idea de cuál es realmente tu intención.

Energéticamente, el proceso es el siguiente: cuando enfocas tu atención para iniciar una acción, tu conciencia pasa de un campo de atención difuso, suave y amplio, a una atención más estrecha y contraída. El mero hecho de centrar la atención crea una tensión en el campo energético. Ésta es una de las formas en las que los animales de presa detectan la presencia de un depredador que les está dando caza. Por ejemplo, cuando un león está cazando gacelas, en el momento en que el león elige a su presa, su campo energético se contrae. Las gacelas sienten la contracción del campo energético que las rodea y huyen de la contracción. Otro día, cuando ese mismo león tiene la barriga llena y no está cazando, puede atravesar la misma manada de gacelas sin causar molestias, porque su atención sigue siendo difusa y centrada en el campo enfocada ampliamente.[8]

Del mismo modo, cuando te concentras en un objetivo, tu campo energético se contrae. Las personas que siguen el patrón de escapar notarán esta contracción en tu campo energético y lo interpretarán como un peligro. Si quieres que confíen en ti, debes ofrecerles un contacto suave y sin ningún objetivo. Dependiendo de los patrones de supervivencia que sigas, ofrecer un contacto suave puede que no te resulte fácil, porque es posible que habitualmente mantengas tu atención en un estado contraído, centrado en un objetivo.

Como las personas que siguen este patrón de supervivencia en realidad estaban totalmente indefensas cuando se quedaron atascadas en este estado inicial, normalmente siguen pensando que son indefensas. No creen que tengan la capacidad de provocar cambios en los que les rodean, así que no se les ocurre exigir o presionar a los demás para que cambien. En su lugar, tienden a aceptar la situación actual como un hecho.

Los otros suelen experimentar esta falta de queja como una aceptación de su comportamiento, y pueden tomarse la falta de oposición como un permiso para seguir haciendo cosas que son invasivas o abusivas. Por lo tanto, si quieres saber si alguien que sigue el patrón de escapar se siente seguro a tu alrededor, fíjate en cuánto tiempo permanece en contacto contigo, no en si se queja. Es más probable que gestione su estado interior marchándose (física o energéticamente) que quejándose o exigiendo que cambies tu comportamiento.

Estilo de contacto

Las personas que siguen patrones de supervivencia distintos suelen tener formas muy diferentes de establecer contacto con los demás, lo cual es una de las razones por las que las relaciones íntimas pueden resultar tan confusas. Por tanto, para interactuar hábilmente con otras personas, primero tienes que entender qué estilos de contacto funcionan para ellas y, después, ajustar tu enfoque a sus preferencias.

El estilo de contacto preferido por las personas con patrón de escapar es esencialmente evitar el contacto, a menos que se haga con un toque muy ligero. Así que para ayudarles a sentirse seguros, debes mantener un contacto ligero, tanto energética como físicamente. Para ellos, el tipo de contacto más seguro se da en el ámbito mental, en el mundo de las ideas, por lo que es más probable que la persona se sienta segura cuando el contacto se realiza a través de la mente (la mente del artista, no la mente del abogado), en lugar de a través del cuerpo o del corazón. Si quieres establecer un contacto físico o a través del corazón, asegúrate de ofrecer una energía cálida y reconfortante, sin un objetivo.

Cuando necesiten procesar su experiencia, querrán alejarse y hacerlo a solas. Cuando están solos, pueden sentirse lo bastante seguros como para relajarse en la experiencia y vivirla de verdad, normalmente repasándola mentalmente. Tal vez esta sea la primera vez que puedan estar realmente presentes en la experiencia, porque mientras ocurría pueden haber estado algo fuera de su cuerpo. Repasarla después puede que sea la primera vez que sea capaz de experimentarla plenamente. Los momentos más enriquecedores de su vida suelen ser aquellos en los que están solos, ya sea previsualizando o repasando sus experiencias favoritas. Los lectores que estén familiarizados con los términos introvertido y extrovertido se darán cuenta de que esta es la forma que tienen los introvertidos de procesar su experiencia. Una de las razones por las que las personas que siguen este patrón de supervivencia necesitan tanto tiempo a solas es simplemente para poder procesar sus experiencias.

Amor romántico

En las relaciones románticas, como en todas las demás, las personas con patrón de escapar querrán que te acerques a ellas sin ningún objetivo y con un toque de ligereza. La interacción lúdica casi siempre funcionará mejor que la seriedad, y cualquier expectativa que tengas les parecerá presión y puede ahuyentarlos.

Como a menudo tienen poca sensación-sentida de su propio cuerpo físico, es posible que no reciban señales de su cuerpo sobre el deseo de contacto o placer físico. Recuerda que estás tratando con alguien que no espera que la conexión con otros seres humanos sea una experiencia positiva. Para ellos, la seguridad está en la separación, no en la conexión.

Cuando se sienta angustiado, necesitará alejarse para sentirse más seguro, e incluso para relajarse. Por ejemplo, para relajarse y conciliar el sueño, puede que necesite ponerse al otro lado de la cama y que no le toques. Si lo que tú querías era dormir abrazados, esto puede que te resulte difícil.

Sexualidad

En lo que respecta a la sexualidad, nos encontramos con que muchas personas que siguen este patrón de supervivencia empezaron a masturbarse bastante jóvenes, mucho antes de la pubertad. En la masturbación encontraron una manera de aumentar de forma segura sus sensaciones de placer y vitalidad en el cuerpo y obtener algo del calor que no eran capaces de conseguir a través de la conexión con los demás.[9]

De adultos, pueden necesitar alguna actividad física solitaria, como correr o nadar, para ayudarles a entrar más en su cuerpo antes de ser capaces de tolerar la intensidad de la excitación sexual. También pueden necesitar caricias no sexuales en la piel que les ayuden a centrarse en su cuerpo y encontrar sus límites antes de estar preparados para el contacto sexual.

Para algunas personas que siguen este patrón de supervivencia, el sexo es más una experiencia energética que física. Algunas mujeres han declarado que pueden llegar al orgasmo con sólo ser penetradas por la energía que emana de la palma abierta de la mano de su novio cuando ni siquiera las está tocando, sino sosteniéndola unos centímetros por debajo de sus genitales.

Su forma de abordar el conflicto

Las personas que siguen este patrón de supervivencia suelen querer evitar los conflictos a casi cualquier precio. No tienen un historial de confrontaciones ganadas o de conflictos que hayan conducido a algo positivo, por lo que quieren evitar todo conflicto. Cuando surge la ira o el conflicto, abandonan la situación física o energéticamente (se disocian). Su único pensamiento es "Tengo que huir".

Si no son capaces de huir lo bastante rápido, la intensidad del conflicto puede romperles en añicos, incapacitándoles para funcionar. Fragmentarse así es aterrador. Ahora se sienten aún más asustados e indefensos que antes de fragmentarse. Ahora ni siquiera hay un "yo" aterrorizado; sólo existe el terror.

Mientras están fragmentados, pueden ser incapaces de seguir el hilo de la conversación y salirse por la tangente, como si intentaran alejar el foco de la conversación del conflicto. Desde fuera, esto puede parecer voluntario e intencionado, pero probablemente sólo sea un efecto inconsciente de su confusión interna y de su pérdida de centro.

Armas utilizadas en un conflicto

Normalmente no sienten ni expresan su propia ira, pero cuando lo hacen, aparecerá primero en las ondas psíquicas como un sentimiento de ira que inunda la habitación. Aunque evitan el conflicto en el mundo físico, pueden mostrarse muy enfadados, despiadados y llenos de odio en las ondas psíquicas. Incluso pueden atacar a otros enviándoles energía de ira y odio. También pueden controlar el espacio psíquico ocupándolo todo. Esto es un poco como si alguien llenara verbalmente la habitación con su ira gritando cosas odiosas y pasando por encima de cualquiera que intente hablar. Sin embargo, lo más probable es que otras personas que no sean psíquicamente sensibles no noten nada.

Las únicas armas del reino físico que tienen a su disposición son irse, la confusión, la distracción y hacerse invisibles, si es que a eso se le puede llamar "armas". Su incapacidad para mantenerse firmes y luchar por sus necesidades, como harían algunos de los patrones de supervivencia de mayor desarrollo, no significa que no tengan necesidades. Sólo significa que no tienen las habilidades agresivas que un niño adquiere durante las etapas de desarrollo posteriores. No pienses que, porque no puedan luchar por sus necesidades, no tienen necesidades.

Cuando por fin expresan su ira verbal o físicamente, ésta suele manifestarse como un ataque de rabia por las necesidades no satisfechas. No han tenido ninguna práctica en la expresión de la ira, y mucho menos de la rabia, por lo que es poco probable que sean hábiles para expresar su rabia cuando esta aflora.

Estilo de comunicación

Las personas con patrón de escapar son buenas en la comunicación rápida y multicanal. Hay varios canales de comunicación no verbal funcionando entre las personas todo el tiempo, y las que siguen este patrón son más hábiles que la media en el uso de estos canales adicionales. Para ellas, los principales canales de comunicación son las impresiones energéticas y psíquicas, no el lenguaje y las palabras.

Cuando te escuchen, leerán la energía de tu comunicación, pero puede que no escuchen atentamente – o ni siquiera oigan realmente – tus palabras. Si la energía de tu comunicación no coincide con tus palabras, pondrán su atención en la energía y desatenderán tus palabras.

Al hablar, su atención se centrará en las impresiones energéticas y psíquicas que envían, no en las palabras. Por eso, si se leen literalmente, sus palabras pueden resultar confusas, sin sentido gramatical. Puede haber grandes lagunas en las palabras, donde la parte más importante de su comunicación no se dijo en palabras en absoluto, sino que sólo se envió psíquicamente. A menudo, se olvidan de nombrar a la persona o el tema del que están hablando, dando por sentado que tú ya lo conoces, puesto que lo enviaron como una impresión psíquica.

Dos personas que poseen este talento de comunicación psíquica pueden hablar sin apenas usar palabras. Es algo así: la primera persona dice: *"¿Sabes aquella vez que . . .? (envía imagen) . . . bueno, volví allí y fue tan . . . (envía sentimiento). Qué fastidio"*. El oyente recibe las imágenes y los sentimientos en el canal psíquico y lo entiende perfectamente, aunque la parte principal de la comunicación nunca se haya expresado con palabras. Las palabras sólo rellenan los huecos. La conversación puede incluso desarrollarse en silencio, simplemente intercambiando imágenes y sentimientos. Un amigo mío se refiere a esto como «hablar delfín».

Para una tercera persona, que no tenga el talento psíquico que comparten, esa conversación será incomprensible. Para él, es como si los otros dos hablaran en una especie de código que no puede descifrar. Es probable que se sienta confundido y excluido, y que se frustre y se enfade. Muchas peleas entre amantes surgen de estas diferencias en los estilos de comunicación, unidas a nuestra creencia de que todo el mundo utiliza la misma forma de comunicarse que nosotros, así que si nos han entendido mal, habrá sido intencionado.

Comunicarse con ellos

Cuando te comuniques con personas que siguen el patrón de escapar, envía tu mensaje por el canal psíquico, si puedes, así como en palabras. Si no puedes enviarlo psíquicamente, al menos asegúrate de que tu energía coincide con tus palabras, en lugar de contradecirlas. Ten en cuenta que atenderán más a tu energía que a tus palabras, así que presta atención a tu estado de ánimo y a la energía de tu cuerpo mientras hablas. Si la energía de tu cuerpo no coincide con el mensaje que quieres enviar, tómate tu tiempo para cambiar tu estado de ánimo antes de intentar hablar con ellos.

Cuando les escuches hablar, no te centres demasiado en las palabras. En lugar de eso, pon tu atención en las emociones que hay detrás de las palabras. Deja que las palabras fluyan sobre ti y siente su sabor, en lugar de su significado literal. Olvídate de los detalles y céntrate en el tono emocional de lo que dicen.

Si no puedes escuchar en su estilo y realmente necesitas que use palabras, pídele que cambie a tu estilo . . . pero hazlo con delicadeza. Puedes intentar decir algo como *"Lo siento, no soy capaz de entender esto y necesito que lo expreses con palabras. ¿Puedes hacerlo por mí?"*. Cuando digas esto, asegúrate de que estás siendo amable y sincero, o ni siquiera escucharán tus palabras.

Si estás tan frustrado y enfadado que no puedes ser amable y sincero, debes saber que tu enfado es lo único que les está llegando a ellos, por lo que estarán asustados y probablemente ya estén a medio camino de salir por la puerta o de su cuerpo. En esa situación, es más sensato tomarse un tiempo para que ambos os calméis antes de intentar continuar la conversación. Si vuestros cuerpos están alterados, ninguno de los dos podrá estar presente o ser hábil ahora.

Su forma de quejarse de algo

Para las personas con patrón de escapar, la principal forma de quejarse de algo es disociarse o distanciarse. Como no se trata de una forma activa de quejarse, ni siquiera de un acto físico, es fácil no darse cuenta. Simplemente se van mental y energéticamente.

Una forma algo más evidente de mostrar su malestar con la conversación en curso es cambiar el foco de atención de algo personal a algo impersonal y abstracto. Es el mismo movimiento que hacen dentro de su propio cuerpo cuando desplazan la atención hacia su cabeza. Observas ese movimiento reflejado en cómo se mueve su atención durante la conversación. Por lo general, ninguna de estas acciones (distanciarse o volverse menos personal) es consciente o intencionada. A menudo, no son conscientes de que se sienten incómodos; su patrón de reacción se pone en marcha y les aleja de lo que les hace sentir incómodos.

La forma más obvia de expresar una queja es alejarse físicamente. Pero como quieren evitar el conflicto, probablemente se escabullirán lo más discretamente posible.

Como no creen que quejarse activamente vaya a cambiar nada, rara vez se les ocurre hacerlo. En cambio, su queja se expresa en acciones, a menudo inconscientes. Se expresa simplemente en alguna forma de irse. Si quieres saber cuándo están descontentos, lo más probable es que tengas que rastrearlo tú mismo, ya que no son capaces de rastrearlo ni de expresar sus quejas con palabras.

Su forma de pedir ayuda

Cuando las personas atrapadas en el patrón de escapar piden ayuda, suelen creer que el recurso o el apoyo que necesitan ha desaparecido y quieren recuperarlo. Normalmente, sigue estando presente, pero han alejado su atención, lo que les hace pensar que ha desaparecido. Puedes ayudarles devolviéndoles suavemente la atención a su cuerpo en el aquí y ahora, donde el recurso o apoyo existe realmente. Cuando vuelva a conectar con su cuerpo, ayúdale a mirar a su alrededor y a encontrar el recurso o apoyo que buscaba.

Hacer una petición al patrón

De nuevo, mantén tu energía calmada y tu tacto ligero. Esto puede ser especialmente difícil en esta situación, ya que tienes una necesidad o no estarías haciendo una petición en primer lugar. Te ayudará mucho si puedes cambiar a un sentimiento lúdico y presentar tu petición como una posibilidad divertida. Mientras hablas, ve al canal psíquico si puedes, y pon una imagen de tu idea divertida allí, así como en las palabras que estás usando. Si no puedes poner tu petición en las ondas psíquicas, al menos asegúrate de que tu energía coincida con tus palabras y transmite tu intención de que esta puede ser una posibilidad divertida.

Su respuesta a una petición

Si una persona con patrón de escapar no es capaz de referenciar su cuerpo para evaluar si quiere acceder a tu petición, utilizará su mente para hacerlo. Si su mente es capaz de entenderlo, te responderá a partir de ahí. Sin embargo, si la respuesta sólo puede darla haciendo referencia a sus sensaciones corporales (*"¿Estás cansada?"*, *"¿Te sientes sexy?"*), es probable que se confunda. Y si esa confusión es lo suficientemente angustiosa, puede disociarse.

Elogiar al patrón

Cuando quieras felicitar a alguien que cae en el patrón de escapar, intenta mantener tu energía calmada y tu tacto ligero. Si puedes, envíale suavidad y calidez a través de las ondas psíquicas. Luego, expresa tu cumplido en su lenguaje, referenciando lo que ella valora y a lo que presta atención.

Este es un principio importante que hay que tener en cuenta a la hora de felicitar a alguien. Si quieres que le llegue tu aprecio, exprésalo en términos que comprenda y haz referencia a lo que valora. Dado que los que hacen el patrón de escapar valoran la belleza, la creatividad y la originalidad, es más probable que se sientan más valorados si destacas lo original y bonita que es su creación que si te centras en su corrección o en lo bien que funciona. Probablemente no les importe lo correcta que sea o lo bien que funcione, así que tu apreciación de esas cualidades significará menos para ellos. Del mismo modo, apreciar lo bien que te lo pasas con ellos probablemente signifique más para ellos que felicitarles por lo bien organizados que son.

Como ocurre con todo lo relacionado con los patrones de supervivencia, no se trata de un principio único. Además de tener en cuenta qué patrones sigue la persona y qué valoran esos patrones, también tendrás que considerar sus valores personales. Si observas atentamente sus respuestas, probablemente serás capaz de saber cuándo le ha llegado tu elogio y cuándo no.

Cómo salir del patrón de escapar

Cuando te das cuenta de que has entrado en un patrón, lo primero que tienes que hacer es salir del patrón y volver a estar presente. Al principio, esto puede parecer contraintuitivo. Después de todo, entraste en un patrón para amortiguarte de una experiencia difícil. ¿Por qué querrías eliminar ese amortiguador y tener que enfrentarte a la experiencia desagradable sin él?

Hay varias razones. En primer lugar, el patrón de supervivencia está distorsionando tus percepciones y tu experiencia. Puede que el malestar no sea tan grave como parece a través del filtro del patrón. E incluso si lo es, necesitas verlo con claridad para encontrar la mejor manera de responder a él. Seguir un mapa distorsionado no te llevará adonde quieres ir.

Segundo, mientras estés en patrón, tu respuesta será dictada por el patrón. Será la respuesta automática del patrón, aunque esa respuesta no sea una buena opción en este momento. De hecho, es probable que la respuesta del patrón empeore las cosas, no que las mejore. Dado que el patrón de supervivencia se formó cuando eras mucho más joven y tenías menos recursos, es muy probable que ahora tengas mejores opciones.

En tercer lugar, cuando salgas del patrón y vuelvas a estar presente, volverás a tener acceso a toda la ayuda, los recursos y la madurez que tanto te ha costado desarrollar. Una vez que vuelvas a estar en presencia, podrás encontrar la mejor manera de responder a esta situación actual.

Así que, en cuanto te des cuenta de que estás en un patrón de supervivencia, empieza a averiguar en cuál estás y cómo salir de él.

Señales de que estás en el patrón de escapar

- has perdido la conexión con tu cuerpo

- estás fragmentado o "por ahí"

- todo lo que puedes oír en tu cabeza es "¡Tengo que escapar!"

La solución: Tienes que volver. Tu cuerpo no te ha abandonado.

Para salir del patrón de escapar

Cambia tu atención del miedo en tu mente a tus sensaciones corporales y tu conexión con la tierra.

Ejercicio:

Dobla las rodillas y respira profundamente, manteniendo los ojos abiertos. Para reorientarte, di tu nombre en voz alta:

- fíjate en la frecuencia de tu nombre: es tu frecuencia personal.

- busca esa misma frecuencia en el centro de tu cuerpo. Ahí es donde quieres volver. Ese es tu hogar en la dimensión física.

Pide suavemente a todos tus fragmentos que vuelvan. Intenta conscientemente volver a entrar por la parte superior de la cabeza. Siente cómo tu consciencia entra en cada parte de ti a medida que desciendes por tu cuerpo. Empieza por la cabeza y la cara y desciende por el cuello, el pecho, la espalda, los brazos, el vientre, la pelvis, los muslos, las pantorrillas y los pies.

Busca evidencias de que le gustas a la tierra y de que quiere conectar contigo.

Conéctate a las profundidades del centro de la tierra.

Deja que la energía de la tierra fluya hacia ti y te llene, igual que fluye a través de las raíces de un árbol hasta el tronco y las ramas. Deja que te llene, te nutra y te sostenga.

Siente el centro de tu propio cuerpo.

Siente que a tu cuerpo le gustas y te quiere aquí.

Busca a tu alrededor señales de que a otros les gustas y te quieren aquí también.

Para más información sobre cómo salir del patrón, consulta el Capítulo 13, *Cómo salir del patrón*, en la página 377.

Recuerda: siempre que te des cuenta de que estás atrapado en un patrón, lo primero que tienes que hacer es salir del patrón y volver a la presencia.

Sanación del patrón de escapar

Cada uno de los patrones de supervivencia surge de una situación en la que el niño se queda atascado en una etapa de desarrollo concreto, incapaz de aprender las habilidades de esa etapa y de utilizar esas nuevas habilidades como base para aprender las habilidades de la siguiente etapa de desarrollo. Dado que el patrón de escapar es, desde el punto de vista del desarrollo, el primero de los patrones de supervivencia, la sanación de este patrón requiere que volvamos al principio de la vida y partamos de ahí.

Las personas que utilizan esta defensa se sienten cómodas experimentándose a sí mismas como parte de la unidad divina del mundo espiritual, pero temen separarse de ella y convertirse en una chispa divina individual en un cuerpo humano. Su necesidad de desarrollo no satisfecha es sentirse seguras aquí, en el mundo humano, acogidas, amadas y cuidadas por otras personas. Su tarea de desarrollo es la encarnación: orientar su conciencia hacia la dimensión física, reivindicar el cuerpo físico como propio, cohesionar un yo integrado y anclarlo en el cuerpo.

Para sentirse lo bastante seguras como para completar el proceso de encarnación, las personas que se defienden de este modo necesitan un puente que les permita experimentar el mundo físico como acogedor, en lugar de hostil. No pueden hacerlo solas. Necesitan a alguien que les ayude a recuperar sus fragmentos, les proporcione una conexión humana segura, cálida y acogedora, y les ayude a reivindicar su cuerpo. Necesitan apoyo e instrucción en muchísimas habilidades que les faltaron cuando eran bebés y niños. Estarán desarrollando una serie de habilidades diferentes al mismo tiempo, y los detalles variarán de una persona a otra, pero el proceso se parecerá generalmente a lo siguiente.

Sentir el cuerpo

Una de sus primeras tareas consiste simplemente en aprender a prestar atención a sus sensaciones corporales y a sentirlas. A medida que empiecen a valorar estas sensaciones como una fuente de información sobre sí mismos, su percepción se ampliará para explorar sus sentimientos y emociones y valorarlos también como fuentes de información sobre sí mismos. El trabajo corporal suave puede ayudar a relajar gradualmente la tensión crónica del cuerpo y a aumentar las sensaciones corporales.

El trabajo corporal del Método Rosen es especialmente útil en este proceso porque es muy suave. El terapeuta simplemente pone las manos en las partes del cuerpo del cliente que no se mueven con la respiración, sino que están congeladas en la inmovilidad. El tacto del terapeuta le ayuda a prestar atención a las partes inmovilizadas de su cuerpo y a liberar las heridas y los miedos que han quedado bloqueados en esos tejidos.

La Ortobionomía es otra forma de trabajo corporal especialmente adecuada para las personas atrapadas en el patrón de escapar. El terapeuta observa cómo el cliente tensa su cuerpo para tratar de protegerlo y le proporciona apoyo para esa tensión. Cuando siente que el apoyo que necesita viene de fuera, su cuerpo se relaja de forma natural. La mayoría de nosotros, independientemente de los patrones de supervivencia que hayamos adoptado, estamos profundamente hambrientos de una sensación-sentida real de apoyo. Normalmente no sentimos esa hambre, porque las tensiones crónicas que arrastramos la mantienen enterrada, pero saldrá a la superficie en cuanto nos sintamos sostenidos y apoyados.

Enraizamiento

Desde el principio, las personas que han sufrido este tipo de heridas tendrán que aprender a enraizarse y a establecer una conexión afectuosa con la Tierra. Para ello, normalmente necesitarán conectar con otra persona que esté bien enraizada. Tendrán que ver que el enraizamiento es bueno para esa persona y que también puede ser bueno para ellos. A continuación, necesitarán instrucciones claras sobre cómo enraizarse, seguidas de una práctica diaria. El objetivo es que experimenten personalmente que la tierra es segura, amable y acogedora, y que desarrollen una fuerte conexión energética con ella.

He descubierto que, para los que siguen el patrón de escapar, modelar cómo un árbol se enraíza a sí mismo suele ser una buena forma de empezar a aprender estas habilidades de enraizamiento. Los árboles nos muestran cómo el centro del cuerpo (el tronco) puede estar profundamente conectado (enraizado) con la tierra. Y los árboles son seguros: como no tienen ego ni crítico interior, un árbol nunca te criticará por hacerlo mal. A menudo, las personas con patrón de escapar ya han utilizado antes sus habilidades psíquicas para comunicarse con los árboles, por lo que conectar con un árbol no es una idea nueva para ellos. Les pido que conecten con un árbol grande, fuerte y amistoso y luego que le pidan que les muestre cómo está arraigado a la tierra. Aprender de un árbol de esta manera es una transferencia de conocimiento de cuerpo a cuerpo, no una experiencia mental. Es como copiar los pasos de baile de alguien, en lugar de hablar con ellos sobre sus movimientos. Una vez hayan hecho esto con un árbol , les sugiero que lo conviertan en una práctica diaria y lo prueben con muchos árboles diferentes.

Después de que hayan establecido una conexión con la tierra, les pido que empiecen a conocerla. ¿Es amable? ¿Es nutritiva? ¿Se alegra de que estén aquí? La primera vez que experimentan que la tierra es segura y acogedora para ellos, pueden echarse a llorar, tanto por el alivio de sentirlo por fin como por la pena de no haberlo sentido nunca. A medida que su sistema se fortalezca, estarán preparados para pasar de modelar el enraizamiento de un árbol a modelar el enraizamiento de algo más grande, como una montaña.

Centro

Además de aprender a enraizarse, las personas con patrón de escapar necesitan desarrollar una sensación-sentida de su centro físico. Puede que tengan un sentido de sí mismos como espíritus, pero aún no lo tienen como seres físicos. Para alcanzarlo, necesitan desarrollar una sensación-sentida del centro de su cuerpo físico.

El centro del cuerpo es una columna que discurre verticalmente por el centro del torso, como el tronco de un árbol. Si te sientas recto e imaginas una línea que va desde la coronilla hasta el perineo, ahí es donde se encuentra tu centro. (El perineo se encuentra en la parte inferior del torso, entre el ano y los genitales). El centro es la parte del cuerpo en la que se siente más tú. Cuando quieras sentirte a ti mismo, éste es el lugar donde debes mirar. Cuando quieras saber cómo te sientes, este es el lugar en el que debes sentir. Tus pensamientos surgen en tu cabeza, pero tus sensaciones y sentimientos surgen en tu cuerpo, y sobre todo en tu centro. Si quieres construir una sensación-sentida más fuerte de ti mismo, pon tu atención en tu centro.

El centro tiene forma de columna e incluye la columna vertebral y el espacio situado justo delante de ella. Puedes sentirlo de cualquier anchura, desde muy estrecho hasta más ancho que tu cuerpo. La forma de sentir el centro puede ser principalmente cinestésica, visual o incluso auditiva. La forma en que lo percibas no es tan importante, siempre y cuando seas capaz de percibirlo de alguna manera. Te sugiero que conviertas la percepción de tu centro en una práctica diaria. Puedes empezar por dejar que los árboles grandes te enseñen cómo es su centro, tal y como hemos explicado antes. Muchas técnicas de movimiento y trabajo corporal también ayudan a tomar conciencia del centro, sobre todo el ballet, Pilates, Gyrotonics, Técnica Alexander, Aston-Patterning y Body-Mind Centering. Si necesitas ayuda para sentir tu centro, te recomiendo que tomes clases o sesiones de cualquiera de estos métodos.

Sentir físicamente el propio centro es una experiencia a la vez sutil y profunda. Es sutil en el sentido de que la sensación-sentida nunca será tan vívida como palparse la palma de la mano con un dedo o agarrarse la muñeca con la otra mano. Al principio, probablemente será difícil saber si realmente estás sintiendo algo o si sólo imaginas que estás sintiendo algo. No dejes que eso te desanime. A medida que sigas concentrándote en tu centro, las sensaciones se irán intensificando. Recuerda que también estás fortaleciendo tu atención con esta práctica. Al igual que un músculo, tu atención se fortalece cuanto más la ejercitas. A medida que tu atención se fortalezca, empezarás a sentir tu centro de forma más vívida.

Sentir tu propio centro es profundo porque te da una experiencia directa de que realmente existes aquí en el plano físico como un ser físico. Ya no tienes que deducir tu existencia de ver tu reflejo en un espejo o de las respuestas de los demás hacia ti. En su lugar, tienes una experiencia directa e innegable de sentirte y conocerte a ti mismo. Para algunos, se trata de una experiencia totalmente nueva.

Recuerda que debes centrar tu atención en todo el centro, desde la coronilla hasta el perineo, y no sólo en un punto, como el corazón o el vientre.

Sentirte tan vivo puede desencadenar en ti reacciones emocionales muy diversas. Puede que simplemente te sientas presente y tranquilo, o que te sientas eufórico al saber que realmente existes. Puedes sentir miedo de estar haciendo algo mal o sentirte vacío, como si te faltara algo. Puedes sentirte espacioso, que es como el vacío pero sin sensación de falta. Pueden surgir todo tipo de pensamientos y sentimientos. No dejes que te desconcierten. Obsérvalos, pero vuelve a centrar tu atención en la práctica de sentir tu centro. Cada uno de esos sentimientos contiene información para ti, y puede que tu cuerpo tarde algún tiempo en procesarlos y destilar esa información para ti, pero puedes dejar que eso ocurra a su propio ritmo y a su propio tiempo. No tienes por qué precipitarte ni preocuparte por si lo estás haciendo mal. Simplemente deja que la experiencia se desarrolle dentro de ti, gradualmente, con el tiempo. Si necesitas ayuda para procesar los sentimientos que surgen, ve a buscarla. No es necesario que lo hagas solo. Y el hecho de que tu sensación-sentida de tu propio centro comience siendo débil y crezca lentamente te dará tiempo para trabajar los sentimientos que surjan mientras realizas esta práctica.

Pedir contacto físico reconfortante

Las personas atrapadas en este patrón de supervivencia también necesitan aprender a extender los brazos para pedir contacto físico reconfortante a otros, al igual que lo hacen los niños pequeños cuando piden que les cojan en brazos, y a recibirlo cuando se les ofrece. Necesitan una situación segura, no sexual, en la que puedan permitirse sentir su necesidad de contacto físico reconfortante, acercarse para obtenerlo, agarrarse a la otra persona, y luego acurrucarse y dejar que su cuerpo absorba lo que necesita. Por supuesto, buscar contacto físico y pedir ayuda para calmarse es exactamente lo que han aprendido a evitar, ya que no les fue bien desde el principio. Así que es probable que ahora haya muchos miedos y lágrimas en el proceso de abrirse a pedir que les sostengan para calmarse. Pero, con ayuda y apoyo, estos pueden ser afrontados, sentidos y procesados. Con el tiempo, las personas atrapadas en este patrón pueden aprender a buscar refugio en los demás, en lugar de alejarse. Esto les permitirá desarrollar vínculos emocionales sanos con otras personas.

Sentirse reconfortado y cuidado por los demás también enseña a su cuerpo a calmarse y cuidarse a sí mismo. Es probable que la crianza que han recibido no les haya enseñado estas habilidades, por lo que no tienen este modelo en su cuerpo. Todos los niños necesitan aprender a calmarse y cuidarse a sí mismos, por supuesto, pero esta habilidad es especialmente deficiente en las personas con patrón de escapar.

Establecer límites firmes

Dado que gran parte de la abrumación que experimentan los que adoptaron el patrón de escapar se debe a que tienen límites débiles alrededor de su cuerpo, necesitan desarrollar límites más fuertes. Hay dos formas de ver los límites: psicológica y energéticamente.

El campo de la psicología ha producido muchos libros sobre la importancia de los *límites psicológicos*. Estos libros muestran al lector la diferencia entre vivir con límites sanos y vivir sin ellos. Te ayudan a distinguir entre lo que es mi sentimiento y lo que es tu sentimiento, mi responsabilidad y tu responsabilidad. Te enseñan a decir "no" cuando lo necesitas, aunque puedas decepcionar a otra persona. Y te enseñan a enfrentarte a la larga lista de objeciones que suelen surgir – tanto en ti como en los demás – cuando empiezas a hacer valer tus límites.

Estos libros también te enseñan que, para que tus límites sean eficaces, debes ser capaz de hacerlos cumplir. Para ello, debes decirle a la otra persona qué medidas tomarás si viola tus límites. Debe ser una acción que puedas y quieras llevar a cabo. Por ejemplo, si tu pareja te grita con frecuencia, puedes decidir que no estás dispuesta a seguir aceptando ese comportamiento y que, si lo hace, te irás de la habitación. Tu límite es "no me grites" y tu consecuencia es "saldré de la habitación".

Sin embargo, antes de anunciar tu nuevo límite, debes pensar en todas las formas en que podría desarrollarse esta situación para estar segura de que lo que dices va en serio y de que estás dispuesta a hacer cumplir tu nuevo límite. Al establecer un nuevo límite, estás cambiando una de las normas de la relación. Puede que tu pareja responda a tu límite cambiando su comportamiento, proponiendo un compromiso o incluso abandonando la relación, así que tienes que tener claro lo importante que es este límite para ti antes de pasar a la acción.

Después, tienes que decirle a tu pareja lo que has decidido y que saldrás de la habitación si vuelve a gritarte. Por último, tienes que llevar a cabo tu acción cada vez que él viole tu límite. Es muy probable que traspase tu límite sólo para ver si realmente estás dispuesta a llevar a cabo la consecuencia que has dicho, así que prepárate para una prueba. De hecho, prepárate para varias pruebas. Es probable que tu pareja no quiera renunciar al privilegio de gritarte y a los beneficios que eso le reporta, así que tendrás que demostrarle, con tus repetidas acciones, que vas en serio con esto. Cuando se dé cuenta de que puedes imponer tus límites, y de que lo harás, tendrá que decidir cómo responder a esta nueva realidad. El proceso de desarrollar límites psicológicos fuertes y sanos es un tema muy amplio, demasiado amplio para que le hagamos justicia aquí. Pero está muy bien tratado en muchos libros de psicología de autoayuda, así que te sugiero que te hagas con dos o tres de ellos y empieces a seguir los pasos que aconsejan.

El desarrollo de *límites energéticos* fuertes no está tan bien tratado en los libros, así que expondré aquí la práctica básica. Empieza imaginando que tienes una burbuja en forma de huevo que te rodea. Se extiende unos un metro más allá de tu cuerpo en todas las direcciones, incluso por encima y por debajo de ti. En el límite de esta burbuja, imagina que tienes una membrana, como la membrana que rodea una célula. La membrana celular es lo que separa el "interior" del "exterior" de la célula. Regula lo que entra en la célula y lo que sale de ella. La membrana del límite de tu burbuja personal debería hacer lo mismo por ti. Debe contener tu espacio personal y regular lo que entra en él. Poniendo tu atención en esta membrana, puedes fortalecerla. Tiene inteligencia, igual que la membrana de una célula, así que puedes hablar con ella y darle instrucciones para que sólo deje entrar en tu espacio lo que es bueno para ti. Te recomiendo que dediques entre 5 y 10 minutos al día a esta práctica hasta que se convierta en algo natural. Mantén en tu mente una imagen de la burbuja que te rodea y resalta la membrana en el límite de tu burbuja. Practica el hablarle a tu membrana, diciéndole cómo quieres que te proteja y te sirva, y agradeciéndole de antemano su ayuda. A continuación, observa qué efecto tiene tu práctica en tu experiencia, momento a momento.

Dado que nuestra cultura es tan poco consciente del mundo de la energía, esta idea de sostener un límite energético a tu alrededor puede sonarte extraña. No dejes que eso te impida practicar este ejercicio. Afortunadamente, las personas con el patrón de escapar suelen ser sensibles a la energía y estar familiarizadas con ella, por lo que este ejercicio no les suena tan extraño como a los que adoptaron los patrones de supervivencia posteriores.

Diferenciar el yo del no yo

Además de aprender a diferenciar lo que es yo de lo que no es yo en el sentido psicológico (mis necesidades frente a tus necesidades, mi responsabilidad frente a tu responsabilidad), todos necesitamos aprender a limpiar las energías ajenas que han entrado en nuestro espacio. Esto es especialmente importante para una persona que sigue el patrón de escapar, ya que su débil límite energético no es capaz de impedir que entren energías ajenas en su espacio. Tener las energías y sentimientos de otras personas dentro de su espacio la hace sentir invadida y confundida. Se sentirá mucho más segura cuando sólo tenga sus propias energías y sentimientos dentro de su espacio.

Para despejar lo ajeno de nuestro espacio, cada uno de nosotros necesita aprender y practicar la habilidad conocida como "yo / no yo". La práctica es la siguiente

1. Di tu propio nombre. Observa la frecuencia de tu nombre: es tu frecuencia personal. Si la idea de frecuencia no tiene sentido para ti, piensa en ella como tu nota, tu sabor, tu olor, la tonalidad de tus sentimientos, tu ser o lo que te resulte más cómodo.

2. Busca esa misma frecuencia en el centro de tu cuerpo.

3. Utiliza uno de los siguientes métodos para eliminar de tu cuerpo y de tu burbuja todo lo que no coincida con tu propia frecuencia.

   a. Habla con el límite de tu centro, esa columna en el centro de tu cuerpo, y dile que va a empujar hacia fuera todo lo que no coincida con tu frecuencia. Luego imagina que tu centro se expande gradualmente en diámetro y empuja todo lo que "no soy yo" hacia fuera, como un glaciar empuja las rocas para formar una morrena. Este método parece funcionar mejor con las personas más cinestésicas.

   b. Si eres más visual, prueba esto. Decide que todo lo que sea "no yo" dentro de tu espacio se va a iluminar para que puedas verlo. Imagina que utilizas una aspiradora para aspirar todo lo que está iluminado. O resalta cada cosa y bórrala, como se hace en un ordenador. O, si te apetece, haz explotar cada pieza iluminada.

   c. O, puesto que cada pieza que es "no soy yo" procede de otra persona y en realidad debería estar allí en lugar de aquí, puedes imaginar que sigue existiendo un hilo que conecta cada pieza con el lugar de donde procede. Entonces sólo tienes que ordenar a todos los hilos que se vuelvan elásticos y saquen sus piezas de ti y las devuelvan al lugar al que pertenecen. A mucha gente le gusta la sensación de "volver a poner todo en orden" de este método.

   d. O inventa algún otro método para limpiar tu espacio de energías y sentimientos ajenos. Deja volar tu imaginación y sé tan creativo como quieras. Tu método puede ser cualquier cosa que haga el trabajo.

Desarrollar habilidades sociales

Dado que las personas que se protegen a sí mismos escapándose han evitado en la mayoría de los casos relacionarse con los demás, suelen necesitar un entrenamiento en habilidades sociales. Un grupo de entrenamiento en habilidades sociales puede ser muy útil para ello. Tanto les enseñará habilidades sociales como les dará la oportunidad de practicar esas habilidades con otras personas del grupo. Normalmente, estos grupos los ofrecen terapeutas e instituciones educativas; si realizas una búsqueda en Internet probablemente te muestre un grupo cerca de ti.

Regresar al cuerpo

Las personas que abandonan su cuerpo como estrategia de defensa también necesitan aprender a percibir la diferencia entre estar en su cuerpo y estar fuera de él. Pueden aprender esta habilidad practicando la salida intencionada (disociación) y el regreso (reasociación), mientras observan cómo lo hacen y qué sienten. Con la suficiente práctica , volver al cuerpo puede convertirse en algo automático, como la forma en que mantenemos el equilibrio inconscientemente, momento a momento. Al igual que con el resto de habilidades, lo más fácil es practicarlas con la ayuda de alguien que pueda seguir lo que haces y apoyarte en tus esfuerzos.

Recuperarse de haberse roto en añicos

Una habilidad más avanzada es aprender a recuperarse más rápidamente de haber sido fragmentado. La mejor manera de hacerlo es centrar la atención en la sensación-sentida de su propio centro y utilizarlo como lugar al que volver y en torno al cual recomponerse. El trabajo corporal y el trabajo de respiración Reichiano pueden ayudarle a construir esa sensación-sentida de su propio centro. Estos métodos construyen y mueven la energía del cuerpo de formas que le facilitan adquirir más corporeidad.

Para recomponerse por completo, la persona también debe recuperar todas las piezas que se perdieron durante su fragmentación original y, a continuación, volver a integrarlas en su sentido del yo. Dado que encontrar todas esas piezas, todavía dispersas por muchas dimensiones, requiere un nivel muy alto de habilidad psíquica, necesitará la ayuda de alguien que tenga esas habilidades para completar el proceso de recuperación.

Disolver el terror

Las personas condicionadas por este patrón también necesitan descongelar suave y gradualmente los lugares donde se congelaron por el shock hace mucho tiempo. Necesitan sentirse lo suficientemente seguras para que el shock se disuelva y para que su sistema digiera lo que se ha congelado. Sin embargo, para ello necesitarán la ayuda de un terapeuta cualificado. El terapeuta debe ser capaz de gestionar la intensidad de la paciente para que no se abrume y vuelva a traumatizarse. Ya ha experimentado demasiada abrumación, y más experiencias de abrumación no serán útiles.

Esta parte del trabajo es mejor dejarla hasta que la persona haya desarrollado una sensación-sentida de su cuerpo y sea capaz de referenciarlo durante el trabajo terapéutico. Necesitará apoyo para mantenerse en contacto con sus sensaciones corporales momento a momento durante el proceso, a medida que su cuerpo digiere el trauma congelado. He descubierto que las nuevas tecnologías de psicología energética, como la Técnica de Liberación Emocional ("tapping") y la Matrix Reimprinting, pueden facilitar este proceso rápidamente y con un mínimo de dificultad, pero, de nuevo, el terapeuta debe ser habilidoso a la hora de manejar el nivel de intensidad de la paciente para que no vuelva a sentirse abrumada.

Fortalecer el yo

Todas las prácticas anteriores, tomadas en conjunto, ayudarán a la persona a desarrollar un yo fuerte e integrado. Esto incluye desarrollar una sensación-sentida de su propio centro y de su propio yo en el cuerpo. También incluye el restablecimiento del flujo de la fuerza vital dentro del cuerpo y el establecimiento de límites alrededor del cuerpo. Este desarrollo de un contenedor y un sentido del yo más fuertes la hará más capaz de tolerar estados de emoción intensa sin escaparse o fragmentarse. También le permitirá decir "no" más fácilmente y permanecer conectada con otra persona, en lugar de abandonarla física o emocionalmente.

Desidentificarse del crítico interior

En la medida en la que aún siga identificada con su crítico interior, necesitará ayuda para aprender a desidentificarse de él, reconocer sus ataques y defenderse de ellos. Si es capaz de mantenerlo a raya, se despejará un espacio en su interior y le resultará más fácil escuchar su propia voz y sentir sus propias necesidades e impulsos.

Puesto que escuchar la voz de su crítico interior ha sido la fuente principal de su odio hacia sí misma, desidentificarse de esa voz es la clave para liberarse de ese sentimiento. Este cambio en la relación con su crítico interior también la liberará de sus exigencias de perfección. (Trataremos este tema con más detalle en el capítulo sobre el patrón rígido).

Decidir vivir

En algún momento de su proceso de sanación, se enfrentará cara a cara con el hecho de que aún no ha elegido la vida humana, de que sigue siendo ambivalente respecto a vivir en el plano físico como un ser humano. En algún momento tendrá que elegir la vida. Con la ayuda de un terapeuta que esté firmemente arraigado aquí en el plano físico y que le ofrezca una conexión humana cálida y acogedora, tendrá que decidir activamente cruzar el puente hacia la vida humana individual aquí en un cuerpo físico. Este es el momento en el que reivindica su propia vida, su propio cuerpo y su derecho a existir aquí. Para algunas personas, también hay una oleada de dolor por tener que abandonar el mundo espiritual como su hogar principal.

El trabajo con la ira

Como suelen negar sus propios impulsos y actos agresivos, las personas que siguen este patrón de supervivencia necesitan ayuda para identificar cómo utilizan inconscientemente la agresión contra los demás. Pueden ser totalmente inconscientes de cómo están lanzando ira contra los demás en el ámbito psíquico, por lo que necesitarán ayuda para reconocerla, responsabilizarse de ella y contenerla.

En el ámbito físico, su agresividad casi siempre se expresa en actos pasivo-agresivos, como provocar la agresión de los demás y luego utilizar su agresión como excusa para retirarse de la conexión. Una vez que son capaces de reconocer su propia agresividad, normalmente pueden seguir el hilo para descubrir lo que necesitan y actuar más directamente para conseguirlo. El entrenamiento en autoafirmación puede serles útil en esta fase para que aprendan a pedir lo que quieren de forma más directa.

Pero el trabajo con la ira es complicado para una persona que utiliza este patrón de supervivencia. Como ya hemos dicho, se enfrenta a un dilema: la niña que lleva dentro necesita enfurecerse por haber sido maltratada, pero la niña es tan pequeña y la rabia es tan grande que sentir la rabia demasiado pronto la romperá en fragmentos. En lugar de unificarla y protegerla, la fuerza de su propia energía que surge la amenaza y la asusta. Por este motivo, la apertura de su ira debe posponerse hasta que haya realizado gran parte del resto del trabajo descrito anteriormente, es decir, hasta que haya desarrollado un fuerte sentido de sí misma que esté firmemente arraigado en el cuerpo, y pueda tolerar un fuerte flujo de energía a través de su cuerpo. Sólo entonces será el momento de que empiece a tocar su energía de ira directamente, y sólo con suavidad, en dosis tolerables. Si está preparada y la dosis no es demasiado grande, la experiencia la dejará sintiéndose un poco más fuerte y segura de sí misma, no más débil ni insegura.

Dentro de la rabia, hay un yo que ella puede experimentar y expresar. Dentro de la rabia, también está la fuerza para defender ese yo y actuar en el mundo. Necesita expresar su rabia y su fuerza y ver que nadie muere por ello. Necesita ver que expresar su rabia y su fuerza trae algo bueno, y que puede tener un efecto en los demás y conseguir lo que necesita. También necesita ver que si comete un error y hace daño a alguien, puede disculparse y no perder la relación y el amor que conlleva. En resumen, necesita aprender que puede dejar que su energía fluya libremente por su cuerpo y que las cosas saldrán bien.

Sentir que su propia fuerza se eleva en su cuerpo para sostenerla y protegerla también hace que el mundo parezca más seguro. A medida que fluya más energía a través de ella, sentirá más calor en su cuerpo. Esto abre su necesidad más profunda y temprana: la necesidad de sentirse sostenida por un amor humano, cálido y nutritivo. Desde su infancia, ha sentido el mundo físico como un lugar frío y hostil, y para afrontarlo ha tenido que minimizar su propia necesidad de calor humano y conexión.

A medida que vuelva la posibilidad de conexión humana, también volverá el dolor por su pérdida. Es probable que pase por oleadas de rabia, nostalgia y dolor. Pero cada oleada permitirá que circule un poco más de energía vital por su sistema. Su cuerpo se sentirá más caliente y fuerte, sus sensaciones físicas más vivas y vívidas. Poco a poco, a medida que su fuerza y su calidez aumenten, el mundo físico también le parecerá más cálido y acogedor, y mejorará su autocuidado y su orientación en el tiempo y el espacio físicos. El aumento de su autoestima y amor propio bajará sus barreras para amar y vincularse a los demás. Conservará los talentos y habilidades del patrón de escapar, pero ahora tendrá las capacidades necesarias para completar las tareas de encarnación e individuación.

Habilidades energéticas necesarias

Las personas con patrón de escapar tienen mucho talento para percibir la energía, pero aún necesitan desarrollar todas las habilidades energéticas básicas: enraizamiento, centro, límite y yo / no yo.

Su necesidad humana y su necesidad espiritual

En última instancia, la necesidad humana de las personas que siguen este patrón de supervivencia es sentirse acogidas en el mundo físico y en el cuerpo, sentirse seguras aquí y desarrollar un ego integrado que sea capaz de funcionar aquí. Su necesidad espiritual es convertirse en una chispa individual y divina en un cuerpo humano. A medida que lo consiguen, pueden disfrutar del placer de ser una chispa encarnada de lo Divino.

Si deseas más ayuda para determinar en qué patrones entra, por favor, visita *www.The5PersonalityPatterns.com*

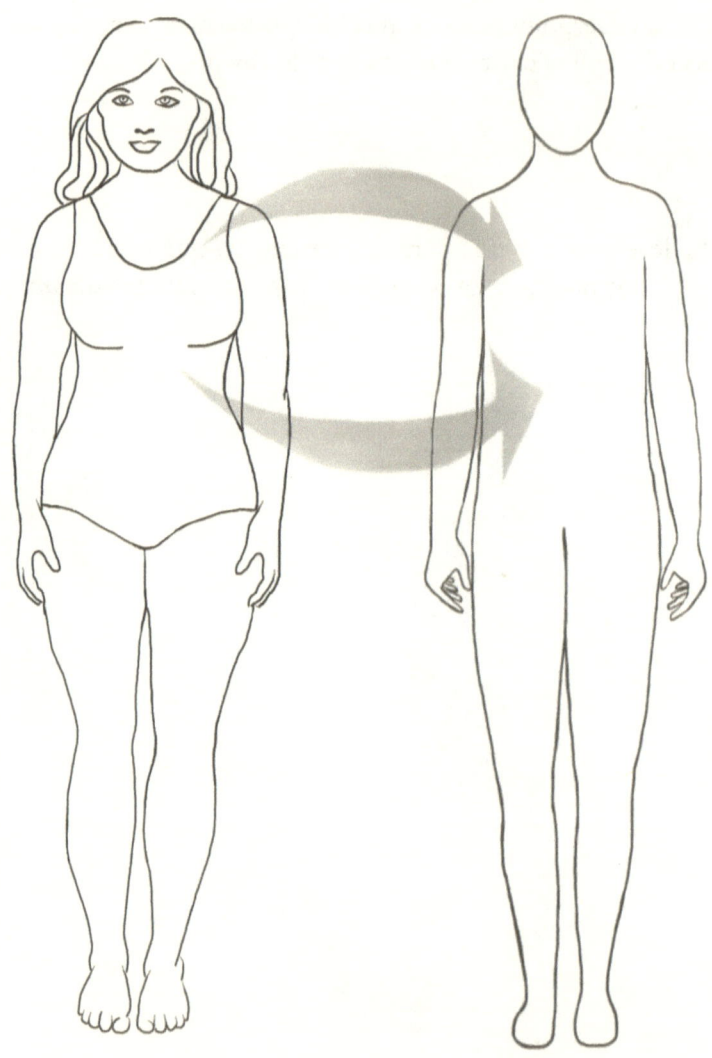

El patrón de fusionarse – el cuerpo y el flujo de energía

- 8 -

El patrón de fusionarse

"Nunca podré saciarme. No soy suficiente".

COMO TODOS LOS PATRONES DE supervivencia, el patrón de fusionarse es un patrón de sujeción en el cuerpo, condicionado en el cuerpo por el trauma, que crea un hábito particular de atención. El hábito consiste en desviar la atención de uno mismo y de los recursos internos hacia los demás y los recursos externos. Este patrón se desarrolla en respuesta a un sentimiento de privación durante la etapa de lactancia, cuando la niña* es tan pequeña que en realidad tiene muy pocos recursos internos y realmente necesita que los demás lo hagan todo por ella.

La dificultad surge cuando la niña se queda atascada en esa mentalidad y sigue creyendo que debe conseguir que los demás satisfagan sus necesidades en lugar de aprender a satisfacer las suyas propias. Así, su atención sigue centrada en su conexión con los demás y en complacer o manipular a los demás para conseguir lo que necesita, en lugar de desarrollar sus propias capacidades internas.

---

* Para evitar el engorro de tener que decir continuamente "él o ella", asignaré un sexo al niño descrito en cada capítulo y luego me ceñiré a ese sexo a lo largo de todo el capítulo. Por ejemplo, en este capítulo, asumiré que el niño es una niña. Sin embargo, los cinco patrones se dan en ambos sexos, y todo lo que se dice sobre la niña en este capítulo podría haberse dicho igualmente sobre un niño.

Rango de funcionamiento

Cada uno de los patrones de supervivencia existe en un amplio espectro de funcionalidad, desde los que se rigen completamente por el patrón hasta los que llevan el patrón

ligeramente. En este patrón, la variación se produce sobre todo en la capacidad de la persona para referenciar sus propias necesidades y actuar para satisfacerlas. Las personas menos funcionales sólo son capaces de referenciar a los demás, mientras que las más funcionales también son capaces de referenciarse a sí mismas y actuar en su propio nombre.

En el extremo inferior del espectro, tenemos a las personas que están totalmente atrapadas en el patrón: les organiza y rige su vida. No tienen capacidad para referenciarse a sí mismas y no creen que sus propias acciones puedan dar lugar a la satisfacción de sus necesidades. Cuando tienen una necesidad, tiran automáticamente de los demás para que les den lo que necesitan o, si eso falla, se derrumban en un charco de lágrimas.

En el rango medio, tenemos a personas que siguen viviendo dentro de la visión del mundo del patrón, pero que pueden, con orientación y apoyo, referenciarse a sí mismas y empezar a actuar por sí mismas. Siguen recurriendo automáticamente a los demás y confiando en ellos, pero pueden permitir que su atención vuelva a dirigirse a sí mismos y a sus propias capacidades.

En el extremo superior del espectro, tenemos a las personas que, por lo general, pueden permanecer presentes mientras hacen uso de las habilidades y talentos del patrón. Aunque siguen siendo muy hábiles a la hora de referenciar a los demás, también son capaces de referenciarse sistemáticamente a sí mismas y actuar para conseguir lo que necesitan.

Los dones del patrón de fusionarse

Cuando una persona utiliza cualquiera de los patrones, practica continuamente las habilidades que requiere ese patrón. Con el tiempo, se vuelve excepcionalmente competente en esas habilidades concretas. A medida que sana las heridas que crearon el patrón y es capaz de desviar su atención del patrón y volver a la presencia, las habilidades que ha adquirido permanecen con ella y se convierten en los dones del patrón. Ahora puede emplear sus habilidades excepcionales para responder a las necesidades del momento presente.

Aunque algunas de las estructuras físicas permanecen en su cuerpo, ha salido del patrón de defensa y ha entrado en los dones del patrón.

Los dones del patrón de fusionarse son los dones del corazón: amor, compasión, cariño y generosidad. Las personas que utilizan este patrón de supervivencia suelen estar centradas en el corazón y, en el mejor de los casos, pueden irradiar energía amorosa.

Siempre son conscientes de las conexiones emocionales entre las personas. Para ellos, lo más importante es el flujo de amor entre las personas. Son Maestros de la Conexión, y son las relaciones las que organizan su vida, no las ideas, ni las reglas, ni el poder. Esto se aplica a todo tipo de relaciones, no sólo a las románticas.

Son las personas que quieren asegurarse de que todos los miembros del grupo se sientan incluidos y felices. Están en sintonía con los estados de ánimo y las necesidades de los demás y son muy generosos a la hora de satisfacerlas. Saben escuchar y son amables, comprensivos y serviciales. Conocen los gustos de los demás y disfrutan haciéndoles felices. Les gusta estar con los demás y saben reunir a la gente y crear comunidad.

Cuando las personas con patrón de fusionarse están en los dones del patrón, tienen una sensación de abundancia, cuidado y generosidad. Su generosidad adopta muchas formas, desde alimentar, calmar y cuidar a los demás hasta alojarlos amablemente. Una persona lo expresó así: *"Me siento como en una cama cálida, suave y cómoda, con edredones enormes de hermosos colores, patrones y texturas, y en la que hay sitio para muchos mimos, risas y calidez".* Están muy centrados en el tema de la nutrición, y son especialmente buenos nutriendo a los demás tanto con amor como con comida. El amor que desprenden les confiere una cualidad francamente deliciosa. En lo mejor de sí, el carácter del patrón de fusionarse se convierte en la Buena Madre.

Las personas con patrón de fusionarse son muy fuertes en el funcionamiento del hemisferio derecho del cerebro. En sus mejores momentos, muestran inteligencia emocional, receptividad y sensibilidad. Tienen el corazón abierto: aceptan y confían, son inocentes e impresionables. Como son tan complacientes y compasivas con los demás, les resulta fácil perdonar. No se enfadan fácilmente y es poco probable que juzguen a los demás o guarden rencor.

Tienden a enfocar su conciencia hacia fuera, hacia los demás, en lugar de hacia dentro, hacia sus propios sentimientos y necesidades. Aunque tanto hombres como mujeres siguen este patrón, energéticamente el patrón de fusionarse es el más femenino de los cinco patrones de supervivencia y, por lo tanto, el que tiende a ser más receptivo y sensible a las palabras y comportamientos de los demás.

Las personas con esta estructura también son Maestros del Placer y son expertas en disfrutar del placer en todas sus formas. Disfrutan de la intimidad a través del tacto y los sentimientos, y pueden sintonizar con el estado interior de la otra persona tan bien como si fuera el suyo propio. Disfrutan de la reciprocidad de sentimientos que a veces se denomina "resonancia límbica" o "circuito del placer". Esto significa que pueden entregarse tanto a su propio placer como a la alegría de complacer al otro. Dados estos dones, no es de extrañar que tengan fama de ser unos amantes realmente maravillosos. Su sensualidad se extiende al disfrute de todos los sentidos y de todas las cosas buenas de la vida. La vida les parece deliciosa. Les encanta la buena comida, el buen sexo y todas las comodidades que la vida puede proporcionarles, tanto a ellos como a los demás.

En sus mejores momentos, las personas con patrón de fusionarse también son muy divertidas. Disfrutan de la vida y se ríen mucho. Son capaces de encontrar placer en la mayoría de las cosas y saben encontrar algo por lo que alegrarse en cada situación. Siguen teniendo los dones de la infancia: la capacidad de ser felices, burbujeantes, juguetonas y de estar simplemente presentes en el momento. Tienden a centrarse en el Ser, más que en el Hacer, en la experiencia sensorial del momento presente, más que en ideas abstractas o en planes para el futuro. Se centran más en el juego y en el momento presente que en el trabajo o los logros futuros.

Como Maestros de la Conexión, pueden sentir que todo está conectado con todo, por lo que comprenden que están conectados con todo el resto del Universo, y que todos los demás también lo están. Una persona lo describió así: *"Tengo mi propio rayo de sol individual. Todos lo tenemos. Me parece muy real, como si por supuesto todos tuviéramos un rayo de sol. Yo también soy mi propio pedacito individual del arco iris".*

El amor radiante que es uno de los dones de este patrón atrae a todos los que entran en contacto con él. Si quiere atraer a la gente, ya sea por motivos sociales o de negocios, encender este resplandor funcionará. En sus mejores momentos, las personas con patrón de fusionarse son capaces de irradiar tanto amor que pueden cambiar la energía de todo un grupo. Una amiga me contó lo que ocurrió en una cena de Acción de Gracias en la que los miembros de su familia biológica empezaron a criticarse unos a otros. Su marido, con patrón de fusionarse, se sumergió en su interior y empezó a irradiar una energía de amor tan fuerte que las discusiones cesaron y todos volvieron a disfrutar juntos de la cena.

Como veremos más adelante, la clave para pasar conscientemente a los dones del patrón de fusionarse es un buen cuidado de uno mismo: aprender a quererse y a cuidarse uno mismo primero.

Ejemplos

- el arquetipo de la Buena Madre
- las heroínas de las novelas románticas que esperan ser rescatadas
- Pollyanna en la película *Pollyanna*
- El personaje de Drew Barrymore en la película *50 First Dates*
- Marilyn Monroe
- Oprah Winfrey
- Bill Clinton (fusión compensada)

Nombres alternativos

- Oral
- el Amante
- la personalidad Dependiente (para la fusión pura)
- el Autónomo (para la fusión compensada)
- el Dador (para la fusión compensada)
- el niño desnutrido

Ejercicio - Estar atrapado en el patrón

Obtener la vida de los demás

Este ejercicio está diseñado para darte una sensación-sentida de la experiencia de alguien que está atrapado en el patrón de fusionarse y tiene que recurrir a los demás para cubrir todas sus necesidades. Cuando realices este ejercicio, intenta no juzgarlo, sino simplemente darte cuenta de lo familiar o no que te resulta la experiencia y de cómo sería vivir así todos los días.

De pie, con los pies separados a la anchura de los hombros, empieza a meter el centro de tu pecho hacia el interior de tu cuerpo, como si intentaras proteger tu corazón. Al hacerlo, observa cómo al meter el centro de tu corazón hacia dentro, tu pelvis y tu cabeza se mueven hacia delante. Visto de lado, la línea de tu torso ha pasado de ser una línea recta vertical a ser cóncava, así:)

Ahora deja que tus hombros también se redondeen hacia delante, mientras metes hacia dentro el centro de tu corazón aún más. Observa cómo tu respiración se ha vuelto superficial, puesto que ya no puedes expandir completamente tu pecho al inhalar.

Ahora imagina que todos los músculos de tu cuerpo se han vuelto blandos y débiles. Deja que todo tu cuerpo se ablande y se vuelva difuso. Si normalmente sujetas un límite energético a tu alrededor, deja que se disuelva hasta que ya no puedas distinguir dónde acabas tú y dónde empiezan los demás. Deja que todas las estructuras de tu interior se disuelvan hasta que sólo seas fluido por dentro, casi como una nube de niebla.

Si tiendes a enraizarte en la tierra que tienes debajo, deja que esa conexión se disuelva hasta que no seas más que una burbuja flotante. Observa cómo la pérdida de ese enraizamiento y apoyo hace que tus piernas se sientan blandas y débiles, y lo mucho que te cuesta mantenerte en pie.

Ahora fíjate en lo vulnerable y necesitado que te sientes. No hay estructura ni fuerza en tu interior. No hay un suelo sólido debajo de ti que te sostenga. No hay ningún límite que te defina o te proteja. Como no hay ningún contenedor que la contenga, toda la energía que entra en ti se escurre de nuevo. Nota cómo te sientes vacío por dentro.

Necesitas algo de alguien. Pero incluso intentar levantar tus brazos para acercarte a ellos te produce una oleada de vergüenza por lo vacío y necesitado que estás. Pedir algo conlleva el riesgo de ser juzgado y rechazado. Así que no hagas nada físico para intentar conseguir lo que necesitas. Espera a que alguien aparezca y entonces utiliza tu mirada para conseguir que te ayude. Convierte tus ojos en ojos de cachorro, suplicantes e indefensos. Envía tu necesidad a través de tus ojos hasta que no puedan resistirse más. Al mismo tiempo, envía un sensor desde tu vientre con una ventosa en el extremo. Intenta conectarte a su vientre y beber del otro.

Todo gira en torno a la conexión. Sólo la conexión con otra persona te llenará. No puedes hacerlo por ti mismo. Lo único que puedes hacer es intentar que lo hagan por ti. ¿Pero cómo puedes hacerlo? ¿Cómo conseguir que te quieran? ¿Cómo conseguir que te den lo que necesitas?

Permítete caminar así durante un rato. Imagina que esta es tu experiencia vital, todo el día, todos los días. Siente cómo sería ir por la vida de esta manera.

Después de explorar esto durante un rato, relájate, sacude tu cuerpo y tómate un tiempo para asimilar lo que acabas de experimentar:

- *¿Cómo de fácil o difícil te ha resultado cambiar tu atención de esta forma?*

- *¿Te ha resultado familiar? ¿O te ha parecido extraño e inusual?*

- *¿Cómo has experimentado sentirte tan débil, vacío y necesitado?*

- *¿Cómo has experimentado intentar conseguir todo lo que necesitabas de otra persona?*

- *¿Qué pensamientos o sentimientos te han surgido al hacer este ejercicio?*

- *¿Qué pensamientos o sentimientos parece que se han estado interponiendo en el camino?*

- *¿Cómo sería vivir así todo el tiempo?*

Ahora, asegúrate de haber vuelto completamente del ejercicio. Ponte de pie y planta los pies firmemente en el suelo. Siente en los pies la presión de la tierra que te sostiene. Lleva tu atención a una línea trazada desde tu coronilla hasta tu perineo. Este es tu centro, la parte del cuerpo donde eres más tú. Respira en tu centro y siéntete desde dentro. Ahora deja que tu centro se extienda hacia abajo, hacia la tierra, como las raíces de un árbol. Siente cómo estas raíces te conectan con la tierra, cómo te sostienen y te nutren. Cada vez que necesites más energía, fuerza o confianza, puedes pedirle a la tierra que te envíe lo que necesitas a través de tus raíces y dentro de ti, llenando tu cuerpo. Tómate todo el tiempo que quieras para experimentar estas sensaciones antes de pasar al siguiente ejercicio.

Ejercicio - Los dones del patrón

Irradiando amor

Este ejercicio está diseñado para darte la sensación-sentida de uno de los dones del patrón de fusionarse. Mientras realizas este ejercicio, fíjate en lo familiar o no que te resulta la experiencia y cómo sería tener esta habilidad siempre a tu disposición.

Siéntate cómodamente, con la columna relativamente recta, y cierra los ojos. Toma varias respiraciones profundas hacia el interior de tu cuerpo y suéltalas. Una vez más, respira en tu centro y siéntete desde dentro. Mientras sigues sintiendo tu centro, recuerda un momento en el que sentiste un profundo amor fluyendo por tu cuerpo. Quizás fue un momento con un bebé recién nacido, o un momento viendo a tu hijo dormir. Tal vez fue un momento con un padre o cónyuge que estaba a punto de morir, un momento en el que todas las ofensas y desacuerdos del pasado parecieron desvanecerse, dejando sólo el amor entre los dos. Tal vez fue un momento con una mascota muy querida. O un momento en el que sentiste un profundo amor por ti mismo. O un momento en el que te sentiste envuelto en el amor de algo más grande que tú.

Sea como sea que te llegue, permítete sintonizar profundamente con ese momento. Mientras mantienes parte de tu atención en tu centro, siente cómo el amor que fluye a través de ti cambia tu estado interno. Deja que eso ocurra. Respira ese amor. Sumérgete en ese amor. Deja que tu cuerpo se sintonice con la frecuencia del amor. Como si pusieras el dial de la radio en una emisora concreta, deja que tu atención se abra a ese amor. Si es que todavía no lo ha hecho, deja que el amor empiece a llenarte. Deja que se filtre en cada rincón de tu cuerpo, llenando gradualmente cada célula con su sensación.

Observa especialmente cómo el amor llena el centro de tu cuerpo y, a medida que lo hace, deja que empiece a irradiarse gradualmente desde allí. Tal vez primero llene tu propio cuerpo y luego se derrame y llene el espacio a tu alrededor. Sea como sea, date cuenta de que ahora estás encarnando y emanando Amor. Te está llenando e irradiando en todas direcciones.

Deja que esto ocurra con facilidad y delicadeza, sin dejar de respetar a los demás y su propio espacio personal. No se lo impongas ni intentes cambiarlos. Simplemente deja que fluya de ti como una ofrenda a quien la quiera.

Permítete disfrutar de esta experiencia todo el tiempo que quieras. Puedes intentar moverte o quedarte quieto. Puede que quieras estar solo, en la naturaleza o interactuando con otras personas.

Tómate un tiempo para asimilar lo que has vivido. Cuando estés preparado, considera lo siguiente:

- *¿Cómo de fácil o difícil te ha resultado este ejercicio?*

- *¿Te ha resultado familiar o extraño?*

- *Este ejercicio te pedía que cambiaras tu estado de ánimo, pero no que hicieras nada físicamente. ¿Cómo lo has experimentado?*

- *¿Qué pensamientos o sentimientos te han surgido al hacer este ejercicio?*

- *¿Qué pensamientos o sentimientos parece que se han estado interponiendo en el camino?*

- *¿Cómo sería tener acceso a este estado interior todo el tiempo?*

Ejercicio - Los dones del patrón

El circuito del placer[1]

Se trata de un ejercicio en pareja diseñado para ayudarte a experimentar el placer de dar placer. No se trata de resultados. No se trata de técnica. Se trata simplemente de disfrutar dando placer a tu pareja. Se trata de notar cómo el placer de tu pareja te alimenta y te da placer a ti.

Busca un compañero para el ejercicio.

Elige quién será el que da y quién el que recibe.

Dador: Tocarás al receptor de una forma sencilla, no sexual, que le haga sentirse bien. Podrías acariciarle el brazo, la cara o el pelo. Podrías frotarle suavemente los pies. Pregunta al receptor qué desea y busca algo que sea cómodo para ambos.

Ambos: Buscad la forma de colocaros de modo que los dos os sintáis físicamente cómodos y apoyados. Si alguno de los dos se siente incómodo, no podrá concentrarse en el placer.

Dador: Intenta dar al receptor exactamente las caricias que desea. Pídele que te responda y ajusta lo que haces hasta que lo consigas. Cuando empiecen a sentir el placer, notarás que su cuerpo se relaja. Puede que tarde un poco en relajarse. No pasa nada. Dale tiempo.

Receptor: Sigue dándole feedback a tu pareja hasta que sus caricias sean como tú quieres. Entonces relájate y déjate llevar. Siéntete libre de gemir y suspirar.

Dador: ¿Puedes sentir el placer que fluye a través de tu pareja? Si puedes, ¿eso te produce placer?

Receptor: ¿Puedes sentir a tu pareja disfrutando al darte placer?

Dador: ¿Puedes sentir tu propio placer al dar placer a tu pareja? Este es el circuito del placer.

Después de 5-15 minutos, detente y tómate un tiempo para compartirlo con tu compañero:

- *¿Cómo fue para cada uno de vosotros?*

- *¿Qué habéis descubierto?*

Cambia los papeles y repite.

La habilidad de referenciar

Para entender el patrón de fusionarse, primero debemos entender qué es referenciar. Referenciar es una habilidad fundamental que todos debemos aprender para convertirnos en adultos emocionalmente sanos. En pocas palabras, es la habilidad de percibir la experiencia interior. Cuando te estás autorreferenciando, estás percibiendo tu propia experiencia interior. Cuando referencias a otros, estás percibiendo la experiencia interior de otra persona. Muchas personas han crecido sin esta habilidad o con la capacidad de referenciarse sólo a sí mismas o referenciar sólo a los demás, por lo que esta idea puede sonarte extraña al principio.

Para autorreferenciarte, pon tu atención en el centro de tu cuerpo, el lugar donde eres más tú mismo. Cuando quieras averiguar algo sobre ti mismo, éste es el lugar donde debes poner tu atención. Cuando te preguntes cómo te sientes, busca aquí la respuesta. Cuando te preguntes qué quieres, aquí encontrarás la respuesta. Tanto si se trata de una pequeña pregunta ("¿Quiero chocolate o vainilla?") como de una gran pregunta ("¿Quiero casarme con él?"), siempre que tenga que ver contigo, aquí es donde debes poner tu atención para encontrar la respuesta.

¿Cómo se obtiene la respuesta? En primer lugar, pon tu atención en tu centro. A continuación, haz una afirmación clara (*"Quiero chocolate"* o *"Quiero vainilla"*) y siente si la afirmación resuena en tu centro. La resonancia puede verse-sentirse-sonar como uno de estos: "me encaja", "me resuena", "encaja en su sitio", "me llama", "me suena bien", "brilla", "está claro" o algo similar. Esta es una señal de "sí". Si no resuena, puede parecer que "no encaja", "no está bien", "suena mal", "no se siente bien" o algo similar. Esta es una señal de "no".

Si no estás seguro de cuáles son tus señales personales de "sí" y "no", intenta probarlas con afirmaciones que sepas que son claramente verdaderas o falsas. Por ejemplo, di en voz alta: *"Me llamo "* y luego di tu nombre. Siente tu centro. Ahora di en voz alta: *"Me llamo Mickey Mouse"* o cualquier otra cosa que no sea tu nombre real. De nuevo, siente tu centro. ¿Qué diferencia sientes en tu centro entre una afirmación verdadera y una falsa? Practica esto probando muchas afirmaciones claramente verdaderas y claramente falsas, yendo y viniendo hasta que puedas sentir la diferencia en la respuesta de tu centro a una afirmación verdadera frente a una afirmación falsa.

Si te resulta difícil percibir algo dentro de tu torso, puede que necesites practicar simplemente poniendo tu atención en las sensaciones de tu cuerpo hasta que se vuelvan perceptibles. Muchas familias, e incluso culturas enteras, consideran egoísta o egocéntrico querer algo para uno mismo, y condicionan a sus hijos para que no se perciban a sí mismos ni sepan lo que quieren. Si te ha ocurrido esto, puede que haya una parte inconsciente de ti que te aleje de sentirte a ti mismo. Cuando intentes sentir tu centro, es posible que afloren muchos sentimientos, sentimientos que no te permitían tener cuando eras niño. Si esto ocurre, te será muy útil ir a terapia o contar con algún tipo de apoyo que te ayude a procesar esos sentimientos mientras practicas la percepción de tu centro.

Si te condicionaron para no sentirte a ti mismo, es probable que te animaran a sentir los sentimientos y necesidades de los que te rodean. Es muy posible que seas un campeón a la hora de referenciar a los demás, mientras que no tengas ni idea de referenciarte a ti mismo. Esto casi te obliga a complacer a todos menos a ti mismo porque es la única información que tienes para guiarte en lo que debes hacer.

Referenciar a los demás es básicamente el mismo proceso que referenciarte a ti mismo, salvo que pones tu atención en el centro de la otra persona en lugar de en el tuyo. Te das cuenta de lo que siente percibiendo su centro, tanto si habla como si permanece en silencio. Es posible que no sepas que es posible sentir a los demás de esta manera y que no hayas desarrollado esta habilidad. Si la idea de percibir directamente los sentimientos de otra persona te parece extraña, es posible que te hayas criado en una situación que te ayudaba a percibirte a ti mismo, pero que no te exigía aprender también a percibir a los demás. Puede que incluso seas un campeón referenciándote a ti mismo, mientras que no tengas ni idea de referenciar a los demás.

Los orígenes del patrón de fusionarse

Hay muchos caminos que un niño puede seguir para adoptar un patrón de supervivencia concreto. A medida que las necesidades del niño interactúan con su situación, encontrará su propio y único camino, por lo que las generalizaciones sólo son adecuadas en términos generales. Pueden explicar el camino de la mayoría de las personas hacia un patrón, pero no pueden explicar todos los casos. Aun así, las generalizaciones son valiosas porque nos dan una idea de la experiencia de la mayoría de la gente.

El patrón de fusionarse suele formarse durante la época de lactancia, la época que Freud denominó la etapa oral del desarrollo, cuando el bebé depende totalmente de su madre y sus cuidadores y es sobre todo un montón de necesidades. A esta edad, no hay casi nada que pueda hacer por sí mismo. Su realidad es que "tienes que hacerlo por mí". Su supervivencia depende de recibir de los demás.

Nada más nacer, el bebé necesita alimentarse; necesita recibir comida y amor de los demás. Tomar dentro leche y amor le da la sensación de estar lleno. Existe una secuencia de necesitar, recibir y llenarse que el cuerpo del bebé está instintivamente programado para esperar. La herida que crea el patrón de fusionarse surge de la incapacidad de completar esta secuencia.

Cuando funciona de forma óptima, la secuencia es la siguiente: el bebé experimenta una necesidad o angustia interna y grita pidiendo ayuda, recibe consuelo/alimentación/amor hasta que su cuerpo se siente lleno, y entonces se relaja en un estado de feliz satisfacción. El proceso no tiene que ser perfecto; sólo tiene que ser lo suficientemente bueno para que ese bebé en particular complete la secuencia y vuelva a un estado de satisfacción relajada. Entonces, el bebé experimenta esto:

Necesito → pido → recibo → me siento pleno y feliz.

En la vida real, suele parecerse más a esto:

El bebé se angustia → se queja o llora → su madre lo sostiene o lo amamanta → siente que la leche y/o la energía del amor fluyen fácilmente hacia su cuerpo → su cuerpo la absorbe hasta que se siente lleno → su sistema nervioso se relaja hasta el estado basal → deja de mamar.

Su necesidad está completamente satisfecha. Puede que incluso se aleje, más interesado ahora en la separación y la autonomía que en la fusión y el llenado.

En una infancia ideal, a medida que esta experiencia se repite una y otra vez, se forma una imagen de la madre/mundo como algo lleno de amor y alimento para él. Puede confiar en ella y depender de ella. Puede relajarse en el proceso de necesitar y recibir. Puede beber hasta saciarse y luego apartarse, segura de que hay más disponible siempre que lo desee. Sus necesidades son bienvenidas y se satisfacen sin esfuerzo. Él es bueno, sus necesidades son buenas y la madre/el mundo es bueno. Desarrolla una actitud de *expectativa confiada* con respecto a sus necesidades y el mundo. Conseguir es sólo cuestión de pedir.

No tener suficiente

Sin embargo, para la niña que adopta la defensa de la fusión, sea lo que sea que ocurriera no era suficientemente bueno. No llegaba con suficiente frecuencia a sentirse llena y feliz. En lugar de sentirse llena y alejarse, experimentaba repetidamente dificultades para llenarse y luego perdía la fuente de alimento sin sentirse llena. En lugar de sentirse satisfecha, acababa sintiéndose privada y abandonada. Para ella, la secuencia se convirtió en:

Necesito → pido → pasa algo malo → me siento peor.

Son muchas las circunstancias que pueden dificultar que un bebé reciba el alimento de su madre. La madre puede estar enferma, agotada o aterrorizada por algún motivo. Puede estar abrumada o demasiado ocupada con otras obligaciones u otros niños. Puede tener dificultades para producir leche o estar demasiado ansiosa para esperar a que la bebé termine de alimentarse. Puede que le hayan enseñado a ignorar los llantos de la bebé y a alimentarla sólo según un horario. Puede que incluso se vaya o muera durante los primeros años de la niña. Puede que, por alguna razón, la bebé sea incapaz de mamar o de digerir la leche materna. Puede tener intolerancia a la lactosa o ser incapaz de digerir la leche de fórmula utilizada para el biberón. Sea cual sea la causa, es incapaz de completar el proceso de necesitar, recibir y sentirse saciado. Una y otra vez, necesitar le llevaba a sentirse vacío y desamparado.

La secuencia saludable de tomar dentro

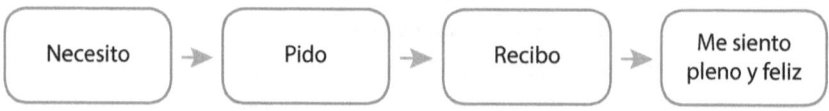

Necesito → Pido → Recibo → Me siento pleno y feliz

La secuencia de no tener suficiente

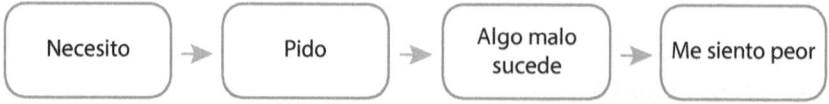

Necesito → Pido → Algo malo sucede → Me siento peor

Cuando su necesidad no queda plenamente satisfecha, el sistema nervioso de la bebé no puede relajarse por completo y volver al estado basal, sino que permanece algo excitada y ansiosa. Esta ansiedad residual interfiere en su capacidad para tomar dentro y digerir el alimento la próxima vez, y se desarrolla un ciclo que se refuerza a sí mismo. Cada vez le resulta más difícil relajarse en el proceso de recibir, las tomas de lactancia duran aún más y el proceso se vuelve más frustrante tanto para la madre como para la niña. Poco a poco, la bebé pierde la confianza en la madre (y en el mundo) para satisfacer sus necesidades. Empieza a sentir que es mala, que sus necesidades son malas y que su madre y el mundo le privan y le abandonan. Desarrolla una actitud de *expectativa ansiosa* con respecto a sus necesidades y el mundo.

La privación emocional puede tener el mismo efecto. Si la niña está muy centrada en su corazón y necesita sentirse querida en cada momento, pero sus padres le retiran la conexión con su corazón cada vez que están disgustados o simplemente ocupados en otra cosa, la niña se siente emocionalmente abandonada y privada del amor que necesita. Esta pérdida es devastadora, y empezará a organizarse para conseguir y mantener la conexión afectiva que necesita.

Sea cual sea la causa, la experiencia repetida del bebé es que no recibe lo suficiente. En lugar de confiar en que sus necesidades son bienvenidas y serán satisfechas, desarrolla una expectativa ansiosa de que se quedará vacío y con ganas. En lugar de sentirse relajada y feliz, se siente vacía, necesitada y ansiosa.

Acción defensiva

Como se siente tan vacía y necesitada, esta niña pone su atención en los demás y en intentar que la llenen. Desde el punto de vista de su desarrollo, es demasiado joven para actuar para llenarse a sí misma, así que su única opción es permanecer centrada en su conexión con los demás e intentar que ellos la llenen. Lo único que sabe hacer es conectarse energéticamente con los demás e intentar beber de sus cuerpos.

Para acallar los sentimientos de vacío y anhelo en su interior, aprende a abandonarse a sí misma, es decir, a desviar su atención del centro de su cuerpo, donde estos sentimientos difíciles son más fuertes. Aprende a evitar referenciarse a sí misma y a centrarse en referenciar a los demás.

Nótese que la acción defensiva aquí no es retirar la atención del propio cuerpo, como hace la persona con el patrón de escapar. Más bien, es retirar la atención del centro del cuerpo, donde se desarrolla la sensación-sentida del yo, y en su lugar poner esa atención en mantener la conexión con los demás. En *este caso, la acción defensiva consiste en abandonarse a una misma en busca del amor.*

Resultados de la acción defensiva

Dificultad para referenciarse a sí mismo

Este hábito de abandonar el yo para centrarse en los demás tiene importantes consecuencias para la niña. Sin referenciar su propio centro, es incapaz de percibir sus propios sentimientos y necesidades. Esto le dificulta descubrirse y definirse a sí misma a través de sus propios sentimientos y necesidades. Al referenciar a los demás, tiende a llenar su cuerpo con los sentimientos y necesidades de los demás, de modo que la mayoría de los sentimientos de su cuerpo no son propios, sino importados. Esto es muy confuso y hace que le resulte casi imposible distinguir lo que es "yo" de lo que es "no yo" y luego utilizar el "yo" para formar una fuerte sensación-sentida de sí misma.

El hábito de referenciar a los demás en lugar de referenciarse a sí misma significa que cuando se pregunte "¿Qué quiero?", la respuesta que obtendrá de su interior será sobre todo los pensamientos y sentimientos de otras personas, no los suyos propios. Pero no se dará cuenta de ello. Como estos pensamientos y sentimientos importados constituyen la mayor parte de lo que experimenta, pensará que son sus propios pensamientos y sentimientos. Y actuará de acuerdo con ellos, pensando que está siendo ella misma, cuando en realidad está siendo lo que las personas que la rodean quieren que sea. Desde una edad temprana, se volverá muy hábil para complacer a los demás siendo quien ellos quieren que sea, pero lamentablemente inepta para complacerse a sí misma o incluso para conocerse a sí misma.

No tener suficiente y no ser suficiente

La actitud de expectativa ansiosa también tiene consecuencias. Como ya se ha dicho, inhibe el proceso de recibir. El miedo crónico y la tensión en su cuerpo le dificultan tomar dentro y metabolizar el amor y el alimento que están disponibles.

Su obsesión por obtener energía sólo de los demás no le permite avanzar en su desarrollo, establecer su propia conexión directa con la tierra (enraizamiento) y aprender a tomar dentro y metabolizar su propia energía directamente del entorno. Esto la deja sin forma de obtener suficiente energía para sí misma. Se queda atascada en la experiencia de no tener suficiente y de no ser suficiente. Sin suficiente energía fluyendo a través de ella, tiende a cansarse, desanimarse y deprimirse con facilidad.

Cuando intenta obtener más energía, la forma en que lo hace sólo empeora las cosas. Como está atrapada en la etapa de lactancia, el único método que conoce es obtenerla del cuerpo de otra persona. Así que se conecta energéticamente a alguien cercano y empieza a succionar. Si se conecta a ti y eres energéticamente perceptivo, podrás sentir exactamente en qué parte de tu cuerpo se ha conectado, y es posible que sientas un tirón mientras te drena. Si eres como la mayoría de la gente, sólo notarás que estás cansado de estar cerca de ella. Puede que te sientas molesto o enfadado, y tu mente encontrará alguna razón para alejarse de ella. Cuando te vayas, ella se sentirá naturalmente abandonada. Y si bien es cierto que tú la abandonaste, ella ignora por completo cómo contribuyó a tu decisión de irte.

Por eso, las personas con patrón de fusionarse suelen llegar a la conclusión de que es su necesidad lo que les lleva a ser rechazadas y abandonadas, y no sus intentos de absorber la energía de los demás. Numerosas repeticiones de este ciclo hacen que parezca que el mundo está empeñado en privarles de alimento y luego abandonarles. Pueden sentirse defraudadas de su derecho de nacimiento[2] y culpar al mundo de este perjuicio. A menudo tienen una actitud consciente o inconsciente de "la vida me debe un sustento"[3,4] acompañada de un resentimiento semienterrado por verse privadas de él. Y en cierto modo, tienen razón. Cuando eres un niño, la vida te debe un sustento. Su único error es pensar que esto sigue siendo cierto para un adulto.

Quedarse atascado en el estado infantil

De forma muy real, una persona con patrón de fusionarse está atascada en el estado infantil: vacía, indefensa y necesitada de cuidados. El hecho real de que todavía no ha aprendido las habilidades necesarias para cuidar de sí misma, combinado con la creencia de que debe seguir siendo el bebé indefenso para conseguir finalmente lo que necesita, la mantiene estancada. Sigue intentando que la llenen desde fuera para poder completar por fin la tarea de recibir de la etapa oral. Sin embargo, sus intentos de seguir siendo el bebé indefenso tienden a interponerse en su camino hacia la adquisición de las habilidades que necesita para terminar de crecer.

El patrón de fusionarse en pleno apogeo
Señales corporales

El cuerpo tiende a ser blando y redondeado, como el de un bebé. Las manos y los pies son pequeños en relación con el resto del cuerpo, mientras que la boca tiende a ser grande, con labios carnosos. La musculatura está poco desarrollada y no proyecta una sensación de poder o capacidad. En cambio, el cuerpo suele parecer flácido, sin fuerza ni columna vertebral, y la persona puede estar demasiado gorda o demasiado delgada.

El pecho tiende a estar hundido y los hombros redondeados hacia delante, como si el centro del corazón se retrajera hacia el interior del pecho para protegerse. La pelvis puede estar inclinada hacia delante al estar de pie, y la cabeza también puede estar inclinada hacia delante, acentuando aún más la retracción del pecho. Esta postura interrumpe el flujo de energía que sube y baja por el cuerpo, contribuyendo aún más a su sensación de debilidad. Esta postura también restringe la respiración y, por lo tanto, suprime la sensación en el cuerpo. La disminución de la respiración y del flujo de energía contribuye a la depresión emocional que es común en las personas con patrón de fusionarse.

Los pies no están firmemente plantados en el suelo y el cuerpo no está enraizado energéticamente ni recibe el apoyo de la tierra, lo que hace que la persona se sienta sin apoyo e incapaz de "valerse por sí misma." Estar sin conexión a tierra de esta manera también la convierte en una persona fácil de manipular.

En términos de atractivo físico, una persona que sigue mayoritariamente el patrón de fusionarse puro es más probable que sea mona y adorable, más que glamurosa o sexy. Es decir, su atractivo es más parecido al de un cachorro, ya que despierta el instinto maternal en lugar de la excitación sexual. Cuando

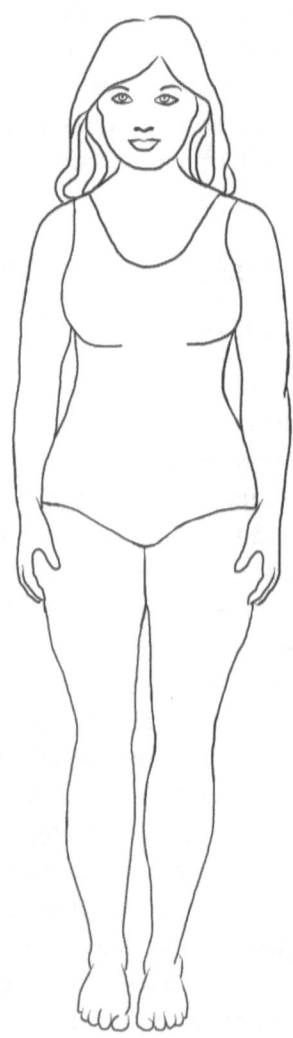

El patrón de fusionarse – forma típica del cuerpo

está presente y en los dones del patrón, también puede irradiar una alegría sana. En cambio, una persona que adopta principalmente el patrón de fusionarse compensado es algo más glamurosa o sexy, aunque a menudo también puede parecer mona y adorable. (Más adelante diferenciaremos entre las formas puras y compensadas del patrón de fusionarse).

En contraste con la sequedad del patrón de escapar, hay una sensación de humedad y fluidez en el patrón de fusionarse: de lágrimas, tristeza y de emociones que fluyen en general. Son manifestaciones tanto de la jugosidad inherente a este patrón como de la forma en que el cuerpo pierde energía, ya que sus límites psicológicos y energéticos son débiles. Este contenedor agujereado y la dificultad para contener la energía son parte de la razón por la que las personas con esta estructura tienen tantas dificultades para llegar al estado de sentirse llenas.

Las personas con patrón de fusionarse suelen establecer contacto visual con facilidad, pero sus ojos pueden tener una mirada suplicante, de cachorro, como rogando "Llévame a casa y dame de comer". Su voz puede ser triste, infantil o demasiado suave para que la escuches con claridad. Hablar así te atrae y hace que te acerques a ellos con energía. Cuando tienen un problema, suelen hablar mucho de él, a menudo en una narración larga y farragosa. Pero no tomarán ninguna medida, o muy pocas, para resolver el problema. En su lugar, se mostrarán impotentes y esperarán a que tú se lo resuelvas. Esta es la esencia de la estrategia de seguridad de fusionarse: intentar que la otra persona les dé lo que necesitan.

Con el tiempo, a medida que una persona distorsiona repetidamente el libre flujo de su atención y energía vital para evitar sentir plenamente su propia angustia interior, su cuerpo y su mente se condicionan para mantener automáticamente esta forma de ser. Al tratar de sentirse más segura, aprende a mantener inconscientemente un cierto patrón de tensión en su cuerpo y su mente. Este patrón de tensión se conoce como "patrón de sujeción" del patrón de personalidad.

En este caso, el patrón de sujeción en el cuerpo es el de *agarrarse*, en el sentido de aferrarse al otro, como si el cuerpo fuera incapaz de sostenerse a sí mismo y tuviera que agarrarse a algo externo para sostenerse. La impresión general es de energía insuficiente en el sistema, de agotamiento y necesidad, y a veces de depresión total.

Psicología

Los principales problemas de las personas que siguen el patrón de fusionarse giran en torno a tomar dentro y metabolizar la comida y el amor que necesitan. En lugar de esperar recibir lo que necesitan, las personas que siguen este patrón se han acostumbrado a esperar privaciones. Cuando eran niños, recibían algo de calor, amor y alimento de los demás, pero no lo suficiente, o eran incapaces de sostener y metabolizar lo suficiente. Tuvieron un atisbo del paraíso, pero no recibieron lo suficiente, y ahora se sienten privadas. Por eso, no pudieron completar la tarea principal de la etapa de fusión, que es tomar dentro hasta sentirse llenas y satisfechas. Sentirse llenas les permitiría pasar a la tarea de la siguiente etapa de desarrollo, que es alejarse y explorar su fuerza e independencia. En cambio, se quedan estancadas en la etapa de fusión, sintiéndose siempre dependientes y necesitadas.

Afrontar el no conseguir lo suficiente

Vivir con la frustración de una necesidad insatisfecha es demasiado doloroso para que un bebé lo tolere para siempre. Un bebé necesitado llorará al principio, pero acabará cayendo dormido exhausto. La necesidad no ha desaparecido, así que ¿por qué deja de llorar?

Los estudios sobre la reacción de un niño cuando se le separa de su madre han demostrado que pasa por tres etapas distintas al afrontar la pérdida. Al principio, protestará más enérgicamente, creyendo que un llamamiento más enérgico traerá ayuda. Después, dejará de protestar y caerá en una desesperación pasiva, con la esperanza de recibir ayuda, pero sin buscarla activamente. Por último, abandonará la esperanza y se adaptará a la frustración continuada desvinculándose internamente de su conciencia de la necesidad, es decir, reprimiendo su propia vitalidad.[5]

En este punto, la niña parece haberse adaptado a la pérdida, pero internamente ha pagado un alto precio: ha perdido el contacto con su propio centro. Para mitigar el sentimiento de abandono de su madre, se ha abandonado a sí misma. Para hacer frente a sus abrumadores sentimientos de frustración e impotencia, la niña ha disminuido su propia energía vital y su poder, y se ha identificado con la impotencia. Para ello, ha disminuido su propia respiración y actividad física y ha alejado su conciencia del centro de su cuerpo, reduciendo así el flujo de energía a través de su cuerpo y atenuando su experiencia de sí misma. La protesta activa y airada del bebé sano ha sido sustituida por la desesperación pasiva y el ir apagándose. En palabras de Stephen M. Johnson, el niño *"elige la depresión en lugar de la expresión"*[6].

Si la madre regresa y repara la brecha permitiendo que la niña exprese su disgusto por haber sido abandonada y luego colmándola de amor, es posible que este incidente no tenga efectos duraderos. Pero si la ruptura no se repara y la niña tiene que vivir en un estado continuo de necesidad insatisfecha, un estado interno de expectativa ansiosa se convertirá en la norma. La niña debe encontrar la manera de afrontar esta situación. Si se centra en intentar que mamá vuelva y lo arregle todo, desarrollará el patrón de fusionarse para sobrevivir.

Observa que la niña ha aprendido a hacer frente a sus sentimientos desagradables disminuyendo el flujo de su propia energía vital para atenuar su conciencia de todas las sensaciones y sentimientos. Cuando esté alterada o abrumada como adulta, recurrirá a la misma estrategia de seguridad y volverá a disminuir su energía vital para intentar atenuar sus sentimientos desagradables. El resultado será la depresión.

Al igual que una persona con patrón de escapar duda de su derecho a existir, una persona con patrón de fusionarse duda de su derecho a tener necesidades y a recibir lo que necesita. Teme que, debido a sus necesidades, sea rechazada y abandonada y que nunca reciba lo suficiente. Una persona con patrón de fusionarse lo explicaba así: *"No creo que pueda satisfacer mis necesidades. Las cosas son demasiado duras y difíciles. Hay que esforzarse demasiado. Y no confío en que nadie quiera satisfacer mis necesidades"*.

Mientras que una persona que desarrolla el patrón de escapar rechaza el cuerpo, una persona que desarrolla el patrón de fusionarse rechaza las necesidades del cuerpo. Puede (o no) haber tenido éxito en la tarea de encarnación, pero ha fracasado en la tarea de tomar dentro lo que el cuerpo necesita. Para mitigar el dolor de no obtener lo que necesita, se desconecta de su propio centro. Aprende a desviar su atención de sí misma y centrarla en la otra persona. Aprende a centrarse en lo que el otro necesita, con la esperanza de que al satisfacer la necesidad del otro, alguien satisfaga la suya. Esto la convierte en una experta en referenciar a los demás y leer su estado emocional y sus necesidades (una habilidad muy valiosa), pero la deja incapaz de autorreferenciarse y leer su propio estado emocional y sus necesidades.

Como se quedó atascada en la dependencia de la etapa oral, no siguió explorando sus propios puntos fuertes ni aprendió a hacer las cosas por sí misma. Se quedó atascada en la época en la que la conexión con los demás era realmente necesaria para sobrevivir, en la que todos los problemas los resolvía otra persona y todo lo bueno la recibía de otra persona. Así que ahora sigue buscando la conexión con los demás para resolver todos sus problemas. En esencia, las personas con patrón de fusionarse creen que deben permanecer indefensas para atraer la nutrición emocional y energética que necesitan, por lo que evitan adquirir nuevas habilidades y aprender a hacer las cosas por sí mismas.

Hacer frente sin fuerza ni voluntad

Otra forma de ver el comportamiento de las personas atrapadas en el patrón de fusionarse es que están atascadas en un estado de "pre-fuerza". Como nunca han desarrollado ni su propio centro, su fuerza ni su voluntad, no han podido aprender a actuar directamente para conseguir lo que quieren. Incapaces de utilizar medios directos, activo-agresivos para conseguir lo que quieren, deben utilizar medios indirectos, pasivo-agresivos, como manipular a los demás para que les den lo que quieren.

Sin fuerza ni voluntad, no son capaces de continuar para desarrollar la confianza en sí mismos. Un niño desarrolla la confianza en sí mismo haciendo, es decir, probando y teniendo éxito. Atascadas en una etapa anterior a que el hacer esté en funcionamiento, las personas con patrón de fusionarse nunca han tenido las experiencias que generan confianza en sí mismas. En lugar de practicar el "puedo hacerlo", han practicado el "puedo conseguir que lo hagas por mí".

También tienen dificultades para decir "no" cuando lo necesitan. Sin la capacidad de autorreferenciarse, ni siquiera se dan cuenta de que quieren decir "no". Y sin acceso directo a su propia energía agresiva, les resulta difícil oponerse a los deseos de otra persona, incluso cuando saben que quieren hacerlo. También temen que desagradar a los demás pueda llevarles de nuevo al abandono y a la privación.

Al crecer sin acceso a su propia energía agresiva, las personas que adoptaron este patrón de supervivencia no fueron capaces de separarse psicológicamente de mamá y papá ni de desarrollar límites fuertes. Siguen tendiendo a fusionarse con los demás, en lugar de mantener su propio espacio personal. Esta fusión es el estado natural de un bebé, pero a medida que se convierte en un niño con voluntad y fuerza propias, empieza a alejarse y separarse de los demás para poder crecer y convertirse en un individuo independiente. Incluso los bebés lactantes muestran este comportamiento de forma natural, alejándose de sus madres cuando acaban de mamar. El problema para los que están atrapados en el patrón de fusionarse es que no han podido terminar de mamar. Nunca se sintieron plenos y preparados para alejarse y separarse, por lo que siguen tendiendo a fusionarse.

En el mejor de los casos, a medida que la niña crece, descubre que la mejor forma de satisfacer sus necesidades es separarse de la madre, desarrollar su propia fuerza y autonomía y avanzar hacia formas de relación adulto-adulto. Sin embargo, una persona con un patrón de fusionarse cree que la mejor manera de satisfacer sus necesidades es permanecer en la relación madre-hijo y mejorarla esta vez. Cree que "el amor lo resolverá todo". Sin embargo, el "amor" que imagina no es el amor de los adultos individualizados, el amor de dos parejas adultas separadas e iguales. Es más bien el amor de un bebé por su madre, el amor en el que "me relajo y me derrito en ti y tú cuidas de mí". Por eso, a menudo, los demás la ven como una persona muy pegajosa.

El deseo de seguir siendo niña moldea a la persona de muchas maneras. Valora más el ser que el hacer, la conexión que los logros y el amor que el poder. La debilidad de sus límites energéticos tiende a crear un cuerpo blando e hinchado, sin límites claros ni definición. Su débil contenedor energético le dificulta crear una carga en su cuerpo y luego utilizarla para lograr un objetivo. El juego le resulta fácil, pero el trabajo no.

El valor de un contenedor energético fuerte

Para hacer cualquier cosa en el mundo físico es necesario crear una carga en el cuerpo y luego dirigir esa carga a la acción. Sin embargo, para crear una carga, el cuerpo de una persona tiene que ser capaz de contenerla. Para ello se necesitan límites energéticos fuertes. Sin ellos, la carga se escapa antes de poder acumularse. Para funcionar eficazmente en el mundo, una persona debe tener un contenedor energético fuerte.

Puedes pensar en el cuerpo como un recipiente que contiene la energía, igual que una jarra contiene el agua. Un tarro grande y fuerte puede contener mucha agua. Sin embargo, una jarra con fugas no puede contener mucha agua, porque se sigue escapando. (Ten en cuenta que el tamaño del contenedor energético de una persona no está determinado por el tamaño de su cuerpo. Un cuerpo de 90 kilos no puede sujetar necesariamente más energía que uno de 50 kilos. Lo que importa es el tamaño y la fuerza del contenedor energético de la persona, no el tamaño de su cuerpo).

Si pensamos en el agua contenida en una jarra, nos damos cuenta de que el agua puede escapar de la jarra de varias maneras diferentes:

1. El agua puede filtrarse.

2. El agua puede desbordarse.

3. La jarra puede reventar.

4. Puedes abrir una válvula y dirigir el flujo de agua hacia donde quieras.

Utilicemos ahora esta analogía para explorar cómo puede escaparse la energía del cuerpo de una persona. Para la gente en general (no sólo para las personas con patrón de fusionarse), la energía que se escapa de su contenedor suele tomar la forma de pequeñas manifestaciones emocionales. Si la energía es de ira o resentimiento, puede tomar la forma de comentarios despectivos, sarcasmo o quejas. Si la energía es de pena, puede manifestarse en forma de sollozos o lágrimas. Si la energía es de alegría, la persona tiene que contártelo, en lugar de limitarse a sentirlo en silencio. El punto principal aquí no es cómo se manifiesta la fuga de energía, sino que la persona no tiene control voluntario sobre la fuga.

Si sospechas que habitualmente pierdes energía a través de algún comportamiento, intenta dejar de hacerlo y observa qué ocurre. Por ejemplo, si te quejas con frecuencia, prueba a no quejarte durante una semana y observa qué ocurre. ¿Eres capaz de dejar de quejarte? ¿Dejar de hacerlo hace que la energía se acumule en tu interior hasta que te enfadas? ¿O, por el contrario, esa energía se escapa en forma de algún otro comportamiento?

El desbordamiento energético, la segunda opción, es como una fuga, pero a mayor escala. Hay una sensación de avalancha de energía, de flujo torrencial, y una necesidad de "desahogarse". A medida que las aguas emocionales se elevan por encima del borde de la jarra, se derraman. De nuevo, esta energía desbordante puede adoptar la forma de cualquier comportamiento o emoción, desde una erupción volcánica de ira hasta dar saltos de alegría. Tras la liberación, se produce una sensación de alivio, como si se hubiera liberado una presión interna. De hecho, lo que llamamos "desahogo" suele ser este mismo tipo de liberación de la presión emocional interna, pero de forma más o menos voluntaria. El desbordamiento es un desahogo involuntario.

Cuando el contenedor estalla, el flujo de salida de energía es aún mayor, más parecida a la rotura de una presa. Y la desintegración del contenedor trae consigo una desorientación o desorganización del yo, que incapacita temporalmente a la persona para funcionar. El pánico y la histeria son ejemplos de ello: el contenedor del yo se ha desintegrado y la persona se ve abrumada por sentimientos caóticos e incapaz de funcionar. Un orgasmo intenso es otro ejemplo, pero con sentimientos más positivos. Por un momento, el contenedor del yo se disuelve mientras la persona se siente abrumada por el placer y pierde la noción de todo lo demás.

La cuarta opción, abrir voluntariamente una válvula y dirigir el flujo de energía de la forma que elijas, es el método que utiliza un adulto sano que actúa en el mundo. Una persona con esta capacidad puede elegir cómo y cuándo envía su energía al mundo. Puede elegir el momento y la forma para que su autoexpresión y sus acciones logren lo que se propone. Su capacidad de contener una carga interna es lo que le da este control voluntario. Como puede contener la carga que surge en su interior, puede elegir cuándo y cómo expresarla. Puede sentir mucho miedo y actuar con valentía, sentir una fuerte atracción sexual y no actuar en consecuencia, o tener una enorme reserva de alegría, amor o fuerza y no tener que alardear de ello. Dependiendo de las necesidades del momento, puede elegir actuar o permanecer en silencio. Para desarrollar esta capacidad, debe tener su propia fuente de energía, un contenedor fuerte que pueda contenerla y un control voluntario sobre cómo y cuándo envía esa energía al exterior.

Otra forma de decirlo es que un contenedor energético fuerte da a la persona el control sobre su ciclo de carga/descarga. Le da la libertad de acumular y mantener energía en su cuerpo y utilizarla cuando quiera, en lugar de tener que descargarla inmediatamente. Un niño no tiene control sobre su propio ciclo de carga/descarga y depende de sus padres para que lo regulen por él. Lo ideal es que, al llegar a la edad adulta, aprenda a controlarlo por sí mismo. Esto le da control sobre su propio comportamiento.

Las personas con patrón de fusionarse no controlan su ciclo de carga y descarga. Su débil contenedor permite que la carga se escape, normalmente en forma de pequeñas (o grandes) muestras de emoción. Esto es lo que crea la emocionalidad frecuente característica de este patrón. Como no pueden contener mucha carga, cuando intentan actuar, no tienen mucha energía para hacerlo. Dado que sostener una carga energética fuerte dentro del cuerpo es necesario para las sensaciones internas de fuerza, expansión y confianza, estas sensaciones no están fácilmente disponibles para ellos. Les resulta difícil perseverar a través de los obstáculos y completar una tarea, porque tienen dificultades para sostener la tensión que acompaña al sentimiento de frustración. Esta dificultad para contener y canalizar la energía es uno de sus principales problemas.

Las personas que adoptaron el patrón de fusionarse también se enfrentan a otro reto relacionado con su energía. Debido a que su desarrollo se detuvo mientras aún eran lactantes, es decir, mientras aún tomaban dentro la energía predigerida de otros, no aprendieron a absorber y metabolizar su propia energía directamente del entorno. Esto significa que, incluso de adultas, siguen creyendo que deben obtener su energía de los demás. Juntas, estas dificultades crean los bajos niveles de energía, la debilidad muscular, la depresión crónica leve y los hábitos de aferrarse y succionar la energía de los demás que son característicos del patrón de fusionarse.

Cambiar al patrón de fusionarse compensado

Hasta ahora, hemos visto que la estrategia de seguridad de las personas con patrón de fusionarse es evitar una conciencia clara de su propio centro, identificarse con ser alguien necesitado e intentar obtener lo que necesitan de los demás. Esta es una descripción del patrón de fusionarse en su forma pura, y hasta ahora, es de esto de lo que hemos estado hablando.

Sin embargo, para algunos niños, esta estrategia no era suficiente. Quizá no soportaban sentirse tan necesitados, o quizá en su familia tener necesidades era motivo de vergüenza, mientras que ayudar a los demás era motivo de elogio. Puede que les dijeran: "No seas tan egoísta. Cuida de tus hermanos y hermanas". Puede que en la iglesia les hayan enseñado: "Es más bendito dar que recibir». Así que desarrollaron una capa adicional de defensa contra su necesidad pasando de interpretar el papel del bebé a interpretar el papel de la madre. La niña sigue atrapada en la relación bebé-madre, pero ahora, en lugar de ser la bebé indefensa y necesitada, puede ser la madre solícita y servicial .

En lugar de negar o condenar sus necesidades problemáticas, simplemente proyecta esas necesidades en otra persona. Ahora, en lugar de sentir *que* necesita algo, siente que *tú* necesitas algo. Su experiencia consciente cambia de "necesito que me des" a "puedo darte". Ahora puede sentirse grande y fuerte, en lugar de pequeña y necesitada.

Convertirse en "el Dador"

Ahora "dar para recibir" ha pasado de ser una estrategia a una identidad, y la persona se ve a sí misma como "la Dadora". Aunque sigue sin tener una sensación-sentida de su propio centro y sigue sin ser consciente de sus propias necesidades, ha pasado del papel de rescatada al de rescatadora. Como Dadora, ya no se experimenta a sí misma como necesitada. En su lugar, percibe a los demás como necesitados, y a sí misma como la que puede satisfacer esas necesidades. No es *ella* quien es dependiente, sino otra persona. Como este nuevo estado es una forma de compensar la privación experimentada en el patrón de fusionarse, se denomina patrón de fusionarse compensado. En psicología, esta estrategia se conoce desde hace tiempo como personalidad codependiente, en la que la atención del que ayuda no está enraizada en sí mismo, sino centrada en la persona a la que ayuda.

Dado que su generosidad cumple una función defensiva, difiere de la simple generosidad. Para mantener la compensación, esta persona necesita seguir dando a alguien. Así que encuentra situaciones en las que puede desempeñar el papel de cuidadora, como cuidar niños o trabajar en un albergue para personas sin hogar. En lugar de esperar que alguien la salve, se dedica a salvar a los demás.

Y como el impulso de dar no está alimentado tanto por la necesidad del otro como por su propia necesidad de ser el Dador, el dar inevitablemente va demasiado lejos. La persona que hace de dadora se siente excesivamente responsable de mantener contentos a los demás, da más de lo que puede permitirse y se agota a sí misma. Puede que esté prestando un servicio realmente maravilloso a los demás, pero su servicio no está respaldado por un buen cuidado personal. Ignora sus propias necesidades incluso más que una persona con el patrón de fusionarse puro. Esto hace que le resulte muy difícil pedir ayuda, o incluso aceptarla cuando se la ofrecen.

Tener un centro falso

El cambio al lado compensado del patrón de fusionarse es un intento de crecer. Es un intento de practicar la fuerza y la voluntad necesarias para convertirse en un adulto capaz. Pero como la compensación no se basa en una sensación-sentida del centro del cuerpo, no tiene la base necesaria para tener éxito, y la persona sólo puede fingir fuerza. Se presentará a sí misma como muy competente y autosuficiente, diciendo cosas como *"no espero nada"* y *"no quiero ser una carga"*, pero en su interior, a menudo tiene una sensación de falsedad que la corroe y puede llegar a decirse a sí misma *"me siento como una impostora"*. Sin una sensación-sentida de centro, no puede autorreferenciarse ni automedirse, por lo que no tiene un sentido claro de sus propias necesidades y límites. Intenta ser "todo para todos", sobrevalora sus puntos fuertes, infravalora sus necesidades, ignora su autocuidado y, periódicamente, se derrumba y se quema.

En muchas partes del mundo, el patrón de fusionarse compensado es culturalmente aprobado, mientras que el patrón de fusionarse puro no lo está. Aquí en Estados Unidos, por ejemplo, aplaudimos la autoconfianza y la autosuficiencia, pero tendemos a avergonzar a la gente por ser necesitada y dependiente. A una niña criada en este tipo de entorno, su cultura la anima a cambiar hacia el lado compensado del patrón de fusionarse.

Sabores de la compensación

Cuando una persona crea la capa defensiva adicional que la desplaza al patrón de fusionarse compensado, emplea la estrategia de defensa de uno de los otros patrones de supervivencia, ya que son las únicas estrategias de seguridad disponibles. En consecuencia, su compensación normalmente adoptará dentro el sabor de los patrones rígido, agresivo o de soportar. A veces, tendrá el sabor del patrón de escapar, pero esto le da menos protección, por lo que es más raro.

Una persona que sigue el patrón de fusionarse compensado puede incluso aprender a imitar todos los demás patrones de supervivencia y mostrar una habilidad camaleónica para adaptarse al estilo y apariencia de diferentes grupos de amigos mientras está con ellos. En el instituto, por ejemplo, puede ser capaz de salir con las animadoras, los moteros y los estudiantes de honor, cambiando energéticamente para encajar en cada grupo mientras está con ellos. Cuando es capaz de estar presente y utilizarla conscientemente, esta fluidez se convierte en uno de los dones del patrón. Le da la capacidad de cambiar rápidamente de un conjunto de habilidades a otro según lo exija la situación. Por supuesto, cuando interactúa con personas que siguen otros patrones de supervivencia, nunca podrá ganarles en su propio juego, pero al menos puede entrar en el juego y conectar con ellos.

Alternancia cíclica

Cuando una persona que está en el patrón de fusionarse compensado sufre un colapso, la compensación se disuelve, la falsa sensación de fuerza desaparece y vuelve al estado de colapso del patrón de fusionarse puro. Si se siente más cómoda en el lado compensado del patrón de fusionarse, empezará inmediatamente a reconstruirlo. Con el tiempo, alternará entre estos dos estados, pasando de la depresión a los esfuerzos heroicos por rescatar a los demás y volviendo a caer en la depresión.

La secuencia cíclica suele ser así:

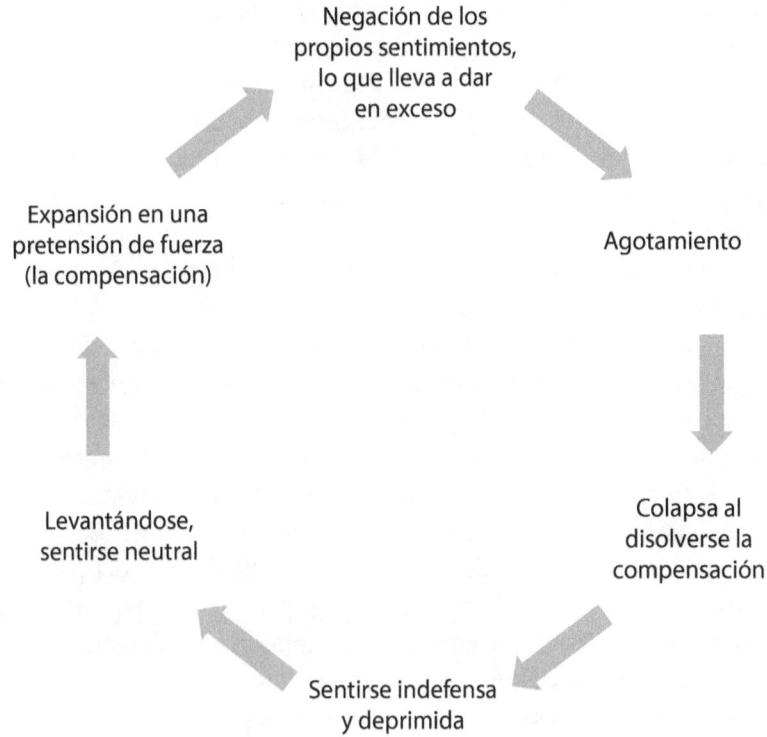

Ciclo de expansión y colapso del patrón de fusionarse compensado

La salida del sentimiento de impotencia y depresión suele ser un proceso lento, que requiere días o semanas, mientras que el colapso de la compensación es más bien un choque y puede producirse en cuestión de minutos.

Lo más probable es que una persona con patrón de fusionarse experimente tanto el lado puro como el compensado del patrón de fusionarse. Sin embargo, normalmente se identificará más con un papel que con el otro y pasará la mayor parte del tiempo en esa parte del ciclo, visitando el otro papel sólo brevemente. Fundamentalmente, son el mismo patrón de supervivencia y requieren el mismo proceso de sanación. Sin embargo, el patrón de fusionarse compensado incluye una capa adicional – una pretensión de fortaleza – a la que hay que renunciar antes de que pueda comenzar el proceso de sanación del patrón de fusionarse en sí.

Bajo presión, las personas con patrones de fusión pura y de fusión compensada se colapsan, pero lo hacen de forma diferente. Una persona con el patrón de fusionarse puro se colapsa con más facilidad y frecuencia, pero como no estaba inflada al principio, su colapso es menos grave. Es más parecido a un niño pequeño que sufre un colapso: puede ser emocionalmente dramático, pero con el apoyo adecuado, puede recuperarse rápidamente.

Por otro lado, una persona que se encuentra en el estado de fusión compensada tiene más recorrido para caer. Está inflada por una falsa sensación de fuerza, por lo que puede sobrepasar mucho más sus recursos internos antes de derrumbarse. Esto significa que su desinflamiento es menos frecuente, pero cuando ocurre, es más grave. Cuando su compensación se disuelve, la repentina pérdida de la fuerza que sentía hace un momento la desorienta. Entonces, su crítico interior la ataca por ser tan débil y siente una oleada de odio hacia sí misma, que no hace sino intensificar su colapso. Como está menos dispuesta a aceptar apoyo, puede tardar días o semanas en recuperarse de su colapso.

Esta tendencia a derrumbarse bajo presión es una de las características del patrón de fusionarse. Es diferente de la tendencia a fragmentarse bajo presión del patrón de escapar, que implica una desintegración silenciosa e interna del yo y una pérdida de conexión con el cuerpo. El colapso del patrón de fusionarse es un acontecimiento más emocional y dramático. Es más bien un colapso en forma de lágrimas y quejas (una respuesta a la angustia que sería apropiada para una niña que aún se encuentra en la fase oral del desarrollo). Al ser tan jóvenes en su desarrollo, las personas con patrón de fusionarse que han sufrido un colapso suelen necesitar la ayuda de otras personas para volver a conectar con sus recursos internos y salir del estado de colapso.

Creencias

Las creencias de las personas con patrón de fusionarse reflejan sobre todo su dificultad para asimilar y metabolizar el amor y el alimento, junto con sus intentos de mantener a toda costa la conexión de su corazón con los demás. Algunas de sus creencias típicas son:

"Nunca es suficiente". "No soy suficiente".
"Soy deficiente".
"No puedo hacerlo sola".
"Mis necesidades no están bien".
"Si necesito, me abandonarán".
"Si soy fuerte, me abandonarán".
"Si te decepciono, seré abandonado".
"Deberías amarme total e incondicionalmente, como amarías a un bebé".
"El amor lo resolverá todo".

Miedos

La sensación de vacío

Lo que más temen las personas con patrón de fusionarse es la sensación de vacío que surge cuando no están conectadas con otra persona. Esto les hace temer estar solos, ser rechazados o abandonados.

Como la sensación de vacío surge cuando están solos, creen que se debe a una falta de conexión con los demás. Pero, en realidad, la causa es la falta de conexión consigo mismo, la incapacidad de sentir el centro de su propio cuerpo. Cuando una persona no puede sentir su propio centro, literalmente parece que "no hay nadie aquí". En cambio, cuando una persona puede sentir su propio centro, hay una sensación de un yo palpable, de "estoy aquí". El yo que está aquí puede ser feliz o infeliz, pero está aquí. Hay "alguien aquí".

Pero sentir su propio centro conlleva sentimientos de necesidad e impotencia, así que lo evitan. Si se les ha enseñado que referenciar su propio centro es un acto "egoísta" y "egocéntrico" que será castigado con la retirada del amor, evitan hacerlo aún más.

La pérdida de la conexión de corazón

Las personas que siguen este patrón de supervivencia también temen que los demás les retiren la conexión de corazón. Aunque a nadie le gusta sentirse poco querido, los que siguen los otros patrones de supervivencia pueden tolerar la pérdida de la conexión de corazón más fácilmente porque no la utilizan para orientarse en el mundo, lo que significa que perderla no les desorienta. Para alguien que está atrapado en el patrón de fusionarse, perder la conexión de corazón puede ser no sólo desorientador, sino devastador. Exploremos cómo ocurre esto.

En el escenario madre-bebé, el bebé sólo puede obtener lo que necesita a través de la conexión con su madre o con quien la sustituya. Para el bebé, esta conexión es realmente necesaria para sobrevivir, por lo que se orienta instintivamente hacia ella. Durante la etapa oral, esta forma de orientación es sana y necesaria, porque sirve a las necesidades reales de supervivencia de ese momento. Pero como las personas con patrón de fusionarse están atascadas en esa etapa de desarrollo, siguen utilizando la conexión del amor humano para orientarse en el mundo, incluso de adultos. Esto les convierte en expertos en controlar su conexión amorosa con los demás, y también les hace sentir que mantener la conexión afectiva es necesario para su supervivencia, incluso cuando no lo es.

Como utilizan la conexión del amor humano para orientarse en el mundo, cuando se les retira, se desorientan. Sin un punto de referencia, se sienten perdidos e incapaces de orientarse. En lugar de centrar su atención simplemente en referenciarse a sí mismos y notar cómo se siente su propio corazón sin esa conexión, no saben dónde poner su atención. Como inconscientemente evitan poner su atención en sí mismos, ésta tiende a revolotear al azar, buscando algo a lo que aferrarse.

Además, como utilizaban la conexión de corazón como sensación interna en torno a la cual organizarse, cuando desaparece tienden a desorganizarse internamente. Si la conexión de corazón desaparece de repente, pueden llegar a estar tan desorganizados que no puedan seguir funcionando como adultos. De repente, sus capacidades adultas han desaparecido y se sienten como niños: indefensos, deficientes y necesitados. Esto les provoca una oleada de vergüenza y un ataque de su crítico interior, que les hace sentirse aún peor. Así que se esfuerzan por evitar decepcionar a los demás o hacer cualquier cosa que pueda llevarles a perder la importantísima conexión de corazón. Una persona lo describió como intentar ser *"todo para todos"*. Otro dijo: *"Creo que mi mayor miedo es que cuando disgusto a alguien, el amor se aleja"*.

Defensas psicológicas

Desde el punto de vista del desarrollo, las personas que adoptaron el patrón de fusionarse son un poco mayores que las que adoptaron el patrón de escapar, por lo que tienen más defensas psicológicas entre las que elegir cuando intentan navegar por un mundo que les parece inseguro. Sus defensas psicológicas se centran principalmente en mantener sus conexiones con los demás y obtener lo que necesitan de los demás. Veamos cada una de estas defensas por separado.

Hacerse el bebé

Las dos estrategias de defensa más obvias que utilizan las personas con patrón de fusionarse son hacer de bebé y hacer de madre. Cuando se hacen los bebés, se identifican con su estado de necesidad e indefensión e intentan que los demás se lo solucionen. Cuando están en este papel, suelen actuar de forma indefensa, se hacen las víctimas y evitan asumir la responsabilidad de sus actos y de las circunstancias generales de su vida. Siguen siendo el bebé en un intento de atraer finalmente los cuidados de la Buena Madre. Este papel es la esencia del patrón de fusionarse puro.

Hacer de madre

Cuando pasan a hacer de madre, proyectan su necesidad e impotencia en otra persona y declaran: "Yo lo solucionaré por ti". Entonces empiezan a atender las necesidades del otro y a hacer de salvador para la víctima del otro. Están dando lo que necesitan conseguir, lo que en cierto modo disminuye el dolor de no conseguirlo y crea una esperanza inconsciente de que el otro les corresponderá. Este papel les hace sentir mejor porque se sienten grandes y serviciales, pero sigue siendo una estrategia de seguridad, más que un servicio real, porque está motivado más por su propia necesidad de dar que por la necesidad del otro de recibir. Cambiar al papel de dador también disminuye su miedo al abandono, porque ahora el otro le necesita. Este papel es la esencia del patrón de fusionarse compensado.

No sentir su propio centro

Las personas con ambas formas de este patrón de supervivencia evitan sentir su propio centro para no sentir sus propias necesidades. Esto les permite evitar referenciarse a sí mismas y centrarse únicamente en referenciar los sentimientos y las necesidades de los demás. Dado que no pueden sentir directamente sus propias necesidades, estas suelen somatizarse y, en su lugar, afloran en forma de dolores, molestias y enfermedades de origen psicológico.

Complacer, apaciguar, manipular

Las personas con patrón de fusionarse están atascadas en una etapa en la que todavía no podían actuar por sí mismas, por lo que en lugar de utilizar medios activo-agresivos para satisfacer sus necesidades tienen que recurrir a medios pasivo-agresivos. En términos sencillos, esto significa que no pueden pedir directamente lo que necesitan y ni siquiera pueden imaginarse actuando para conseguirlo por sí mismos. Lo que pueden imaginar es que la otra persona actúe por ellos. Esto significa que deben complacer y apaciguar a los demás para no caerles mal, y luego intentar manipularlos o seducirlos para que les proporcionen lo que necesitan.

Relación con uno mismo

Como hemos señalado antes, las personas con patrón de fusionarse tienen muy poca capacidad para autorreferenciarse y descubrir lo que sienten y quieren. En cambio, han aprendido a referenciar a los demás y a sentir lo que los demás quieren de ellas. Esto significa que, en su interior, su propia voz es muy débil, mientras que las voces de los demás son muy fuertes y les dicen qué hacer y quién ser. A menudo no pueden oír en absoluto su propia voz.

Esencialmente, se ven a sí mismos a través de los ojos de los demás. Pueden incluso entrar psíquicamente en el cuerpo de la otra persona y mirarse a sí mismos para averiguar "¿Quién puedo ser para ti?". Cuando el otro está contento con ellos, se ven a sí mismos como maravillosos, bellos y adorables. Pero cuando el otro no está contento con ellos, se ven a sí mismos como deficientes, feos y antipáticos. Así que se esfuerzan mucho por ser y hacer todo lo que el otro quiere. Pero, por supuesto, fracasan, porque es una tarea imposible.

Y cuando fracasan, se odian por su propia debilidad. No se les ocurre que nadie podría haber tenido éxito en semejante tarea y que es injusto esperar tanto de sí mismos. Por el contrario, lo ven como una prueba más de que no son lo bastante buenos y de que no se les puede querer. Abordan la tarea con la inocencia abierta de una niña que quiere a sus padres por completo y sólo desea complacerlos, por lo que su deseo de ser todo lo que el otro quiere es enorme, y su fracaso es devastador.

Relación con el crítico interior

Una persona con un patrón de fusionarse no ha progresado mucho en el desarrollo de su propia voz, así que lo que oye en su cabeza son sobre todo las voces de los demás diciéndole lo que quieren que sea y haga y desee. Cuando fracasa en eso, su crítico interior la avergüenza, diciéndole cosas como "No eres suficiente. Eres deficiente". Para una persona con este patrón de supervivencia, la forma de ataque de su crítico interior suele ser la vergüenza.

Y la vergüenza, por supuesto, drena la energía de su cuerpo, haciéndola sentir pequeña e impotente. Así que su reacción al ataque del crítico es sentirse más pequeña por dentro, impotente y avergonzada de su deficiencia. Entonces su crítico interior la atacará por tener esos sentimientos. Una vez que empieza el ataque crítico, se alimenta a sí mismo y la persona cae en una espiral de desesperación y depresión. "No puedo complacerte" puede convertirse rápidamente en "No puedo complacer a nadie" y luego en "No valgo nada. Nadie me querrá nunca".

Rasgos de personalidad

Veamos ahora los rasgos de personalidad del patrón de fusionarse. Son el aspecto que suele tener una persona con patrón de fusionarse cuando está realmente en el patrón. Cuando simplemente está presente y no en el patrón, estos rasgos pueden estar apagados o ausentes. En esos momentos, es probable que siga mostrando los dones del patrón, como una alegría y un amor radiantes, pero cuando está atrapada en el patrón de fusionarse, su aspecto será más parecido al que se muestra a continuación.

Lo primero que probablemente notes es lo cariñosa y emocionalmente expresiva que es. Si está contenta en ese momento, puede mostrarse burbujeante, alegre y juguetona. Si no está contenta, puede estar llorosa y pegajosa. Pero siempre sentirás un flujo emocional.

Siempre se centrará en las relaciones entre las personas y en intentar que todo el mundo esté contento. Desde el punto de vista del comportamiento, será muy comunicativa, muy habladora y cariñosa. Inmediatamente se dará cuenta de lo que tú quieres y tratará de dártelo. En una situación de grupo, será ella quien siga el estado emocional de todos y se asegure de que todos están bien. Si alguien del grupo necesita ayuda o atención, es probable que sea la primera en señalarlo.

Ella misma puede querer mucha atención y maniobrar hábilmente para conseguirla, pero sus movimientos suelen ser sutiles, no obvios ni exigentes. Cuando necesita algo, es más probable que lo exprese indirectamente que como una petición directa.

Cuando ella se hace la víctima (herida, indefensa, buscando ser rescatada), puedes notar un tirón casi físico en tu vientre. Es ella la que tira de ti energéticamente. Cuando juega al salvador (ayudante, dador, necesita complacerte), puede que te sientas muy bien atendido, pero si eres honesto contigo mismo, también notarás que es desproporcionado y probablemente más de lo que realmente puede darte.

Cómo recrean sus heridas tempranas

Como ocurre con todos los patrones de supervivencia, las personas con patrón de fusionarse tienden a recrear sus propias heridas tempranas con las mismas cosas que hacen para intentar mantenerse a salvo. Este proceso es inconsciente, por supuesto, pero es muy eficaz para perpetuar el patrón manteniendo el tipo de relaciones y experiencias que tuvieron en la infancia.

Su hábito de esperar ansiosamente inhibe que reciban y metabolicen la energía y el amor que tienen a su disposición, de modo que incluso cuando están recibiendo amor y cariño, siguen sintiéndose vacíos. Entonces culpan a los demás de su carencia y los alejan. O intentan chuparles la energía, lo que hace que se alejen. En cualquier caso, acaban sintiéndose de nuevo abandonados y desprovistos. Cuando están en el patrón de fusionarse compensado, aunque todo el mundo a su alrededor se nutre, ellos no, así que siguen sintiéndose desprovistos.

Pensamientos del patrón

Las personas con patrón de fusionarse centran la mayor parte de su atención en sus conexiones de corazón con los demás. Utilizan sus conexiones de corazón con otras personas para orientarse en el mundo. Esto es lo que hace que mantener la conexión de corazón sea tan crucial para ellos, y lo que hace que perderla sea tan desorientador. Internamente, están constantemente comprobando *"¿Con quién estoy conectado?". "¿Es buena la conexión? "¿Les gusto?" "¿Me quieren?" "¿Qué sienten por mí ahora? ¿Qué tal ahora?... ¿Qué tal ahora?"*

Si analizamos su pensamiento en términos de funcionamiento del cerebro izquierdo frente al derecho, vemos que pasan más tiempo en el cerebro derecho, que se ocupa más de los sentimientos y las relaciones. No son fuertes en las funciones cerebrales izquierdas, como el pensamiento lógico y el análisis, y no conocen ni siguen bien su propia experiencia.

Su atención y sus pensamientos tienden a tener un sesgo positivo. Esto distorsiona su percepción de la realidad, haciendo que todo parezca más seguro y amoroso de lo que realmente es, como si miraran a través de unas gafas de color de rosa. Aunque esto es probablemente mejor que tener un sesgo negativo de la atención, sigue distorsionando la imagen que ven y les dificulta navegar con éxito por el mundo. Además, su visión positivamente sesgada de la realidad les dificulta reconocer las amenazas reales para su bienestar, como el peligro físico o la presencia de un enemigo. Les hace confiar en otros más de lo que les permitiría una perspectiva equilibrada. También les hace especialmente susceptibles a las adicciones que les hacen sentirse bien, como la comida, el sexo, el romance y ciertas drogas. Como les produce una sensación agradable, pueden pensar: "El alcohol es mi mejor amigo" o "El azúcar nunca me ha defraudado", sin ser capaces de ver cómo conseguir esa sensación agradable de esa forma puede acarrearles problemas.

El parloteo mental de las personas en el *patrón de fusionarse* puro es *"no puedo"*, lo que lleva al colapso interno y a la súplica *"hazlo tú por mí"*. Cuando están en el patrón de fusionarse compensado, su parloteo mental cambia a *"puedo"*, pero sin medir si realmente pueden, lo que, por supuesto, les lleva a sobrepasar sus propias capacidades y al colapso.

Recordarás que cada uno de los patrones de supervivencia tiene una secuencia característica de pensamientos que surgen cuando una persona atrapada en ese patrón ve que otra tiene algo que quiere. Para el patrón de escapar, dijimos que la secuencia es algo así como *"Tú lo tienes. Yo lo quiero. Imaginaré que lo tengo"*. Para el patrón de fusionarse, es más como *"Tú lo tienes. Yo lo quiero. Conseguiré que me lo des"*. Sus esfuerzos por "conseguir que me lo des" son la fuente de gran parte de su patrón de conducta.

Comportamientos del patrón

Conectar

Como las personas con patrón de fusionarse creen que la fuente del amor y de la energía vital no está en ellos mismos, sino en los demás, van en su búsqueda de forma natural. Por lo tanto, la conexión con los demás parece que sea la clave de la supervivencia, así que quieren conectar mucho y de todas las formas posibles. Suelen ser muy habladores, pero su conversación se centra más en crear una conexión emocional que en explorar ideas o realizar una tarea. Son expertos en interactuar con extraños y conectar con ellos y, en cualquier entorno, son las personas más propensas a entablar conversación con quien esté cerca. En un grupo, su atención se centra en incluir a todo el mundo y crear un sentimiento de comunidad. También crean comunidad organizando fiestas, y se les suele dar muy bien. Hacen todo lo posible para que fluyan los buenos sentimientos.

A las personas con patrón de fusionarse también les gusta mucho tocar. Para ellos, es una forma más de conectar y crear sentimientos cálidos y reconfortantes para todos. También les encanta abrazar y acurrucarse, y a menudo lo hacen por el simple deseo de fomentar sentimientos de calidez y seguridad, sin ninguna connotación sexual.

Dar para recibir

Para intentar satisfacer sus necesidades, las personas con patrón de fusionarse suelen "dar para recibir", una estrategia en la que identifican y satisfacen las necesidades de los demás con la esperanza de que éstos les den algo a cambio. Hacen un "regalo" (que en su mente es en realidad un intercambio) y esperan a que la otra persona les corresponda. Si el otro no les da un regalo a cambio, se sienten heridos y enfadados. A menudo, la atención que prestan a los demás es exactamente la que ellos mismos necesitan recibir, pero no pueden pedir directamente. Su "dar para recibir" suele ir acompañado de complacer, apaciguar y ser serviciales. Intentan darte lo que quieres para que les des lo que quieren.

Su deseo de complacerte puede convertirse en un intento de ser quien tú quieras que sea. Sin que se lo digas, puede tener las habilidades necesarias para referenciarte, intuir quién quieres que sea y transformarse en esa persona. También pueden utilizar este talento como medio de seducción. Como puedes imaginar, convertirse en "quien tú quieras que sea" puede ser muy difícil de resistir. En el mejor de los casos, es un regalo de amor de un amante con un talento increíble. En el peor de los casos, se trata de un autoabandono para obtener tu aprobación, y se sentirán desolados si los rechazas, ya que no sólo te habrán perdido a ti, sino también a sí mismos.

Cuando se mueven entre círculos de amigos, su estrategia de "ser quien tú quieras que sea" puede hacer que cambien como un camaleón al pasar de un grupo a otro. En un entorno de instituto, esto podría significar ser una animadora cuando está con los deportistas, ser inteligente cuando está con los estudiantes y ser una drogadicta cuando está con los drogadictos. La persona con un patrón de fusionarse puede no darse cuenta de que se está transformando de esta manera hasta que varios de sus círculos se juntan para algún acontecimiento y se confunde, sin saber quién ser ahora.

Aferrarse

Las personas con patrón de fusionarse también intentan satisfacer sus necesidades aferrándose a alguien para conseguir apoyo: encuentran a alguien fuerte y se apegan a esa persona. Sin embargo, esta forma de obtener apoyo les hace sentirse celosos si la conexión se ve amenazada, o necesitados si se pierde. Una vez más, se trata de una etapa saludable por la que debe pasar un niño en su camino hacia el desarrollo de su propia fuerza y su propio centro. Sin embargo, en este caso se utiliza como estrategia de seguridad en lugar de como trampolín para el crecimiento.

Como son incapaces de sentir su propio centro, las personas con patrón de fusionarse tienden a sentirse huecas y vacías por dentro, perdidas y confusas. Cuando están más en el patrón de fusionarse puro, tenderán a enfatizar su impotencia y a esperar que les rescaten. Como han renunciado a su propio poder, se sienten débiles y deficientes cuando se enfrentan a una tarea. Al creer que la fuerza y la capacidad residen en los demás, su atención se dirige a los demás y a la esperanza de ser rescatados. Su pensamiento no es *"¿Cómo puedo hacerlo?"*, sino *"¿Quién lo hará por mí?"*. Para atraer la ayuda que creen necesitar, pueden actuar como un bebé mostrándose tiernos, indefensos o enfermos. O, cuando están más en el patrón de fusionarse compensado, tenderán a ponerse en el papel del salvador y ser los que cuidan de los demás.

Dificultad con el autocuidado

Como las personas con patrón de fusionarse son tan jóvenes a nivel de desarrollo, no saben cuidarse. Desde el punto de vista del desarrollo, las habilidades de autocuidado aún no se han puesto en marcha, por lo que las personas atascadas en esta etapa aún no tienen acceso a ellas. Desde el punto de vista del comportamiento, la situación suele ser la siguiente:

- Límites deficientes: dificultad para decir no, dificultad para separar el yo del otro, tendencia a fusionarse y sentir lo que siente la otra persona, más que lo que siente ella.

- Poco sentido de fuerza, voluntad y autonomía.

- Dificultad para reconocer a un enemigo o un peligro, como drogas y personas peligrosas.

- El apego a lo que proporciona consuelo y apoyo, que a menudo se manifiesta como adicciones a la comida, la bebida, las drogas sedantes, un objeto, una persona, un lugar o incluso una estación o unas vacaciones.

- Ser propenso a la enfermedad, tanto real como psicosomática. La angustia emocional suele somatizarse y expresarse a través de síntomas corporales. Las emociones somatizadas y la hipocondría son síntomas clásicos del patrón de fusionarse.

Experiencia del tiempo del patrón

Su experiencia del tiempo es que nunca tienen tiempo suficiente. Su incapacidad para referenciar su propio centro y medir sus propios deseos y capacidades hace que sea casi imposible planificar el futuro, ya que no disponen de los datos necesarios para hacerlo. Por lo tanto, tienden a vivir el momento y a ocuparse del futuro cuando llega. Vivir el momento les da acceso a una sensación infantil de asombro y espontaneidad, pero como no pueden medir el futuro, a menudo llegan tarde y no están preparados.

Vida emocional del patrón

Más sentimientos que sentido del yo

La debilidad de sus límites proporciona a las personas con patrón de fusionarse una mayor sensibilidad a los sentimientos de los demás, pero también les dificulta diferenciar sus propios sentimientos de los de los demás. La combinación de límites débiles y poca capacidad para percibir su propio centro crea una situación en la que tienen muchos sentimientos, pero poco sentido de sí mismos. Por eso, aunque suelen experimentar muchas emociones, tienen dificultades para distinguir de quién son y qué significan.

Las personas con patrón de fusionarse suelen ser capaces de sentir literalmente el estado interno de otra persona y, por lo tanto, saben lo que esa persona siente y necesita sin ninguna pista o comunicación externa. Esto les lleva no sólo a ser conscientes de los sentimientos de los demás, sino también a sentirse responsables de ellos. Intentar contentar a todo el mundo puede convertirse en una carga abrumadora. En el lado positivo, significa que cuando hacen feliz a alguien, pueden sentir esa felicidad dentro de sí mismos, lo que les hace felices a ellos también. Ahora dar *es* recibir, no dar para recibir. Esto puede crear un circuito de retroalimentación positiva en el que la felicidad de cada persona aumenta la felicidad de la otra, y el circuito se refuerza a sí mismo.

Centrarse en el corazón

El patrón de fusionarse es el más centrado en el corazón de todos los patrones de supervivencia, y lo suelen adoptar las personas centradas en el corazón (aunque su otro patrón tienda a alejarlas de su corazón). Las personas con el patrón de fusionarse experimentan la vida y el mundo más a través del corazón que de la mente o el cuerpo. No planifican la vida, sino que sienten su camino a través de ella. En una cultura centrada principalmente en la cabeza, como Estados Unidos, pueden sentir que no encajan, pero pueden sentirse como en casa en una cultura más centrada en el corazón, como Italia.

El amor, la felicidad, la alegría y la tristeza suelen ser abundantes. De todos los patrones de supervivencia, el patrón de fusionarse tiene el sesgo de atención más positivo, y quienes lo adoptaron pueden encontrar verdadera alegría hasta en las cosas más pequeñas. El juego y el deleite son fácilmente accesibles. Incluso el perdón de las heridas reales no está lejos. Los rencores y resentimientos no se guardan en secreto ni se mantienen durante años, sino que simplemente surgen y fluyen.

Todo en el sistema es fluido y cambiante, igual que en un niño. Esto también significa que las personas con patrón de fusionarse son propensas a los cambios de humor y experimentan una gran variedad de estados de ánimo, a veces cambiando rápidamente de uno a otro. Sin embargo, la ansiedad siempre está cerca, ya que su expectativa ansiosa de rechazo y abandono subyace a todo.

Vergüenza y dudas

Cuando el sistema de una persona se sobrecarga y entra en una situación de abrumación, la energía extra se desvía hacia sus emociones por defecto. Para las personas con patrón de fusionarse, las emociones por defecto son la vergüenza y la duda. Cuando su sistema se abruma, empiezan a dudar de sí mismas, se sienten deficientes y caen en la vergüenza. Con la práctica, pueden darse cuenta de que esta oleada de sentimientos no significa necesariamente que sean deficientes, sino sólo que su sistema se ha visto abrumado.

Ira

Normalmente, hay un sentimiento que falta: la ira. La ira es una emoción que se desarrolla posteriormente en términos de desarrollo. Crea separación y diferenciación: dice "No". Surge del impulso de actuar para conseguir lo que uno quiere. Apoya el desarrollo del yo afirmando "no quiero eso". Pero afirmarse pondrá a una persona con un patrón de fusionarse de nuevo en la escena de su herida original: *Quiero, intento conseguir, fracaso*. Así que se evita saber lo que se quiere y actuar directamente para conseguirlo, y se sustituye por métodos inconscientes e indirectos para intentar satisfacer sus necesidades.

Interacción con los demás

El patrón de fusionarse consiste en conectar con los demás. Es el más relacional de los cinco patrones de supervivencia y se centra en cómo se sienten las personas entre sí. No se centra en quién es mejor, quién es más fuerte, quién tiene razón o no, quién está arriba o abajo, ni en ninguna forma de competición. Quiere saber: "¿Te gusto?" "¿Me necesitas?" "¿Estamos conectados?"

Sentirse conectado y cercano a los demás es la fuente de seguridad para las personas que siguen el patrón de fusionarse. Como los que están atrapados en los otros cuatro patrones de supervivencia suelen querer menos la cercanía, los que siguen el patrón de fusionarse se encuentran a menudo en el papel de perseguidores, intentando acercarse constantemente a la otra persona. Si la búsqueda de la conexión y el amor se hace conscientemente – al explorar a fondo su profundo vacío y necesidad, acercarse para pedir contacto físico reconfortante y completar el proceso de llenado – las personas que siguen el patrón de fusionarse pueden sanar gradualmente su sensación original de privación y crear en sí mismas una sensación-sentida permanente de plenitud. Sin embargo, el abrazo se suele hacer de forma inconsciente, por lo que no se toca su necesidad profunda, nunca se sienten llenos y listos para alejarse, y su creencia de que todo el alimento viene de fuera sigue sin cuestionarse.

Las personas con patrón de fusionarse son muy buenas aceptando a los demás tal y como son, y anhelan una aceptación incondicional similar por parte de los demás. Cuando se sienten profundamente queridas y aceptadas, están en el cielo. Por desgracia, les resulta difícil permanecer en ese estado, porque no coincide con su experiencia interna de vacío y carencia, sino que tiende a resaltarla. Al abandonarse a sí mismos, también han abandonado el amor propio y la autoestima que les proporcionarían un contenedor para el amor y la aceptación que reciben de los demás. Como dijo David Wilcox en una canción, *"Hay una rotura en la copa que contiene el amor dentro de mí"*.[7]

Debido a su autoabandono y a su sensación de vacío interior, a las personas con patrón de fusionarse les suele resultar difícil pasar tiempo a solas. Al no tener a nadie en quien centrarse, se quedan con la nostalgia y la soledad de su herida original. Y cuando hay alguien presente, suelen querer que se les preste mucha atención y se les tranquilice. Si la atención del otro se desvía de ellos, sentirán la pérdida de atención del otro como una pérdida de apoyo y es fácil que se sientan heridos o celosos.

Amor Romántico

Por supuesto, en las relaciones románticas, todos los temas anteriores aparecerán con mayor intensidad. El tema principal, momento a momento, suele ser el miedo a disgustar a la pareja y perder la conexión con el corazón, aunque sea temporalmente.

En el contexto de las relaciones románticas, el miedo a estar solo suele manifestarse como una tendencia a pasar directamente de una relación a otra, sin tiempo a solas entre medias para digerir la última relación y lamentar su final. Este comportamiento suele ir acompañado de una entrada demasiado rápida en la nueva relación, sin conocer primero a la otra persona lo suficiente como para evaluar la compatibilidad. Al intentar afianzar la nueva relación, la persona con patrón de fusionarse suele complacer en exceso las necesidades de su nueva pareja y se pierde en la relación. Abandonará sus intereses habituales y sólo hará lo que su pareja haga, intentando ser quien su pareja quiera que sea. En última instancia, por supuesto, esto no funciona, porque su autoabandono en realidad impide la formación de una conexión sana, de adulto a adulto. Si ella no está realmente presente, no es posible una conexión real.

Del mismo modo, las personas con patrón de fusionarse tienden a temer ser abandonadas por su amante. Este miedo puede manifestarse en forma de ataques de pánico cuando se separan o en el uso de osos de peluche, animales de peluche y similares a los que aferrarse mientras el amante está ausente. También puede manifestarse en forma de celos y drama por la posibilidad de perder la relación, acompañados de demandas de más atención, cariño y seguridad. También puede manifestarse como un exceso de atención, cariño y seguridad hacia el amante (dar para recibir), y luego sentirse abrumada por las exigencias de mantener ese nivel tan alto de entrega.

Su necesidad de sentirse conectada y llena puede hacer que la persona con patrón de fusionarse ate un cordón energético desde su propio vientre al vientre de su amante, para poder succionar energía a través de él. (Para ver dibujos de esto, véase el libro de Barbara Brennan *Light Emerging* (1993), figuras 15-10 a 15-14.) El amante puede experimentar esto como un ligero tirón en su vientre, una sensación general de frustración con la relación, o una vaga necesidad de alejarse.

Sexualidad

En el sexo, las personas que siguen el patrón de fusionarse tienden a ser atentas y generosas. Siempre que se sientan seguras de sí mismas, pueden ser amantes maravillosas. Tienen un deseo muy real y genuino de complacer a sus amantes, acompañado de una verdadera habilidad para percibir el estado interior y los deseos de la otra persona. Al dar placer a su amante, pueden sentirlo. Se crea así un circuito de retroalimentación en el que dar placer al amante también les da placer a ellos. Este circuito de placer nutre a ambos amantes y los llena de amor y satisfacción.

Durante el sexo, las personas con patrón de fusionarse tienden a estar más interesadas en sentirse conectadas que en acumular una gran carga y liberarla. Esto hace que se centren más en los mimos y en compartir el amor que en los orgasmos alucinantes. Como no tienen un contenedor fuerte y no pueden sostener mucha carga, también pueden tener dificultades para alcanzar orgasmos. Para ellas, el sexo consiste más en sentirse llenos de amor que en un acontecimiento de carga/descarga.

Al principio de la relación, su sexualidad estará orientada a atraer y cimentar la conexión de la relación. Luego, a medida que el compromiso se profundiza, aflorarán las partes más jóvenes e infantiles de su psique. Esto es cierto para todas las personas, pero para las que están atrapadas en el patrón de fusionarse, puede aflorar el deseo infantil de fusionarse con su madre, en lugar del deseo de una sexualidad adulta. La chispa que enciende el sexo se crea por una diferencia energética entre los dos miembros de la pareja, por la tensión de una polaridad masculina/femenina. La fusión tiende a borrar esa polaridad, así que cuando menos polaridad crea menos chispa, el resultado es menos sexo.

Su forma de abordar el conflicto

Cuando esté en desacuerdo contigo, una persona con patrón de fusionarse responderá primero complaciéndote y apaciguándote. En lugar de alejarse, como haría un patrón de escapar, se acercará. Se volverá más agradable e intentará calmarte. Puede que incluso se ponga graciosa para desviar tu atención del desacuerdo. Uno de mis clientes describió esta estrategia con el lema: *"A medida que aumenta la tensión, yo aumeno la jovialidad"*. A quienes siguen este patrón no les gusta el conflicto directo y lo evitarán, si pueden.

Armas utilizadas en un conflicto

Cuando intentan salirse con la suya, su principal táctica suele ser la manipulación. Suele consistir en ofrecerte algo que deseas para que te muestres más dócil a sus deseos. Pueden ofrecerte elogios, comida, sexo, amor o cualquier cosa que te haga sentir bien. Su idea es que si te hacen sentir bien, tú les harás sentir bien a ellos. Creen que, de algún modo, sabrás lo que necesitan y se lo darás sin que tengan que pedírtelo.

Desde su punto de vista, esto tiene sentido. Son maestros en leer los sentimientos y las necesidades no verbalizados de los demás y darles lo que necesitan. Y si ellos pueden hacerlo, ¿por qué no tú? *"Si me quisieras, lo harías"* es una de sus frases favoritas en esos momentos. Y, desde su perspectiva, tiene sentido porque si te quieren, harían lo que tú quieres. Su error aquí es el mismo que cometemos todos: creemos que todos los demás experimentan el mundo de la misma manera que nosotros y tienen las mismas capacidades y necesidades que nosotros. Por desgracia, no es así, como veremos una y otra vez durante nuestra conversación sobre los cinco patrones de supervivencia.

Además, cuando intentan establecer este tipo de intercambio recíproco, normalmente no mencionan ningún trato ni negocian verbalmente sus condiciones. La negociación se hará de forma conductual, no verbal, y lo que ofrecen se presentará inicialmente como un regalo, no como un intercambio. Si tú mismo no sigues este patrón de supervivencia, probablemente no notarás esta negociación conductual ni te darás cuenta de que se está haciendo un trato. Simplemente pensarás que están siendo muy amables contigo y que te están regalando muchas cosas. Más tarde, cuando esperen algo a cambio, puede que te sorprendas y sientas que te han engañado.

Otra táctica que utilizan las personas con patrón de fusionarse durante un conflicto es el drama. Cuando pasan a crear drama, han sustituido la zanahoria de los regalos por el palo de la rabieta. Su exigencia se hace más fuerte y su tono cambia de positivo a negativo. El término "drama queen" hace referencia a esta táctica. (Sin embargo, hay que tener en cuenta que el término se refiere a la táctica de hacer rabietas para conseguir lo que se quiere, que también puede ser utilizada por personas que no siguen este patrón de supervivencia).

Otra forma que puede tomar el drama es hacerse el mártir. En este punto, la persona con el *patrón de fusionarse* puede llegar a decir en voz alta: *"Yo hice todo por ti y ahora me lo debes"*. La factura está al caer. El "regalo" se revela como un intercambio tácito. Ahora la manipulación es obvia para todos . . . excepto para la persona que se hace la mártir.

También hay mucho drama interior. Con frecuencia, su ira se vuelve contra sí mismos, mientras su crítico interior les reprocha ser tan débiles y necesitados, tan estúpidos, tan deficientes en mil aspectos. En su interior, puede que se estén derrumbando de vergüenza, abrumados por su propia avalancha de sentimientos, y esperando que tú lo veas y vengas a salvarlos.

Si todas las estrategias anteriores fallan y son totalmente incapaces de conseguir lo que necesitan, una persona con patrón de fusionarse se verá abocada de nuevo a su experiencia temprana de privación – de vuelta a todas esas miles de necesidades insatisfechas – y su ira puede aumentar hasta convertirse en rabia por todas esas necesidades insatisfechas. En su búsqueda de tu amor, se han abandonado a sí mismos y se han transformado en lo que te complacería, así que si les rechazas, se sienten devastados: no les queda nada y no tienen nada que perder.

Estilo de comunicación

Las personas con patrón de fusionarse suelen hablar mucho. Se orientan mucho verbalmente, pero sobre todo utilizan las palabras para conectar emocionalmente con los demás, más que para comunicar hechos o alcanzar objetivos. Por lo tanto, tienden a hablar de sentimientos más que de acciones, y a ser más indirectos que directos. Debido a su sesgo positivo de atención y a su deseo de agradar, suelen hacer cumplidos y halagar al oyente. Puede tratarse de una generosidad sincera o de una manipulación para caer bien o para que hagan algo por ellas.

Comunicarse con ellos

Cuando hables con alguien que sigue este patrón de supervivencia, hazlo personal. Deja que tu corazón hable a su corazón. Dile lo que sientes y lo que quieres. Hazlo específico para vosotros dos, aquí y ahora. No divagues en generalizaciones o abstracciones. No creas que tienes que argumentar o justificar tus sentimientos. No creas que tienes que demostrar que alguna gran autoridad aprueba lo que dices o pides. A las personas con patrón de fusionarse no les importa nada de eso. Se preocupan por ti y por complacerte en este momento, así que quédate con eso. Cuanto más personal y emocionalmente vulnerable seas, más les llegarás al corazón y más querrán ayudarte. Pero ten cuidado de no utilizar este enfoque para manipularles o hacerles daño. Como normalmente no pueden referenciarse a sí mismos, es posible que no puedan decir "no" cuando lo necesiten. Puede que tengas que referenciar sus necesidades junto con las tuyas, fijarte en lo que es bueno para ellos y ayudarles a que practiquen un buen cuidado de sí mismos.

Si pensamos que el discurso se compone tanto de hechos como de sentimientos – palabras y melodía – a las personas con patrón de fusionarse les interesa mucho más la melodía y el flujo de sentimientos que las palabras. Escucharán los sentimientos de lo que dices y puede que no se fijen en los hechos. Si hablas en tono enfadado, lo que oirán será el enfado, independientemente de las palabras que digas. Y no esperes que escuchen tus palabras con claridad cuando estés enfadado con ellas. Para ellas, su sensación de fracaso en complacerte será tan fuerte en su interior que ni siquiera podrán oír tus palabras.

Del mismo modo, cuando te hablen, prestarán más atención a los sentimientos y a la melodía que transmiten que a las palabras que dicen, por lo que es posible que sus palabras se confundan. No te distraigas con incoherencias o incluso contradicciones en sus palabras. Concéntrate en la melodía y los sentimientos.

Dado que habitualmente hacen referencia a la relación y al otro, pero no a sí mismas, a menudo hablarán de "tú" y "nosotros", pero rara vez dirán directamente "yo". Si necesitas que se refieran a sí mismos para que te digan lo que quieren, replantea su autorreferencia como algo que te será útil. Dile algo como: *"Me ayudaría mucho que me pudieras contar más sobre lo que quieres"*. Le resultará mucho más fácil referenciarse a sí mismo para ayudarte a ti que para ayudarse a sí mismo. Recuerda que referenciarse a sí mismo es exactamente lo que le enseñaron a *no* hacer de niña.

Su forma de pedir ayuda

Al pedir ayuda, una persona atrapada en este patrón de supervivencia evitará normalmente hacer una petición directa. Su forma de quejarse de algo será más del tipo *"no puedo"* o *"es demasiado difícil"*. Puede que describa su problema y su angustia al respecto sin parar, sin decir nunca lo que quiere en su lugar. No referenciará su propio centro para averiguar lo que quiere y luego pedírtelo. En lugar de eso, te referenciará a ti en busca de pistas sobre lo que debería querer y hacer. Supone que todas las acciones y todas las soluciones provienen de los demás, no de sí misma. Esencialmente, se mostrará indefensa y esperará a que le resuelvas su problema.

Cuando llega una ayuda o una solución, si no es en la forma que esperaba, es posible que no la reconozca. (Sin embargo, esta tendencia a no reconocer la ayuda a menos que llegue en la forma que esperábamos no se limita a las personas con patrón de fusionarse. Todos lo hacemos).

Su lema es *"Tienes que hacerlo por mí"*, lo cual, por supuesto, es cierto para un bebé. Creyendo que todavía se encuentra en ese estado, intentará forzar al mundo a hacer cosas por ella actuando de forma indefensa, manteniendo bajo su nivel de energía, suplicando, quejándose y esperando. Amigos y amantes pueden sentirse agotados por este proceso y llegar a verla como un pozo sin fondo de necesidades.

La dificultad estriba en que, a un nivel más profundo, una persona con patrón de fusionarse persigue dos objetivos en conflicto mutuo. Está manteniendo la identidad que se formó en la etapa oral y, al mismo tiempo, intentando llenarse y salir de esa etapa.

Hacer una petición al patrón

Las personas con patrón de fusionarse valoran lo personal, así que haz tus peticiones explícitamente personales. Las apelaciones a la razón, las normas o la moralidad caerán en saco roto, pero una apelación de tu corazón al suyo será irresistible. Pregúntales: *"¿Harías esto por mí?"*. Por otro lado, si eres una persona con un patrón de fusionarse, ten en cuenta que eres vulnerable a ser manipulado por otros que se acerquen a ti de esta manera.

Su respuesta a una petición

Las personas que siguen el patrón de fusionarse quieren decir "sí" a lo que les pides. Tienen un deseo genuino de complacerte. Cuando les pides algo, su respuesta automática será "sí". Pero normalmente se han saltado el paso crucial de referenciar su propio centro para ver si quieren cumplir o si incluso son capaces de cumplir esta petición específica. En su lugar, han referenciado tu centro y, por supuesto, la respuesta en ti es "sí" porque eso es lo que quieres de ellas. Como resultado, dirán "sí" a muchas cosas que en realidad no quieren hacer o no son capaces de hacer. Luego, cuando llegue el momento de cumplir, se toparán con la realidad cuando se den cuenta de que no pueden o no quieren hacer lo que prometieron. Sin embargo, es poco probable que vuelvan a ti y renegocien el acuerdo. Evitar conflictos es mucho más importante para ellas que cumplir los acuerdos, así que es posible que ni siquiera recuerden su compromiso. En su lugar, llegarán tarde o estarán ocupadas o se olvidarán . . . cualquier cosa menos un directo *"No, no quiero"*. Afrontar tu decepción es aún más difícil para ellas ahora, ya que también te han engañado.

Por otro lado, como las personas que adoptan el patrón de fusionarse están centradas en el corazón y realmente quieren hacer sentir bien a los demás, su "sí" puede surgir de un impulso verdaderamente sincero y generoso. Pueden sentir verdadero placer al hacer algo por ti tal y como tú quieres que se haga, sin juzgar tu manera de hacerlo, sin intentar mejorarla ni sustituirla por la suya propia, como suelen hacer las personas que siguen otros patrones de supervivencia. Cuando las personas con patrón de fusionarse tienen los dones del patrón, la combinación de su sincero deseo de complacer y su habilidad para seguir la experiencia interna de la otra persona puede hacer que estén excepcionalmente dotadas para dar lo que se quiere o se necesita.

Elogiar al patrón

Cuando quieras elogiar a alguien que sigue el patrón de fusionarse, ten en cuenta que está sintonizado con tu estado interno de sentimientos. Así que primero pon tu atención en tus propios buenos sentimientos por lo que haya hecho, y luego habla desde esos sentimientos. Haz que tu agradecimiento sea personal y emocional, y habla desde tu corazón. Dile cómo te hace sentir lo que ha dicho o hecho. Dile que te encanta. Dile que es bonito o delicioso. Deja que tu corazón hable directamente al suyo sobre lo maravillosa que es ella o su creación. Recuerda que ella quiere complacerte, así que adelante, dile lo contento que estás con ella.

Normalmente, las personas con patrón de fusionarse son las que más se preocupan por el amor, la conexión, el placer, la armonía y la felicidad en general, así que cuando les hagas un cumplido, centra tu apreciación en esas cosas, en lugar de en la corrección o los logros. Sin embargo, como ocurre con todo lo relacionado con los patrones de supervivencia, no se trata de una receta única. Además de considerar qué patrones siguen y cómo esos patrones tienden a centrar su atención, también tendrás que considerar a la persona individual que tienes delante y sus valores personales. Si observas atentamente sus respuestas, probablemente serás capaz de darte cuenta de cuándo tu cumplido ha calado realmente y cuándo no.

Cómo salir del patrón de fusionarse

Cuando te das cuenta de que has entrado en un patrón, lo primero que tienes que hacer es salir del patrón y volver a estar presente. El patrón está distorsionando tus percepciones y tu experiencia. De hecho, es probable que el patrón de respuesta a tu angustia esté empeorando las cosas, en lugar de mejorarlas. Una vez que vuelvas a estar presente, podrás encontrar la mejor manera de responder a la situación actual.

Señales de que estás en el patrón de fusionarse

- te has derrumbado

- no tienes una sensación-sentida de tu propio centro y no puedes referenciarte a ti mismo

- estás referenciando sólo los sentimientos y necesidades de los demás en detrimento de los tuyos propios

- estás intentando ser *"todo para todos"*

La solución: Tienes que encontrar tu centro y referenciarlo.

Para salir del patrón de fusionarse

Desplaza tu atención de los demás y sus necesidades a sentir tu propio centro y tus propios sentimientos y necesidades.

Ejercicio:

Levántate y ponte de pie.

Dobla las rodillas y respira hondo.

Enraízate en la tierra:

- nota que la tierra te quiere, incluso te ama

- nota que quiere nutrirte y apoyarte

- relájate en ese amor

- permite que la energía de la tierra fluya hacia ti y te llene y te apoye

Dite a ti mismo: *"Soy suficiente. Puedo hacerlo y puedo pedir ayuda".*

Para más información sobre cómo salir del patrón, consulta el Capítulo 13, *Cómo salir del patrón*, en la página 377.

Recuerda, siempre que estés en un patrón, tu primer trabajo es salir del patrón y volver a la presencia.

Sanación del patrón de fusionarse

Cada uno de los patrones de supervivencia implica quedarse atascado en una etapa de desarrollo concreta, incapaz de aprender las habilidades necesarias para completar las tareas de esa etapa e incapaz de utilizar esas nuevas habilidades como base sobre la que apoyarse a la hora de enfrentarse a los retos de la siguiente etapa. Como el patrón de fusionarse es un patrón muy joven, los que están atascados en él necesitarán ayuda y orientación para aprender las habilidades que les faltan y completar las tareas de esta etapa.

La necesidad insatisfecha de las personas con patrón de fusionarse es sentirse llenas de sí mismas y dispuestas a utilizar esa plenitud para actuar en su propio beneficio. Están atrapadas en la creencia de que deben obtener lo que necesitan de los demás, en lugar de aprender a satisfacer sus propias necesidades. Así que su atención se centra en su conexión con los demás y en complacer o manipular a los demás para conseguir lo que necesitan, en lugar de desarrollar sus propias capacidades internas.

Para sanar, necesitan una conexión cálida y afectuosa con otras personas que les ayuden a desarrollar sus propias capacidades dirigiendo suavemente su atención hacia su propio centro y hacia sus propios puntos fuertes y habilidades.

Obtener suficiente

Las personas atrapadas en este patrón necesitan completar la secuencia de necesitar, pedir, recibir, llenarse, sentirse llenas y alejarse. También necesitan aprender a tomar dentro la energía directamente y dejar que les llene. Estas experiencias de plenitud empezarán a darles sentimientos de fuerza, expansión y confianza en sí mismos. Y también necesitan aprender a referenciarse a sí mismos – a su propio centro – para poder medir lo que tienen y lo que necesitan y pedirlo directamente. En términos psicológicos, necesitan reclamar el derecho a tener necesidades, a satisfacerlas y a valorarse como seres separados e independientes, en lugar de por lo que pueden dar a otra persona.

Para hacer todo esto, necesitan sentirse sostenidos por un amor inquebrantable. Como todavía son muy jóvenes, su voluntad y su fuerza aún no se han puesto en marcha, y no pueden llevar a cabo estas tareas por sí mismos, como tampoco podría hacerlo un niño pequeño. Su patrón de conducta es referenciar a la otra persona como guía, en lugar de referenciar su propio centro. Así que necesitan a alguien que dirija su atención repetidamente hacia su propio centro, sus propias necesidades y sus propias capacidades. Alguien que pueda medir sus capacidades reales, medir su ritmo y tener una confianza realista en ellas. Alguien que pueda guiarles hacia las tareas para las que están preparados y asegurarles, mientras luchan, que "tú puedes hacerlo". Una y otra vez, necesitan enfrentarse a un reto, esforzarse un poco pero no demasiado, y luego triunfar. Durante este periodo, se sentirán como si estuvieran arrastrándose por el barro. Es un trabajo muy duro y a menudo quieren abandonar, por lo que necesitan el apoyo de una conexión humana constante y alentadora para seguir adelante. Durante este tiempo de esfuerzo, aprenderán muchas de las habilidades básicas necesarias para funcionar como adultos sanos. Repasemos la lista de estas habilidades.

Desarrollar el centro y aprender a autorreferenciarse

La habilidad más básica que necesitan quienes practican el patrón de fusionarse es la capacidad de autorreferenciarse, es decir, de sentir el centro de su propio cuerpo y poner la atención en él. Tendrán que practicar repetidamente llevar la atención a su interior y centrarse en sus propias sensaciones internas. Las actividades físicas centradas en el centro, como el ballet, Pilates, Gyrotonics, Body-Mind Centering, Aston Patterning y la Técnica Alexander, pueden ayudarles a conseguirlo.

Sin embargo, una parte de ellos no quiere sentir su centro porque es ahí donde la sensación de vacío es más fuerte. Por lo tanto, necesitarán apoyo y reorientación frecuentes para volver a centrar su atención, una y otra vez, en sentir su propio centro. Si te has encargado de ayudarles en esta tarea, verás que se pueden poner a retorcerse muy inquietos durante el proceso, tratando de distraer tu atención para que no les ayudes a sentir su centro. Suelen poner objeciones, temores, dramatismos e incluso rabietas para distraerte. Para ayudarles eficazmente, tendrás que medir con precisión – segundo a segundo – cuánto son capaces de hacer en este momento y luego sostenerles con cariño hacia ello con una actitud de "tú puedes hacerlo".

Enraizamiento

Las personas con patrón de fusionarse también necesitan aprender a enraizarse. Es la habilidad de conectar energéticamente con la tierra y sentirse apoyado y nutrido por ella. En lugar de intentar obtener su energía de otras personas, tienen que pasar a obtenerla directamente de la tierra. Tienen que hacer esto desarrollando una relación personal con la tierra, una relación en la que son capaces de recibir el apoyo del suelo bajo sus pies, sosteniéndoles y dándoles un lugar en el que estar. Este apoyo les permite valerse por sí mismos.

Límites y yo / no yo

Otra habilidad que necesitan las personas con patrón de fusionarse es la de crear límites saludables a su alrededor. Esto requiere aprender qué es un límite sano, cómo crearlo y cómo hacerlo respetar. Requiere separarse psicológica y energéticamente de los demás, lo que significa abandonar el hábito de fusionarse con los demás y, en su lugar, practicar el ser una persona separada.

También necesitan practicar para diferenciar lo que es "yo" de lo que es "no yo", es decir, diferenciar mis sentimientos de tus sentimientos y mis responsabilidades de tus responsabilidades. Las personas con patrón de fusionarse necesitan desarrollar todas las habilidades energéticas básicas: enraizamiento, centro, límite y yo / no yo. (Para obtener descripciones más detalladas de cada una de las cuatro habilidades energéticas básicas, consulta *Sanación del patrón de escapar* en la página 109.)

Desarrollar la voluntad y la fuerza

Las personas con patrón de fusionarse también necesitan practicar el uso de su propia voluntad y fuerza. Como no han recibido apoyo para ejercitar su voluntad, ésta suele ser débil. Necesitarán practicar su uso – ejercitando intencionadamente su voluntad una y otra vez y fortaleciéndola mediante el ejercicio del mismo modo que se fortalece un músculo – hasta que puedan superar las dificultades, en lugar de derrumbarse. Una vez más, necesitarán apoyo y orientación, tanto para reconocer sus limitaciones actuales como para celebrar sus logros. A medida que trabajen para aumentar sus capacidades reales, aprenderán sobre el compromiso, la disciplina y la perseverancia. Poco a poco, el desarrollo de su voluntad y su fuerza les permitirá reclamar su poder, pedir directamente lo que necesitan y tomar medidas para conseguirlo.

Abandonar la compensación

Para los que están atrapados en el lado compensado del patrón de fusionarse, hay un paso adicional que debe ocurrir antes de que puedan tocar la profundidad de su herida y sanarla. Tienen que descubrir que su compensación es sólo una imitación de las capacidades reales que desean, y tienen que decidir renunciar a ella, al menos por un momento, y dejarse caer en la impotente necesidad que ha estado enmascarando.

Como dijimos antes, crear la compensación fue un intento de crecer y volverse capaz. Pero como la compensación no se construyó sobre la sensación-sentida del centro del cuerpo, no tiene la base necesaria para sostener la fuerza y la voluntad reales. Para desarrollar una sensación-sentida real de su propio centro, y luego fuerza y voluntad reales, alguien que sigue el patrón de fusionarse compensado debe primero dejar ir el falso centro que ha creado, volver al estado de fusionarse puro, y luego construir desde allí.

Esto puede ser muy difícil, porque cuanto más éxito haya tenido su compensación, más capacidades perderá cuando la suelte por primera vez. Prescindir de ella le dará miedo, y es probable que tenga que ir y volver muchas veces antes de estar preparada para renunciar a ella definitivamente. Pero cada momento de renuncia y supervivencia cuenta, y a medida que esos momentos se acumulen, podrá armarse de más valor y avanzar más rápidamente.

Desarrollar un buen autocuidado

Aprender estas habilidades básicas permitirá a las personas que siguen el patrón de fusionarse hacer algo que nunca antes habían podido hacer, y es practicar un buen autocuidado. Un buen autocuidado es la clave para salir del patrón de fusionarse y volver a estar presente.

Un buen autocuidado incluye ser capaz de medir las propias necesidades y sentir el cansancio, el hambre, la soledad, etc. reales. Incluye medir sus capacidades y energía reales sintiendo su propio centro. También incluye pedir ayuda directamente, incluso literalmente. Y, por último, un buen autocuidado incluye cuidar de su niño interior: darse cuenta de lo que necesita y hacer lo necesario para que esas necesidades se satisfagan.

Fortalecer el yo

Todas las prácticas anteriores, tomadas en conjunto, ayudarán a la persona con patrón de fusionarse a desarrollar un sentido fuerte e integrado de sí misma. Esto le permitirá conocerse por fin de dentro a fuera, sintiendo su propio centro y no a través de los ojos de los demás. Le permitirá reivindicar su propio valor intrínseco y defenderse. Y le permitirá llevar a cabo la principal tarea de la fase oral: absorber, mantener dentro y metabolizar su propia energía.

Para ser feliz consigo misma, también necesitará ayuda para desidentificarse de su crítico interior, aprender a reconocer sus ataques y aprender a defenderse. Ser capaz de mantenerlo a raya le abrirá un espacio interior en el que podrá escuchar su propia voz y sentir sus propias necesidades y deseos. Dado que escuchar la voz de su crítico interior ha sido la fuente de gran parte de su vergüenza, desidentificarse de ella es la clave para liberarse de ese sentimiento. Este cambio en la relación con su crítico interior también la liberará de sus exigencias de perfección.

El trabajo con la ira

A las personas con patrón de fusionarse les resulta más fácil trabajar con la ira que a las que siguen otros patrones de supervivencia. Deben sentir lo suficiente su centro para conectar con su yo real antes de poder empezar a trabajar con la ira, pero normalmente no tienen una gran reserva de ira almacenada, por lo que liberarla no es una gran tarea. En su lugar, el trabajo con la ira se centrará más en aprender a expresar cualquier insatisfacción que sientan en sus relaciones actuales. Por supuesto, esto les hará temer el rechazo y el abandono, por lo que el verdadero trabajo consistirá en aprender a valorarse a sí mismos y a expresarse de todos modos.

Su necesidad humana y su necesidad espiritual

Cuando está bajo el dominio del patrón de fusionarse, la persona experimenta que su propia esencia no es suficiente. Lo que necesita descubrir es que, de hecho, su esencia *es* suficiente. Su necesidad humana es experimentarse a sí misma como capaz de llenarse y cuidar de sí misma. Su necesidad espiritual es experimentar la fuente divina que la llena y la apoya.[8]

Haciendo el trabajo descrito anteriormente, la persona con el patrón de fusionarse desarrollará una confianza en sí misma basada en la realidad. Será capaz de asumir la responsabilidad de sus propios actos, conectarse sin fusionarse y tolerar estar sola.

Anexo – la etapa oral y el romance

Cuando se satisfacen las necesidades de un bebé y su sistema nervioso se ha relajado hasta el estado de enraizamiento, se siente de maravilla. Se siente totalmente relajado y seguro, lleno de un amor dorado mientras su cuerpo se funde con el de su madre. Inconscientemente, todos recordamos esta experiencia celestial y queremos volver a ella. Y como, de niños, experimentamos el amor que surge en respuesta a la presencia de otra persona, ahora, de adultos, solemos creer que el amor debe venirnos de otra persona. Estos dos elementos -la experiencia de fusionar el amor y nuestra creencia de que procede de otros- se combinan para formar nuestra imagen del romance. Pensamos: "Si tuviera a fulanito, mi vida sería perfecta". Entonces tenemos a fulanito, y claro, la vida no es perfecta. Todavía tenemos que ir a trabajar y pagar las facturas, y además ahora hay alguien que se ha dejado el tapón del tubo de pasta de dientes. Nuestro error está en pensar que el amor viene de otra persona, en lugar de relajarnos y abrirnos tan profundamente como un bebé a la corriente de amor que fluye dentro de nosotros.

Si deseas más ayuda para determinar en qué patrones entra, visita *www.The5PersonalityPatterns.com*.

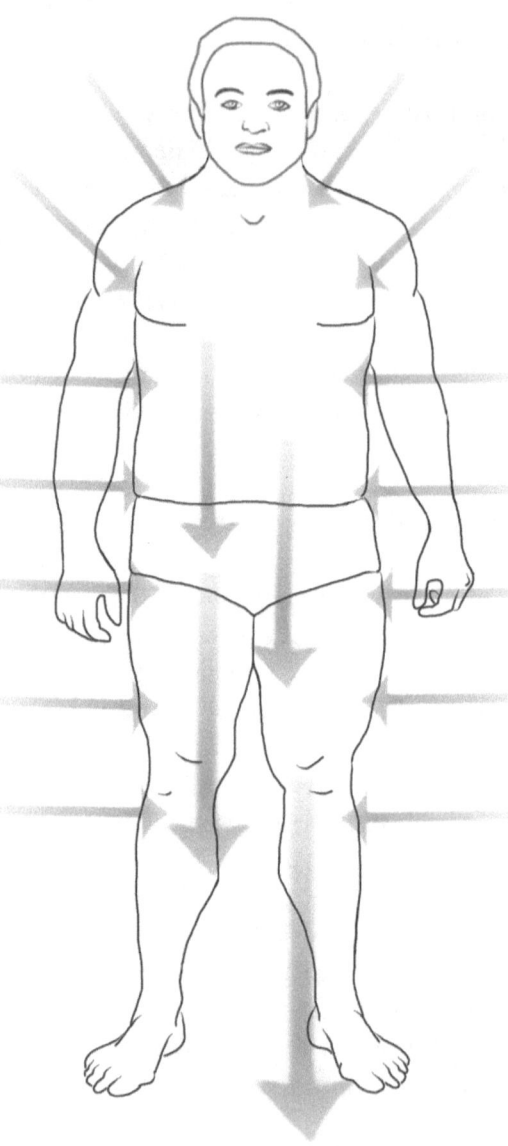

El patrón de soportar – el cuerpo y el flujo de energía

- 9 -

El patrón de soportar

"No puedes obligarme. Déjame en paz."

Como todos los patrones de supervivencia, el patrón de soportar es un patrón de tensión en el cuerpo, condicionado por el trauma, que crea un hábito particular de atención. La estrategia de defensa consiste en atrincherarse, metiendo su energía hacia dentro y hacia abajo, enviándola hacia el interior del suelo bajo sus pies. Al detener todo movimiento y acción internos, las personas con patrón de soportar son capaces de tolerar casi cualquier cosa. Toda su energía se dedica a resistir, y se vuelven imposibles de mover de su postura silenciosa de *"No puedes obligarme"*. Pero esta resistencia constante también les dificulta mover su propia energía para actuar o expresarse, y les hace sentirse lentos y pesados por dentro. Se esconden enviando su energía hacia el suelo, pero luego se quedan atascados ahí abajo. Una persona con patrón de soportar lo describió así:

Soy pesado*. La vida es un pesado abrigo sobre mí, y se hace más y más pesada a lo largo del día. La lista de cosas por hacer es cada vez más larga, pero no puedo moverme. Estoy atrapado en una melaza espesa. Empujo y lucho, pero apenas me muevo. Empujo cada vez más fuerte,

---

* Para evitar el engorro de tener que decir continuamente "él o ella", asignaré un sexo al niño descrito en cada capítulo y me ceñiré a él a lo largo de todo el capítulo. Por ejemplo, en este capítulo, supondré que el niño es varón. Sin embargo, los cinco patrones se dan en ambos sexos, y todo lo que se dice del niño en este capítulo podría haberse dicho también de una niña.

pero no puedo moverme. Finalmente, veo que me estoy conteniendo. He vertido la melaza. Me doy cuenta de que puedo vaciarla, así que abro la espita. Empieza a salir lentamente, muy lentamente. Quiero tener la esperanza de que las cosas mejorarán. Sigo luchando, pero es muy lento. Mantengo la espita abierta, esperando. Me duermo de tanto luchar. Me despierto. Llevo un pesado abrigo. Estoy en una cuba de melaza. Lucho.

Rango de funcionamiento

Como todos los patrones de supervivencia, éste existe en un amplio espectro de funcionalidad, desde los que se rigen completamente por el patrón hasta los que lo llevan ligeramente. Con este patrón, la variación radica sobre todo en cuánto son capaces de movilizar su propia energía para actuar en el mundo, expresarse y conseguir lo que quieren. Los individuos con un funcionamiento más bajo se quedan atascados en su resistencia a todo, incluidos sus propios deseos, mientras que los de funcionamiento más alto pueden actuar para conseguir lo que quieren.

En el extremo más bajo del espectro, tenemos a las personas que están totalmente atrapadas en el patrón, personas que están muy atascadas en el lugar de escondite. Son incapaces de actuar para expresarse o conseguir lo que quieren, y se resisten compulsivamente a cualquier idea, incluso a las suyas propias. Se sienten pesadas y atascadas, y su vida muestra un patrón de auto-sabotaje.

En el rango medio, tenemos a las personas que siguen viviendo dentro de la visión del mundo del patrón, pero que son capaces de tolerar más movimiento, autoexpresión y acción para conseguir lo que quieren. Son fuertes en las habilidades y talentos del patrón y pueden conseguir algunos pequeños éxitos, siempre que no llamen la atención. La resistencia a las agendas de los demás sigue siendo un tema importante.

En el extremo superior del espectro, tenemos a las personas que, por lo general, pueden permanecer presentes mientras utilizan las habilidades y talentos del patrón. Aunque siguen siendo muy conscientes de los planes de los demás, no se resisten automáticamente a ellos. Son capaces de expresarse, actuar y alcanzar sus objetivos. En lugar de parecer pesados y atascados, parecen tener una profunda fuerza interior y paciencia.

Los dones del patrón de soportar

Cuando una persona utiliza cualquiera de los patrones, practica continuamente las habilidades necesarias para que funcione. Con el tiempo, se vuelve excepcionalmente competente en esas habilidades concretas. A medida que sana las heridas que crearon el patrón y es capaz de desviar su atención del patrón y volver a la presencia, las habilidades que ha adquirido permanecen con él* y se convierten en los dones del patrón. Ahora es capaz de emplear sus habilidades excepcionales para responder a las necesidades del momento presente. Aunque algunas de las estructuras físicas permanecen en su cuerpo, ha salido de la defensa del patrón y ha entrado en los dones del patrón.

Los dones del patrón de soportar incluyen una fuerza profundamente enraizada. En el mejor de los casos, las personas con patrón de soportar están encarnadas y son estables y firmes. Tienen más capacidad que otros patrones para sostener un espacio de enraizamiento para sí mismas y para los demás. Suelen ser las personas que enraízan a la familia, la oficina o incluso a toda la comunidad. Tienen una conexión profunda e intuitiva con la Tierra, y a veces pueden parecer una montaña por su profundidad y su fuerza silenciosa. En sus mejores momentos, sus cuerpos y psiques exudan una fuerza y resistencia tranquilas, el tipo de presencia que la gente denomina "el tipo fuerte y silencioso".

También son Maestros del Espacio. Son muy conscientes de su propio espacio personal y de si está siendo invadido o respetado. Cuando están en los dones del patrón, son capaces de mantenerse dentro de su propio espacio y también de mantener el espacio para los demás. De todos los patrones de supervivencia, son los que más importancia conceden al respeto del espacio de los demás y no invaden su espacio ni se imponen a ellos.

Pueden simplemente Ser, sin necesidad de Hacer. Disfrutan del silencio y la quietud y, aunque pueden ser muy observadores, no sienten la necesidad de compartir sus observaciones con los demás. Son capaces de dejarte en paz y prefieren que les dejes en paz a ellos también.

Tienen una cualidad paciente y tolerante, una capacidad para aceptar a los demás tal y como son y permitirles que sean así. Pueden ser muy diplomáticos, reconocer todas las partes de una disputa y, al mismo tiempo, mantener los pies en la tierra y no reaccionar. Mientras otros gritan y se enfurecen, ellos son capaces de esperar pacientemente a que pase la tormenta y ayudar a todos a seguir adelante hacia el objetivo original. Pueden ser excelentes mediadores y diplomáticos.

Aunque son tranquilos, tienen una gran capacidad de energía y, cuando hay que hacer algo, pueden hacer acopio de una gran fuerza y resistencia. Esto les permite seguir adelante durante mucho tiempo ante grandes adversidades sin alardes ni reconocimiento. De hecho, suelen preferir permanecer en un segundo plano y evitar llamar la atención.

Son lentos a la hora de tomar decisiones, pero una vez que han elegido, están firmemente comprometidos con su elección. Del mismo modo, tardan en empezar a moverse en una nueva dirección, pero una vez en marcha, su ímpetu es formidable. Y son capaces de realizar varias tareas a la vez, sin perder de vista lo que es importante. Estas cualidades les convierten en trabajadores y cónyuges leales y de bajo mantenimiento, especialmente si quienes les rodean están dispuestos a dejarles en paz.

Como las personas en los dones del patrón de soportar tienen un fuerte sentido de su propio centro y de sí mismas, son muy estables. Saben quiénes son y son capaces de distinguir entre el yo y los demás. No se desorientan por las tormentas de la vida que se arremolinan a su alrededor.

La clave de los dones del patrón de soportar reside en reclamar tu propio poder y voluntad y llenar tu espacio con tu propia energía.

Ejemplos

- Eeyore en *Winnie the Pooh*

- Charlie Brown en el cómic *Peanuts*

- Hagrid en la serie *Harry Potter*

- Samwise Gamgee en *El Señor de los Anillos*

- George Costanza (interpretado por Jason Alexander) en la serie de televisión *Seinfeld*

- Personaje de Michael Caine en la película *Secondhand Lions*

Nombres alternativos

- Masoquista

- Cargado

- el Resistente

- el Niño Sobrecontrolado

- el Niño Derrotado

Ejercicio - Estar atrapado en el patrón

Tener que esconderse

Este ejercicio está diseñado para que percibas cómo es estar atrapado en el patrón de soportar, sintiéndote atascado y agobiado, y teniendo que esconderte para protegerte. Mientras realizas este ejercicio, intenta no juzgar tu experiencia, sino simplemente darte cuenta de lo familiar o no que te resulta y de cómo sería vivir así todos los días.

Siéntate cómodamente, con la columna relativamente recta, y cierra los ojos. Respira profundamente varias veces hasta el fondo de tu cuerpo y suéltalas. Al exhalar, deja que la energía sobrante salga del cuerpo con la respiración.

En primer lugar, date cuenta de que tienes una gran burbuja de energía que rodea tu cuerpo como un huevo gigante. Esta burbuja se extiende alrededor de un metro más allá de tu cuerpo en todas direcciones, incluyendo por encima y por debajo de ti, delante y detrás de ti, y a ambos lados. Es tu espacio personal y lo ideal es que esté lleno de tu propia energía.

Ahora imagina que estás atrayendo toda tu energía hacia dentro, en el interior de tu cuerpo, y enviándola hacia la tierra que hay debajo de ti. Atrae también hacia dentro el límite de tu burbuja, hasta que llegue a tu piel o incluso entre dentro de tu piel. Ahora no tienes ningún espacio a tu alrededor que te proteja.

Pero necesitas protección, así que imagina que puedes enviar tu yo hacia la tierra que hay debajo de ti, abajo, donde puedes esconderte de cualquiera que quiera meterse contigo. Sigue enviando tu energía hacia la tierra hasta que sientas que toda tu energía está ahí abajo, hasta que ya nada se mueva y ninguna energía circule por tu cuerpo. Sigue haciendo esto hasta que todo se sienta denso y espeso, como lodo.

Fíjate que ahora estás atascado. Estás anclado, de acuerdo, pero ahora estás atascado aquí abajo. Tal vez quieras tomar alguna acción o expresar algo, pero no hay ninguna energía moviéndose en ti que te ayude a hacerlo.

Y sabes que, muy pronto, alguien va a venir queriendo que hagas algo por él. Vendrán como moscas a tu espacio, molestándote para que hagas algo por ellos. Y ni siquiera se darán cuenta de que están invadiendo tu espacio.

Simplemente entrarán y depositarán alguna expectativa, algo que quieren de ti. Y luego, la mitad de las veces, ni siquiera tendrán la delicadeza de irse. Se quedarán ahí, esperando una respuesta, molestándote con su presencia hasta que se la des.

¿Y cómo puedes saber lo que quieres, con esa persona tan cerca, metiéndote sus expectativas en la cara? Ya es difícil saber lo que quieres cuando estás solo, pero cuando hay alguien más aquí, llenando tu espacio con sus propios deseos y sentimientos, es aún más difícil sentirte tú mismo. Hay demasiada gente. Demasiada presión.

Nota el resentimiento acumulándose en tu cuerpo. Date cuenta de cuánto deseas que se alejen, de cuánto deseas refugiarte en tu cueva y dejarlos fuera, y de cuánto deseas simplemente alejarte de ellos para que no puedan molestarte más.

Ahora, suavemente, deja que tu conciencia vuelva a la habitación en la que estás sentado. Respira hondo varias veces y deja que todas esos sentimientos abandonen tu cuerpo al exhalar. Ponte de pie y sacude todas estos sentimientos hasta que tu cuerpo vuelva a sentirse seguro y relajado.

Ahora tómate un tiempo para darte cuenta de cómo ha sido para ti toda esta experiencia:

- *¿Cómo de fácil o difícil te ha resultado atraer la energía hacia el interior de tu cuerpo? ¿Y enviarla hacia abajo al suelo?*

- *¿Cómo experimentaste sentirte pesado y atascado? ¿Te resultaba familiar?*

- *¿Qué pensamientos o sentimientos te han surgido al realizar el ejercicio?*

- *¿Qué pensamientos o sentimientos parece que se han estado interponiendo en el camino?*

- *¿Cómo sería vivir así todo el tiempo?*

Ejercicio - Los dones en un patrón

Enraizamiento profundo y fuerza

En el ejercicio anterior experimentaste estar atrapado en el patrón de soportar: atascado, escondiéndote y resistiéndote a todo. Ahora vamos a experimentar los dones del patrón. Mientras realizas este ejercicio, fíjate en lo familiares o desconocidas que te resultan estas experiencias y piensa cómo sería tener estas habilidades y dones siempre a tu alcance.

Siéntate cómodamente, con la columna relativamente recta, y cierra los ojos. De nuevo, inspira profundamente y exhala varias veces. Deja que la energía sobrante salga de tu cuerpo con cada exhalación. Siente cómo todo tu sistema se calma y se ralentiza, y deja que cualquier energía no deseada dentro de ti empiece a fluir hacia abajo y hacia la tierra que hay debajo de ti.

Ahora, suave y fácilmente, imagina que eres un árbol enorme. Siente el inmenso peso y la fuerza de tu tronco y tus miembros. No camines; no hables; simplemente quédate de pie y observa. Quédate un rato con esta experiencia.

Ahora mueve tu atención hacia abajo, hacia tus raíces. Siente cómo tus raíces se extienden hacia abajo y hacia fuera bajo la tierra y observa que son tan grandes como el tronco y las extremidades, con el mismo peso y alcance. Si tus raíces todavía no son tan grandes, deja que crezcan hacia abajo y hacia fuera hasta que lo sean. Déjate llevar por esto durante un rato.

Ahora deja que tus raíces crezcan hacia abajo aún más profundo, atravesando la tierra y hasta el lecho de roca. Deja que tus raíces doblen el tamaño de tu tronco y tus extremidades, y siente esa enorme masa de ti bajo la tierra, esperando, inmóvil, sin que le afecten los acontecimientos de la superficie. De nuevo, déjate llevar por esta experiencia durante un rato.

Ahora deja que tus raíces lleguen aún más abajo, duplicando su tamaño de nuevo. Siéntete dentro de esta enorme masa de ti que se adentra tanto en la Tierra. Date cuenta de que ahora el 80% de ti está bajo tierra, en lo más profundo de la tierra, y sólo el 20% está sobre la superficie. Date cuenta de que te sientes mucho más seguro que cuando estás en la superficie, donde todo el mundo puede verte y molestarte. Déjate descansar aquí, a salvo en los brazos de la oscura y silenciosa roca madre, donde nadie puede molestarte. Tómate todo el tiempo que quieras para relajarte en este refugio profundo y silencioso.

Ahora, mientras mantienes toda tu sensación-sentida de silencio y fuerza, de profundo enraizamiento y seguridad, deja que la imagen de ti mismo cambie de ser un árbol a ser una montaña que se eleva desde una llanura. Ahora todo tu cuerpo está hecho de roca y tierra. De nuevo, fíjate en que las raíces de la montaña se hunden profundamente en la tierra, de modo que casi todo tu cuerpo está bajo tierra y sólo una pequeña parte se eleva por encima de la superficie. Y, sin embargo, cuando la gente te mira, sólo ve esa pequeña parte. Ni siquiera se dan cuenta de que te extiendes por debajo de la superficie. No ven que las raíces de esta montaña llegan hasta lo más profundo del lecho de roca. No tienen ni idea de lo seguro, fuerte e inamovible que eres en tus profundidades rocosas.

Te has convertido en un objeto inamovible, una fuerza enorme, sin esfuerzo, inmóvil. Tal vez tengas árboles creciendo en tus laderas, tal vez no. No importa. Puedes permanecer de pie durante siglos, durante milenios, mientras las cosas van y vienen a tu alrededor. Esas cosas no te conciernen. Nadie puede influirte ni obligarte a hacer nada. Puedes esperar eternamente.

Ahora deja que tu conciencia regrese suavemente a la habitación donde estás sentado. Si te resulta cómodo, puedes mantener esta sensación de ti mismo como una fuerza enorme, sin esfuerzo, inmóvil, y dejar que permanezca contigo. Si no es cómodo, simplemente déjalo ir, pero mantén la conciencia de que esto es posible y de que algunas personas se sienten así.

Ahora tómate un tiempo para darte cuenta de cómo ha sido para ti toda esta experiencia:

- *¿Cómo de fácil o difícil fue para ti convertirte en el árbol? ¿Y en la montaña?*

- *¿Cómo de fácil o difícil ha sido para ti crecer hacia abajo profundamente en la tierra, dejar de esta manera que la mayor parte de ti se ocultara bajo tierra?*

- *¿Cómo experimentaste ser un objeto inamovible?*

- *¿Qué pensamientos o sentimientos te han surgido al realizar el ejercicio?*

- *¿Qué pensamientos o sentimientos parece que se han estado interponiendo en el camino?*

- *¿Cómo sería tener acceso a esta habilidad siempre que la necesitaras?*

Los orígenes del patrón de soportar

Mientras que la principal dificultad de las personas con patrón de fusionarse es "tomar dentro", la principal dificultad de las personas con patrón de soportar es "poner fuera", es decir, expresar el yo en pensamientos, sentimientos y acciones. Cuando eran pequeños, sus intentos de actuar y hacer las cosas por sí mismos, a su manera y según su propio horario, se vieron frustrados y a menudo castigados, por lo que llegaron a dudar de su derecho a actuar.

Incluso cuando somos pequeños, nuestros cuerpos tienen sus propios ritmos y saben lo que quieren y cuándo lo quieren. En el mejor de los casos, nuestros padres pueden ayudarnos a tomar conciencia de nuestras necesidades y ritmos dejándonos expresarnos y permitiéndonos hacer las cosas a nuestra manera y a nuestro tiempo. Sin embargo, los padres o el entorno de un niño que desarrolla el patrón de soportar no fueron capaces de estar tan en sintonía y aceptar sus ritmos y su autoexpresión. Por el contrario, fueron intrusivos y excesivamente controladores, al menos en la experiencia de ese niño. En lugar de acomodarse a *sus* ritmos naturales, le obligaban a acomodarse a los ritmos *de ellos*. En lugar de respetar su espacio personal y su cuerpo, lo invadían y controlaban, tratándolo como una posesión más, en lugar de como un ser humano independiente.

Recuerda que cada niño tiene su propio nivel de sensibilidad a cada tipo de dificultad, y lo que a un niño le resulta profundamente hiriente puede que a otro apenas le llame la atención. Algunos dicen que cada uno de nosotros somos más sensibles a las dificultades que nos ayudan a aprender lo que necesitamos aprender para cumplir el propósito de nuestra vida. Así pues, el proceso por el que un niño desarrolla cualquiera de los patrones de supervivencia no es un camino de sentido único. No se trata simplemente de ser víctima de unos padres crueles y brutales, aunque a veces lo parezca (sobre todo en la creación de este patrón en particular). También puede verse como una colaboración, en la que tanto el padre o los padres como el niño aprenden a través de sus experiencias lo que sea que estén tratando de aprender. Hago hincapié en esto ahora para darles cierta perspectiva sobre lo que exploraremos a continuación. Al escuchar algunas de las historias sobre cómo fueron tratados los niños que desarrollaron este patrón de supervivencia, es muy fácil perder esta perspectiva y, en su lugar, ver sólo una cruel victimización.

Voluntad, separación y autoexpresión

La herida que crea este patrón de supervivencia comienza aproximadamente a los dos años, porque en ese momento el niño entra en una nueva etapa de desarrollo, una etapa centrada en el desarrollo de la autonomía y de un yo separado. El niño inicia el proceso de separación psicológica de la madre y empieza a querer hacer las cosas por sí mismo, a su manera. Descubre la palabra "no" y el poder que tiene para demostrar que es diferente de sus padres. Le encanta decir "no" sólo para sentir ese increíble poder en su cuerpo.

Por primera vez surge su propia voluntad y empieza a expresarla. A los 18 meses, si caminaba tambaleándose en una dirección que podía ser peligrosa, su madre podía cogerle y darle la vuelta, y él caminaría alegremente en la nueva dirección. Pero ya no. Ahora, cuando su madre le levanta y le da la vuelta, él se vuelve. Siente el cambio como un desafío a su propia voluntad en ciernes, y afirma su propia voluntad dando media vuelta y continuando en su dirección original. Así comienza la batalla de voluntades. Ha entrado en "la etapa de los terribles dos años".

Su autoexpresión también cambia. Antes, simplemente expresaba necesidades, ya fueran de comida, de amor o de cualquier otra cosa. Ahora expresa SUS necesidades. En su psique ha surgido un pequeño y frágil sentido del yo y cada expresión se ha convertido en una expresión de ese yo. Si se permiten sus autoexpresiones y sus padres se las reflejan, puede empezar a verse en ese espejo: puede iniciar el arduo proceso de separar el "yo" del "tú" y descubrir "¡esto soy yo!". Puede empezar a desarrollar la conciencia de sí mismo.

Este es un paso crucial en el desarrollo de cualquier niño. No nos descubrimos a nosotros mismos únicamente mediante un proceso interno. Nos vemos primero a través de los ojos de nuestros padres, en los reflejos que recibimos de ellos. Es como si nos sostuvieran un espejo y nosotros viéramos nuestro rostro en él. Si el espejo está despejado, nos vemos con claridad. Si el espejo está distorsionado, vemos un reflejo distorsionado de nosotros mismos. Veamos algunos ejemplos de reflejos claros y distorsionados.

Supongamos que el pequeño está golpeando el suelo con los puños en señal de frustración y mamá le dice: *"Pareces enfadado"*. El niño une la palabra y el sentimiento y aprende a referirse a ese sentimiento como "enfado", quizá incluso como "mi enfado". Ha obtenido una reflexión clara y ha aprendido algo preciso sobre sí mismo.

En cambio, si mamá dice: *"¡Deja de hacer eso de una vez! Ningún hijo mío se comportará así"*, el niño no aprende qué fue lo que sintió, sólo que fue algo malo. El reflejo se distorsiona. El niño no se conoce mejor y ahora teme a una parte de sí mismo.

Supongamos que, en otra ocasión, anuncia: *"¡Odio a mi hermano!"*, y mamá responde: *"¿Y por qué odias a tu hermano, cariño?"*. Ahora han ocurrido dos cosas. En primer lugar, mamá ha aceptado su afirmación *"Odio a mi hermano"*, lo que valida su sentimiento. En segundo lugar, le ha preguntado *"¿Por qué?"*, así que quizá ponga en palabras sus sentimientos y pensamientos y los comprenda mejor. Tal vez descubra por qué odia a su hermano en este momento, y mamá le ayude a sentirse mejor al respecto y el odio se disuelva. Tal vez el odio no se disuelva, pero al menos sabe con más claridad lo que siente.

Pero supongamos que, en lugar de eso, mamá responde diciendo: *"Tú no odias a tu hermano, cariño. Quieres a tu hermano"*. Ahora está confundido. Esto no le parece amor, pero mamá dice que es amor. Ahora no está seguro de lo que siente. Sólo sabe lo que mamá dice que siente. La visión que mamá tiene de él ha reemplazado su propia experiencia de sí mismo.

Del mismo modo, si sus capacidades y su autonomía se reflejan en él, puede empezar a desarrollar confianza en sí mismo. Puede empezar a confiar en sí mismo y en sus capacidades. Si hace un dibujo con sus lápices de colores y su madre le dice: *"Qué dibujo tan bonito has hecho"*, él piensa: *"Lo he hecho yo"* y *"Es bueno"*, y se siente orgulloso de sí mismo. Empieza a pensar *"Hago dibujos maravillosos"* y quiere hacer más.

Por otra parte, si su madre le dice: *"¡Qué dibujo tan bonito ha hecho mi hijo!"*, el niño sigue pensando: *"Es bueno"*, pero ahora ya no es suyo. Ahora lo ha hecho el hijo de mamá, no él. Esa vez no consiguió la separación psicológica, porque su madre se atribuyó el mérito de su expresión personal. La foto se convirtió en un reflejo de mamá (*"mi* hijo"), no de él.

Pero las cosas pueden ponerse mucho peor. Supongamos que mamá dice: *"¡Chico malo! ¡En esta casa no se hacen dibujos! Debería darte vergüenza"*. Ahora piensa: *"Soy malo, mi dibujo es malo"*, y se avergüenza. Ahora ya no quiere hacer más dibujos. Hacer dibujos provoca malos sentimientos y hacer cosas provoca vergüenza, no orgullo. Cuanto más ocurre esto, más duda de sí mismo y más reacio se vuelve a expresarse.

Cuando los niños son castigados, humillados o avergonzados por sus intentos naturales de desarrollar su propia voluntad y establecer un sentido separado de sí mismos, les resulta muy difícil completar las tareas de esta etapa de desarrollo. Por el contrario, se quedan atascados aquí. Tienen que evitar completar estas tareas sólo para sobrevivir. El tiempo avanza y sus cuerpos siguen creciendo, pero sus psiques no pueden expandirse junto con sus cuerpos. Tienen que encontrar una forma de mantenerse a salvo en un mundo en el que la autoexpresión se avergüenza y se castiga. Tienen que aprender a agazaparse y aguantar.

Crianza para quebrantar la voluntad del niño

Quizá te preguntes: *"¿Por qué un padre trataría así a su hijo? ¿Por qué castigarían a su hijo por expresar un ser separado?"* Para responder a eso, tenemos que recordar que, durante muchos siglos, la mayoría de las sociedades humanas se organizaron en torno a una estricta jerarquía de poder. Todo el mundo creía que todo el poder y la autoridad descendían desde arriba: Dios gobernaba a los reyes, los reyes gobernaban a las masas, los amos gobernaban a los esclavos, los hombres gobernaban a las mujeres y los padres gobernaban a los hijos. Nadie creía que el individuo tuviera una autoridad innata ni que debiera ser respetado o cuidado. En cambio, la autoridad de una persona provenía de su posición en la escala social, y a menudo esa autoridad era absoluta: alguien por encima de ti en la jerarquía podía herirte o matarte, y nadie se opondría. Disgustar a tus superiores podía castigarse con palizas o la muerte. No había derechos individuales ni leyes que te protegieran, así que seguías vivo sólo a voluntad de los que estaban por encima de ti en la jerarquía.

Dentro de ese sistema, la capacidad de someterse con elegancia a la autoridad era una habilidad de supervivencia. Los padres sabían que tenían que preparar a sus hijos para una vida de sumisión a la autoridad. Permitir que su hijo desarrollara su propia voluntad podía convertirse en una sentencia de muerte. Naturalmente, esa realidad social determinaba los métodos utilizados en la crianza de los niños.

Hasta alrededor de 1950, la mayoría de los libros sobre crianza de los hijos afirmaban muy claramente que la labor de los padres era quebrantar la voluntad del niño para prepararlo para una vida de obediencia. En 1748, Jay Suzer escribió en *An Essay on Education and Instruction of Children (Un Ensayo sobre la Educación e Instrucción de los Niños)*:

> *Una de las ventajas de estos primeros años es que entonces se puede utilizar la fuerza y la coacción. Con el paso de los años, los niños olvidan todo lo que les ocurrió en la primera infancia. Si su voluntad puede ser quebrantada en esta época, nunca recordarán que tuvieron voluntad . . . es imposible razonar con los niños; por lo tanto, la voluntariedad debe ser expulsada de manera metódica. . . . Si los padres tienen la suerte de expulsar la voluntariedad desde el principio por medio de la regañina y la vara, tendrán hijos obedientes, dóciles y buenos . . . no hay que dejar de trabajar hasta que se vea que ha desaparecido toda la voluntariedad. . . . La obediencia es tan importante que, en realidad, toda educación no es otra cosa que aprender a obedecer.[1]*

Otro autor de la misma época escribió:

> *Si su hijo. . . insiste en salirse con la suya: entonces azótele bien. . . . Tal desobediencia equivale a una declaración de guerra contra usted.*

Su hijo intenta usurpar su autoridad y está justificado que responda a la fuerza con la fuerza . . . Los golpes que le dé . . . deben convencerle de que usted es su amo.[2]

Aunque estas ideas han quedado obsoletas y ya no forman parte de la corriente dominante, perviven en muchas de nuestras prácticas de crianza. Mucha gente sigue creyendo en estas ideas, y sigue practicándolas y predicándolas. Todavía tenemos muchos refranes que defienden esta actitud, como "Quien quiere a su hijo, lo castiga" y "los niños deben ser vistos pero no escuchados". Muchos padres siguen creyendo que un buen hijo es un niño tranquilo, obediente y sumiso. Para ellos, la diferencia y el desacuerdo no son signos de un yo sano y en ciernes, sino que son "contestaciones insolentes", un desafío a la autoridad de los padres que hay que aplastar.

Crianza de los hijos cuando tu propia voluntad fue quebrantada

Tengamos también en cuenta que la crianza de cualquier niño es una tarea muy difícil y exigente. La mayoría de los niños ponen a prueba una y otra vez los límites establecidos por sus padres, se oponen a todas las prohibiciones y prueban continuamente nuevas artimañas para conseguir lo que quieren. Son increíblemente ingeniosos y creativos. Cultivar el sentido de poder propio de tu hijo requiere que tú tengas un sentido estable y enraizado de tu propio poder. Tienes que ser capaz de tolerar sus constantes desafíos sin tomártelos como algo personal, sin derrumbarte y sin devolverle los golpes. Es una tarea ingente. Es mucho más difícil que criar a un niño dócil.

Otro factor que contribuye a la persistencia de estas prácticas de crianza es el hecho de que los padres que fueron criados de esta manera a menudo ellos mismos están atrapados en esta etapa de desarrollo. No se les permitió desarrollar su propio sentido interno de autoridad y confianza en sí mismos, ni siquiera separarse psicológicamente de sus propios padres, por lo que, como adultos, no son capaces de tolerar la separación y la asertividad de sus hijos. Cuando su hijo desafía su autoridad, el frágil sentido de sí mismo que consiguieron forjar empieza a desmoronarse. Es como si todo su mundo interior se desmoronara. Presas del pánico, recurren al único modelo de control que tienen, el que les inculcaron en la infancia, y aunque juraron que nunca le harían a su hijo lo que sus padres les hicieron a ellos, eso es exactamente lo que hacen. Pueden reaccionar con furia, como la madre de esta mujer: *"Mi madre no soportaba que yo tuviera gustos diferentes a los suyos en el cine, en la comida, en la ropa, en cosas que realmente no debían tener nada que ver con ella. Se enfurecía".*

O la respuesta del progenitor puede parecer muy calmada y lógica, pero aun así su intención es quebrantar la voluntad del niño. Incluso pueden explicarle pacientemente que lo que hacen es "por tu propio bien", pero la motivación y la acción son las mismas: como el progenitor no puede tolerar el yo, la voluntad y el poder separados del niño, intenta aniquilarlos. En las historias de Harry Potter, el personaje de Dolores Umbridge es un ejemplo perfecto de este tipo de adulto en acción. Ella misma está tan condicionada por este sistema de dominación y obediencia que puede beber té y reírse mientras tortura a Harry por sus actos de autoafirmación.

Por deplorable que sea ese comportamiento, es una consecuencia común de haber soportado el mismo trato de niño. La triste realidad de la existencia humana es que, si no sanamos nuestras heridas, siguen vivas en nosotros y controlan nuestros pensamientos, sentimientos y acciones durante el resto de nuestras vidas. Puede que tapemos nuestras heridas, pero siguen vivas bajo la superficie, dando forma a todo lo que pensamos, sentimos y hacemos. De un modo u otro, exteriorizamos nuestras heridas no curadas en nuestros hijos. Les hacemos a ellos lo mismo que se nos hizo a nosotros. Así es como transmitimos nuestro miedo, ira y vergüenza de generación en generación. Si nuestra voluntad fue quebrantada, tememos la voluntad de nuestros hijos. Si la culpa y la vergüenza se utilizaron para castigar nuestras propias afirmaciones de separación, la vergüenza surgirá en nosotros cuando nuestro hijo afirme su propia separación. Si hemos enterrado nuestra propia furia, ésta puede estallar contra nuestro hijo, junto con el pensamiento: *"Yo no pude hacer eso, así que ¿por qué tú sí?"*. Puede que nos veamos incapaces de ofrecer opciones, tolerar objeciones o apoyar diferencias. Si nuestros propios intentos de autonomía se vieron frustrados, simplemente nos da demasiado miedo ser testigos de la aparición de la autonomía en nuestro hijo. Aunque se trate de una mala crianza, no significa que seamos malos – sólo significa que seguimos heridos, prisioneros de nuestra propia infancia.

Control excesivo e invasión

Cualesquiera que sean los motivos de los padres, para el niño que desarrolla el patrón de soportar, el entorno inicial era, de alguna manera, demasiado controlador. Los principales mecanismos que utilizan los padres para controlar a sus hijos son la negación de la separación, la culpa, la vergüenza, el amor condicional y la violencia. Veamos cómo se utiliza cada uno de estos métodos.

En primer lugar, los padres pueden ser narcisistas y, por tanto, tratar al niño como una extensión de sí mismos, en lugar de como un ser independiente.

Esto puede manifestarse terminando las frases del niño por él, en lugar de dejarle decir lo que quiere decir a su manera. O puede manifestarse reclamando para sí todo lo que el niño crea, refiriéndose a ello como "lo que ha hecho mi hijo" en lugar de "lo que has hecho tú". Después de años de que le roben todo lo que produce, el niño puede decidir que es inútil intentar hacer o reclamar algo, ya que simplemente se lo quitarán.

Los padres también pueden controlar a su hijo mediante la vergüenza, la culpa y condicionando su amor a la sumisión del niño a su voluntad. Pueden decir: *"No querrás decepcionar a tu mamá, ¿verdad?"* o *"Nunca podría querer a un hijo que se comportara así"*. Estas afirmaciones ponen al niño ante un dilema imposible: para conservar el amor de sus padres, debe renunciar a su propia voluntad y autoestima. Para conservar su propia voluntad y autoestima, debe renunciar al amor de sus padres. Puede tener uno u otro, pero no los dos.[3] Pero necesita los dos, como necesita agua y comida. Uno de mis clientes habló así de su elección: *"Le di a mamá mis pelotas, mi voluntad, mi poder, porque así es el amor"*.

Pero ninguna de las dos opciones es una solución real al problema, por lo que el niño entra en la desesperación y la inacción, como veremos. Estos padres obligan a su hijo a elegir entre el amor y el crecimiento, oponiendo su necesidad de amor a su yo en desarrollo. La única defensa del niño es intentar ocultar su pequeño y frágil yo para salvarlo. Ese mismo cliente dijo: *"Toda amabilidad es una trampa para la traición. Cierro mi corazón para proteger mi corazón"*.

Y, por último, el progenitor puede emplear la violencia para forzar la obediencia del menor. El grado de violencia puede variar desde invasiones energéticas inadvertidas hasta torturas intencionadas y sistemáticas. En el extremo más leve del espectro, conozco un caso en el que una hermana pequeña se sentía constantemente invadida y controlada por su hermano mayor, incapaz de conseguir suficiente espacio de seguridad para sentirse ella misma. Así que desarrolló el patrón de soportar para evitar que él la controlara.

En el extremo violento del espectro, hay algunos padres que controlan metódicamente hasta las funciones corporales más básicas de su hijo. Dictan lo que el niño come y cuándo lo come. Si se resiste, se lo hacen tragar a la fuerza. Dictan sus necesidades, incluso recurriendo a enemas para forzar la evacuación de sus intestinos. Son invasiones físicas, y el niño las experimenta como una humillante pérdida de control sobre su propio cuerpo.

Cuando a un niño no se le permite moverse y actuar a su propio ritmo y tiempo, no tiene forma de descubrir su propio ritmo y tiempo. No tiene forma de descubrir cuándo quiere tomar dentro y cuándo quiere poner fuera. Para entender la experiencia de este niño, piensa en él como en un animal captu-rado, pequeño y asustado. Se le sujeta y se le alimenta a la fuerza. Luego se le sujeta y se le hace evacuar los intestinos a la fuerza. No se le permite dormir ni despertarse cuando quiere, sino sólo cuando alguien se lo ordena. Se vio-lan sus ritmos corporales y su espacio corporal. Esto ilustra un caso extremo, pero da una idea de lo dramáticas que pueden haber sido las violaciones en la infancia para algunos de los que adoptaron el patrón de soportar.

Acción defensiva

Entonces, ¿qué acciones puede emprender un niño para defenderse cuando su cuerpo es invadido y violado? ¿Cuando se le castiga y avergüenza por actos de autoexpresión, o por intentar separar y afirmar su autonomía y su propia voluntad? Una y otra vez, lucha contra el control. Una y otra vez, lucha hasta que colapsa por agotamiento. Pero no sirve de nada. Nunca gana. Si se defiende, sólo consigue un castigo más severo.

Auto-ocultamiento y auto-negación

Al final, concluye: *"No puedo ganar"*. Y entonces se produce un cambio. Su atención pasa de *"¿Cómo puedo ganar?"* a *"¿Cómo puedo evitar perder?"*. Y en un último acto de autonomía, vuelve su propia voluntad hacia dentro para suprimir su impulso de actuar y luchar: se derrota a sí mismo.

Si no puede evitar su derrota, al menos puede ser él quien la cause. Así que dirige toda su fuerza hacia dentro y hacia abajo, suprimiendo y ocultando su yo y sus reacciones, enterrando su yo donde no pueda ser encontrado ni herido. Y para mantenerlo oculto, debe olvidar dónde lo enterró. Como dijo uno de mis clientes: *"Tuve que esconder mi yo y mi poder en algún lugar donde mamá no pudiera encontrarlo. Pero lo que yo sé, ella lo sabe, así que para ocul-társelo a ella, tuve que ocultármelo a mí. Ella tomará cualquier cosa que yo sepa. Tuve que enterrar el tesoro y quemar el mapa"*.

Ahora está atascado. No puede iniciar nada. Tiene la voluntad de dete-nerse, pero no la de moverse; la voluntad de mantenerse dentro, pero no la de poner fuera. Ahora la expresión de su propia voluntad se ha reducido a la conformidad o a la resistencia a la voluntad de sus padres. Por fuera, obedece. Pero por dentro, se resiste en secreto. Así que su obediencia se entremezcla con el sabotaje: sabotaje a quienes intentaran controlarlo e incluso sabotaje a sí mismo. Uno de mis clientes lo describió así: *"Mamá me dijo: 'Soy tu dueña y de todo lo que haces'. No voy a perdonar. Juré no rendirme jamás. Mi única arma es hacerme daño, decepcionarla. Esta es mi prisión".*

Recuerda que cada uno de los patrones de supervivencia es una estrategia para evitar que el yo se sienta abrumado en una situación de inseguridad. Para las personas que adoptaron el patrón de soportar, fue el proceso de crear y expresar un yo separado lo que provocó el ataque. Así que, para proteger su yo en ciernes, aprendieron a negarse a sí mismos. Esta auto-negación es un acto profundo y se convierte en el centro de su identidad. Empiezan a identificarse no como el que hace, sino como el que se resiste y se niega. Uno de mis clientes lo expresó muy concisamente: *"Soy No. Soy Rechazo. Soy el cierre. No hay ninguna parte de mí que sea Sí".*

Resultados de la acción defensiva

Los resultados de esta auto-negación son profundos y de largo alcance. Ahora el opresor ha sido interiorizado. Veamos sus efectos.

Resistencia automática

Como las personas con patrón de soportar no fueron capaces de practicar la diferenciación entre el yo y los demás, incluso de adultos tienen dificultades para mantenerse agarrando sus propios deseos como propios, en lugar de verlos como algo que se les impone desde fuera. Un deseo que inicialmente saben que es propio puede perder gradualmente su conexión con ellos y convertirse en un deseo que flota libremente, momento en el que empieza a parecer el deseo de otra persona que se les impone. Y como odian que se les imponga algo, se sienten obligados a resistirse. Así que se encuentran resistiéndose a todo, incluso a cosas que ellos mismos deseaban e iniciaron.

Ocultarse

Dado que las personas con patrón de soportar vivieron una especie de esclavitud de niños, de adultos pueden encontrarse aún sumidos en la mentalidad de esclavo, enfrentándose al dilema del esclavo liberado. Aunque el amo externo se haya ido, sigue viviendo dentro de ellos. Así que anhelan la libertad, pero tienen miedo de reclamarla expresándose al mundo con palabras y acciones. Esconderse es la única seguridad que han conocido, así que salir de su escondite es aterrador. La autoexpresión es exactamente lo que les ha traído el castigo, por lo que la autoexpresión les aterroriza. Como dijo un cliente: *"Me criaron con mentalidad de esclavo. Mi única seguridad es una seguridad de esclavo".*

Cuando tu única seguridad es la de esclavo, no puedes participar plenamente en la vida – no puedes establecer una posición y reclamarla como propia. Si te rebelas abiertamente contra tu amo, serás castigado. Perderás mucho. Por otro lado, si obedeces de todo corazón a tu amo, perderás todo el sentido que te queda de ti mismo. Será más privado, pero seguirás perdiendo mucho. La única forma de minimizar las pérdidas es acatar por fuera y resistir por dentro.

Dado que su punto de referencia son los deseos de los demás, en lugar de sus propios deseos, las personas atrapadas en el patrón de soportar a menudo tienen dificultades para comprometerse plenamente o realmente tomar placer en cualquier actividad que implique a otras personas.

Miedo a la autoexpresión y a la acción

Las personas atrapadas en el patrón de soportar tienen un miedo profundamente arraigado a que cualquier forma de autoexpresión les suponga un castigo y una humillación. Y, por supuesto, a menudo esto fue literalmente cierto para ellos durante su infancia. Así que, para protegerse, evitan cualquier autoexpresión directa, como tomar cualquier acción o postura personal. Evitan revelar sus preferencias o actuar por impulso personal. En su lugar, expresan sus deseos y acciones de forma pasiva. Así que cuando actúan, sus acciones tienen un sabor pasivo-agresivo, en lugar de un sabor activo-agresivo.

Auto-sabotaje

Su miedo a la autoexpresión también les lleva a evitar activamente el éxito. Creen que el éxito atrae la atención y la exposición, y la exposición conlleva humillación. Aunque evitar el éxito pueda parecer extraño, en realidad es un intento de mantenerse a salvo. Para mantener una negación plausible, los métodos utilizados para evitar el éxito tienden a tener una cualidad pasiva o accidental, pero todos sirven al mismo fin: evitar la humillación esperada. Por eso son frecuentes los accidentes, los errores, los olvidos, el fracaso a la hora de completar la tarea y otras muchas formas de autosabotaje. Hablaremos de esto con más detalle en las secciones sobre defensas psicológicas y patrones de conducta.

Mantenerse entero y aguantar

La fuerza de las personas en el patrón de soportar está en resistir, no en iniciar la acción. Tienen la voluntad de contenerse internamente y quedarse quieto, pero no la voluntad de moverse, así que su fuerza es la fuerza de una roca. Son el objeto inamovible, no la fuerza irresistible.

De hecho, a menudo se enorgullecen de ser capaces de "aguantar", de seguir resistiendo mucho después de que todos los demás se hayan derrumbado. Una cosa que sí saben que es suya es su capacidad para soportar las dificultades, e incluso albergan un secreto sentimiento de superioridad al respecto. Esta forma de fortaleza hace que las personas con patrón de soportar puedan ser trabajadores constantes y duros en situaciones difíciles y pesadas. Mientras no se les pida que tomen una decisión o inicien una acción, pueden aguantar eternamente.

En resumen, los que adoptaron el patrón de soportar fueron castigados por autoafirmarse y perdieron la lucha en la infancia por establecer un yo separado y autónomo. No se les permitió desarrollar el orgullo por sus propias acciones y expresiones, y ahora se sienten inadecuados y avergonzados. Para protegerse, aprendieron a replegarse, esconderse y resistirse, lo que ahora hacen automáticamente. Para sanarse, necesitan sentirse lo bastante seguros como para salir de la clandestinidad y la resistencia pasiva, reclamar su propio espacio y su propio yo, y abordar la vida de forma proactiva.

El patrón de soportar en pleno apogeo
Señales corporales

Cuando los niños que utilizan esta estrategia de seguridad se atrincheran para capear una tormenta, lo hacen enviando su energía y conciencia hacia la mitad inferior de su cuerpo y hacia el suelo bajo ellos. Esto añade energía extra a la mitad inferior del cuerpo, lo que tiende a dar a las personas con este patrón caderas y muslos pesados. Sus caderas son densas y acorazadas, en lugar de blandas como las de las personas con patrón de fusionarse.

Los músculos que normalmente se utilizan para el movimiento y la autoexpresión se emplean sobre todo para mantenerse dentro de ese movimiento y autoexpresión.[4] Esto les da un cuerpo sólido, pesado y denso, fuerte y musculoso, pero sin orgullo ni expansión. Su cuerpo tiende a ser corto y poderoso, con el cuello y el torso cortos.[5]

Su postura tiende hacia la postura de la vergüenza: no del todo erguida, sino ligeramente encorvada, con un ligero hundimiento en la parte media del torso, y con la cola metida hacia dentro y la cabeza baja. Movimientos como la expansión y el estiramiento están limitados o bloqueados. Sus ojos tienden a parecer sufridos y confundidos.

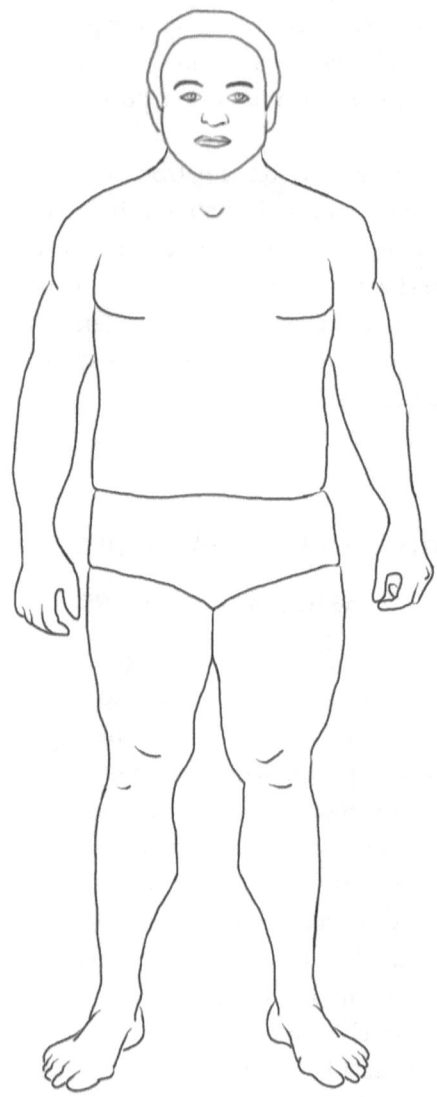

El patrón de soportar – forma típica del cuerpo

En lugar de llenar el espacio alrededor de su cuerpo a lo largo de alrededor de un metro en todas direcciones, como lo haría normalmente, el campo de energía de la persona es contraído, a veces hasta la piel o incluso más profundo. Reclamar el espacio que les rodea atrae la atención y el castigo, por lo que, para pasar desapercibidos, han aprendido a evitar hacerlo. Como no están ocupando su propio espacio, otras personas tienen una tendencia inconsciente a invadir su espacio. Así que la estrategia que antes les ayudaba a protegerse de las invasiones, ahora atrae las invasiones.

Con el tiempo, a medida que una persona distorsiona repetidamente el libre flujo de su atención y energía vital para evitar sentir plenamente su propia angustia interior, su cuerpo y su mente se condicionan para mantener automáticamente esta forma de ser. Al tratar de sentirse más segura, aprende a mantener inconscientemente un cierto patrón de tensión en su cuerpo y su mente. Este patrón de tensión se conoce como "patrón de sujeción" del patrón de personalidad.

En este caso, el patrón de sujeción del cuerpo es el de contención interna. De tal manera que el cuerpo da una impresión general de estancamiento, de que las cosas no se mueven o no fluyen. Si observas todo su ser y te fijas en lo que entra y lo que sale (ideas, sonidos, movimientos, acciones, etc.), verás que, en comparación con lo que entra, no sale mucho.

Psicología

Las personas con patrón de soportar suelen tener una historia en la que sus actos y expresiones propios fueron castigados o apropiadas por otra persona. Por eso dudan de su propio derecho a actuar. Su principal problema es poner fuera energía e información: con expresarse, con tomar acción e incluso con ocupar plenamente su propio espacio psíquico y físico. Varios de mis clientes lo han descrito diciendo: *"Es como conducir con un pie en el acelerador y otro en el freno"*.

Temen que cualquier acto de autoexpresión les atraiga algún tipo de castigo o humillación. Así que detienen el flujo hacia el exterior y en su lugar envían toda esa energía hacia abajo, a la parte inferior de su cuerpo y luego a lo más profundo de la tierra, donde se esconden. Con el tiempo, esta estrategia de seguridad se convierte en un hábito y, finalmente, en un patrón de sujeción para mantener todo dentro. Entonces ya no es consciente ni voluntaria; es "simplemente como soy".

La necesidad de desarrollo no satisfecha era la necesidad de expresar su yo incipiente y verlo reflejado. No tuvieron la oportunidad de explorar y ver claramente su yo expresando sus ideas, sentimientos y creaciones (como el dibujo del que hablamos) y que todo eso se les reflejara como propio. Como no tienen mucha práctica en esto, a menudo les resulta difícil, incluso de adultos, averiguar lo que piensan y sienten y ponerlo en palabras. En su lugar, tienen un montón de pensamientos y sentimientos vagos e indiferenciados atascados en su interior.

No se sienten fuertes ni dignos, ni siquiera con derecho a reivindicar su propio cuerpo y su propio espacio. De hecho, les sigue resultando difícil reconocerse como individuos separados a menos que se resistan a algo. Resistirse al menos da cierta sensación de ser diferente y estar separado, mientras que acatar no lo hace. Un cliente que se enfrentaba a esta dificultad lo dijo de esta manera: *"Me niego. Destruiré tu plan, o incluso mi plan, ya que podría ser tu plan. No puedo diferenciar entre tu plan y el mío"*.

Las tareas de desarrollo que no se han cumplido plenamente son las de individuación y autonomía. La individuación significa aprender a conocerte a ti mismo como individuo separado, lo que incluye aprender a referenciar tus propios pensamientos, sentimientos y deseos y expresarlos como propios. Autonomía significa desarrollar una voluntad sana que te permita actuar por ti mismo y para ti mismo. Esto te permite desarrollar un sano sentimiento de orgullo por tus logros y por ti mismo, e incluso desarrollar una sana confianza en ti mismo.

Pero si no se permite que se desarrolle tu propia voluntad, no eres capaz de referenciarte a ti mismo y actuar por ti mismo. Sólo te quedan dos opciones: someterte a la voluntad del otro o rebelarte contra ella. Ambas opciones empiezan por referenciar al otro, no al yo, por lo que no proporcionan ninguna práctica para referenciar al yo, ninguna reflexión sobre el yo ni ningún aumento de la autoconciencia. Y mientras que la sumisión a la voluntad del otro sólo enfatiza tu propia impotencia, la resistencia al menos te da cierta sensación de poder y separación, por lo que se convierte en tu respuesta habitual. Como veremos más adelante en este capítulo, la respuesta por defecto de este patrón de supervivencia a cualquier petición es "No", normalmente sin que el individuo compruebe realmente en su interior lo que quiere.

Cuando un niño gana o tiene éxito en algo, tiene naturalmente una sensación de poder y competencia. Si ha tenido que esforzarse y persistir en el tiempo, también ve cómo la aplicación de su propia voluntad y esfuerzo conduce al éxito. Esto le hace confiar más en que puede aplicarse y tener éxito en el futuro. Pero si ese niño siempre pierde y se siente humillado en su derrota, nunca llega a sentir una sensación de poder, competencia o confianza en sí mismo. En su lugar, siente vergüenza y una rabia impotente. Esa rabia puede estar profundamente enterrada, pero está ahí y es grande. Cuando finalmente estalla, la persona con patrón de soportar no tiene ninguna habilidad para gestionarla o expresarla, ya que nunca se le ha permitido practicar la expresión de su rabia.

Creencias

Las creencias de las personas con patrón de soportar surgen principalmente de ser controladas y humilladas. Algunas de sus creencias típicas son:

"No puedo ganar".

"La vida es dura".

"Tengo que cargar con todo".

La ilusión del *patrón de soportar* es *"Estoy tratando de complacerte"*. Las personas que siguen este patrón de supervivencia a menudo creen sinceramente que están intentando complacerte, sin darse cuenta de que también se están resistiendo interiormente a ti. Esta es otra manifestación de su estrategia básica de conformidad externa y resistencia interna.

Miedos

El mayor temor de las personas con patrón de soportar es que los demás se metan con ellas. Para protegerse, intentan pasar desapercibidas y alejarse físicamente de los demás. Temen que, si les descubren y les ponen en evidencia, les vuelvan a hacer daño y les humillen.

También temen el éxito personal, ya que creen que la atención que atraería les llevaría a ser invadidos, humillados o castigados. Así que lo evitan por todos los medios posibles, incluido el auto-sabotaje. Esto les permite permanecer ocultos y a salvo.

Defensas psicológicas

Como ocurre con todos los patrones de supervivencia, las defensas psicológicas del patrón de soportar son intentos de crear una sensación de seguridad en un mundo inseguro. Las principales defensas de las personas atrapadas en el patrón de soportar son ocultarse, aguantar, resistir, la agresión pasiva, la auto-negación y el auto-sabotaje. Veamos cada una de ellas por separado.

Ocultarse

Ocultarse y soportar moldean su forma general de estar en el mundo. Ocultarse significa que su energía y autoexpresión se mantienen en el interior. Todo lo que pueda revelar o exponer su mundo interior y su yo es mantenido dentro.

Aguantar

Aguantar significa simplemente "aceptarlo". Es una consecuencia natural de no responder exteriormente, ya que cualquier respuesta incluiría cierta autoexpresión y, por tanto, les expondría a la humillación o la derrota. Si se espera que responder sólo traiga más dolor, entonces no responder parece una forma de ser más segura.

Resistencia

La única forma que tienen de mantener un cierto sentido de sí mismos que no haya sido tomado por la autoridad exterior es resistirse a esa autoridad. La sumisión completa significaría perder todo el sentido de un yo separado, así que para mantener cierta separación y autonomía, su conformidad se mezcla con cierta resistencia o sabotaje. *"Sólo mi rebelión es auténtica"*, decía un cliente. Su resistencia suele ir acompañada de un rencor oculto y un orgullo secreto de ser moralmente superior al opresor, de ser capaz de soportar más de lo que el opresor jamás podría.

Agresión pasiva

Esta es la solución al problema de la necesidad de resistir, pero también de la necesidad de no parecer que se está resistiendo, para evitar la aplastante represalia que conllevaría la agresión activa. Es una forma de actuar sin asumir la responsabilidad de la acción. Para entender esta necesidad, imagina por un momento que formas parte de la Resistencia Francesa contra los alemanes durante la Segunda Guerra Mundial. Los alemanes han invadido tu país y ocupado tu ciudad. Al principio, tú y tus compañeros respondíais a tiros, pero los alemanes rápidamente mataban a quien les disparaban. Luego volasteis su cuartel general, pero ellos tomaron represalias reuniendo a 100 habitantes del pueblo y fusilándolos públicamente. Ahora queréis destruir el único puente que cruza el río para impedir que los alemanes lo utilicen para introducir sus tanques en tu ciudad. Pero si voláis el puente, sabrán que lo habéis hecho vosotros y matarán a más gente. Así que diseñáis un plan para debilitar el puente simplemente lo suficiente como para que, cuando pasen sus tanques por él, el puente se derrumbe por el peso. Si sois lo bastante hábiles, podéis sabotear el esfuerzo bélico alemán sin que sepan que habéis participado. Cuando os pregunten, podéis decir: *"Vaya, debe haber sido un accidente. Lamento lo de vuestros tanques"*. Podéis actuar, pero sin que os vean como responsables de los resultados de vuestro acto. Esta es la esencia de la agresión pasiva.

Auto-negación

La defensa psicológica característica del patrón de soportar es la auto-negación: el volver la voluntad de la persona contra sus propios impulsos y acciones. Este es el centro de la estrategia de seguridad de este patrón. En efecto, la persona dice: "Me derrotaré a mí mismo antes de que tú puedas derrotarme a mí. Me haré perder poco antes de que puedas hacerme perder mucho".

Auto-sabotaje

El auto-sabotaje es la expresión externa de la auto-negación de la persona con patrón de soportar. Es una forma de ganar perdiendo. Debe hacerse de forma pasivo-agresiva, por supuesto, ya que no debe parecer responsable de ello. Es decir, debe parecer mala suerte o un accidente, algo que "no es culpa mía". En la vida cotidiana, el auto-sabotaje se manifestará en forma de procrastinación, accidentes, proyectos inacabados, titulaciones incompletas, abandonos o fracasos repetidos en el último momento . . . cualquier cosa que impida destacar y, por tanto, llamar la atención.

Este auto-sabotaje no es consciente ni voluntario. El cuerpo de alguien que sigue este patrón ha sido tan profundamente condicionado para evitar cualquier situación que pueda atraer atención y castigo, que se mueve a nivel inconsciente para evitar el éxito y la atención que éste atrae. Aunque todos los patrones de supervivencia operan inconscientemente a través del cuerpo de esta manera, el proceso se hace más evidente aquí, ya que la acción inconsciente de este patrón de supervivencia socava y sabotea los intentos conscientes de éxito de la persona.

Cuando las personas con patrón de soportar entran en terapia, el problema que presentan suele ser un historial de fracaso y auto-sabotaje. En la terapia, estarán de acuerdo con las observaciones del terapeuta y cumplirán sus sugerencias, avanzarán lentamente hacia el objetivo establecido, pero luego recaerán inexplicablemente justo antes de alcanzarlo. Tras varias rondas de este tipo, el terapeuta suele sentirse frustrado y molesto, y el cliente lo nota y lo utiliza como excusa para declararse fracasado y abandonar.

Fíjate en que este cliente acaba de sabotear su propio objetivo, a pesar de haber invertido mucho tiempo, dinero y esfuerzo. También ha recreado su relación con su padre castigador. Al inducir la desaprobación y el enfado esperados en su terapeuta, ha confirmado su creencia de que es un fracasado, se ha sentido castigado, no ha cambiado nada y ha vuelto a esconderse.

Estos son los clientes que derrotan a los terapeutas, una y otra vez, mientras creen que quieren cambiar. Para trabajar eficazmente con un cliente así, el terapeuta debe darse cuenta de que este problema superficial es en realidad una solución a un problema mucho más profundo, que debe abordarse antes de que el cliente pueda tolerar cualquier éxito externo.

Relación con uno mismo

El acto central de auto-negación es tan poderoso que la identidad de la persona se forma a su alrededor. Se convierte en su relación con su propio yo. El opresor ha sido interiorizado, y la persona se maltrata a sí misma de la misma forma que fue maltratada por los demás. Para permanecer ocultas y seguras, las personas con patrón de soportar se derrotan y avergüenzan a sí mismas. Esto puede llevar al autoabuso y a la autolesión. Como mínimo, conduce a la sensación general de pesadez y estancamiento que suelen sentir.

Relación con el crítico interior

Dado que el crítico interior de cualquier persona está formado por las voces grabadas de sus padres y cuidadores, actúa y suena de forma muy parecida a ellos. Si sus padres y cuidadores estaban enfadados, la voz del crítico interior también lo está. Si les avergonzaban, les avergüenza. Si eran abusivos, es abusiva.

Cuando una persona con patrón de soportar es atacada por su crítico interior, el ataque suele sonar algo así como *"No te mereces nada. Eres un perdedor y un fracasado. No eres nada"*. Por supuesto, esto hace que la persona se sienta pequeña y avergonzada y quiera esconderse.

Rasgos de personalidad

Veamos ahora los rasgos de personalidad del patrón de soportar. Son el aspecto que suele tener una persona con un patrón de soportar cuando está realmente en el patrón. Cuando no está en el patrón, sino simplemente presente, estos rasgos pueden estar apagados o ausentes. En esos momentos, es probable que muestre los dones del patrón, como una presencia sólida, fuerte y enraizada, imperturbable incluso ante la ira de los demás. Pero cuando está atrapado en el patrón de soportar, su aspecto se parecerá más a lo que sigue.

Lo primero que notarás es que la persona parece y se siente pesada y atascada. Puede que incluso utilice esas palabras para describirse a sí misma. No hay mucho movimiento energético, físico o emocional. Hay una sensación de mal humor y miseria, pero sin mucho dramatismo. Puede que la persona se queje, pero no hace nada para cambiar la situación.

Si observas atentamente, te darás cuenta de que faltan ciertas cosas en su comportamiento. Habrá muy poca autoexpresión directa, es decir, muy pocas afirmaciones como "Quiero . . . "Me siento . . ." o "He decidido . . ." Estarán ausentes las afirmaciones que revelen un sentimiento, una posición o una acción personales. Habrá una evitación general de responsabilidad por la situación actual y una ausencia de movimientos proactivos para cambiarla.

Incluso cuando describe un éxito o un acontecimiento placentero, es probable que no exprese placer ni orgullo, que ni siquiera reconozca su éxito. Esto se debe a que hacerlo le genera ansiedad. En el pasado, se le castigaba por expresar placer y orgullo, y aún teme ser castigado si expresa – o incluso siente – tales cosas ahora.[6]

Puedes observar que la fuerza de su voluntad varía, dependiendo de si está iniciando un movimiento o deteniéndolo. Su voluntad para iniciar la acción es débil, por lo que muestra poca autodisciplina y seguimiento. Pero su voluntad para resistir la acción es muy fuerte, por lo que puede resistir eternamente.

Cuando esté bajo presión, se retraerá, se agazapará, ocultará sus sentimientos y deseos, se resistirá a todo movimiento y se limitará a soportar la situación. Su comportamiento general será el de alguien que está atrapado y se siente solo, humillado y resentido. Sin embargo, el resentimiento no será abierto y descarado, como veremos más adelante en el patrón rígido de supervivencia. Su resentimiento silencioso es sólo la punta de un iceberg de rabia profundamente enterrada por cómo le han tratado. Es el signo visible de un odio secreto y rencoroso y de un deseo de venganza.

En *Character Styles* (*Estilos de Carácter*), Stephen M. Johnson ha descrito de forma muy elocuente la postura secreta del patrón de soportar:

Nunca me conquistarás. Soy indomable. Te he engañado. Crees que me has reprimido, pero sólo espera. Crees que me has vencido, pero espera. Me vengaré. Y ni siquiera lo verás venir. La venganza será mía aunque tarde una eternidad. Pagarás por esto. Mi espíritu será vengado. Puedo esperar el tiempo que sea necesario. Me has enseñado la paciencia; algún día te arrepentirás. Nunca cederé, nunca volveré a confiar en ti ni a amarte. Te derrotaré aunque me mate.[7]

Sin embargo, hay que mirar muy de cerca para ver todo esto, porque todo lo que se muestra en la superficie es una resistencia pasiva, enmascarada por la apariencia de cooperación.

Cómo recrean sus heridas tempranas

Como ocurre con todos los patrones de supervivencia, las personas con patrón de soportar tienden a recrear sus propias heridas tempranas mediante las mismas cosas que hacen para intentar mantenerse a salvo. Este proceso es inconsciente, por supuesto, pero al mantener el tipo de relaciones y experiencias que tuvieron en la infancia, es muy eficaz para perpetuar el patrón en su totalidad.

Así es como los patrones de supervivencia se autoperpetúan. Resuelven parcialmente el viejo problema, pero también lo recrean, lo que continúa el ciclo. Si simplemente resolvieran el antiguo problema, éste desaparecería y desaparecería la necesidad de una estrategia de seguridad. Entonces la persona estaría sanada y volvería simplemente a estar presente. Eso puede ocurrir, y cuando ocurre, es algo maravilloso. Sin embargo, los patrones de supervivencia surgen de estrategias de seguridad que no consiguieron una sanación tan completa, sino que recrearon la situación de la herida junto con su defensa contra ella.

Por ejemplo, las personas que están en el patrón de soportar quieren tener un espacio a su alrededor, como un foso alrededor de un castillo. Quieren un espacio grande, libre de toda intrusión. Pero no ocupan ni reclaman ese espacio ellos mismos, ya que reclamar cualquier cosa es exactamente lo que atrajo la atención y el castigo durante la infancia. En lugar de eso, retraen su atención y encogen su campo energético todo lo posible para evitar llamar la atención sobre sí mismos. El problema, por supuesto, es que dejar el espacio a su alrededor sin ocupar y sin reclamar hace que los demás piensen que allí no vive nadie. Así que otros tienden a invadirles, sin ni siquiera darse cuenta. Otros piensan: "Oh, no estás usando ese espacio, así que está libre para que yo lo use". De este modo, su intento de evitar la invasión en realidad atrae la invasión hacia ellos.

Otra forma en la que recrean las heridas de su infancia es provocando pasivamente, incluso incitando, a la otra persona a expresar ira. La ira del otro recrea en ellos la sensación de ser atacados y castigados como cuando eran niños.

Pero la mayoría de las veces, su sentimiento de opresión en el momento presente no procede del exterior, sino del interior – de su propia voluntad oprimiéndoles. Recuerda que, en su último intento de protegerse, se convirtieron en su propio opresor. Volvieron su propia voluntad contra sí mismos y empezaron a negarse a sí mismos, derrotándose a sí mismos antes de que otro pudiera hacerlo. Aunque esta maniobra les ofreció cierta protección durante su herida original, ahora sólo perpetúa la sensación de estar oprimidos.

Pensamientos del patrón

Cada patrón de supervivencia moldea y limita la atención de quienes siguen ese patrón de ciertas maneras específicas. Con el patrón de escapar, vimos cómo la atención tiende a alejarse de la situación física hacia el plano mental e incluso hacia otras dimensiones. Con el patrón de fusionarse, vimos cómo la atención tiende a abandonar el yo y fijarse en los demás y en lo que quieren. Aquí, con el patrón de soportar, la atención tiende a ir hacia dentro y hacia abajo, y luego se queda atascada allí. Así que la atención de las personas que siguen el patrón de soportar no se centra en los demás (excepto en lo intrusivos que puedan ser), ni en realizar alguna tarea en el mundo, ni siquiera en el yo y en los deseos personales. Por el contrario, se refugia en su interior, tratando de soportarlo todo y deseando que simplemente todo el mundo se vaya.

El parloteo mental de aquellos que están *atrapados en* el patrón *de soportar* es "No merezco ocupar espacio" y "Déjame en paz". Este es el resultado natural del hecho de que sus primeros intentos de expandirse atrajeron el castigo, en lugar de la afirmación, y de que sólo encogerse y esconderse les aportó alguna sensación de seguridad. Forma parte del sentimiento general de "no me lo merezco" que impregna este patrón de supervivencia.

Recordarás que cada uno de los patrones de supervivencia tiene una secuencia característica de pensamientos que surgen cuando alguien en ese patrón ve que otra persona tiene algo que quiere. Para el patrón de escapar, la secuencia es algo así como "Tú lo tienes. Yo lo quiero. Imaginaré que lo tengo". Para el patrón de fusionarse, es más como "Tú lo tienes. Yo lo quiero. Conseguiré que me lo des". Aquí, para el patrón de soportar, el intento de conseguir algo se colapsa en "Tú lo tienes. Yo lo quiero. No puedo conseguirlo" o "Tú lo tienes. Yo lo quiero. He fracasado". O, si la persona también maneja cierta energía agresiva (quizá debido a su género o a otro patrón de supervivencia), la secuencia puede convertirse en "Tú lo tienes. Lo quiero. Que te j****. (De todas formas, no lo quería)".

Para cada patrón, el tercer pensamiento de la serie es la solución del patrón al problema de "¿Cómo puedo conseguir eso? ¿Cómo puedo satisfacer mi deseo?". Observa que, para el patrón de soportar, en el tercer pensamiento la idea de actuar para conseguir lo que quiero se ha desvanecido. En su lugar, sólo hay resignación infructuosa, vergüenza o ira. Esta es una instantánea de la corriente subyacente del auto-sabotaje con el que se encuentran las personas que siguen este patrón cada vez que intentan avanzar hacia algo que desean.

Comportamientos del patrón

Llevar la carga

Las personas con patrón de soportar a menudo sienten que llevan una carga enorme, lo que en muchos casos es cierto. A menudo acaban realizando el enraizamiento energético de todos los grupos de personas de los que forman parte, ya que son los únicos que perciben la necesidad de enraizamiento y tienen la capacidad de hacerlo. Suelen ser mejores enraizando la energía que el resto – es uno de los dones del patrón. Esto a menudo significa que están trabajando duro todo el tiempo, haciendo algo que apoya al grupo, pero que pasa desapercibido y no es apreciado por los demás. Por ello, creen el pensamiento de que "tengo que sostener el mundo. Tengo que sostenerlo todo". Aunque hay algo de verdad en esto, también apoya su resentimiento y su secreto sentido de superioridad moral.

Moverse despacio

El ritmo interior de una persona que ha adoptado este patrón suele ser más lento que el de la mayoría. Esto significa que necesitan más tiempo que la persona promedio para sentir lo que están experimentando. Ser apresurados formaba parte de su herida original, por lo que ahora ser apresurados les asusta y les sume aún más en la resistencia. Por eso necesitan tiempo y espacio para entender lo que sienten y lo que quieren.

Cuando alguien se asusta y entra en la respuesta de lucha o huida, el corazón de esa persona se cierra y ya no puede sentirlo. Esta es una respuesta natural y adaptativa al peligro; ayuda a la persona a centrarse en la supervivencia física sin distraerse con una avalancha de sentimientos. Una vez que el peligro ha pasado, el cuerpo de la persona necesita tiempo para calmarse, de modo que su corazón pueda abrirse de nuevo. Cuando una persona con patrón de soportar quiere tiempo y espacio para sí misma, parte de lo que está haciendo es intentar volver a la seguridad para así poder volver a sentir sus sentimientos.

Resistencia a todo movimiento

Otro patrón de comportamiento es resistirse automática y obstinadamente a cualquier intento externo de hacer que se muevan. Las personas con patrón de soportar son famosas por esto. Su postura básica es *"No puedes obligarme. Déjame en paz"*. Y tienen razón. No se les puede obligar. Como dijimos antes, tienen la fuerza de la Roca, el poder del objeto inamovible.

Puede que intenten complacer a los demás y cumplir con sus peticiones, pero su conformidad tiende a ser discreta, servil y apaciguadora.[8] Y, como necesitan rebelarse un poco sólo para asegurarse de que actúan por voluntad propia, su conformidad suele tener algo de rebelión oculta.

Auto-sabotaje

Sin embargo, las personas con un patrón de soportar *también* se resisten automáticamente a los impulsos internos – a sus propios impulsos de moverse y actuar. Así, "no puedes obligarme" se convierte en "ni siquiera yo puedo obligarme". En cuanto forman una intención y empiezan a reunir su voluntad para actuar en consecuencia, empieza a parecerles la intención de otra persona que les obliga a hacer algo en contra de su voluntad, y se sienten obligados a resistirse. Este es el mecanismo detrás de su auto-sabotaje automático. Les hace resistirse a todos los intentos de moverles, incluso a sus propios intentos.

Esta confusión es creada por su hábito profundamente condicionado de auto-negación, su hábito de volver su voluntad hacia adentro para reprimir sus propios impulsos, en lugar de hacia afuera para actuar siguiendo sus impulsos. Dado que la resistencia reactiva es el único impulso que conocen como propio, los impulsos proactivos empiezan rápidamente a parecerles extraños. Una idea que empieza dentro como «mi idea» puede transformarse fácilmente en «tu idea». Cuando esto ocurre, su mecanismo automático de resistencia entra en acción y les obliga a oponerse. Un cliente lo expresó de esta manera «*Mamá rompió mi voluntad e implantó la suya. Cualquier ejercicio de voluntad le sirve a ella, no a mí*».

Se trata esencialmente de un problema de "yo / no yo" (véase *Diferenciar el yo del no yo*, página 115, para una descripción de esta habilidad energética). Como no son capaces de reconocer su voluntad proactiva como propia, su mecanismo de supervivencia intenta combatirla. Se trata de un trastorno autoinmune de la psique, en el que *el mecanismo que debería atacar lo que está invadiendo el yo, ataca en su lugar al yo*.

Dado que los impulsos personales adoptan la apariencia de opresión por parte de algún extraño, las personas con patrón de soportar tienen dificultades con preguntas como "¿Qué quiero?" y "¿Qué acción debo emprender para conseguirlo?". En cuanto la posibilidad de actuar aparece en su conciencia, empieza a parecerle una nueva demanda externa y su atención se desvía hacia una falsa elección entre resistirse a esa nueva demanda o someterse a ella. Mientras están enredados en esa confusión, no pueden actuar. Esto es lo que crea su frecuente procrastinación.

Tolerar y soportar

La acción también se ve socavada por su suposición de que hay que tolerar las malas situaciones en lugar de cambiarlas. Como perdieron tantas batallas durante la infancia, las personas con patrón de soportar se han convertido en expertas en tolerar situaciones difíciles, pero no en cambiarlas. Así que tienen muy poco impulso interior para crear un cambio, incluso cuando eso es lo que quieren. Por lo general, creen que no tienen derecho a pedir algo diferente, y a menudo ni siquiera están seguros de lo que querrían.[9] Pero están seguros de que cualquier intento de crear un cambio les llevará al fracaso, la exposición y la humillación, así que ¿para qué arriesgarse? Parece mejor aguantar la situación actual.

Vivir en la fantasía

Sin embargo, sus necesidades enterradas siguen existiendo y siguen ejerciendo presión en su interior para que las satisfagan. Esa presión es real y constante, aunque esté enterrada en el inconsciente. Entonces, si no se puede pedir ni actuar para satisfacer las necesidades, ¿qué queda? Sólo quedan unas pocas opciones. Una opción es tomar medidas sólo dentro de su cabeza, en la fantasía, donde nadie más pueda saberlo o castigarles por ello. Así que las personas con patrón de soportar tienden a hacer cosas internamente, en la fantasía, como sustituto de hacerlas en el mundo exterior. Incluso pueden confundir sus acciones en el mundo de la fantasía con tomar acción en la vida real. Esta estrategia les proporciona seguridad, pero nada ha cambiado en el exterior.

Quejas pasivas

Quejarse es la segunda forma que tienen de satisfacer sus necesidades sin pedir ni tomar medidas directas. Quejarse es una forma de llamar la atención sobre lo que quieren que cambie, pero sin referirse realmente a sí mismos o a sus necesidades. Por ejemplo, supongamos que una persona con patrón de soportar te dice: *"Estoy enfadada porque llegas tarde. Quiero que seas puntual. Cuando llegas tarde, me temo que no te importo"*. Con estas palabras, ha revelado mucho sobre sí mismo, incluidos sus deseos y sentimientos. Si quieres utilizar esa información para burlarte de él o avergonzarle, ya tienes munición de sobra. Y si teme que puedas usar esa información en su contra, ¿por qué iba a revelarla? En lugar de eso, puede protegerse manteniendo las cosas indirectas e impersonales, limitándose a decir algo vago como *"Oh, siempre llegas tarde"*. Esa afirmación llama la atención sobre el problema, pero no revela nada sobre él.

No cabe duda de que muchas personas utilizan las quejas con muchos fines. Lo importante aquí es que las personas con patrón de soportar utilizan la queja como una forma de satisfacer sus necesidades revelando lo menos posible sobre sí mismas. Como hay que evitar la acción directa, quejarse es una de las pocas opciones que quedan.

Agresión pasiva

Una tercera forma en la que las personas de patrón de soportar intentan satisfacer sus necesidades sin tomar medidas directas es utilizando la agresión pasiva en lugar de la agresión activa. La agresión pasiva hace el trabajo, pero no deja sus huellas. Dado que esperan represalias por cualquier acción directa, la agresión pasiva es una forma de ocultar el rastro hasta ellos y minimizar así la probabilidad de represalias.

Experiencia del tiempo del patrón

El tiempo parece atascado para las personas con patrón de soportar. Viven en el ahora, sin mucho futuro.[10] Están en contacto con el aquí y ahora personal, pero les cuesta imaginar su propio futuro. No es de extrañar, ya que prever el futuro implica planificar y actuar, dos habilidades que nunca fueron capaces de desarrollar.

Vida emocional del patrón

Guardarse todo dentro

Las emociones son "energía en movimiento", o energía que se mueve dentro del cuerpo. Cuando se expresa una emoción, la energía sale al mundo. Es probable que esta expansión energética hacia el mundo atraiga la atención de los demás y provoque una respuesta por su parte. Cuando una persona piensa que la respuesta de los demás será positiva, querrá expresarse para obtener esa respuesta. Por el contrario, si piensa que la respuesta de los demás será negativa, querrá evitar expresarse para evitar esa respuesta. Y en el caso extremo, cuando piense que la respuesta de los demás será punitiva o humillante, intentará evitar llamar la atención. Intentará crear una sensación de seguridad encogiéndose y escondiéndose.

Esta es la situación de las personas atrapadas en el patrón de soportar. Su mayor miedo es a la expansión y la exposición, y a la humillación y el castigo que esperan que vengan después. Así que, para protegerse, amortiguan el flujo de energía y emociones dentro del cuerpo y mantienen dentro su autoexpresión.

Sentirse atascado y entumecido

Entonces, como las cosas no se mueven, se sienten atascados y entumecidos por dentro. Pero puede que no experimenten esto como un problema. Si les preguntas cómo están, normalmente dirán *"estoy bien"*. Dicen esto en parte porque las cosas siempre son difíciles para ellos, y en parte sólo para que te alejes.

A las personas con patrón de soportar no les gustan los grandes cambios emocionales ni los dramas. No se enamoran desesperadamente ni se dejan llevar por el éxtasis.[11] No estallan en cólera para salirse con la suya y evitan los conflictos si pueden. Son esencialmente conservadores y desconfían de la esperanza o el cambio.[12]

Pesadez, carga y presión

En el fondo, sienten una insatisfacción vaga y crónica o, en casos más extremos, se sienten francamente miserables. Como hemos dicho antes, tienden a evitar el placer y se sienten culpables cuando lo sienten. En lugar de ligereza o placer, suelen tener una sensación interna de pesadez, carga y presión. La persona citada al principio del capítulo decía: *"Soy pesado. La vida es un pesado abrigo sobre mí, y cada vez me pesa más a lo largo del día"*.

Resentimiento, culpa y vergüenza

Las emociones por defecto de quienes siguen este patrón de supervivencia son el resentimiento, la culpa y la vergüenza. Su resentimiento es una manifestación atascada y pasiva de la rabia profundamente enterrada que sienten por todas esas invasiones y humillaciones. Es la punta de un iceberg de furia. Su culpabilidad surge de la sospecha de que, de alguna manera, se lo han buscado, y su vergüenza, de la sospecha de que, como esto es lo que les pasa, quizá también sea lo que se merecen. Así pues, cualquier fracaso puede provocar un ataque de vergüenza – un sentimiento de intenso odio hacia uno mismo que puede desembocar en una depresión.

Por otro lado, cualquier éxito puede provocar un ataque de ansiedad, que surge de su temor a que ahora se vean expuestos y castigados. Así que se encuentran en un dilema en el que tanto el éxito como el fracaso les provocan sentimientos difíciles. Su solución es no triunfar ni fracasar, sino permanecer en un punto intermedio. Para ello, tienen que encontrar la manera de no actuar, no tomar posición y no expresarse. Y la única manera de hacer todo eso, por supuesto, es suprimir todo movimiento de energía y emociones dentro de su cuerpo.

Emociones enterradas

Si pensamos en las personas con patrón de soportar en términos de carga energética, vemos que la energía entra, pero no sale. ¿Adónde va? Baja a la parte inferior del cuerpo y luego al suelo, creando una situación en la que es casi como si su centro de gravedad estuviera por debajo de sus pies.

Esto puede hacerlos muy enraizados y estables, casi imposibles de mover o empujar. Pero también significa que tienen una enorme reserva de emociones profundamente enterradas ahí abajo. Y la mayor emoción de esa reserva es la ira, la ira por todas las derrotas, castigos y humillaciones que han sufrido. Como veremos más adelante en la sección sobre su forma de abordar los conflictos, es raro que su ira aflore a la superficie, pero cuando lo hace, puede ser enorme.

Interacción con los demás

El patrón de soportar consiste en *no* llamar la atención, y las personas que siguen este patrón pueden llegar a dominarlo, de modo que es posible que ni siquiera te des cuenta de que están presentes. Una amiga que sigue este patrón de supervivencia cuenta una anécdota de su infancia: después de cenar, la conversación en la mesa giró en torno a algo de lo que sus padres querían hablar en privado. Les dijeron a ella y a su hermana que se fueran a la cama, pero aunque su hermana se fue, ella no lo hizo. Permaneció allí sentada durante una hora, escuchando la conversación en silencio, hasta que uno de sus padres se fijó en ella y le dijo: "*¿Sigues aquí? Te dijimos que te fueras a la cama*". Este es un gran ejemplo tanto de desafío pasivo como de la capacidad de esconderse a plena vista.

Evitar la autoexpresión

Recuerda que la atención de las personas con patrón de soportar se dirige hacia dentro para mantenerse ocultas, no hacia fuera para interactuar con los demás. Esto explica la mínima respuesta que caracteriza a las personas con este patrón de supervivencia. Tienden a sentir sin expresarse, ya que la autoexpresión es precisamente lo que les provocaba ataques cuando eran jóvenes.

Como no se les permitió tener intimidad cuando eran niños, de adultos pueden pensar que todo el mundo puede oír sus pensamientos silenciosos y saber lo que les pasa por dentro. Así, pueden estar sujetando *internamente* una conversación contigo, sin saber que no están hablando en voz alta y que tú no puedes oírles.

Evitar riesgos

En general, las personas de patrón de soportar quieren evitar riesgos y jugar sobre seguro. Ésta es otra parte de su estrategia defensiva de esconderse. A menudo, incluso tomar una decisión les parece demasiado arriesgado, ya que podría exponerles y humillarles. Así que ir sobre seguro significa dejar todas las decisiones para más adelante o remitirlas a otra persona, cualquier cosa que evite tomar personalmente la iniciativa y actuar.

Si alguna vez has tratado con una burocracia en la que nadie tomaba una decisión ni emprendía ninguna acción, en la que cada solución que proponías era "no es nuestra política", es probable que estuvieras tratando no sólo con individuos, sino con toda una institución basada en el patrón de soportar. En una burocracia así, todo el mundo sabe que la única forma de mantenerse a salvo es agachar la cabeza y dejar que otro se encargue de lo que requiera atención. Suele haber un jefe que utiliza las amenazas y el miedo para controlar a los empleados, y todo el mundo ha visto que llamar la atención del jefe puede llevar al despido. Así que los únicos empleados que quedan son los que saben pasar desapercibidos. Las personas que siguen el patrón de soportar son más capaces que otras de sobrevivir en esos puestos y, con el tiempo, los trabajadores y la institución refuerzan mutuamente su aversión al riesgo y crean el estado de cosas al que nos referimos cuando hablamos despectivamente de "burocracia."

El silencio no es un acuerdo

Jugar sobre seguro también significa que las personas con patrón de soportar tenderán a ser pasivas, en lugar de activas, en todas las interacciones. Dejarán que otros tomen la iniciativa y les seguirán la corriente en silencio. Si algo no les gusta, lo resentirán en silencio pero no lo objetarán en voz alta.

Otras personas suelen confundir su silencio con un acuerdo. No lo es; es sólo una forma de mantenerse fuera de tu radar. Llegar a un acuerdo es un proceso mucho más largo, como veremos en la sección sobre comunicación. Si quieres saber cuánto les gusta el camino que has elegido, fíjate en la facilidad con la que avanzan las cosas. Como su método de protesta es pasivo, no activo, es más probable que sus objeciones aparezcan como obstáculos que como desacuerdos manifiestos.

Su necesidad de espacio

Su estilo de contacto es evitar el contacto. Prefieren estar solos, ya que es el único momento en el que pueden relajarse plenamente, el único momento en el que nadie se mete con ellos. Su mínima respuesta al contacto de los demás está pensada para que les dejes en paz y dejes de molestarles. Es una petición tácita de más espacio. El subtexto suele ser *"Estoy bien. Aléjate"*.

En psicología, el término "distancia óptima" se utiliza para referirse a lo emocionalmente cerca o lejos de los demás que le gusta estar a una persona en particular. Es la distancia a la que su necesidad de ser "parte de" está en equilibrio con su necesidad de ser "aparte de", el lugar donde su necesidad de pertenencia está en equilibrio con su necesidad de autonomía. Para las personas con patrón de soportar, pertenecer se parecía demasiado a estar prisionero y nunca tenían suficiente autonomía, por lo que su distancia óptima tiende a ser grande. Una joven lo explicaba así: *"Está tu espacio y está mi espacio, y hay un foso entre ellos. Nunca cruces el foso"*.

Esta gran distancia óptima también proporciona una forma de diferenciarse del otro. Las personas con patrón de soportar no fueron capaces de completar las tareas de la infancia de diferenciarse de los demás y de establecer un límite energético fuerte a su alrededor, por lo que estar físicamente cerca de ti puede crearles confusión sobre qué sentimientos son suyos y cuáles son tuyos. Alejarse – fuera de tu espacio físico y de tu campo energético – puede ayudarles a tener una idea más clara de sus propios sentimientos.

Por todas estas razones, a las personas que adoptan el patrón de soportar les suele gustar tener mucho espacio a su alrededor. El espacio crea seguridad. Significa que están a salvo de la invasión, el castigo y el control. El espacio significa que puede estar bien salir de su escondite y sentirse un poco a sí mismos. *El espacio es lo más valioso que se le puede dar a alguien que sigue este patrón de supervivencia.*

A los que seguimos otros patrones de supervivencia nos resulta muy difícil entender lo importante que es el espacio para alguien que sigue el patrón de soportar. Es probable que tomemos su alejamiento como un rechazo personal. Es probable que sintamos miedo, dolor o rabia, y que se los devolvamos. Él sentirá la ola de emoción que le golpea como una invasión más, una vez más que alguien está tratando de obligarle a cumplir empujándole, así que se retrae y se aleja aún más. Este simple malentendido puede convertirse fácilmente en un ciclo que se refuerza a sí mismo. Puede empujar a una pareja al divorcio o a la terapia. Este ciclo también ilustra cómo los que siguen el patrón de soportar atraen hacia sí el mismo comportamiento del que intentan escapar.

Amor romántico

Las relaciones amorosas suscitan otro temor en las personas con patrón de soportar: el miedo a que el amor que se les ofrece tenga un precio muy alto. Temen que les cueste su autonomía y que ser amados signifique ser invadidos, controlados y privados de poder. Una de las formas en que manejan este miedo es simplemente negarse a recibir amor, tomando la postura que uno de mis clientes describió como *"Estoy en huelga. No voy a dejar que entre el amor. Tienes que amarme y obligarme a recibirlo y yo negarme a recibirlo".* La otra forma en que manejan su miedo a que el amor les reste poder es aceptar el amor, pero desempoderándose a sí mismos siendo pasivos y sumisos en la relación. De nuevo, esto recrea su situación en la infancia y valida su miedo.

Al mismo tiempo, las personas con patrón de soportar suelen ser compañeros y parejas leales. Sin embargo, no suelen tomar medidas ni para iniciar la relación ni para ponerle fin, sino que siguen la iniciativa de su pareja. Dado que pueden soportar muchas dificultades, pueden convertirse en la esposa o el marido sufriente que permanece en la relación demasiado tiempo.

Sexualidad

Pueden experimentar el sexo más como un trabajo que como un placer, como una forma más en la que se espera que sirvan a los deseos de otra persona, y también pueden sentirse inadecuados en este ámbito. Como se mencionó anteriormente, pueden preferir ser sexualmente sumisos, en lugar de asertivos.

Su forma de abordar el conflicto

Las personas con patrón de soportar casi siempre intentarán evitar el conflicto. Recuerda que su historia pasada con los conflictos fue una larga serie de derrotas y humillaciones. Son los que siempre perdieron la pelea, así que evitarán meterse en otra pelea, si pueden.

Cuando surge una situación adversa, se atrincheran y esperan a que pase la tormenta. Las personas que siguen este patrón no te desafiarán ni intensificarán el conflicto, pero se pondrán tercas. Como siempre, su postura será "No puedes obligarme".

Armas utilizadas en un conflicto

Cada uno de los patrones de supervivencia tiene su propio conjunto de armas a las que recurre durante un conflicto. Lo que caracteriza al conjunto de armas preferidas por las personas con patrón de soportar es que todas son de naturaleza pasiva o pasivo-agresiva.

Su primera arma suele ser no responder. Esto irá acompañado de las armas del retraso, como esperar, resistirse, esconderse, atrincherarse y aguantar. Estas armas pueden utilizarse para sabotear el objetivo de la otra persona, pero lo más habitual es que sólo sean un lugar donde esconderse de la tormenta. Todas estas armas son de naturaleza puramente pasiva.

Si su intención es sabotear, es probable que añadan algunas de las armas "accidentales", como olvidar, cometer errores y tener accidentes de los que no se les pueda culpar. Estas armas son de naturaleza más pasivo-agresiva. La persona que sigue el patrón de soportar se comporta como el resistente francés del que hablábamos antes. Quiere sabotear a los alemanes, pero no debe dejar sus huellas en ninguna acción que emprenda, por miedo a represalias. Así que hace que su resistencia parezca un desafortunado accidente: "¿El puente? El puente no explotó, simplemente se derrumbó mientras su tanque circulaba por él. Obviamente, el tanque era demasiado pesado para el puente. Es una pena, pero no es culpa de nadie. Siento lo de tu tanque".

Otra de las armas pasivo-agresivas favoritas es la de provocarte hasta que te enfades. No habrá una provocación grande y obvia, eso sería demasiado fácil de detectar. En su lugar, habrá un goteo, un gota a gota de pequeñas molestias y provocaciones. Éstas sirven para castigarte y vengarse de ti, aunque nunca reacciones a ellas. Y si te enfadas, la persona que está en el patrón de soportar no sólo se sentirá moralmente superior y justificada en sus acciones, sino que tendrá una excusa para alejarse de ti.

Estallar

Todo lo anterior es cierto mientras la persona con patrón de soportar pueda soportar lo que le hagan. Y como su capacidad de aguante es enorme, eso es casi para siempre. Pero es posible que llegue a un límite interior, y entonces todo cambie. Cuando cruza esa línea invisible, ya no le importa – ha terminado con la relación para siempre. Ahora puede pasar a la agresión activa y enfurecerse abiertamente. Ahora su océano de ira, profundamente enterrado, sale a la superficie y puede reaccionar ante todas esas derrotas y humillaciones.

Su ira no es medida ni estratégica, como podría ser la de otra persona. No tiene estrategia. Es sólo una explosión de furia pura y descontrolada. Y como tiene tan poca experiencia con la expresión de la ira, no sabe cómo modularla. Le sorprende y le asusta. A veces, hace algo realmente horrible cuando está fuera de control. Más a menudo, está tan aterrorizado que vuelve rápidamente al modo de desconexión, horrorizado de su propia furia.

Si ves a una persona con un patrón de soportar explotar de esta manera, recuerda que está en un lugar muy joven, abrumada, fuera de control, como un niño que tiene una rabieta, y merece la misma amabilidad y compasión que merecería un niño abrumado. No se merece que lo sometas a golpes, aunque tus propios patrones quieran hacerlo. A pesar de su falta de habilidad, por fin está defendiendo su espacio y su vida.

Estilo de comunicación

Las personas con patrón de soportar suelen ser calladas, incluso silenciosas. No les gusta hablar, sobre todo cuando están en patrón. Su visión del mundo es pragmática y les gustan más los hechos que las ideas, sobre todo las grandes ideas abstractas.[13]

Cuando están en patrón, su discurso tiende a tener un tono pesado, lento y serio, y pueden sonar como si estuvieran deprimidos o sufriendo. Puede que incluso te sientas responsable de su sufrimiento, como si de alguna manera estuvieras controlando lo que experimentan. Hablarán de "nosotros" o "vosotros" más que de "yo".

Una reflexión parcial y una pausa

Como en la infancia no les resultaba seguro expresar sus sentimientos con palabras, la mayoría de las personas con patrón de soportar nunca han llegado a dominar esa habilidad.[14] A menudo sacan una frase parcial con un pensamiento parcialmente formado, luego hacen una pausa y vuelven a su interior para encontrar el resto. La pausa puede ser bastante larga. Es auténtica y la necesitan para encontrar el resto de su pensamiento, pero también es una prueba inconsciente para ver si realmente quieres escuchar lo que tienen que decir. Si no puedes esperar a que termine la pausa, le harás una sugerencia o terminarás la frase por él. Esto interrumpe su proceso creativo una vez más y refuerza su creencia de que realmente no quieres escucharle. Entonces se replegarán más y serán incapaces de encontrar el resto de su idea. Una vez más, se sienten controlados y frustrados por el otro. Y una vez más, han utilizado una acción pasiva para evitar exponerse y protegerse. Además, pueden echarte la culpa de todo a ti.[15] Este es otro ejemplo de cómo obtienen de los demás el mismo comportamiento que temen. Si de verdad quieres escucharles, tienes que permanecer en silencio y esperar pacientemente con ellos hasta que salgan con el resto de su pensamiento.

Los objetivos de su comunicación

Además de tener su propio *estilo de* comunicación, cada patrón de supervivencia también tiene sus propios *objetivos* comunicativos. Las personas con patrones de supervivencia diferentes pueden realizar los mismos comportamientos, pero tener en mente objetivos completamente distintos. Tomemos como ejemplo la queja. Para las personas de la mayoría de los *patrones de* supervivencia, quejarse es una forma de decir: *"No me gusta esto; quiero que esto cambie".* Así que, si te ofreces a cambiarlo por ellos, aceptarán tu oferta, lo cambiarás y dejarán de quejarse.

Sin embargo, para las personas con patrón de soportar, quejarse puede ser más una forma de conectar y compartir un sentimiento que de conseguir que algo cambie. Esto es especialmente cierto si sus padres también seguían el patrón de soportar, en cuyo caso, quejarse puede haber sido una norma familiar.[16]

Así que si una persona con un patrón de soportar se queja, no te lo tomes como algo personal y no des por sentado que quiere la misma respuesta que tú querrías. Detente y pregúntate cómo le funciona quejarse y qué tipo de respuesta podría querer. Quizás incluso le preguntes a él qué tipo de respuesta querría. Le estarás devolviendo el poder y el control, lo que le hará sentirse más seguro. Por otro lado, también puede estar pidiendo ayuda, así que hablaremos más de esto más adelante en la sección sobre cómo piden ayuda las personas con este patrón.

Las personas con patrón de soportar también utilizan la comunicación para pedir permiso para su autoexpresión y autonomía. Sin embargo, como sería demasiado arriesgado pedir ese permiso directamente, su petición es pasiva e implícita. A ti te corresponde percibir la petición implícita e invitar a que se expresen, sin exigirlo ni requerirlo, por supuesto. Puedes decir simplemente: *"A mí también me gustaría escuchar lo que tengas que decir".*

Un tercer objetivo de comunicación para quienes siguen este patrón es simplemente conseguir más espacio para sí mismos, es decir, que te vayas y les dejes en paz. Cuando pronuncian su habitual *"estoy bien, vete",* puede ser muy difícil para ti averiguar si se trata simplemente de su primera respuesta automática o si realmente quieren que te alejes. Puede que ni ellos mismos lo sepan. A continuación te damos algunos consejos sobre cómo acercarte a ellos.

Comunicarse con ellos

Cuando te comuniques con personas de patrón de soportar, lo principal que debes recordar es que estás trabajando para superar su desconfianza, su creencia de que los demás siempre les invadirán y abusarán de ellos. Demostrarles que puedes respetar su espacio y sus tiempos les hará confiar en ti. Funcionan con un sistema de puntos, basado en tu comportamiento. Cuando respetas su espacio y sus tiempos, obtienes puntos. Cuando invades su espacio o te precipitas, pierdes puntos.

No puedes *hacer* que confíen en ti. No puedes hacer que salgan de su escondite. No puedes obligarles a hacer nada. Pero si les demuestras una y otra vez que puedes respetar su espacio y sus tiempos, se darán cuenta y poco a poco se abrirán más a ti. Si están atascados en su desconfianza, puede ser útil recordarles con delicadeza que tal vez nacieron en un cuerpo aquí porque realmente querían estar aquí y participar en la vida. Al hablar de este conflicto interior entre querer permanecer oculto y querer salir y participar en la vida, un amigo que sigue este patrón de supervivencia lo expresó de la siguiente manera:

Nunca queremos salir de nuestra cámara de deliberación. Yo llamo a mi escondite mi cámara de deliberación. Es el lugar donde estoy en lo más profundo de algún lugar, donde nadie puede encontrarme o atraparme. Y cuando las cosas se ponen realmente mal, ahí es donde voy, y estoy totalmente solo y nadie puede meterse conmigo y el mundo entero desaparece.

Por eso, cuando alguien me trae algo que dice: "Oye, hiciste un acuerdo para realmente vivir en el mundo y comprometerte plenamente y llenar tu espacio y estar en una relación y estar presente y todas esas cosas", hay una parte de mí que odia eso. ¿Por qué no me dejas en paz? Por fin estoy en mi cámara de deliberación y ¿por qué no me dejas quedarme aquí? Soy feliz aquí. Aléjate.

Así que no nos gusta cuando alguien nos trae esa información a nuestro límite y nos dice: 'Oye, deberías salir. En realidad hiciste un acuerdo para no vivir ahí abajo, en ese lugar, sino estar aquí fuera'. Al principio lo odiamos. Pero luego necesitamos espacio para trabajar en ello . . . para encontrar nuestra propia salida. Nunca podrás sacarnos, pero si nos recuerdas que acordamos salir, encontraremos la salida.

Respetar su espacio

¿Qué hay que hacer? ¿Cómo respetar su espacio y sus tiempos? En primer lugar, hablemos de su espacio. Imagina que tienen una burbuja a su alrededor que se extiende un metro fuera de su cuerpo en todas direcciones, más o menos hasta donde pueden llegar. (Todas las personas tienen esta burbuja, independientemente de los patrones de supervivencia que sigan.) Éste es su espacio personal. Lo ideal es que las personas llenen su burbuja con su propia energía para que les sirva de amortiguador entre ellas y el mundo, y se opondrán si entras en su espacio sin su permiso. De este modo, reclaman su espacio personal.

Sin embargo, de niños, a las personas con patrón de soportar no se les permitía reclamar su espacio personal. Una y otra vez, eran invadidos y sus esfuerzos por repeler la invasión eran derrotados. Así que renunciaron a defender el espacio que les rodeaba. Retrajeron su campo de energía hasta el límite del cuerpo o incluso más profundamente. Ésta era la única forma de ponerse a salvo. Como resultado, son tanto muy sensibles a la invasión energética de su espacio como incapaces de oponerse a ella. Si quieres que confíen en ti, depende de ti reconocer su espacio y no entrar en él, aunque no lo reclamen ni lo llenen.

Así que tu primer trabajo es: NO invadas su espacio. ¿Cómo? De nuevo, imagina que tienen una burbuja alrededor de su cuerpo que se extiende alrededor de un metro en todas direcciones. Sujeta la imagen de esa burbuja en tu mente. Fíjate especialmente en el límite de la burbuja: es el límite de su espacio. Cuando te acerques a ellos, no te acerques más allá de este límite. De hecho, como tu propia burbuja se extiende más o menos a la misma distancia, mantente el doble de lejos. Si tienes alguna habilidad con tu campo de energía, retráelo para que no entre en su espacio. Si no sabes cómo hacerlo, imagínatelo. Tu intención de retraerlo hará mucho, aunque no puedas percibirlo.

Cuando les hables, envía tus palabras sólo al límite de su burbuja, no directamente al centro de su cuerpo. Puedes hacerlo intentando que tus palabras se detengan antes de llegar a su burbuja, o puedes girarte ligeramente y enviar tus palabras al espacio que hay junto a su burbuja, en lugar de directamente a ella. Puede que sea mejor no mirarles mientras les hablas, ya que tu energía irá donde vaya tu atención, y tu atención normalmente irá donde tú mires.

De este modo, estarás respetando su espacio. Puede que sea una experiencia nueva y extraña para ellos, pero les gustará. Están acostumbrados a gente simplemente pasándoles por encima, a gente que inconscientemente se da cuenta de que no están llenando su propio espacio y piensa: "Vale, si tú no estás usando ese espacio, lo usaré yo".

Cuando no les atropellas, cuando mantienes tu energía fuera de su burbuja aunque no la defiendan, les estás demostrando que *no* eres igual que todas las personas que les han invadido anteriormente. Entonces se sentirán más seguros a tu alrededor. Y les resultará más fácil escuchar tus palabras, porque no se sentirán abrumados mientras hablas. Si se sienten invadidos por tus palabras, estarán preocupados por eso y no podrán concentrarse en el significado de tus palabras.

Respetar sus tiempos

La forma de respetar sus tiempos consiste simplemente en darles tiempo para que lleven a cabo su propio proceso interno a su propio ritmo, en lugar de exigirles que hagan las cosas a tu ritmo. Recuerda que las personas con patrón de soportar fueron lastimadas de pequeñas cuando se las presionaba y se las apresuraba, así que son muy conscientes de tu impaciencia y eso las distrae de su propio proceso interno y de responderte. Cuanto más les presiones, más despacio irán, tanto porque les distraes como porque necesitan resistirse a tus intentos de controlarlos. Ten siempre presente que su lema es "No puedes obligarme".

Si necesitas que te respondan o que actúen, espera en el límite de su burbuja. No la invadas, simplemente espera allí. Tu presencia les molestará y, al cabo de un rato, responderán sólo para librarse de ti.

Si quieres que decidan algo, tendrás que darles tiempo suficiente para que trabajen hasta llegar a su respuesta real, no sólo a su primera respuesta automática.

Si necesitas que salgan de su cámara de deliberación y se unan a ti en el mundo exterior, intenta recordarles que hay algo ahí fuera que quieren, pero hazlo suavemente. No intentes persuadirles, simplemente menciónales el tema. Si quieres que vayan al gimnasio contigo y previamente han dicho que les gustaría, puedes decir algo como: *"Me voy al gimnasio dentro de 10 minutos y recuerdo que dijiste que te gustaría ir, así que te lo hago saber"*. Luego aléjate. Déjalo en el límite de su espacio y aléjate. Si esperas una respuesta, te entrometes en su deliberación interna. Al alejarte, les das el espacio que necesitan para encontrar su propia respuesta.

Esta técnica de "¿Te gustaría acompañarme?" es muy útil para comunicarse con personas de patrón de soportar. No les gusta quedarse atrás, así que tienen un incentivo para unirse a ti. Y se sienten mucho más seguras uniéndose a tu plan que iniciando un plan propio. Así que si quieres que hagan algo, no intentes convencerles de que lo inicien por sí mismos. Anuncia que vas a hacerlo y pregúntales si quieren unirse a ti.

Una advertencia: debe ser una oferta sincera, no una manipulación. Si dicen "no", no insistas. Una amiga describió su forma de utilizar esta técnica así: *"Deja algo delicioso en la puerta, algo que huela bien. Sólo tienes que alejarte y dejarlo allí, y entonces seguirán el olor"*.

Otra forma de respetar sus tiempos es evitar sorprenderles. Detestan las sorpresas. Adviérteles de lo que se avecina para que puedan prepararse. Si tienes una pregunta, anúnciala y pregúntales si es un buen momento para escucharla. Si necesitas una respuesta, hazles saber que la necesitas y cuándo volverás para pedírsela. Dales tiempo suficiente para su deliberación interna. Si no sabes cuánto tiempo concederles, pregúntales. También puedes observar su comportamiento a largo plazo para obtener más pistas sobre cuánto tiempo es probable que necesiten.

Caminar codo con codo al hablar

Cuando tengas que presentar algo nuevo a una persona con un patrón de soportar, intenta preparar la situación de modo que los dos caminéis uno al lado del otro, no uno frente al otro ni sentados. Si lo haces así, le será mucho más fácil asimilar y procesar lo que le estás presentando, por dos razones. En primer lugar, se está moviendo. Recuerda que su estrategia de seguridad consiste en detener el flujo de su energía enviándola hacia el suelo, donde se queda atascada. Si está de pie y sus caderas se mueven, su energía no puede atascarse así. Seguirá fluyendo, lo que le ayudará a procesar lo que le estés presentando. En segundo lugar, mientras caminas a su lado, no estás en su cara. Estás a su lado, lo que te ayuda a mantenerte fuera de su campo energético y le da más sensación de espacio.

Autenticidad e ira

Cuando hables con personas con patrón de soportar, sé auténtico. Buscan la autenticidad. Si eres auténtico, les conmueves. También se fijan en la manipulación. No lo hagas. Ya han tenido demasiado de eso y no les gusta. Sólo conseguirás que se resistan a lo que les presentes.

Cuando se trata de ira, las cosas se ponen más fáciles. Pueden tolerar tu ira, siempre que la dirijas al límite de su espacio, en lugar de a su centro. Tienen más capacidad para escuchar la ira que cualquier otro patrón de supervivencia. Pueden agazaparse y capear el temporal, mientras que las personas que siguen otros patrones de supervivencia tienden al miedo, el colapso, las represalias o las discusiones.

Su forma de pedir ayuda

Recuerda que, para las personas con patrón de soportar, la mayor parte de lo que vino del exterior fue un intento de controlarlas, por lo que pedir ayuda a los demás ahora parece que sólo abrirá la puerta a más control. Por eso, les resulta muy difícil pedir ayuda o recibirla.

Pero, por supuesto, siguen teniendo problemas y necesitan ayuda para resolverlos. Así que, para protegerse, suelen evitar hacer una petición directa y se limitan a quejarse del problema. (Ten en cuenta que, aunque quejarse puede ser una petición pasiva de ayuda, también puede ser sólo una forma de conectar contigo y compartir un sentimiento). Probablemente responderás a su queja sugiriendo una posible solución a su problema. Ellos la descartarán. Le propondrás otra. También la descartarán. A medida que ofrezcas soluciones, desestimarán y devaluarán cada una de tus sugerencias. La conversación sonará más o menos así:

"¿Por qué no . . . "

"Sí, pero . . ."

"De acuerdo entonces, tal vez podrías . . . "

"Sí, pero . . ."

"Huh, vale, bien entonces, ¿qué tal si tu . . . "

"Sí, pero . . ."

Este patrón de oferta y rechazo se repetirá una y otra vez, hasta que te sientas totalmente frustrado y desbaratado.

¿Qué ocurre aquí? ¿Por qué alguien pide ayuda y luego rechaza toda la ayuda que se le ofrece? Aquí pasan muchas cosas. Desgranemos las capas para poder entenderlo todo.

Recordemos que las personas con patrón de soportar fueron incapaces de completar la tarea de establecer su propia autonomía aprendiendo a hacer las cosas por sí mismas y para sí mismas. Esta es una tarea de desarrollo increíblemente importante, y la psique de una persona seguirá intentando completarla durante el resto de su vida, al igual que hace con cualquier tarea de desarrollo inacabada. Así que las personas con *patrón de soportar* siguen intentando aprender a hacer las cosas por sí mismas, igual que el niño que protesta: *"¡Mamá, prefiero hacerlo yo!"*. Pero también están intentando evitar *parecer que* hacen algo por sí mismos, porque eso es exactamente lo que se castigó en la infancia. Así que están atrapados en un aprieto: quieren hacer cosas por sí mismos, pero no pueden demostrarlo. A menudo, ni siquiera pueden saberlo conscientemente sin despertar mucha ansiedad.

¿Qué pueden hacer? Pueden saber lo que *no* quieren. Para ellos es más seguro y fácil saber lo que *no* quieren que saber lo que quieren. Y tienen que rechazar todas las sugerencias que les hagas porque, en realidad, quieren resolver el problema y encontrar una solución por sí mismos, no que se la des.

En realidad sólo quieren una caja de resonancia

Si eres capaz de no tomártelo como algo personal y te limitas a jugar, podrás ayudarles a encontrar su propia solución por sí mismos. El primer paso es dejar que digan "no" a varias de tus sugerencias. Juega unas cuantas rondas de "*¿Por qué no . . . ?*" "*Sí, pero . . .*" con ellos. Están practicando a diferenciarse de ti, a separarse de ti diciendo "¡no!". ¿Recuerdas los "terribles dos años", esa época en la que un niño se deleita diciendo "no" sólo por el poder y la autonomía que le proporciona? Eso es exactamente lo que esta persona no llegó a hacer. Así que déjale que practique contigo ahora.

Si te das cuenta de que tienes expectativas sobre lo que debería ocurrir, déjalas ir. Si no puedes dejarlas ir y simplemente brindarle espacio, admite que estás demasiado interesado en lo que quieres y retírate de la conversación. Respetar tus propios límites es un acto honorable, aunque admitir que tienes límites no siempre te resulte halagador o fácil.

Sostener un espacio para ellos

Por otro lado, si puedes dejar a un lado tus expectativas y simplemente sostener un espacio abierto y de aceptación para la persona, es posible que puedas ayudarla a encontrar su propia solución a través del siguiente proceso. En primer lugar, no te hagas cargo del problema. Sus quejas están diseñadas para atraerte, pero no muerdas el anzuelo. En lugar de eso, reconoce que es *su problema*. Puedes decir algo como: "*Vaya, eso suena realmente horrible*". Empatiza con él y con su angustia, pero mantén una carga emocional menor que la suya. Si tu carga emocional se aproxima siquiera al tamaño de la suya, empezarás a echarlo de su propio espacio ocupándolo y a alejarlo de sus sentimientos, lo que le bloqueará. Así que mantén tu carga emocional notablemente menor que la suya, aun cuando sientas empatía por su angustia.

A continuación, pregúntale sinceramente cómo podría resolver el problema, mientras mantienes en silencio la convicción interna de que *puede* resolverlo. Dile algo como: "*¿Qué puedes hacer al respecto?*". Sentirá tu confianza en él y eso reforzará su propia confianza en sí mismo. Continúa sosteniendo un espacio para él en silencio mientras atraviesa ciclos de evitar el problema, volver a él, buscar posibles soluciones y darle vueltas.

Recuerda que nunca ha tenido muchas oportunidades de practicarlo, así que, por supuesto, no se le da bien. Sólo lo está aprendiendo. Y, como ocurre con cualquier adulto que vuelve a llenar un vacío en su conjunto de habilidades de desarrollo, no dejes que su cuerpo de adulto te engañe. Cuando se trata de esta habilidad en particular, la está aprendiendo exactamente igual que un niño: haciéndolo una y otra vez. Cada uno de nosotros debe hacer lo mismo cuando aprende las habilidades que no aprendió en la infancia. Necesitará tiempo y repeticiones para aprender esta nueva habilidad, así que prepárate para el largo camino (pero recuerda cuidarte bien durante el trayecto).

Expresarles confianza

Cuando le hayas visto encontrar sus propias soluciones un par de veces, quizá puedas animarle un poco más haciendo referencia a esos éxitos. Podrías decir algo como: *"Bueno, recuerdo que averiguaste cómo* _____, *así que apuesto a que también puedes encontrar una solución para esto"*.

Pero ten cuidado. Los elogios pueden incomodarle. Te estás adentrando en un terreno muy delicado. Estás referenciando su acción autónoma y su éxito, lo mismo que probablemente le acarreó castigos y humillaciones durante la infancia. Exponerse de esta manera puede alarmarle, así que observa su respuesta para ver qué efecto tiene en él tu afirmación. Puede que lo descarte o lo niegue, porque es su forma habitual de intentar pasar desapercibido. No discutas con su negativa; déjale hacer. Pero observa atentamente si tu afirmación le hace crecer o retroceder. ¿Se enfrenta al problema y lo resuelve, o se desinfla y se queda estancado? Su respuesta te dirá si tu afirmación le ha ayudado o le ha entorpecido en su intento de encontrar hoy su propia solución a este problema. Utiliza esta información para orientar tu respuesta la próxima vez.

Y, como todo el mundo, puede que no reconozca la solución a su problema y la ayuda que necesita cuando llega por primera vez. Si sólo la está buscando en la forma que imaginó, puede tener dificultades para reconocerla en cualquier otra forma. Así que puede quejarse de que la ayuda no se le ha ofrecido realmente, sólo porque aún no la reconoce.

El mayor error que he cometido personalmente al trabajar con personas que siguen este patrón ha sido pensar que mis elogios y la celebración de sus éxitos les harían sentirse bien, como ocurre con las personas que siguen otros patrones de supervivencia. He descubierto que debo esperar y dejar que tomen la iniciativa de felicitarse a sí mismos. Si tomo la iniciativa, tienden a sentirse expuestos y pueden asustarse, esperando inconscientemente que una vez más les ataquen o les humillen. E incluso cuando toman la iniciativa, no debo dejar que mi energía sea mayor que la suya, no sea que me entrometa en su espacio y les haga retraerse. Así que te animo a que les apoyes en la celebración de sus éxitos, pero asegúrate de que sigue siendo *su* celebración, no la *tuya*.

Cuando trates con personas de patrón de soportar, recuerda siempre que son como pequeños animales asustados que se esconden en un agujero. Ese agujero es su única seguridad. Ayudarles a salir de su agujero requiere confianza y paciencia. No puedes obligarles *a* salir, pero puedes aprender a merecer su confianza.

Hacer una petición al patrón

En primer lugar, haz lo descrito anteriormente: mantente fuera de su espacio, habla a su límite y sé auténtico. Si es posible, haz tu petición mientras caminas a su lado. Cuando están de pie y caminan, su energía ya está en movimiento, por lo que pueden asimilar tu petición y procesarla más fácilmente. Cuando están sentados en una silla, el flujo de energía en su cuerpo puede estar bloqueado, lo que significa que tu petición simplemente chocará con ese bloqueo y morirá. Si caminar no es una opción, al menos gira tu cuerpo un poco hacia los lados para que no estés cara a cara con ellos.

En segundo lugar, sé responsable de ti mismo. Pide lo que necesites, pero no lo conviertas en su problema. Recuerda que ellos ya sienten que llevan el mundo a sus espaldas, así que reconoce que es tu problema y hazte responsable de él.

En tercer lugar, presenta tu solicitud a su ritmo, no al tuyo. Es probable que su ritmo sea más lento que el tuyo, así que necesitarán tiempo para orientarse sobre lo que les estás pidiendo. Recuerda que han sido condicionados a esperar un castigo de aquellos cerca de ellos, así que si tienes una relación con ellos, puede ser muy útil empezar diciendo *"No estás en problemas"*. Esto acallará su miedo y abrirá un espacio en su interior para escuchar tu petición. A continuación, dales sólo un breve resumen de tu petición, tal vez algo como *"Quiero pedirte que me ayudes con algo"* o *"Quiero pedirte que hagas algo por mí"*. Esto les ayudará a orientarse hacia tu petición. Haz una pausa y observa si hay señales de que lo han asimilado y están preparados para lo siguiente. Si no estás seguro, pídeles que te avisen cuando estén listos.

Cuando estén preparados para escuchar tu petición real, colócala en el límite de su burbuja. No la pongas dentro de su burbuja ni la dirijas a su centro. Diles con calma y claridad qué es lo que les pides. Si tu petición es grande, presenta sólo una parte, pequeña y factible. Espere a que se orienten, evalúen y decidan si pueden hacerlo. Si temen no poder hacerlo (no ganar), no querrán comprometerse, así que ayúdales a sentir que podrán lograrlo, paso a paso. Puede que te resulte difícil ir más despacio y hacer todo esto a su ritmo, pero recuerda que si les metes prisa, estás recreando su herida infantil y automáticamente tendrán que resistirse a tu petición.

Cuando hayas terminado de hacer tu petición, avísales de cuándo volverás para que te respondan, dales las gracias por escucharte, despídete y vete.

No mires atrás. Deja de prestarles atención. No monitorees su cumplimiento; deja que te den su respuesta en el momento acordado. Si los rastreas, sentirán que les estás dando caza y que ellos son tu presa. En su pasado, ser rastreado precedía a ser atacado, por lo que les alarma.

Su respuesta a una solicitud

Cuando te den una respuesta, fíjate en qué tipo de respuesta es. Si se acomoda a ti y se abandona, no es la respuesta real. Es la respuesta automática que surge de su patrón de supervivencia. Reconócela como su respuesta automática, no como su respuesta real. Su respuesta real a tu petición probablemente pasará por varias etapas, y es importante que reconozcas esas etapas para que sepas qué significado debes asignar a cada una de sus respuestas.

Su primera respuesta será un "no" automático. Esta respuesta pretende simplemente ganar tiempo para que puedan considerar su petición. Esa es su función. No es realmente la respuesta a tu petición, así que reconócela, pero no te la tomes como algo personal y no des por sentado que es su respuesta definitiva.

Si luego dicen "sí", ten en cuenta que la función de este primer "sí" probablemente sea dejar de resistirse. Todavía no es un acuerdo con tu petición, sino más bien un acuerdo para abrirse a considerar realmente tu petición. El verdadero acuerdo no llegará hasta el segundo "sí" e, incluso entonces, puede que el proceso no se haya completado. Si aún no ha tenido tiempo de pensar por sí mismo en lo que le parece tu petición y en si quiere acceder a ella, es probable que aún no haya llegado a una respuesta real.

Por el camino, ten en cuenta que, para ellos, quejarse de tu petición no significa "no"; significa *"todavía no lo sé"*. Así que, si se quejan, dale más tiempo al proceso. Recuerda que, aunque probablemente quieran unirse a ti o complacerte, aún necesitan tiempo para encontrar su propia respuesta.

Elogiar al patrón

Cuando quieras elogiar a una persona con patrón de soportar, primero presta atención a su espacio personal. Si te has metido accidentalmente en él, vuelve a tu propio espacio. Si te entrometes en su espacio, no podrá recibir tu cumplido, así que antes de decir nada, atiende a su espacio y asegúrate de que no estás en él.

A continuación, deja suavemente tu cumplido en el límite de su espacio. Dile lo que admiras y por qué. Puedes citar uno o dos ejemplos. Pero mantén un nivel de entusiasmo igual o inferior al suyo. Si tu carga energética es mucho mayor que la suya, tu agradecimiento puede parecerle una intrusión. Puede transformarse en su interior en una exigencia de que, a partir de ahora, rinda al menos igual de bien, lo que convertirá tu cumplido en una carga en lugar de un apoyo. Así que mantén tu nivel de excitación bajo y fuera de su espacio.

Como ocurre con todo lo relacionado con los patrones de supervivencia, no se trata de una receta única. Además de considerar qué patrones sigue la persona y qué valoran esos patrones, también tendrás que tener en cuenta sus valores personales. Pero, si observas sus respuestas con atención, probablemente serás capaz de decir cuándo tu cumplido realmente fue recibido y cuándo no lo fue.

Cómo salir del patrón de soportar

Cuando te das cuenta de que has entrado en un patrón, lo primero que tienes que hacer es salir del patrón y volver a estar presente. El patrón de supervivencia está distorsionando tus percepciones y tu experiencia. De hecho, lo más probable es que tu patrón de respuesta a esta angustia esté empeorando las cosas, en lugar de mejorarlas. Una vez que vuelvas a estar en presencia, podrás encontrar la mejor manera de responder a la situación actual.

Señales de que estás en el patrón de soportar

- estás agazapado y te limitas a soportar la situación

- te sientes pesado y atascado

- tu actitud es "No puedes obligarme"

- te resistes a toda sugerencia y acción, incluso a las que originalmente vinieron de ti

- estás saboteando tus propios objetivos

La solución: Tienes que hacer que tu energía se mueva de nuevo y recuperar tu espacio.

Salir del patrón de soportar

Mueve el cuerpo, especialmente las caderas. El movimiento de tu cuerpo hará que tu energía se mueva. Cambia tu atención de atrincherarte y resistirte a dejar que tu energía vital fluya hacia fuera.

Ejercicios:

Ponte de pie y mueve las caderas: camina, corre, baila o simplemente salta.

- nota que la energía empieza a fluir por tu cuerpo

- deja fluir también tus sentimientos y emociones

Haz algunos Gritos para despejar dudas (explicados en la siguiente sección).

Deja que tu energía fluya fuera de ti en todas direcciones hasta que llene completamente tu espacio.

Una vez que hayas llenado tu espacio con tu propia energía, reclama tu espacio: Dite a ti mismo: *"Esto es mío. Este es mi espacio. Lo reclamo como mío".*

Para más información sobre cómo salir del patrón, consulte el Capítulo 13, *Cómo salir del patrón*, en la página 377.

Recuerda, siempre que estés en un patrón, tu primer trabajo es salirte del patrón y volver a la presencia.

Sanación del patrón de soportar

Las personas con patrón de soportar necesitan desarrollar la autonomía y la confianza en sí mismas para poder completar las tareas de separación e individuación. Para ello, tienen que dar la vuelta a su voluntad personal: pasar de la auto-negación, que tira hacia dentro y hacia abajo, a la auto-expresión y la acción, que empujan hacia arriba y hacia fuera. Esto les permitirá volver a sacar su energía del suelo y utilizarla para actuar en el mundo. También tienen que aprender a reclamar su propio espacio y defenderlo de las intrusiones. Por el camino, tendrán que sanar los traumas de la infancia que les condicionaron en este patrón de supervivencia, así como hacer el duelo por las pérdidas sufridas.

Aprender a moverse

Ante todo, las personas con patrón de soportar necesitan poner en movimiento su energía. Una de las cosas que recomiendo es hacer unos 30 minutos de ejercicio vigoroso al día, especialmente ejercicios que muevan las caderas, como caminar, correr, montar en bicicleta o bailar. La mayoría de las personas con patrón de soportar descubren que hacer esto por la mañana hace que el resto del día fluya con mucha más facilidad. Dado que su armadura muscular se sujeta principalmente en las caderas, hacer que éstas se muevan es la clave para que su energía fluya.

Llenar su espacio con su propia energía

Una vez que su energía está en movimiento, necesitan llenar su cuerpo y su espacio personal con ella. Una práctica que lo consigue es el Grito para despejar dudas[17]. Es algo que cualquiera puede hacer para ahuyentar la duda y darse a sí mismo una sensación más corporal de fuerza y poder.

Para hacer un Grito para despejar dudas, mantente erguido con los pies separados a la altura de los hombros y las rodillas desbloqueadas o ligeramente flexionadas. Con los brazos colgando a los lados, inhala profundamente mientras mueves los brazos hacia los lados y hacia arriba formando un gran círculo, con las palmas hacia arriba. Imagina que recoges energía del espacio que te rodea en cada mano. Cuando las palmas de las manos se junten – por encima y por delante de la cabeza – recoge esa energía entre ellas. Reteniendo tu inhalación completa dentro, tira de esa energía hacia abajo, hacia el interior de tu centro y delante de ti, hasta el nivel del ombligo. Por último, separa las manos con fuerza, con las palmas hacia abajo y hacia los lados, enviando esa gran energía en todas direcciones con un fuerte grito. A mí me enseñaron primero a gritar *"¡Kee-aii!"* – pero cualquier sonido enérgico que funcione para ti servirá. Cuando envíes la energía hacia fuera, intenta que llene tu burbuja personal y permanezca a tu alrededor, en lugar de disiparse.

Intenta hacer un Grito para despejar dudas y nota el cambio en la sensación que tienes de ti mismo. Haz varios seguidos, si te sientes bien. Estás trabajando directamente con la carga energética de tu cuerpo, tomando dentro una carga, manteniéndola y descargándola explosivamente. Siente cómo aumentan las sensaciones de vitalidad y fuerza en tu cuerpo después de hacer uno o más Gritos para despejar dudas. Haciendo esta práctica, puedes crear estas sensaciones de vitalidad y fuerza en ti mismo en cualquier momento que lo desees.

Como su nombre indica, este ejercicio está diseñado para sacarte de la parálisis de la duda sobre ti mismo. Es una práctica diaria excelente para cualquiera que tenga muchas dudas sobre sí mismo o que tenga dificultades para sostener y utilizar intencionadamente una carga de energía, incluyendo normalmente a los que siguen los patrones de escapar, fusionarse o soportar.

Defender su espacio y sus límites

Los que están atrapados en el patrón de supervivencia también necesitan aprender sobre límites saludables. Existen varios buenos libros sobre límites psicológicos, y la lectura de uno o más de ellos es un buen punto de partida. (Para un análisis más detallado de los límites, consulta la sección titulada *Establecer límites firmes*, en la página 114).

Sin embargo, las personas con patrón de soportar también necesitan practicar físicamente la defensa de su propio espacio en un entorno seguro y de apoyo. Para aprender de verdad cualquier habilidad nueva, tenemos que practicarla con el cuerpo. Hasta que no has encarnado el nuevo conocimiento, no lo has aprendido de verdad. No es más que una idea en tu cabeza, y en el momento en que entres en una situación de abrumación, lo que tu cuerpo sabe es lo que tomará el control. Para tener acceso a la habilidad cuando las cosas se ponen intensas, debes practicarla en tu cuerpo lo suficiente como para encarnarla.

Un ejercicio que ayuda a las personas a practicar la defensa de su propio espacio es el ejercicio de Empujar Fuera. El ejercicio utiliza a un grupo de personas para que la persona que lo realiza experimente físicamente cómo empujar fuera a los invasores. La persona que realiza el ejercicio se sitúa sola en el centro de la sala y siente el espacio abierto que le rodea. A continuación, uno a uno, los demás participantes se acercan a él y se ponen demasiado cerca, incluso encima de él. A continuación, empuja físicamente al intruso fuera de su espacio, o incluso al otro lado de la sala. Para ayudarle, le animo a que verbalice sus sentimientos y su intención mediante sonidos y palabras. Dependiendo de lo que le convenga, pueden ser desde palabras suaves y firmes como "no" y "atrás" hasta exclamaciones fuertes como "¡*No! ¡Atrás! ¡Fuera!*", o incluso gruñidos. Normalmente, una persona con patrón de soportar se ha limitado a soportar estas invasiones y nunca antes había dicho "no" de forma activa, por lo que si se le apoya y anima a hacerlo, se le abre todo un mundo nuevo.

Al organizar este ejercicio, es importante dejar claro que no habrá violencia física y que nadie saldrá herido. No se trata de ver quién es físicamente más fuerte. Se trata de dar a la persona en el centro la experiencia de responder a una intrusión utilizando activamente su propia voluntad y fuerza para expulsar a los intrusos y defender su espacio. Es una oportunidad para que practique la agresión activa, segura y controlada, en lugar de la agresión pasiva, silenciosa y resentida.

El Grito para despejar dudas y el ejercicio de Empujar Fuera ayudan a las personas a practicar el movimiento de su energía y sus cuerpos hacia la acción. La estrategia de defensa del patrón de soportar consiste en mantenerse dentro, es decir, evitar que su energía salga al mundo enviándola hacia abajo, hacia el suelo. Ambos ejercicios ayudan a la persona a practicar el envío horizontal de energía fuera del cuerpo, ya sea para llenar su propio espacio o para empujar a otros fuera de él. Estos ejercicios son útiles para cualquiera que necesite desarrollar estas habilidades, esté o no esté en el patrón de soportar.

Avanzar hacia un objetivo

Las personas con patrón de soportar también deben aprender a actuar de forma proactiva, en lugar de reactiva. Deben aprender a dirigir su energía hacia la consecución de sus propios objetivos, en lugar de limitarse a resistirse a los objetivos de los demás. La práctica básica es sencilla: primero, hacen referencia a su propio centro, luego se dan cuenta de lo que quieren y, por último, expresan su deseo físicamente moviéndose hacia lo que quieren. Aunque sencilla, es probable que esta práctica haga aflorar muchas viejas heridas y miedos, porque estas acciones son exactamente las que provocaron ataques y humillaciones durante la infancia. Incluso ahora, cualquier autoexpresión o autoacción manifiesta puede provocar una oleada de emociones que hay que sentir, reconocer y dejar pasar. Realizar esta práctica repetidamente en un entorno seguro y de apoyo les permitirá relajar gradualmente su retención compulsiva y acostumbrarse a poner fuera energía expresándose y tomando medidas para conseguir lo que quieren.

El trabajo con la ira

La práctica de decir "no" a los demás tiene un hermano mayor llamado trabajo con la ira. En el trabajo con la ira, la ira que ha estado enterrada y mantenida dentro se expresa gradualmente y sale del cuerpo. Este tipo de trabajo es especialmente importante para las personas que practican el patrón de soportar, porque están sentadas sobre una montaña de ira enterrada por todos esos ataques y humillaciones del pasado. Hasta ahora, esa ira sólo se ha filtrado indirectamente como agresión pasiva y sabotaje. Ahora, esa expresión indirecta debe ser sustituida por la expresión directa. La queja debe dar paso a la ira directa, sujetada dentro de un contenedor seguro y consciente.

Muchas personas con patrón de soportar nunca han visto la ira expresada de forma limpia, sana y responsable. La única ira que han visto era abusiva, así que temen que si dejan salir su ira, ésta les consumirá y se convertirán en personas enfadadas y abusivas, igual que los que les hicieron daño. Este miedo es natural. Después de todo, ¿qué otro modelo de ira tienen?

Por eso es importante que trabajen su ira con la guía de alguien que conozca el terreno y comprenda el valor de una ira limpia y sana. Esta persona debe ser capaz de ayudarles a modular la cantidad de carga que aflora a la superficie, aumentando o disminuyendo el flujo según sea necesario, para que puedan descargar gradualmente su presión interna de un modo que les fortalezca y les dé poder, en lugar de asustarles.

A medida que su presión interna disminuya, también lo hará el miedo a su propia ira. Con la práctica, aprenderán a sentir, gestionar y expresar su ira de forma segura y productiva. Poco a poco, toda la energía que estaba atrapada en su ira y en su contención estará disponible para que la empleen en conseguir lo que quieren en la vida. Al final, se sentirán más ligeros, libres y felices.

Habilidades energéticas

Si nos fijamos en lo que se necesita en términos de habilidades energéticas básicas, vemos que el enraizamiento ya está presente, aunque no de forma abierta y fluida. Las personas con patrón de soportar tienden a aferrarse al suelo en lugar de relacionarse con él. El único flujo de energía es hacia abajo, hacia el suelo. Para crear un enraizamiento saludable, tienen que aprender a relajar su agarre al suelo y permitir que la energía fluya hacia arriba. Así experimentarán que el suelo les apoya y les alimenta, no que es un lugar donde esconderse. También les ayudará a sentir su propia fuerza y confianza, ya que ahora la energía sube hacia ellos y les llena.

Normalmente, quienes siguen este patrón de supervivencia ya son capaces de sentir su propio centro. Sin embargo, todavía necesitan aprender a sostener un límite energético alrededor de su propio espacio, y necesitan aprender a diferenciar su propia energía de la de los demás, la habilidad conocida como yo / no yo. (Para obtener descripciones más detalladas de cada una de las cuatro habilidades energéticas, consulta *Sanar el patrón de escapar* en la página 109.)

Defenderse del crítico interior

Como la mayoría de la gente, las personas con patrón de soportar también necesitan cambiar su relación con su crítico interior. Tienen que reconocer la voz de su crítico interior y darse cuenta de que no es su propia voz. Después, tienen que aprender a defenderse de sus ataques. Como su crítico interior les avergüenza mucho, y como la vergüenza es una emoción que quita poder, ésta es una etapa especialmente difícil para ellos. Es probable que durante esta etapa de su trabajo interior tenga que producirse una gran sanación.

Una vez que sean capaces de defenderse de los ataques de vergüenza de su crítico, podrán considerar su experiencia interior menos como una prueba de su deficiencia inherente y más como información útil sobre sí mismos. De este modo, les resultará mucho más fácil aceptar sus propios sentimientos en el presente e incluso empezar a expresarlos.

Diferenciarse de los demás

Al identificar y expresar sus propios sentimientos y contrastarlos con los de los demás, irán completando la tarea de diferenciarse de los demás. Pero, antes de que puedan permitírselo, necesitarán saber que es realmente seguro ser diferente, y que no serán atacados ni humillados por ello.

También necesitarán tiempo para encontrar su camino a su propio ritmo. Necesitan que se les presencie mientras sienten el camino hacia su propia verdad, pero necesitan tiempo para hacerlo a su manera. Recuerda que la prisa formaba parte de su herida original.

Su necesidad humana y su necesidad espiritual

Los que están atrapados en el patrón de soportar han logrado individuarse hasta el punto de experimentar su esencia central como separada de la de los demás; sin embargo, no han experimentado su esencia como protegida de los demás. No están acostumbrados a que los demás respeten su esencia y no están acostumbrados a defenderla ellos mismos.

No han sido capaces de extender su separación hacia el exterior para incluir su propio espacio personal, sus sentimientos y sus acciones. Para ello, necesitan salir de su escondite y expresarse. Necesitan proyectar su energía hacia fuera, diciendo al mundo: *"¡Estoy aquí!"*. Esta es su necesidad humana. Su necesidad espiritual es reconocer su esencia central como válida y legítima, y reclamar la energía divina que contiene como propia.

A medida que las personas con patrón de soportar salen gradualmente del patrón de soportar, pueden sentir placer al usar su voluntad para mostrarse, en lugar de esconderse. Pueden celebrar sus éxitos al conseguir lo que quieren y completar lo que empiezan. Sus sentimientos de pesadez y miseria pueden convertirse en placer. Y pueden disfrutar reclamando su espacio personal y siendo vistos y conocidos por los demás.

Si deseas más ayuda para determinar en qué patrones entras,
visita *www.The5PersonalityPatterns.com*

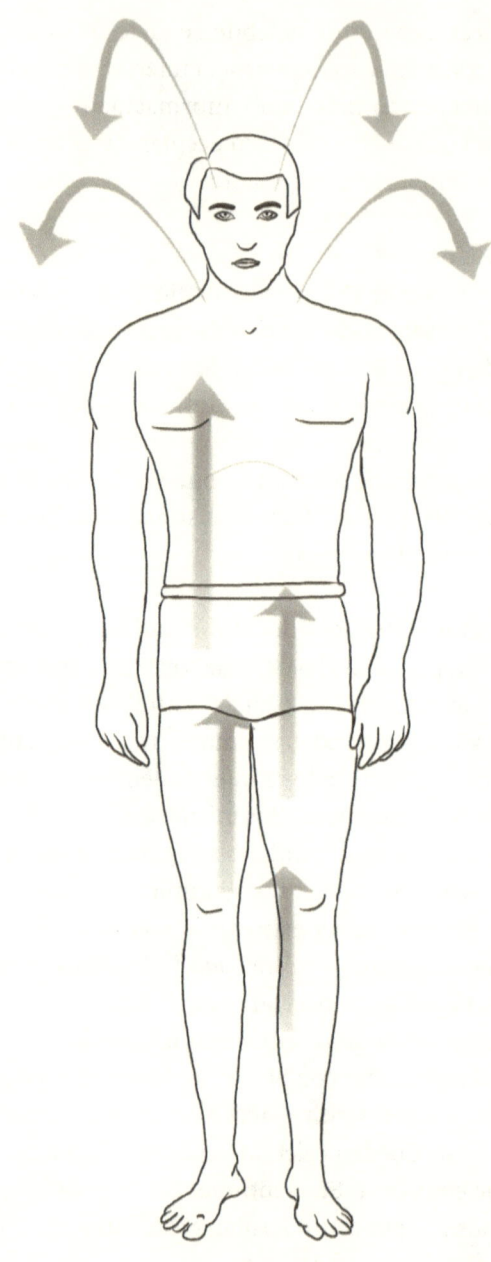

El patrón agresivo – cuerpo y flujo de energía

- 10 -

El patrón agresivo

*"No hay seguridad en ninguna parte.
Es una jungla ahí fuera".*

Como todos los patrones de supervivencia, este patrón es un patrón de sujeción del cuerpo, condicionado a ello por el trauma, que crea un hábito particular de atención. El patrón agresivo se desarrolla en personas que se encontraron en tal angustia que temieron morir, pero sobrevivieron a base de fuerza de voluntad. En lugar de escapar, buscar ayuda en los demás, o simplemente aguantar, se refugiaron en sus propios recursos, en su propia voluntad y fuerza, y lucharon para sobrevivir. Esas luchas les condicionaron para sobrevivir ignorando sus miedos y debilidades, y centrándose únicamente en su propia fuerza y voluntad. No recibieron ayuda real de los demás cuando la necesitaron, así que aprendieron a desconfiar de los demás y a confiar sólo en sí mismos.

En un sentido muy real, nunca han salido de esa temprana lucha a vida o muerte y siguen percibiendo la vida como una lucha por la supervivencia. Creen que están solos, sin amor ni apoyo, por lo que intentan ser más grandes y fuertes que los demás en cualquier situación. La única seguridad que conocen proviene de tener el poder y el control. Ven el mundo como un campo de batalla o una jungla, y la ley de la jungla es matar o morir. La fuerza y la astucia son virtudes. La debilidad es fatal. La confianza es para los tontos.

Muchos de nuestros héroes y villanos culturales muestran este patrón de supervivencia porque la mayoría de nuestras grandes historias tratan de batallas

237

entre el bien y el mal y de los guerreros que libran esas batallas. Si luchan por el poder sobre la comunidad, son villanos. Si luchan para proteger a la comunidad, son héroes. Pero, casi siempre, ambos muestran el patrón agresivo.

En la serie de *Harry Potter*, tanto Voldemort como Ojo-Loco Moody siguen claramente el patrón agresivo: el primero lucha por el poder sobre la comunidad, el segundo lucha por protegerla. (Harry, curiosamente, no está interesado en luchar ni en ejercer el poder, como demuestra al final de la historia cuando rompe la Varita de Saúco y opta por una vida ordinaria).

En *El Señor de los Anillos*, tenemos una pareja similar de antagonistas en Sauron y Aragorn. El gran añadido en esa historia es que Aragorn reconoce el patrón dentro de sí mismo y no está dispuesto a tomar el poder para servirse a sí mismo, sino sólo para servir a la vida.

Rango de funcionamiento

Como ocurre con los demás patrones, este patrón de supervivencia existe en un amplio espectro de funcionalidad, desde los que se rigen completamente por él hasta los que lo llevan ligeramente. La diferencia radica sobre todo en la necesidad de la persona de dominar a los demás. Los individuos menos funcionales necesitan conservar todo el poder para sí mismos, mientras que los más funcionales confían en su propio poder y, por tanto, son capaces de empoderar a los que les rodean.

En el extremo inferior del espectro, tenemos a los que están totalmente atrapados en el patrón y se centran en dominar a los demás. Suelen querer regir sobre los demás, y pueden convertirse en cualquier cosa, desde matones de patio de colegio hasta dictadores de una nación. Como no confían en los demás ni tienen fe en el amor, suelen ser solitarios.

En el rango medio, tenemos a los que aún viven dentro de la visión del mundo del patrón, pero están más centrados en conquistar sus propios miedos y limitaciones que en conquistar a los demás. Son fuertes en las habilidades y talentos del patrón. Los deportistas extremos suelen pertenecer a esta categoría. Por ejemplo, los esquiadores extremos de la película *Steep*, que arriesgan sus vidas para esquiar montañas tan empinadas que nunca antes se habían intentado. Algunos caminos espirituales parten de este lugar y se centran en derrotar a los demonios interiores.

En el extremo superior del espectro, tenemos a quienes, por lo general, pueden permanecer presentes mientras utilizan las habilidades y talentos del patrón. Aunque siguen preocupados por sostener y ejercer el poder, se centran más en capacitar a los demás que en adquirir poder sobre ellos. Mahatma Gandhi y Martin Luther King son buenos ejemplos de ello.

Los dones del patrón agresivo

Cuando una persona utiliza cualquiera de los patrones, practica continuamente las habilidades que requiere ese patrón. Con el tiempo, se vuelve excepcionalmente competente en esas habilidades concretas. A medida que sana las heridas que crearon el patrón y es capaz de desviar su atención del patrón y volver a la presencia, las habilidades que ha adquirido permanecen con él* y se convierten en los dones del patrón. Ahora puede emplear sus capacidades excepcionales para responder a las necesidades del momento presente. Aunque algunas de las estructuras físicas permanecen en su cuerpo, ha salido del patrón de defensa y ha entrado en los dones del patrón.

El poder proviene del uso enfocado de la energía, y los dones del patrón agresivo son los dones de la energía, incluida la capacidad de acumularla, canalizarla y utilizarla para hacer que las cosas sucedan. En el mejor de los casos, aquellos con patrón agresivo son Maestros de la Energía. Son muy conscientes de la energía y están atentos a su uso. Tienen un gran campo de energía, que sostiene una gran carga.

Están encarnados y reclaman fácilmente su propio espacio. Cuando están en los dones del patrón, son capaces de medir con precisión sus propios puntos fuertes y débiles (aunque cuando están atrapados en el patrón, sólo miden sus puntos fuertes e ignoran o anulan sus necesidades y debilidades).

Como tienen una voluntad fuerte y concentrada, son buenos para la atracción y la manifestación. También tienden a ser creativos, especialmente cuando es útil para su supervivencia. Son personas que participan activamente en la vida y esperan que los demás hagan lo mismo. Son intensas: vivas, conscientes, muy cargadas y comprometidas.

El patrón agresivo se centra en el vientre, por lo que quienes lo adoptan tienen tanto sabiduría visceral como astucia callejera. Esto los hace físicos, atléticos y sexuales. El sexo es muy importante para ellos, ya que tienen una gran carga de energía vital y una fuerte necesidad de descargarla.

Las habilidades y talentos de este patrón facilitan el acceso de estos individuos al arquetipo del Guerrero. Son capaces de luchar por lo que quieren y por las causas en las que creen. También pueden luchar por el mero placer de

---

* Para evitar el engorro de tener que decir continuamente "él o ella", asignaré un sexo al niño descrito en cada capítulo y luego me ceñiré a ese sexo a lo largo de todo el capítulo. Por ejemplo, en este capítulo, supondré que el niño es varón. Sin embargo, los cinco patrones se dan en ambos sexos, y todo lo que se dice sobre el niño en este capítulo podría haberse dicho igualmente sobre una niña.

hacerlo, sin tomárselo como algo personal. Tienen sentido del honor y son valientes, ingeniosos e incluso leales si les sirve para su propósito. Son buenos cazadores y rastreadores – pueden enfocarse energéticamente en un resultado deseado y perseguirlo. Como ya se ha dicho antes, pueden ser heroicos y a menudo se convierten en nuestros héroes culturales.

Como tienen una voluntad fuerte y sana y una intención firme y concentrada, también son buenos para sobrevivir. Son realistas, se miden con precisión tanto a sí mismos como a los demás y toman sus decisiones en consecuencia. Se orientan hacia la verdad de la situación – no hacia una esperanza o una ilusión – y son capaces de aceptar esa verdad. Y como también son autosuficientes, competentes y capaces de pensar con claridad en una crisis, a menudo sobreviven contra todo pronóstico, aunque no necesariamente de una pieza (por ejemplo, el escalador que se cortó el brazo para salvar la vida en la película *27 Horas*). Cuando forman parte de un equipo, se aseguran de que los demás también sobrevivan.

Como pueden mantener y referenciar su propio centro, aquellos que están en los dones del patrón saben quiénes son. Esto les hace independientes y seguros de sí mismos, y les da un sano sentido de autoestima y de tener derecho – están, en el mejor sentido, llenos de sí mismos. Esta plenitud, sumada a su gran campo altamente cargado, les hace magnéticos y carismáticos, capaces de persuadir e inspirar a los demás.

Las personas con patrón agresivo son líderes naturales, pero pueden ser reacias a ello (cuando están en su mejor momento, no cuando están atrapadas en el patrón). Asumen el mando si la situación lo requiere o si nadie da un paso al frente. Saben leer bien a los demás y pueden darles poder e inspirarlos. Sostienen altas expectativas tanto de sí mismos como de los demás. Cuando se enfrentan a decisiones difíciles, pueden ser a la vez resolutivos y adaptables, según sea necesario para sobrevivir. Una vez comprometidos, van a por todas.

Son personas a las que les gusta ir más allá de los límites establecidos para explorar nuevos territorios y nuevas experiencias. Les gustan los retos, el riesgo y la competición, y los ven como oportunidades para ponerse a prueba y practicar una intención inflexible. Una vez que ponen su voluntad en algo, o se logra o mueren en el intento. Rompen barreras, récords y reglas (*"las reglas son para los demás"*).

Son personas que generan energía e inician acciones. Son audaces, eficaces y emprendedoras. Cuando ven nuevas oportunidades, las aprovechan. Son aventureros, divertidos y están dispuestos a probar cosas nuevas. Son personas interesantes, jugosas y apasionadas, que suelen tener muchas historias de sus increíbles aventuras. Buscan una alta estimulación.

La clave para cambiar a los dones del patrón está en descubrir que no están solos, sino que son sostenidos por algo más grande, más fuerte y amoroso. Esto les permite salir de la respuesta de lucha o huida, relajarse en ese amor que les sostiene y volver a abrir sus corazones.

Ejemplos

- fuerzas especiales del ejército (Navy Seals, Army Rangers, Boinas Verdes, etc.)
- el jefe de seguridad en la película *Avatar*
- Jack Nicholson en casi cualquier papel
- Tom Cruise
- Lucy en el cómic *Peanuts*
- Tigger en *Winnie the Pooh* ("Saltar es lo que mejor saben hacer los Tigres")
- Arnold Schwarzenegger
- Senador John McCain
- Sarah Palin ("no te retires, recarga el arma")

Nombres alternativos

- Psicópata
- el Retador/Defensor
- el Controlador
- el Líder Carismático
- el Niño Traicionado

Ejercicio - Estar atrapado en el patrón

La vida en el campo de batalla

Este ejercicio está diseñado para que tengas una sensación-sentida de lo que es estar atrapado en el patrón agresivo, viendo la vida como una batalla constante por la supervivencia. Mientras realizas este ejercicio, intenta no juzgarlo, sino simplemente darte cuenta de lo familiar o no que te resulta la experiencia y de cómo sería vivir así todos los días.

Sal a pasear por tu barrio, pero esta vez permítete experimentarlo de una forma nueva. Mientras caminas, date cuenta de que estás solo. Nadie está contigo, nadie está a tu lado, nadie te guarda las espaldas. Tu familia se ha ido. Tus amigos se han ido. No hay nadie de quien poder depender. No hay un Dios por encima de ti que te cuide; no hay ángeles que te protejan. Si crees que los hay, te engañas, lo que te pone aún más en peligro. Ni siquiera el suelo bajo tus pies te sostiene. Está inerte; no le importa si vives o mueres. Nadie está de tu lado. A nadie le importa. Sea lo que sea lo que sientas por todo esto, supéralo. Esto es serio ahora; es vida o muerte. Es matar o morir. Presta atención. Este lugar es una jungla, y o eres el depredador o eres la presa. Sin excepciones. No hay espectadores inocentes. ¿Qué vas a ser?

Cuando te acerques a otras personas, mide la fuerza física de cada una de ellas. Pregúntate: si esto se pone feo, si se convierte en una pelea, ¿puedo con ellos? ¿Cómo son de grandes? ¿Cómo son de malos? ¿Qué armas tienen? ¿Qué armas tengo yo? ¿Qué armas necesito para sobrevivir en este agujero infernal?

Algunas de las personas con las que te cruces fingirán ser tus amigos, quizá afirmen que te quieren y se preocupan por ti. No te lo creas. Ya has pasado por eso antes. Eso sólo lleva a que te utilicen y te hagan daño. Nadie está a tu lado cuando las cosas se ponen feas. Algunos lo intentan, pero luego se derrumban y acabas teniendo que cargar con ellos. De cualquier manera, no vale la pena. No hay refugio. Mejor ir solo.

Pero hay algo que puedes hacer, algo que lo mejora. Puedes empezar a atraer tu propia energía hacia el pecho y los brazos. Puedes subir más y más energía, hasta que te llenes de ella. Así que levántate y empieza a subir tu energía. Te hace más grande. Te hace más fuerte. Concéntrate en esa fuerza. Fija tu mandíbula. Claro, esto requiere voluntad y determinación, pero puedes hacerlo. Una y otra vez, sigue acumulando energía, llenando con ella la parte superior de tu cuerpo y el espacio que te rodea.

Fíjate en que cada vez eres más grande, más fuerte, más intimidante. Ahora llevas más energía, más tensión para estallar contra la gente si te desafía. Yérguete para parecer más alto. Empuja la energía hacia delante en una gran ola, para que todo el mundo sepa que vas en serio. Observa cómo la gente retrocede cuando les presionas, cómo se rinden. Débiles. Repugnantes.

Pero algunas personas no se echan atrás. Se levantan y te miran. Te devuelven el mismo trato. Ten cuidado. Mídelos contra ti mismo. ¿Puedes con ellos? ¿Quieres hacerlo? ¿Son amigos o enemigos? ¿Camaradas de armas o traidores? Puedes medir su fuerza, pero es difícil adivinar sus intenciones . . . así que mantente alerta y concentrado. Mantén la guardia alta. Nunca se sabe.

Aumenta aún más tu dosis de energía, por si acaso. Puede que ahora notes que te duelen las glándulas suprarrenales y que tu cuerpo está zumbando por la adrenalina. No importa, ignóralo. Supéralo. Merece la pena la seguridad que proporciona la carga extra. Si el sistema de una persona normal funciona con 110 voltios, ahora tú funcionas con 400 voltios. En una crisis, puedes ir a 600 voltios, tal vez más.

La única fuente de seguridad es tener más energía, más potencia de fuego. Una potencia de fuego abrumadora. Cuanta más, mejor. Nunca se tiene demasiado, porque nunca se sabe cuánto tendrá el siguiente. Así que prepárate. Cárgala. Tenla a mano. Mantente concentrado. Nunca se sabe.

Claro, esto es duro, pero es la única seguridad disponible. Todo lo demás se desmorona cuando lo necesitas. Todo lo demás es sólo una trampa para la decepción o la traición. Es una vida dura. Acostúmbrate a ella.

Vuelve a casa caminando despacio, con la guardia alta, manteniéndote inflado, grande e intimidante todo el tiempo. No digas nada a nadie sobre lo que estás haciendo. No hables de ello, sólo observa el efecto que tiene en la gente. Observa cómo te tratan ahora. Observa cuánto más grande te sientes.

Cuando llegues a casa, tómate un tiempo para dejar que toda esa carga extra salga de tu cuerpo. Exhala y expulsa la carga en cada exhalación. Suelta todo el esfuerzo. Mueve o agita el cuerpo para liberar la carga extra. Intenta hacer sonidos y deja que la carga extra salga de ti con los sonidos. Dale a tu cuerpo todo el tiempo que necesite para calmarse, aunque tarde un poco.

Después, tómate un tiempo para reflexionar sobre lo que has vivido.

- *¿Cómo de fácil o difícil te resultó levantar hacia arriba la energía extra y llenarte de ella? ¿Te pareció lo que sueles hacer? ¿O te pareció extraño y difícil?*

- *¿Qué pensamientos o sentimientos surgieron al hacerlo?*

- *¿Qué pensamientos o sentimientos parecían interponerse en el camino?*

- *¿Cómo sería vivir así todo el tiempo?*

Ejercicio - Los dones del patrón

Manejar mucha energía

Hasta ahora, has estado experimentando lo que es estar atrapado en el patrón agresivo, atascado en el estado de miedo, adrenalina, lucha o huida. Ahora pasemos a los dones del patrón.

Cuando estés preparado, siéntate cómodamente con la columna relativamente recta y cierra los ojos. Inspira profundamente y exhala varias veces. En cada exhalación, deja que la energía sobrante fluya fuera de tu cuerpo con la respiración. Siente cómo todo tu sistema se calma y se ralentiza. Ahora vamos a hacerlo de la manera más fácil.

En primer lugar, fíjate en la fuerza y la erección de tu columna vertebral. Dibuja mentalmente una línea desde la coronilla hasta el perineo (entre el ano y los genitales), pasando por el centro del torso. Imagina esta línea como una columna de energía, de unos pocos centímetros de diámetro, que baja desde la coronilla hasta el perineo, pasando por el torso. Esta columna es tu núcleo, el centro de tu ser físico, el lugar de tu cuerpo donde eres más tú mismo.

Ahora, deja que la parte inferior de tu centro empiece a crecer hacia el suelo, como la raíz primaria de un árbol. Puede ser marrón y leñosa, como la raíz de un árbol, o puede parecerse más a una corriente de luz burbujeante y líquida, o puede tener cualquier aspecto que te guste. Su propósito es conectarte con el centro profundo de la tierra. Sólo que esta vez, la Tierra es muy diferente de como la habíamos imaginado antes. Ahora la Tierra es un ser gigantesco, cálido, amable y nutritivo. Algo así como tu abuela ideal favorita, la que siempre te quería, pasara lo que pasara; la que siempre se alegraba de verte; la que siempre te recibía con un gran abrazo y chocolate caliente y galletas.

Esta abuela tierra es completamente segura y nutritiva, así que deja que tu raíz crezca suavemente hacia abajo tan profundo como quieras en su gigantesco cuerpo de tierra. Y fíjate que el flujo en esta raíz va en ambas direcciones, así que puedes enviar hacia abajo a la tierra cualquier emoción o energía que no quieras, y ella te enviará hacia arriba todo el amor, el apoyo, la fuerza y la nutrición que quieras. No hay necesidad de forzar, no hay necesidad de esfuerzo. Cualquier tipo de energía que desees fluye fácilmente por tu raíz y hacia ti.

Una vez que hayas establecido tu centro y tu conexión hacia abajo, hacia la tierra, es hora de establecer tu conexión hacia arriba. Deja que tu centro comience a crecer suavemente hacia arriba, a través de la coronilla de tu cabeza y luego hacia arriba a través de tu ser superior, todo el camino hasta el Ser Divino, o Dios, o cualquier nombre que utilices para esa energía. De nuevo, deja que tu centro se conecte firmemente a esta fuente divina.

Ahora tu cuerpo físico está suspendido en una línea vertical que conecta la divinidad/fuente arriba y el enraizamiento de la tierra abajo. Ahora no estás solo; estás conectado con Todo. Ahora eres parte de la danza de todo y estás alineado con Todo. Ahora puedes vivir tu vida en armonía con las energías que fluyen arriba y abajo de esa línea, y puedes dejar que esas energías te guíen, te informen y te nutran. Esto es tener centro y enraizamiento y estar alineado con Todo Lo Que Es. Relájate en esta experiencia y disfrútala.

Ahora que estás totalmente conectado y alineado con Todo, añadiremos los dones del patrón agresivo. Permítete empezar a experimentar suavemente con la posibilidad de que, si lo pides, puedes aumentar el flujo de energía a través de tu cuerpo. Sé amable contigo mismo mientras experimentas, y baja el volumen cada vez que tu cuerpo empiece a sentirse incómodo. El autocuidado es importante. Pero dentro de los límites de lo que te resulte cómodo, y siempre que no sientas que tu sistema empieza a forzarse o que tus glándulas suprarrenales empiezan a acelerarse, permítete experimentar y jugar.

Prueba a dejar que tu raíz descienda hasta el núcleo candente de la tierra. Pídele a la lava incandescente que te alimente y que deje que parte de su energía suba hasta ti y llene tu cuerpo. No utilices tus glándulas suprarrenales para producir la energía, simplemente deja que la energía de la tierra te llene. Deja que tu cuerpo beba esta energía, pero no te excedas. Deja que tu cuerpo se llene sólo mientras permanezca enraizado, centrado y tranquilo. Deja que ese gran flujo de energía sin esfuerzo se convierta en el centro de ti mismo. O, si eso es demasiado, deja que un pequeño hilo de ese flujo se convierta en el centro de tu ser.

Ahora vamos a experimentar. Acabas de probar a dejar que fluya más energía suavemente desde la tierra hacia ti y a través de ti. Probemos otras posibilidades. Tómate todo el tiempo que quieras para explorar cada una de ellas:

- Puedes pedir que fluya suavemente más energía desde arriba hacia ti y a través de ti.

- Puedes pedir que fluya suavemente más energía hacia ti desde atrás y salga por delante.

- Incluso puedes pedir que aparezca suavemente más energía en algún lugar de tu centro y que luego irradie hacia fuera en todas direcciones.

Ahora volvamos a la vida ordinaria. Deja que tu conciencia regrese suavemente a la habitación donde estás sentado. Si te resulta cómodo, puedes quedarte con esta sensación de ti mismo como un gran flujo de energía sin esfuerzo. Si no es cómodo, simplemente déjalo ir, pero mantén la conciencia de que esto es posible y de que algunas personas se sienten así.

Ahora fíjate en lo que has aprendido y en cómo ha sido para ti toda esta experiencia:

- *¿Te ha resultado fácil sentir tu centro?*

- *¿Cómo de fácil fue para tu centro crecer hacia abajo, en lo más profundo de la tierra?*

- *¿Cómo de fácil fue para tu centro crecer hacia tu yo superior y hacia la divinidad?*

- *¿Cómo te sentiste al ser un gran flujo de energía sin esfuerzo?*

- *¿Qué pensamientos o sentimientos te han surgido al hacer este ejercicio?*

- *¿Qué pensamientos o sentimientos parecen interponerse en el camino?*

- *¿Cómo sería vivir así todo el tiempo?*

El flujo de energía que está disponible para ti es enorme. Esta es la verdad que crea los dones del patrón agresivo. Sin embargo, tu cuerpo no está naturalmente preparado para enormes cantidades de energía. El cuerpo de una persona que utiliza el patrón agresivo suele ser capaz de tolerar más flujo de energía que el cuerpo de una persona normal (de lo contrario, no podría hacer funcionar esta estrategia de seguridad), pero todos los cuerpos tienen límites. Si decides seguir experimentando con esto, ten cuidado de no sobrecargarte con demasiada energía y freír tu sistema.

Los orígenes del patrón agresivo

La herida que sufrieron las personas con patrón agresivo fue una herida en su confianza en otros. Cuando necesitaron ayuda, nadie estuvo a su lado y tuvieron que sobrevivir gracias sólo a la fuerza de su propia voluntad. Su estrategia de defensa es un intento de protegerse de una nueva herida similar. Su historia básica es la siguiente: se encontraron en una situación que puso en peligro su vida, pero nadie estuvo allí para ayudarles, así que utilizaron su propia voluntad para abrirse camino a través de la lucha. Ahora están atrapados en la respuesta de lucha o huida, buscando constantemente amenazas a su supervivencia y luchando para abrirse camino en la vida.

Usar la fuerza de voluntad para sobrevivir

Veamos su historia más de cerca. Como la mayoría de los niños, empezaron siendo pequeños seres muy sensibles. Estaban haciendo un trabajo bastante bueno de separación y desarrollo de la voluntad, la fuerza y la autonomía, esas tareas cruciales del desarrollo en las que se centran los niños entre los dos y los cuatro años aproximadamente. Y a medida que se experimentaban a sí mismos como seres separados, se encontraban con la siguiente gran pregunta: *"¿Puedo confiar en ti? ¿Puedo depender de ti? ¿Estás siempre ahí para mí de forma consistente? ¿Estoy seguro a tu cuidado?"*

Aquí es donde se produjo el choque de trenes, quizá sólo una vez, pero probablemente repetidamente. Hubo una situación tan abrumadora que temieron morir, y nadie estuvo allí para ellos. Pero a esa edad ya disponían de sus propios recursos internos, así que éstos se hiperactivaron y acudieron en su ayuda. Invocaron su propia voluntad y fuerza, y se forzaron a sí mismos a superarlo.

¿Cómo lo hicieron? Desconectaron su conciencia de sus miedos, necesidades y vulnerabilidad. Aún no tenían la capacidad de ocuparse realmente de sus propias necesidades – de calmar sus propios miedos y amortiguar su propia vulnerabilidad – así que se separaron de sus necesidades y las enterraron en lo más profundo de su inconsciente. Para mantenerlas enterradas, contrajeron su psique y sus músculos: se blindaron.

Ahora han tenido toda una serie completamente nueva de experiencias:

se sintieron aterrorizados → se hicieron grandes y duros → lo manejaron → se sintieron invencibles

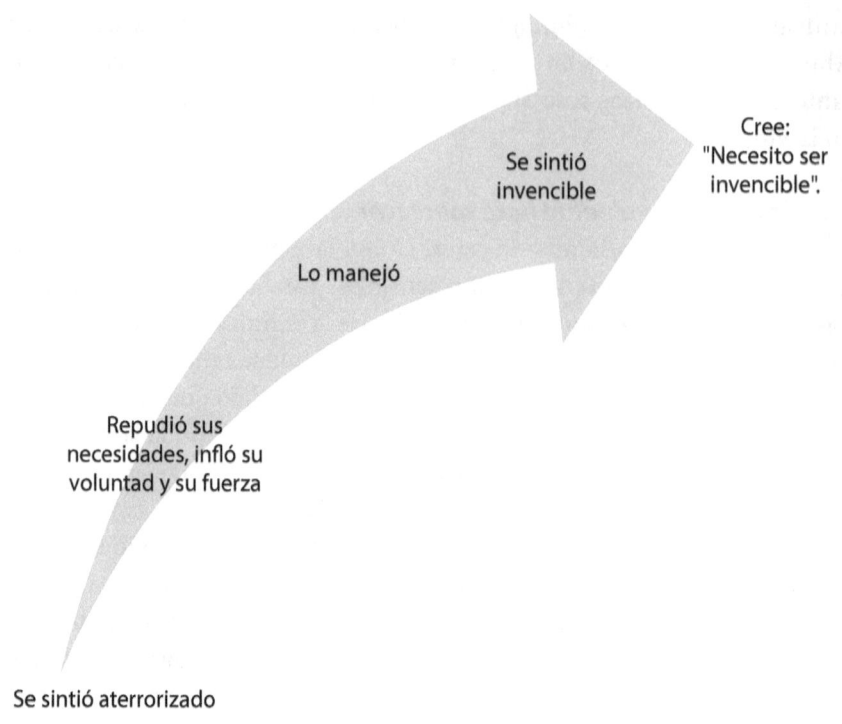

Cree:
"Necesito ser invencible".

Se sintió invencible

Lo manejó

Repudió sus necesidades, infló su voluntad y su fuerza

Se sintió aterrorizado

El proceso de autoinflación del patrón agresivo

Y de ese nuevo conjunto de experiencias sacaron una serie de conclusiones: *"Nadie está ahí para mí. Nadie se preocupa. Estoy solo. Tengo que manejarlo todo por mí mismo. **Decido** manejarlo todo por mí mismo. Puedo conseguirlo. Es sólo cuestión de voluntad".*

Por supuesto, esto no es una solución real a su problema. Su vulnerabilidad y sus necesidades han sido repudiadas, pero siguen organizando la psique. El shock, el trauma y el miedo de supervivencia siguen vivos en su sistema, aunque profundamente enterrados. Siguen teniendo mucho miedo, pero no son conscientes de ello, y ahora su sistema puede volver fácilmente a ese shock y trauma. Cuando eso ocurre, ocurre rápido. Una gran ola de miedo golpea su sistema, y están de vuelta en la lucha por la supervivencia.

No han aprendido a pedir ayuda a los demás. No han aprendido a escapar ni a aguantar para sentirse más seguros. Lo que han aprendido es que el amor y la conexión no les mantendrán a salvo, y que en lo único que pueden confiar es en su propia fuerza y voluntad. Ahora tienen la convicción de que *"tengo que cuidar de mí mismo, porque estoy solo. Nadie está a mi lado. Debo ser siempre invencible, porque si soy vulnerable, no sobreviviré*". Lo que ha aprendido el niño que desarrolla el patrón agresivo es que debe luchar por lo que necesita, porque nadie va a cuidar de él ni a protegerle. Luchar es lo que mejorará las cosas, ni confiar, ni depender de otros. Luchar.

Acercamiento y escisión amor-poder

Llegados a este punto, es posible que te preguntes: *"¿Por qué le surge ahora al niño este problema de confianza? ¿No ha dependido siempre de otros para que le cuiden? ¿Qué cambia ahora?"*. Es una pregunta importante. Lo que es diferente ahora es que, a medida que el niño se ve a sí mismo cada vez más como una persona separada, su nueva sensación de separatividad trae consigo una vulnerabilidad aterradora. Alrededor de los dos años comienza el proceso de separación e individuación, de forma más obvia con el descubrimiento por parte del niño de que puede decir "¡No!". Al principio, esta separación era algo maravilloso. Le daba una nueva sensación de poder y capacidad. Pero ahora esas habilidades han dejado de ser *sólo* habilidades: se han convertido en *sus* habilidades. Lo que antes eran sólo vulnerabilidades y necesidades, ahora se han convertido en *sus* vulnerabilidades y necesidades. Por primera vez, el niño se da cuenta de que, debido a su separación, es necesitado y vulnerable: sin los demás, no sobrevivirá.

El niño ama y teme a la vez su nueva separación y autonomía. La lucha por conciliar estos dos sentimientos le hace querer estar en tu regazo, luego fuera de tu regazo, luego en tu regazo otra vez, y luego fuera de nuevo. Va y viene, alternando entre el deseo de unirse y el de separarse.

En psicología, este periodo se denomina "fase de acercamiento", de la palabra francesa que significa "unir". La tarea del niño durante esta fase es "unir" dos enormes polaridades que han aparecido en su psique. La primera polaridad es una de tamaño: entre su grandeza y su pequeñez, su magnificencia y su vulnerabilidad, su fuerza y su necesidad. La segunda polaridad es de conexión: entre su unicidad y su separatividad, su unidad y su individualidad.[1] En resumen, debe integrar el amor y la conexión que ya ha experimentado con el poder y la separatividad que está empezando a experimentar. No es tarea fácil, y la mayoría de los niños no lo consiguen del todo.

La crianza del nuevo poder del niño

Este tampoco es un momento fácil para los padres. El nuevo sentido de la voluntad y la separación del niño da lugar a una nueva experiencia interior en él, la experiencia del *querer*. Antes, el niño simplemente estaba molesto – quizá hambriento, mojado o cansado – y sólo necesitaba que se lo solucionaran. El trabajo de los padres consistía simplemente en encontrar el problema y solucionarlo. Ahora el niño ha desarrollado la capacidad de querer algo concreto y la voluntad de probar múltiples maneras de conseguirlo, aunque no sea bueno para él. Esto crea una serie de problemas totalmente nuevos para los padres. En primer lugar, ¿cómo distinguen entre lo que el niño realmente necesita y lo que simplemente quiere? Y segundo, ¿cómo hacen frente al incesante aluvión de nuevas estrategias del niño para forzar su cumplimiento, especialmente las rabietas?

Diferenciar las necesidades del niño de sus deseos ya es bastante difícil. Requiere que los padres estén constantemente haciendo llamadas de juicio, momento a momento, en el ajetreo de la vida cotidiana. Pero además, cada vez que deciden decepcionar al niño, tienen que mantenerse firmes contra su reacción. La habilidad con la que sean capaces de sostener la reacción del niño determina en gran medida la experiencia de éste. Existen tres posibilidades:

1. Los padres son capaces de encarnar simultáneamente el amor y el poder, de modo que pueden sostener y contener la energía del niño, incluso frente a su furia, sin perder su sentido del amor y la conexión con él.

2. Los padres son capaces de encarnar el amor, pero no el poder, por lo que se derrumban ante las exigencias del niño y ceden.

3. Los padres son capaces de encarnar el poder, pero no el amor, por lo que toman represalias atacando, abandonando o avergonzando al niño.

Lo ideal es que los padres sean capaces de encarnar tanto el amor como el poder, de modo que puedan contener la tormenta emocional del niño sin derrumbarse, tomar represalias o perder su conexión amorosa con él. Si lo consiguen, el niño aprenderá a integrar su nuevo poder con el amor y la conexión que ya tiene. Aprende que puede ser completamente él mismo, tanto si se siente grande y fuerte como pequeño y necesitado, y aún así ser amado y estar seguro. Aprende que hay algo bueno que es más grande que él, que le contiene y le protege, y que no tiene por qué temer ni a su debilidad ni a su nuevo poder.

La mayoría de nosotros, sin embargo, no tuvimos tanta suerte. La mayoría de nosotros vimos el amor ejercido sin el poder necesario para fortalecerlo (opción 2), o el poder ejercido sin el amor necesario para guiarlo (opción 3). Llegamos a ver los dos – amor y poder – como fuerzas incompatibles y opuestas. Creímos que teníamos que elegir entre ellas, así que abrazamos una y rechazamos la otra.

Obviamente, el lado que adopte el niño desempeña un papel fundamental en el desarrollo de su personalidad. El niño que adopta el patrón agresivo prefiere el poder sobre el amor. No se siente protegido por nada más grande que él, así que intenta protegerse cerrando su corazón y separándose de su propia debilidad, necesidad y vulnerabilidad. Cambia al arquetipo del guerrero, que le hace sentirse más fuerte, pero también convierte el mundo en un campo de batalla y la vida en una lucha por la supervivencia. Para sobrevivir, idealiza la fuerza y la voluntad y desdeña la vulnerabilidad y la necesidad. Maneja sobre todo la energía masculina y devalúa la femenina. (Aunque en este capítulo utilicemos "él", las chicas que adoptan el patrón agresivo hacen estos mismos cambios).

Entornos que suelen precipitar el patrón agresivo

Teniendo en cuenta que cada uno de los patrones de supervivencia se forma por la *interacción* entre el niño y su entorno, y no es algo que el entorno le imponga, veamos cómo se forma el patrón agresivo.

En primer lugar, consideremos al niño. Se trata de un niño voluntarioso y con mucha energía. Los niños con poca energía y complacientes no desarrollan el patrón agresivo – puede que prueben esta estrategia, pero no consiguen que funcione, así que no siguen con ella. Recuerda que cada uno de los patrones de supervivencia es una forma de amortiguar la sensación de abrumación. Si no consigues que una estrategia de amortiguación te funcione, pasas a otra.

Veamos ahora cómo responden los padres a la gran energía y voluntarioso del niño.

Amor sin poder (contención insuficiente)

Una posibilidad es que los padres no puedan sostener y contener la energía del niño. Se derrumban ante las rabietas del niño y ceden. Como este niño gana repetidamente las peleas y consigue lo que quiere, llega a la conclusión de que pelear funciona. Naturalmente, seguirá peleando y su agresividad dejará de ser una estrategia para convertirse en un patrón de supervivencia.

Le gustará sentirse grande y fuerte y empezará a hacer lo que pueda para mantener esa sensación de sí mismo.

Sin embargo, también se sentirá solo. La experiencia de poder dominar a sus padres es desorientadora y desconcertante para un niño. Le quita la sensación de que hay algo más grande que le mantiene a salvo. En cuanto puede dominar a sus padres, se siente solo en el mundo. Un amigo con patrón agresivo lo explicaba así: *"Recuerdo el momento vívidamente. Apenas tenía 13 años y estaba discutiendo con mi padre. Estaba en lo alto de las escaleras que bajan del salón a la sala de recreo. No sé sobre qué discutíamos, pero acababa de decirle por qué pensaba que estaba equivocado. Y en lugar de responder a mi razonamiento, gritó: "¡Se supone que tienes que respetar a tu padre!" Y yo, sin pensarlo, le respondí: "El respeto hay que ganárselo". Y en ese momento, supe que se había acabado. Le había derrotado. Bajé las escaleras con una sensación de amargura y hundimiento en las tripas, porque entonces supe que era más grande que él. Podía derrotarle en cualquier momento".*

Poder sin amor (conexión insuficiente)

La segunda posibilidad es que los padres sí tengan la fuerza para sostener la energía del niño, pero no puedan mantenerse conectados y cariñosos mientras ejercen esa fuerza. Así que, en lugar de ayudar al niño a procesar su frustración y gestionar su propia energía, utilizan la fuerza para aplastarla. Cada vez que se les opone, convierten el desacuerdo en una pelea y le derrotan.

Se trata de padres autoritarios, que creen que la oposición de su hijo es un desafío y que, para mantener su autoridad, deben acabar con la oposición del niño, aunque para ello sea necesario recurrir a la violencia. Es muy probable que, cuando estos padres fueron niños, ellos mismos fueran atacados por un padre autoritario. Así que ese es el único modelo que conocen y al que automáticamente recurren bajo presión. Ahora, cuando su propio hijo les desafía, la rabia reprimida de su propio maltrato sale a flote, a menudo en forma de un pensamiento como: *"¿Cómo es que tú puedes hacer eso? Yo nunca pude hacerlo".* Puede que incluso se hayan jurado a sí mismos que nunca tratarían así a sus propios hijos, pero la rabia reprimida en su interior es poderosa, y ahora aquí están, reaccionando de la misma manera que lo hicieron sus propios padres.

Habrán notado que es el mismo tipo de respuesta autoritaria que vimos en la formación del patrón de soportar, y se preguntarán qué hay de diferente aquí. Lo que es diferente es la respuesta del niño. Los intentos de autoafirmación de ambos niños se encuentran con una oposición aplastante, y ambos pierden muchas peleas. Pero, mientras que el niño que adopta el patrón de soportar llega a la conclusión de que "nunca podré ganar" y entonces se rinde y pasa a la clandestinidad para salvarse, el niño que adopta el patrón agresivo decide que prefiere morir antes que rendirse, se identifica con su voluntad y su fuerza, y sigue luchando.

Hay toda una constelación de factores que influyen en esta decisión. Puede que tenga más talento para luchar que para aguantar, y puede que aguantar no le funcionara. Las reacciones violentas de los padres probablemente empezaron más tarde, cuando él ya tenía mucha más voluntad y fuerza para defenderse, así que ya tenía cierto historial de victorias antes de que empezaran las derrotas. Puede que midiera a su(s) autoritario(s) progenitor(es) y decidiera que sólo era cuestión de tiempo que creciera lo suficiente como para "patearle el culo al viejo", así que lo único que tenía que hacer era sobrevivir hasta entonces.

Qué progenitor era el autoritario también marca una gran diferencia. Si era el progenitor que se encargaba de la mayor parte del cuidado del niño, entonces perder todas las batallas puede haber empezado poco después del nacimiento, y no hubo victorias antes del primer ataque. Si era el progenitor menos implicado, los ataques empezaron más tarde, y el niño ya tenía un historial de victorias y cierta sensación de relación segura con el progenitor más cariñoso.

Otros miembros de la familia también pueden haber resultado heridos, y tratar de protegerlos puede haber influido en su decisión. Muchos clientes varones me han contado historias de cuando eran niños y se quedaban despiertos por la noche esperando a que su padre llegara a casa, sabiendo que, si estaba borracho, estaría enfadado y querría pegar a alguien. Le habían visto pegar a su madre y a sus hermanas, y se habían jurado: *"Si va a pegar a alguien, será a mí"*. Así que esperaban esas noches para ponerse intencionadamente delante de su padre y recibir los golpes. Varios relataron cómo se burlaban activamente del viejo para alejarlo de su madre y sus hermanas, aun sabiendo que iban a recibir puñetazos en la cara. En la película *El indomable Will Hunting*, el terapeuta de Will describe esta misma elección cuando dice: *"Mi padre era alcohólico. Un borracho de mierda cruel. Solía volver a casa borracho, con ganas de pegarle a alguien. Así que tenía que provocarle para que no fuera a por mi madre y mi hermano pequeño. Las noches interesantes eran cuando llevaba sus anillos . . ."*. Por el contrario, un cliente que adoptó el patrón de soportar relató cómo la única forma de proteger a su hermana durante su infancia era que él no fuera fuerte ni tuviera éxito. Veía que cada vez que tenía éxito en algo, de alguna manera acababa perjudicando a su hermana. Después de una apreciación superficial de su logro, su madre se volvía contra su hermana y la reprendía por no ser capaz de hacer lo mismo. Al ver que sus logros sólo causaban dolor a su querida hermana, renunció a todo éxito para protegerla. Nótese también que era su madre quien ejercía el autoritarismo, no su padre.

Así que hay muchos factores que intervienen en la creación de una estrategia de seguridad y, finalmente, de un patrón de supervivencia. Además, hay que tener en cuenta la posibilidad de que un niño necesite un determinado patrón de supervivencia para aprender alguna lección importante de la vida, por lo que puede adoptar inconscientemente ese patrón de supervivencia aunque otro hubiese funcionado mejor.

Amor traicionado

Un tercer escenario que tiende a crear el patrón agresivo es aquel en el que el amor que recibió el niño se utilizó después para manipularle. Esto suele implicar a un progenitor autoritario del mismo sexo y a un progenitor manipulador del sexo opuesto. Si el niño es varón, suele tratarse de un padre autoritario y una madre manipuladora. La historia habitual es que, antes del matrimonio, la madre idealizaba la fuerza y la autoridad del padre. Le admiraba y se sentía protegida por él. Pero a medida que pasaban los años y sus peleas se volvían más violentas, ella le rechazaba y se dirigía a su hijo en busca de amor. O puede que, al nacer los niños y prestarles más atención, su marido sintiera celos y comenzaran las peleas. En cualquier caso, la idealización de su marido fue sustituida por la desilusión y el rechazo hacia él.

Luego trasladó su idealización a su hijo y lo reclutó para que fuera su "marido emocional" sustituto. Le dijo que era "el hombrecito de mamá" y le dio a entender que, de alguna manera, era mejor que su padre. Sin mencionar nunca la sexualidad, le sedujo para que se convirtiera en su marido emocional. Lo elogiaba, confiaba en él y lo utilizaba para satisfacer sus propias necesidades emocionales, que su marido ya no satisfacía.

El niño de esta situación cree que está siendo grande, fuerte e importante (porque eso es lo que le dice mamá), pero en realidad le están robando su infancia. Mientras está ocupado tratando de ser el marido emocional de mamá, no es capaz de ser un niño y trabajar a través de las tareas de desarrollo a las que se enfrenta. No es capaz de integrar su nuevo poder en su sentido del amor y la conexión con sus padres. No se siente sostenido y contenido energéticamente por sus padres; en cambio, se siente igual a su madre y superior a su padre. Su seguridad no se encuentra en depender de ellos, sino en igualarlos o superarlos. Su trabajo consiste en proteger a su madre de su padre. Esto puede significar desafiar directamente a su padre o incluso luchar físicamente contra él. Si pierde, habrá fallado a su madre. En cualquier caso, pierde a su padre.

No puede mantener su conexión amorosa con ambos, y no puede reclamar a la vez tanto su poder como sus legítimas necesidades infantiles. En lugar de eso, tiene que renunciar a su conexión con su padre y renegar de sentirse pequeño, débil y necesitado. Mientras intenta ser más grande y fuerte de lo que corresponde a su edad, utiliza su voluntad para inflarse y empujarse hacia un desarrollo precoz. Su madre le necesita y él tiene que estar preparado para defenderla.

Al final, descubre que su madre le estaba utilizando y que nadie estaba realmente a su lado. Ha perdido la sensación de que el mundo es seguro, de que el amor es seguro y de que puede confiar en otros para que se ocupen de sus necesidades. Lo único que le queda es su propia sensación de poder.

Por supuesto, este mismo escenario puede ocurrirle a una hija si su padre se alía con ella en contra de su madre y la convierte en su esposa emocional. Y puede ocurrir en una situación en la que algunos o todos los participantes se identifiquen como homosexuales o bisexuales, ya que la herida no tiene que ver con la orientación sexual. La herida es por haber sido utilizado por alguien que creía que le cuidaba.

Este niño entregó su corazón al progenitor seductor,[2] intentó amar y proteger a ese progenitor, y ser lo que ese progenitor necesitaba, sólo para descubrir que había sido traicionado. Al ver que era su amor y apertura de corazón lo que le había dejado tan vulnerable, cerró su corazón en señal de autoprotección e inconscientemente juró: *"Nunca me volverás a hacer eso"*.

La herida central de quienes adoptaron este patrón de supervivencia fue la pérdida del sentido de que pueden necesitar a otros y confiar en ellos de forma segura. Su solución es confiar únicamente en su propia fuerza y voluntad.

Acción defensiva

Si no puedes confiar en otros para que cuiden de ti, ¿qué haces? ¿Cómo sobrevives? ¿Cómo intentas ponerte a salvo? La solución de este patrón es ser lo suficientemente poderoso como para cuidar de ti mismo, para ser capaz de estar ahí para ti mismo. Eso significa inflarse a sí mismo, mientras se controla a sí mismo, controla a los demás y controla la situación.[3]

El niño intenta controlarse devaluando y negando sus propios sentimientos y necesidades. Su mente se vuelve contra su cuerpo y sus sentimientos del cuerpo.[4] Le cierra el corazón y le separa de su necesidades haciéndole renunciar a ellas. Su mente utiliza el desprecio y el desdén para suprimir todas sus necesidades, debilidades, miedos y dependencia, y en su lugar desvía su atención de sus debilidades hacia su voluntad y su fuerza.

Para controlar a los demás y la situación, adopta una postura agresiva frente al mundo. En lugar de pedir lo que necesita, lo exige. Se basa en la intimidación y la fuerza, en lugar de en la cooperación, para conseguir lo que necesita.

Para parecer más grande e intimidante, acumula energía en la parte superior del cuerpo y la empuja hacia delante. Se infla a sí mismo y desinfla a los demás, tratando de mantenerse por encima y de mantener a los demás por debajo.

Resultados de la acción defensiva

Volverse contra el propio cuerpo es un acto serio. Requiere un enorme ejercicio de voluntad. También requiere un enorme sacrificio. Para garantizar su supervivencia física, una persona que adopta este patrón de supervivencia sacrifica sentirse plenamente viva.

Pérdida de apoyo y conexión

Puesto que el cuerpo es lo que le enraíza y sostiene en el plano físico, devaluar las señales y necesidades del cuerpo significa perder literalmente el contacto con la tierra que hay bajo sus pies y el apoyo que ésta le ofrece. Despreciar la información que le llega a través del cuerpo también significa perder la conexión con su yo superior y el reino de lo divino a través de la coronilla. Perder su sentido de apoyo desde abajo y su sentido de propósito desde arriba hace que el mundo de esta persona se contraiga. En lugar de formar parte de la familia universal, se siente abandonado y solo, atrapado en el plano físico, sin apoyo desde abajo ni dirección desde arriba. Su visión original del propósito de su vida se contrae en una visión más pequeña de supervivencia y poder. El mundo que le rodea se convierte en un campo de batalla, en el que él es un guerrero solitario, sin amor, que lucha por sobrevivir. La vida se convierte en una serie interminable de combates.

Necesidad de dominio y control

Ahora hay mucho que temer: la debilidad, la necesidad, la pérdida de control y la rendición en cualquiera de sus formas. Pero como se suprimen los sentimientos, estos miedos no se sienten sino que se manifiestan en todas las formas en que intenta dominar y controlar a otros, en lugar de confiar en ellos y cooperar con ellos. Como ocurre con todos los patrones de supervivencia, sus acciones defensivas atraen hacia sí las mismas cosas que intenta evitar. En este caso, sus acciones atraen hacia sí el abandono y la traición que teme.

Aquí es donde se atascan las personas con patrón agresivo. No hubo una fuerza mayor y amorosa que los contuviera y protegiera. Vieron el amor ejercido sin poder, o el poder ejercido sin amor, o su propio amor utilizado para manipularles. Así que recurrieron a la fuerza de su propia voluntad, renunciaron al amor y se identificaron con el poder. Ahora se sienten solos en un mundo peligroso, sin amor, sin apoyo, sin protección. No pueden imaginar que nada amoroso sea lo bastante fuerte para protegerlos, ni que nada fuerte se preocupe por ellos. Sin nada en lo que puedan confiar, se ven atrapados en una lucha interminable por el poder y la supervivencia.

El patrón agresivo en pleno apogeo
Señales corporales

Dado que el flujo de energía en el cuerpo contribuye a darle forma a medida que éste crece, el aumento del flujo de energía ascendente del patrón agresivo suele hacer que la mitad superior del cuerpo sea más grande que la mitad inferior. Normalmente, el cuerpo adquiere forma de V, con hombros anchos y fuertes y caderas más estrechas. Las piernas son más delgadas y débiles de lo que sería proporcional. La persona es atractiva y fuerte, pero puede parecer tener una parte superior pesada y carecer de enraizamiento.

La persona tiene un centro fuerte, pero es un centro cerrado en defensa, no un centro abierto y relajado. No descansa en su centro y simplemente se deja sostener por él. Por el contrario, existe una tensión interior constante, una tensión tan habitual que no la percibe ni imagina que podría relajarla. Esta tensión se manifiesta en su comportamiento como una guardia constante y una disposición a luchar por su supervivencia.

Sus ojos tienden a ser convincentes. Cuando te mira, puedes sentir la presión de su voluntad, que te empuja a estar de acuerdo con él. La tensión de su centro se manifiesta a través de sus ojos como una cualidad vigilante y desconfiada, como un estado de alerta ligeramente tenso, más que como un estado de alerta relajado y abierto.

Como se ha mencionado anteriormente en el capítulo sobre el patrón de escapar, una de las principales diferencias entre los animales depredadores y los de presa es que los depredadores, cuando están acechando a su presa, mantienen una atención centrada en un punto, una atención centrada en lo que quieren. Los animales de presa, por el contrario, sostienen una atención

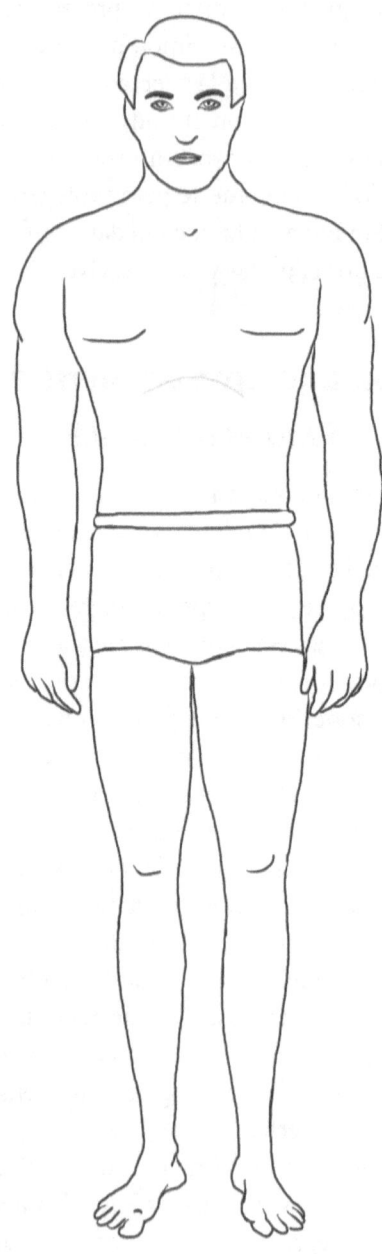

El patrón agresivo – forma típica del cuerpo

abierta, centrada en el campo, que les permite percibir el peligro procedente de cualquier dirección.[5]

El estado de alerta ligeramente tenso de una persona con patrón agresivo es similar a la atención centrada en un punto de un animal depredador, salvo que aquí se utiliza como estrategia de seguridad. En un animal depredador, la atención centrada en un punto sólo está presente mientras es necesario para cazar, y se relaja mientras descansa. Pero como una persona atrapada en el patrón agresivo nunca se siente verdaderamente segura, su atención nunca se relaja del todo.

Con el tiempo, a medida que una persona distorsiona repetidamente el libre flujo de su atención y energía vital para evitar sentir plenamente su propia angustia interior, su cuerpo y su mente se condicionan para mantener automáticamente esta forma de ser. Al tratar de sentirse más segura, aprende a mantener inconscientemente un cierto patrón de tensión en su cuerpo y su mente. Este patrón de tensión se conoce como «patrón de sujeción» del patrón de personalidad.

En este caso, el patrón de sujeción del cuerpo es mantenerse perpetuamente *arriba*. Observa cómo esto contrasta con el patrón de escapar *de mantenerse unido*, el patrón de fusionarse *de agarrarse* y el patrón de soportar de mantenerse *dentro*.

Los cuerpos de las personas que siguen el patrón agresivo suelen ser fuertes y atléticos, pero pueden haber sufrido daños por haber sido sometidos repetidamente a esfuerzos excesivos. Llevar sus cuerpos al límite les pone frecuentemente en un estado de adrenalina y tiende a convertirles en adictos a la adrenalina. Si abusan habitualmente de sus glándulas suprarrenales, pueden caer en un estado de agotamiento suprarrenal, en el que sus cuerpos empiezan a deteriorarse gravemente. Esto ocurre porque nuestros cuerpos están diseñados para utilizar la adrenalina sólo durante breves periodos de tiempo, seguidos de periodos de recuperación. La verdadera energía vital procede de la tierra y nutre el cuerpo, mientras que la energía suprarrenal es una energía falsa, una energía química, que deteriora el cuerpo. Las mujeres que siguen el patrón agresivo son especialmente propensas a utilizar en exceso sus glándulas suprarrenales porque no tienen tanta testosterona innata para mantener su fuerza.[6]

Psicología

Este es el primer patrón de supervivencia que tiene la edad suficiente para que tanto la fuerza como la voluntad ya estén activas y plenamente operativas mientras se está formando. En consecuencia, las personas con patrón agresivo son las primeras que, cuando entran en la respuesta de lucha o huida, se sienten capaces de luchar y ganar.

Estos nuevos poderes son un verdadero logro en el desarrollo de cualquier niño. Sin embargo, lo que le falta a este niño es la experiencia de ser contenido y protegido por una fuerza amorosa, aunque más grande. Esta fuerza más grande estuvo ausente (ninguno de los padres podía contener al niño), o la fuerza mayor no era amorosa (el padre le atacaba o se desconectaba de él), o la fuerza mayor le traicionaba (el amor del niño se utilizaba para manipularle). Sin esta protección de una fuerza más grande y amorosa, el niño no tiene sensación de seguridad y no puede relajarse. Esto le ha dejado con la creencia de que el poder manda, y que sólo su propia voluntad y fuerza pueden protegerle.

El principal problema de las personas con patrón agresivo es que dudan de que puedan confiar en otros o depender de ellos. Esto les hace temer perpetuamente por su supervivencia física. Como no pueden confiar en otros, intentan dominarlos y controlarlos para sentirse seguros. Su lema es: *"Sabía que no podía confiar en ti"*. Pueden permanecer en el estado de lucha o huida durante toda su vida, y suelen creer que es normal.

Estar atrapado en la respuesta de lucha

Sin embargo, la creencia de que el poder manda también ha llevado a este niño a un rincón psicológico. En las primeras situaciones traumáticas, cuando entraba en la respuesta de lucha o huida, realmente era capaz de abrirse paso por sí solo. Pero después era incapaz de recurrir a los demás para obtener el consuelo que necesitaba para salir de la respuesta de lucha o huida, para volver a conectar con ellos y con su propio corazón, y sentirse seguro de nuevo. Esto le ha dejado atrapado en una perpetua respuesta de lucha de baja intensidad, necesitado de dominar y controlar todo para intentar crear alguna sensación de seguridad, y dispuesto a luchar para conseguirlo.

Debido a su mayor desarrollo, las personas con patrón agresivo tienen estructuras del yo más fuertes que las que siguen patrones de supervivencia más jóvenes, pero sus estructuras del yo tienden a ser menos flexibles. En psicología, se dice que están "sobreestructurados", mientras que los que siguen los patrones de supervivencia de escapar y fusionarse están "infraestructurados". Aunque esto les da más estructura interna, también les hace menos sensibles y menos conectados con otras personas.

Los que utilizan esta estrategia de defensa entran en terapia sólo en contadas ocasiones, y normalmente sólo cuando su inflación y grandiosidad se han roto y se ha revelado alguna debilidad o necesidad. E incluso entonces, es probable que su única agenda sea la restauración de su antigua fuerza, seguida de una rápida salida de la terapia.

Orientarse hacia la verdad

Como todos los seres humanos, las personas con patrón agresivo necesitan alguna forma de orientarse en el mundo. Necesitan un punto de referencia. Pero, como orientarse hacia el amor y la conexión acabó perjudicándoles en el pasado, ahora se orientan hacia la verdad de la situación. Consideran que descubrir la verdad es la clave de su supervivencia, mientras que el amor y la conexión son prescindibles. Esto significa que el mundo que experimentan es fundamentalmente diferente del mundo que experimentan aquellos que utilizan su conexión con los demás como punto de referencia.

Para descubrir la verdad, desarrollan un gran detector de mentiras, una habilidad que también se conoce como "astucia callejera". Son energéticamente sensibles y tienen una sensación-sentida de su propio centro, por lo que se han dado cuenta de que cuando dicen la verdad, ésta resuena con su centro, mientras que cuando mienten, no resuena – no "se siente bien". También se han dado cuenta de que, controlando su propia sensación-sentida, pueden detectar las mentiras de los demás de la misma manera. Cuando tus seres queridos te han engañado, te centras mucho en encontrar formas de evitar que te vuelvan a engañar.

Lo que hacen en realidad es leer tu energía y compararla con tus palabras. Si tus palabras coinciden con tu energía – lo que significa que son ciertas, o al menos que tú crees que lo son – la persona con patrón agresivo confiará en lo que dices y te escuchará. Si sienten que tus palabras no resuenan en su interior, no confiarán en ti, digas lo que digas. Descartarán tus palabras y buscarán lo que escondes. Cuando una persona está atrapada en este patrón de supervivencia, su propia sensación-sentida de esa resonancia es lo único en lo que confiará: ni en tus palabras, ni en tus promesas, ni siquiera en tus actos.

Lo que les importa es la verdad de la situación, no si es agradable o desagradable, tranquilizadora o aterradora, y desde luego no si te gustan. Quieren la verdad, y la sabrán cuando la oigan porque su sistema se calmará cuando oigan la verdad, por desagradable que sea. Se rendirán ante la verdad de una situación, aunque nunca se rendirían ante una persona. Rendirse a una persona es la derrota. Rendirse a la verdad es sobrevivir.

Un amigo con patrón agresivo me contó una historia que demuestra claramente esta dinámica. Después de años de tener una conexión buena y tranquila con su novia, su cuerpo empezó a sentirse raro, como dando saltos por dentro. No tenía ni idea de cuál era la causa, pero finalmente llegó un punto en el que se enfadó y se enfrentó a ella diciéndole: *"No sé qué pasa, pero sé que **algo** va mal, así que ¿podrías contármelo?"*. Ella rompió a llorar inmediatamente y confesó que había tenido una aventura. En cuanto ella dijo eso, él sintió que todo su cuerpo se relajaba. Estaba tan aliviado de que por fin se hubieran calmado las cosas en su interior que su ira desapareció. Lo único que hizo fue soltar un suspiro y preguntar: *"¿Y ahora qué hacemos?"*.

Creencias

Las creencias de las personas con patrón agresivo reflejan tanto su historia de sentirse solas como su fuerte voluntad de sobrevivir. Algunas de sus creencias típicas son:

"Estoy solo".

"No hay ayuda".

"A nadie le importa".

"Es una jungla ahí fuera".

"Sólo los fuertes sobreviven".

"Sólo la verdad es digna de confianza".

"Tengo que hacerlo todo yo".

"Todo es cuestión de voluntad".

"Las normas son para los demás".

"El maltrato es normal".

Miedos

Cuando se habla de personas con patrón agresivo, normalmente se dice que su principal problema es su necesidad de dominio y control, porque ése es el tema principal de su comportamiento. Pero si nos hacemos esta pregunta: *"¿Por qué alguien pensaría que necesita esa cantidad de control sobre todos los que le rodean?"* – veremos que su problema más profundo es la incapacidad de confiar en que otros les cuidarán y protegerán, es decir, el miedo a que confiar en otros sólo les lleve a la decepción y la traición. Justo debajo de la superficie de la conciencia, las personas atrapadas en este patrón de supervivencia escuchan habitualmente pensamientos como: *"A nadie le importa. Estoy solo. No hay ayuda. Tengo que hacerlo todo yo solo"*. Creen que la única actitud segura, por tanto, es mantenerse en guardia y desconfiar, y la única acción segura es mantener el control de todo y ser superior a todos los que les rodean.

Bajo su actitud de superioridad, hay muchos miedos, pero normalmente no los sienten ni los reconocen. Es posible que puedas deducir sus miedos por su comportamiento, pero si les preguntas, normalmente te dirán que no sienten ningún miedo.

Miedo a la vulnerabilidad

Temen cualquier tipo de vulnerabilidad. La vulnerabilidad significa que son débiles o que necesitan algo, y la debilidad y la necesidad son una amenaza para la supervivencia. Incluso recibir lo que necesitan de otra persona es visto como una amenaza porque eso podría llevarles a depender de esa persona. Para los que siguen el patrón agresivo, el único lugar seguro para conseguir lo que necesitan es dentro de ellos mismos.

Miedo a depender de los demás

Su mayor miedo es depender de los demás, por lo que reprimen cualquier emoción que pudiera dar a otros poder sobre ellos. Obviamente, esto significa que no puede permitirse ni admitirse apegarse a otra persona ni necesitarla emocionalmente. Recuerda que su herida central surgió por depender de alguien que les falló cuando lo necesitaban. Pero, por supuesto, necesitan a los demás, igual que todos nosotros, así que encubren su necesidad fingiendo que no les importa. Si quieres discernir la profundidad de su necesidad de alguien, no te centres en su fingida indiferencia, sino en lo lejos que llegarán para mantener su control sobre esa persona.

Miedo a que sus necesidades sean demasiado grandes

Las personas con patrón agresivo también temen que sus necesidades sean demasiado grandes para que las pueda satisfacer cualquier otra persona. Esto puede haber sido literalmente cierto en su infancia. Cuando tenían una rabieta y necesitaban un padre lo bastante fuerte como para contener su ira – para sostener les en medio de la tormenta – a menudo ninguno de sus padres era capaz de hacerlo. Llegaron a la conclusión de que los demás tenían miedo de sus necesidades, y ellos también empezaron a tener miedo de sus necesidades.

Miedo a ser malo por dentro

Saben que, para sobrevivir, eligieron el poder y renunciaron al amor, así que, a cierto nivel, quienes desarrollaron el patrón agresivo temen ser malos por dentro. Si intentan ocultarlo, entonces temen en secreto que haya un monstruo viviendo dentro de ellos, un monstruo que explota cuando están enfadados y se dedica a estallar contra la gente. Han visto el daño que sus explosiones hacen a otras personas y a las relaciones, y se sienten avergonzados, pero también se ven impotentes para detenerlo.

Por otro lado, si abandonan toda esperanza de amor humano y aceptan abiertamente ser malos, entonces se convierten en el monstruo. Dos grandes ejemplos de ello son Voldemort en la serie *Harry Potter* y Sauron en *El Señor de los Anillos*. Ambos personajes han abrazado el lado oscuro de sí mismos y se les conoce como "el Señor Oscuro". Ambos han renunciado a toda esperanza de amor y gobiernan a través del poder y el miedo. Aunque tienen subordinados, ambos son completamente solitarios.

Terror helado

Y, en el fondo de todos sus miedos reprimidos y negados, hay un terror descarnado y congelado. Ésta es la herida original, el terror que se sintió tan amenazador para la vida que la persona renunció a toda dependencia para alejarse de él. Pero ha quedado encerrado, muy por debajo de la conciencia, y no suele resurgir a menos que la persona realice un profundo trabajo interior o se enamore profundamente. El apego emocional de una relación romántica profunda y sincera volverá a despertar el terror porque reconstela la experiencia de necesitar emocionalmente a otro ser humano. Por eso, las personas atrapadas en este patrón de supervivencia suelen evitar enamorarse profundamente.

Defensas psicológicas

Como ocurre con todos los patrones de supervivencia, las defensas psicológicas de las personas con patrón agresivo son intentos de sentirse seguras en un mundo inseguro. Veamos cada una de estas defensas por separado.

Agresión activa

Su estrategia de defensa más obvia es la agresión activa. Fíjate en lo diferente que es de la agresión pasiva que utilizan las personas con patrón de soportar. Mientras que las personas con patrón de soportar repudian y ocultan su agresividad, las personas con patrón agresivo se identifican con ella e incluso la anuncian. No son los niños que perdieron las peleas, sino los que las ganaron. E incluso cuando les pegaban, nunca se rendían. Al contrario, aprendieron a utilizar su ira y su agresividad de forma estratégica para conseguir lo que querían. Conocen su ira y son capaces de utilizarla deliberadamente para obtener los resultados que desean. Incluso pueden reconocerlo verbalmente con una pregunta como: *"¿Hasta qué punto tengo que enfadarme para que hagas lo que quiero?"*.

Bajo su ira, siempre hay una necesidad oculta. Probablemente no sean conscientes de ella, y lo más probable es que no la reconozcan ni siquiera cuando son conscientes de ella, pero aun así está ahí. Satisfacer esa necesidad es uno de los principales objetivos de su ira. Hablaremos más sobre esto en la sección sobre su enfoque del conflicto.

Encanto

A veces su agresividad no es tan evidente. A veces cambian de estrategia y utilizan su carisma para seducir a los demás y hacer que sigan sus planes. Este cambio de estrategia es una respuesta pragmática a la situación. Han evaluado la situación y han decidido que el encanto funcionará mejor que la agresión activa en este caso. En la situación actual, puede que no tengan el poder o la posición necesarios para imponer la conformidad, o puede que hayan decidido que el encanto y la manipulación serán herramientas más potentes para conseguir el resultado que desean. Tanto si se trata de una seducción como de un golpe de Estado, esta estrategia puede convertirse en una complicada construcción de engaños.

Aunque la mayoría de las personas con patrón agresivo son capaces tanto de seducir como de intimidar, suelen tener una marcada preferencia por una estrategia y la utilizan la mayor parte del tiempo, cambiando a la otra sólo cuando su estrategia preferida no funciona.

Proyección

Otra defensa psicológica es la proyección. El miedo, la necesidad, el dolor, la debilidad y la vulnerabilidad se proyectan en los demás, a menudo acompañados de una actitud de desprecio hacia ellos. Esto hace que se reniegue de todos estos sentimientos y permite a la persona con patrón agresivo decir: *"Yo soy el grande, el fuerte, el invencible. Los demás son débiles, repugnantes y pequeños gusanos"*.

Objetivación

Su proyección se ve facilitada por otra defensa, llamada "objetivación". Esto significa que tanto uno mismo como los demás se reducen de seres humanos plenos y polifacéticos a objetos. Todos percibimos y valoramos la humanidad de los demás a través de nuestros corazones, así que cuando nuestros corazones se cierran, los demás pierden su valor inherente como humanos y se convierten en objetos para nosotros. Entonces recurrimos por defecto a otra forma de medir su valor, que suele reducirse a: "¿Qué pueden hacer por mí?". Esto no es malo; es simplemente una forma pragmática de asignar valor cuando el corazón está desconectado.

Las personas atrapadas en el patrón agresivo también recurren por defecto a este método de asignación de valor, pero con un detalle añadido. Como valoran tanto la competencia, también asignarán valor en función de la competencia de la persona. Si alguien es competente, es valioso; si no, es inútil. Obsérvese que este sistema de valoración también se lo aplican a sí mismos. Conduce directamente a sus creencias patrón: *"A nadie le importa mi corazón ni mi humanidad, sólo mi competencia"* y *"Sin mi competencia, no tengo valor".* Debajo de esas creencias, hay una herida muy profunda en el corazón, pero se requiere un gran trabajo interior para sacarla a la luz.

Autoidealización

Todas las defensas anteriores se apoyan en otra defensa psicológica, llamada "autoidealización". La ilusión de este patrón es *"Soy superior. Soy supercompetente".* Cuando se enfrentan a un problema, las personas con patrón agresivo suelen pensar: *"Yo puedo hacerlo. Sólo es cuestión de voluntad".* Su creencia es: *"Puedo hacerlo todo".* Esta autoidealización conlleva sentimientos de orgullo, superioridad e incluso invencibilidad. Un gran ejemplo de esta actitud es el personaje de Annie Oakley, en el musical *Annie Get Your Gun*. Ella canta: *"Cualquier cosa que tú puedas hacer, yo puedo hacerla mejor. Puedo hacer cualquier cosa mejor que tú".*[7]

La idealización de sus propias capacidades a menudo les lleva a sentirse competentes en situaciones en las que en realidad no lo son. Esto se manifiesta claramente en situaciones en las que están absolutamente seguros de sí mismos, a pesar de que todos los demás pueden ver que su valoración es totalmente errónea.

Su autoidealización también se manifiesta como una actitud de creerse con derecho. Pueden llegar a creer que tienen derecho a hacer lo que quieran y a tomar lo que necesiten. Suponen que el mundo está organizado jerárquicamente en función del poder y, como ellos tienen más poder, tienen derecho a dominar a los demás y a apoderarse de lo que quieran. Este sentido del derecho es más obvio en su creencia de que está bien que estallen contra los demás para que les obedezcan.

Desvalorizar a los demás

Por supuesto, para sentirse superiores, también tienen que devaluar a los demás, algo que este patrón suele hacer con creces. Cada uno de los tres patrones de supervivencia anteriores tiende a devaluarse a sí mismo y a sentirse deficiente, pero aquí la estrategia de supervivencia da un vuelco y pasa a verse a sí mismo como superior y a los demás como deficientes.

Devaluar el amor y la conexión

Las personas con patrón agresivo también desvalorizan su necesidad de amor y conexión con los demás. A menudo niegan que necesiten amor y conexión, pero satisfacen esa necesidad haciendo que los demás les necesiten y se apeguen a ellos. De este modo, pueden obtener el amor que desean sin tener que sentir su propia necesidad. Puede que te des cuenta de que es la misma maniobra que utiliza alguien que sigue el patrón de fusionarse compensado, en el que proyecta su propia necesidad en el otro y luego satisface la necesidad del otro.

El heroico salvador o caballero blanco

Existe incluso una versión codependiente del patrón agresivo, llamada el Rescatador Heroico o el Caballero Blanco. Pero no sólo rescata a los demás, como haría una persona con el patrón de fusionarse compensado, sino que también se presenta como un héroe mientras lo hace.

Por supuesto, un héroe de verdad rescata a otros, así que ¿en qué se diferencia esto? Bueno, es diferente en que un héroe de verdad rescata a otros porque *los otros* lo necesitan, mientras que el Heroico Rescatador rescata a otros porque *él* lo necesita. No sólo necesita rescatar a otros, sino que necesita verse a sí mismo como un héroe por hacerlo. Si los rescatados pudieran resolver su problema por sí mismos, la acción del heroico salvador les estaría restando poder. No llegan a luchar con su problema y descubrir que pueden resolverlo por sí mismos. En lugar de eso, es probable que le cedan su poder a él y se vuelvan dependientes de él.

Sin embargo, no se trata de una distinción del tipo "o esto o aquello" o entre blanco y negro. Pueden darse ambas dinámicas a la vez: el rescatado puede necesitar ayuda y el rescatador puede necesitar verse a sí mismo como un héroe. Lo que distingue al rescatador heroico de alguien que simplemente proporciona lo que se necesita es hasta qué punto el acto de rescatar cumple una función defensiva en la psique del rescatador. Cuanto más en sintonía esté el rescatador con las necesidades del rescatado, menos egoísta será el acto. Si la acción parece desajustada y forzada, probablemente esté más motivada por las necesidades del rescatador.

En modo guardia[8]

Existe una forma de baja intensidad del patrón agresivo conocida como "modo de guardia". Cuando las personas con patrón agresivo están en modo guardia, salen parcialmente de sus defensas, pero siguen siendo cautelosas y precavidas. No hacen el tonto ni son espontáneas, como podría ocurrir si estuvieran completamente fuera del patrón, pero son mucho más accesibles de lo que serían si estuvieran completamente dentro del patrón. Sin embargo, hasta que no tengan una sensación-sentida de seguridad en su cuerpo, no podrán salir completamente del patrón. Dado que adquirir esa sensación-sentida de seguridad en el cuerpo no es posible sin una sanación muy profunda de las heridas de su centro, muchas personas con patrón agresivos pasan la mayor parte del tiempo en modo guardia, incluso después de haber hecho un trabajo interior considerable.

Cuando el patrón agresivo está enmascarado

Existe otra variación del patrón agresivo de supervivencia en la que la persona reniega de su poder e intenta enmascarar el patrón en sí misma. Como este enmascaramiento es tan contrario a la estrategia de seguridad del patrón, esta variación parece ser poco frecuente. Los pocos ejemplos que he visto han sido mujeres.

Esta ocultación de su poder no es un acto consciente. Es una reacción a un padre autoritario y opresivo que utilizaba la fuerza para dominarlos. Odiaban que les trataran así y decidieron que nunca usarían la fuerza de esa manera, así que aunque usaron su voluntad para sobrevivir a la embestida, no se defendieron activamente. Aunque el cuerpo de la persona adoptó el patrón agresivo, no idealizó conscientemente su propia fuerza y voluntad. No se ve a sí misma capaz de intimidar o dominar a los demás y evita comportarse de ese modo. Puede que no se vea a sí misma con fuerza y voluntad en absoluto, pero esas habilidades están disponibles cuando se necesitan. Tiene una sensación-sentida del centro de su propio cuerpo, y su fuerza y voluntad no son una pretensión, sino que se ocultan a la vista en lugar de anunciarse.

Para salir del patrón e iniciar su proceso de sanación, las personas que enmascaran su estructura agresiva tienen que descubrir que realmente siguen este patrón de supervivencia. Entonces pueden empezar a apropiarse de su poder y aprender a contenerlo y modularlo.

Relación con uno mismo

Salvo por la rara variación señalada anteriormente, las personas con patrón agresivo siempre se ven a sí mismas como las que tienen el poder. De hecho, idealizan sus capacidades y su poder. Esto se manifiesta en la frecuencia con que asumen la posición de que *"puedo manejarlo"*. Esta identificación con la capacidad y el poder es fundamental para la estrategia de seguridad de este patrón. En realidad, el poder de quienes siguen este patrón procede más de su voluntad implacable que de su fuerza o competencia. Su principal forma de conocerse a sí mismos es: *"Yo soy mi voluntad"*.

Su voluntad implacable es también la fuente de una afirmación que considero diagnóstica del patrón agresivo, en el sentido de que ningún otro patrón de supervivencia la diría. La afirmación es: *"No me obligues a tener que matarte"*. A menudo se dice en tono amistoso, pero es un reconocimiento de que hay algo que quieren y pretenden conseguirlo, así que no te interpongas en su camino.

Relación con el crítico interior

Las personas con patrón agresivo pueden tener o no un crítico interior feroz, dependiendo de su otro patrón y de cómo les trataron de niños. Lo que es seguro es que, cuando están atrapados en el patrón agresivo, los ataques de su crítico interior se dirigirán sobre todo hacia fuera, hacia los demás, en lugar de hacia dentro, hacia uno mismo. Es el otro el que será devaluado por su sarcasmo y desprecio, no su yo idealizado.

Rasgos de personalidad

Veamos ahora los rasgos de personalidad del patrón agresivo. Estas son las formas en que una persona con patrón agresivo tenderá a verse cuando esté realmente en el patrón. Cuando no están en el patrón, sino que están presentes, puede que no tengan esta apariencia ni actúen así en absoluto. En esos momentos, lo más probable es que muestre los dones del patrón, como fuerza, energía, confianza y una presencia convincente. Pero cuando están completamente en el patrón, su apariencia será más parecida a lo que sigue.

Lo primero que notarás es que su energía es grande y transmite una sensación de insistencia y agresividad. Influirán activamente en la situación, no se quedarán sentados pasivamente o dejarán que las cosas se desarrollen. Querrán participar en la decisión de lo que va a ocurrir, o incluso tomar las riendas de la situación.

Tendrán el comportamiento general de alguien seguro de sí mismo, fuerte y ligeramente mejor que tú. O, si están muy metidos en el patrón, de alguien que es mucho mejor que tú, incluso descaradamente arrogante y amenazador.

Cuando hablan, presentan lo que dicen como absolutamente cierto. Incluso si tienen algunas dudas sobre lo que dicen, sus palabras saldrán de sus bocas como si estuvieran absolutamente seguros, hasta el punto de que no tiene sentido cuestionarlo. Estás viendo su voluntad en acción, mientras les apoya y te doblega a sus deseos.

Si no sigues este patrón de supervivencia, los que lo hacen te parecerán más grandes que tú, e incluso puede que sientas que te encoges en su presencia. Por otro lado, si sigues este patrón de supervivencia, te sentirás desafiado y puede que notes que tus glándulas suprarrenales se activan para afrontar el reto.

Si se sienten desafiados o amenazados por ti, subirán más energía hacia arriba y te la lanzarán. A menudo esto se manifiesta como ira, pero también puede adoptar la forma de una broma, un menosprecio o incluso en silencio. Sea cual sea la forma que adopte, cuando te lancen la ráfaga de energía, sentirás que una onda de presión golpea tu cuerpo.

Cómo recrean sus heridas tempranas

Como ocurre con todos los patrones de supervivencia, las personas con patrón agresivo tienden a recrear sus propias heridas tempranas mediante las mismas cosas que hacen para intentar mantenerse a salvo. Este proceso es inconsciente, por supuesto, pero es muy eficaz para perpetuar el patrón general manteniendo el tipo de relaciones y experiencias que tuvieron en la infancia.

Hay varias formas específicas en las que las personas con patrón agresivo recrean sus antiguos sentimientos de abandono y traición. La primera es que, al ser tan controladoras y exigentes, hacen que los demás quieran alejarse de ellas, recreando así su abandono. En segundo lugar, pueden cuestionar airadamente las decisiones tomadas por los demás, especialmente las decisiones de abandonarles. Sabiendo que no se les permitirá marcharse sin luchar, los demás pueden organizar algún tipo de engaño para encubrir su salida, lo que, por supuesto, recrea la experiencia de traición en la persona que sigue el patrón agresivo.

Las personas con patrón agresivo también recrean su experiencia infantil de ser demasiado para los demás inflándose y utilizando su tamaño y energía para intimidar a los demás. Naturalmente, todos los que se sienten intimidados les ven entonces como "demasiado".

Los que siguen el patrón agresivo también recrean sus heridas tempranas en la forma en que tratan sus propias necesidades. La mayoría de las veces, fingen que no tienen necesidades, de modo que las personas que les rodean no tienen práctica en satisfacer sus necesidades y están acostumbradas a pensar que ni siquiera tienen necesidades. Entonces, cuando la persona con patrón agresivo se da cuenta de que tiene una necesidad tan grande que no puede satisfacerla por sí misma – y finalmente pide ayuda a los demás – su necesidad es enorme. Cuando los demás no pueden satisfacer su enorme necesidad, se confirman sus temores. Una vez más, sus necesidades son demasiado grandes y la capacidad de los demás es demasiado pequeña. Una vez más, no hay ayuda y tiene que encontrar la manera de arreglárselas solo. Su creencia se confirma y, mientras surge de nuevo la vieja y amarga decepción, dice: *"Sí. Sabía que no podía confiar en ti"*.

Diferencias entre los patrones de fusionarse, fusionarse compensado y agresivo

Cada uno de los cinco patrones de supervivencia está asociado a un tipo de herida y a una etapa de desarrollo concretos. Sin embargo, esto no define el patrón. Más bien, cada patrón se define por la estrategia que utiliza para hacer frente a sus heridas.

Tanto el patrón de fusionarse como el patrón agresivo resultaron heridos al necesitar ayuda de los demás. Los que adoptaron el patrón de fusionarse obtuvieron parte de lo que necesitaban, pero no lo suficiente, y siguen buscando el resto. Ahora temen la privación. Los que adoptaron el patrón agresivo renunciaron a esperar la ayuda de los demás, se volcaron en su propia voluntad y fuerza, y salieron solos de la crisis. Ahora temen depender de los demás.

Los dos grupos disponían de talentos y habilidades diferentes en el momento de la herida, lo que les llevó a adoptar estrategias de seguridad distintas y a acabar en lados diferentes de la división amor-poder. Ordenemos la formación de los patrones por edades para ver cómo se desarrolla la progresión. Observarás que, a medida que los niños crecen, disponen de más habilidades de desarrollo para resolver su problema.

Fusionarse: Como su voluntad y su fuerza aún no se han puesto en marcha en el momento de la herida, no pueden utilizarlas para resolver su problema por sí mismos. Lo único que puede hacer es identificarse con su experiencia actual de necesidad y vulnerabilidad. *Su miedo central es a la privación.* Su desarrollo se estanca aquí, por lo que sigue siendo el niño necesitado que busca al padre para resolver su problema. Cuando se produce la escisión amor-poder, se identifican con el amor y reniegan del poder, por lo que nunca desarrollan el poder, incluso después de que la voluntad y la fuerza se pongan en marcha. Tampoco desarrollan nunca una sensación-sentida de su propio centro, por lo que no son capaces de utilizarlo para autorreferenciarse.

Fusionarse compensado: Una vez que la voluntad y la fuerza se han puesto en marcha, una persona con patrón de fusionarse es capaz de crear un centro ficticio y una imitación de poder. Sin embargo, sin un centro real, no pueden desarrollar un poder real. En su lugar, se identifican con su imitación de poder y asumen el papel de la buena madre, la que satisface las necesidades del niño. *Su miedo central sigue siendo la privación, pero ahora se ha proyectado en los demás.* Las necesidades se aceptan y están bien, pero sólo se experimentan en los demás, no en uno mismo.

Como no tienen una sensación-sentida de su propio centro, no pueden autorreferenciarse con precisión ni discernir sus propios deseos y recursos. Sólo pueden autorreferenciarse referenciando su compensación, por lo que su medida está inflada y entonces asumen demasiado, sobrecargan sus recursos y acaban colapsando. Cuando se hunden, su centro y su compensación se disuelven y pierden su capacidad de autorreferenciación.

Todo el tiempo se identifican con el lado amoroso de la división amor-poder, viéndose a sí mismos como la buena persona que sólo intenta ayudar. Aunque su amor se utilice para manipularles y traicionarles, siguen creyendo que el amor lo resolverá todo.

Agresivo: Como en el momento de la herida ya tenían la edad suficiente para disponer de su centro, y su fuerza y voluntad se habían puesto en marcha, pudieron utilizar estas capacidades para que estuvieran ahí para ellos mismos cuando nadie más lo estaba. Sin embargo, tuvieron que renunciar a sus propias necesidades y a su dependencia. Necesitar a los demás era lo que les hacía vulnerables, así que necesitar a los demás se convirtió en algo despreciable a sus ojos. *Su miedo central no es a la privación, sino a depender de los demás.*

Las personas que siguen este patrón de supervivencia rechazan el lado del amor de la división amor-poder y abrazan el lado del poder. Sin embargo, por mucho poder que tengan, siguen temiendo la debilidad y el hecho de necesitar a los demás como amenazas para su supervivencia. Así que no les basta con tener poder, sino que tienen que sentirse más poderosos que cualquiera que pueda hacerles daño. Para sentirse más seguros, quieren dominar a los demás.

A veces, los patrones de fusionarse agresivos y compensados son difíciles de distinguir, sobre todo cuando la persona con el patrón de fusionarse compensado utiliza una compensación de sabor agresivo. La clave para diferenciar los patrones es la siguiente: ¿tiene la persona un centro fuerte? Cuando le golpean, ¿se derrumba o devuelve el golpe? Cuando le atacan, ¿se retira o contraataca? ¿Recurre al amor o al poder?

En situaciones de estrés, una persona con el patrón de fusionarse compensado pierde su falso centro , vuelve al patrón de fusionarse puro y se derrumba. Por el contrario, una persona con patrón agresivo va a su centro, aumenta su energía y ataca el problema. Las personas con patrón agresivo incluso utilizarán el estrés para desplazarse más hacia su centro. Buscan el estrés porque cuando están en su centro se sienten muy vivos y reales. Ésta es una de las razones por las que algunas personas practican deportes extremos o peligrosos: se desplazan más hacia su centro para sentir su intensa vitalidad.

Cómo referencia cada patrón

Veamos ahora los hábitos de referenciar de estos tres patrones. Las personas que están en el patrón de fusionarse sólo referencian a los demás. Tienen muy poca capacidad para referenciarse a sí mismas, tanto porque nunca han desarrollado su centro como porque ahora evitan activamente poner su atención en él. No sentir su propio centro es una parte fundamental de su estrategia de seguridad, por lo que se han vuelto muy hábiles en esto.

Las personas que se quedan más en el lado compensado del patrón de fusionarse también suelen referenciar sólo a los demás. Sólo pueden referenciarse a sí mismas a través de su compensación, que se basa en un centro ficticio. Como se trata de un centro ficticio, les proporciona información inexacta sobre los recursos que tienen y los que realmente necesitan.

Las personas que están en el patrón agresivo suelen referenciarse sólo a sí mismas, y de forma selectiva. Sólo referencian sus puntos fuertes, ignorando sus debilidades, necesidades y sentimientos. En general, no se refieren a los demás. Las personas que siguen este patrón son a menudo ciegas a los sentimientos y necesidades de los demás. Cuando referencian a los demás, es sólo para medir sus puntos fuertes y débiles, si sus afirmaciones son verdaderas o falsas y si son amigos o enemigos.

La habilidad de medir

Para navegar con destreza por la vida, cada uno de nosotros necesita desarrollar la habilidad de *medir*, así como la de *referenciar*. Referenciar es saber dónde pones tu atención. Medir es percibir con precisión lo que encuentras allí. Para medirte a ti mismo con precisión, debes ser capaz de percibirte realmente. Para medir a los demás con precisión, debes ser capaz de percibirlos.

Medirse a sí mismo

Cuando un niño se pregunta si puede saltar al otro lado de un arroyo, tiene que referenciarse a sí mismo y medir la distancia que puede saltar. Luego tiene que comparar con precisión la distancia que puede saltar con la anchura del arroyo. Si sobrestima su capacidad, caerá al agua. Si referencia a los otros niños en lugar de a sí mismo, puede pensar que puede hacerlo sólo porque ellos pueden hacerlo. De nuevo, caerá al agua. Para obtener información precisa, debe ser capaz de referenciarse y medirse a sí mismo.

Medir a los demás

Siempre que trates con otras personas, tienes que saber medirlas. Al comunicar, hay que medir qué decir y cuándo decirlo. A la hora de escuchar, hay que medir hasta qué punto funciona para ellos la forma en que escuchas. Al enseñar, hay que medir hasta qué punto los alumnos entienden lo que se les presenta. Los padres, profesores y entrenadores tienen que ser especialmente buenos midiendo a los demás porque se enfrentan constantemente a la pregunta: "¿Cuál es el nivel de desafío adecuado para este niño en este momento?". Si se equivocan, el niño puede salir perjudicado.

Distorsiones al medirse uno mismo o al medir a los demás causadas por cada patrón

Fusionarse: Como las personas que siguen el patrón de fusionarse evitan tener una sensación-sentida de su propio centro, no pueden medirse con precisión. Y cuando intentan comparar sus propias capacidades con el tamaño de una tarea, su patrón de autoimagen distorsiona lo que pueden percibir. Cuando están en el lado de fusión pura del patrón, se ven a sí mismos como pequeños y necesitados, y creen que tienen muy poca capacidad. Su creencia es *"no puedo hacerlo"*. Así que a menudo no ven sus propios puntos fuertes y entonces subestiman sus capacidades reales.

Fusionarse compensado: Cuando están en el lado compensado del patrón, su auto-medición tiende a estar sesgada en la dirección opuesta. Siguen sin tener una sensación-sentida de su propio centro que medir, pero ahora se ven a sí mismos como grandes y capaces, por lo que sobrestiman sus capacidades. Esto les lleva a extralimitarse periódicamente y a meterse en un lío del que deben ser rescatados. A menudo es alguien con patrón agresivo el que rescata.

Mientras se encuentran en ambos lados del patrón de fusionarse, son muy hábiles para referenciar a los demás, pero esa habilidad puede o no extenderse a medir a los demás con precisión, dependiendo del tipo de capacidad que estén midiendo y de si tienen una agenda que esté sesgando sus percepciones.

Agresivo: Las personas que siguen el patrón agresivo son capaces de referenciarse a sí mismas y medirse con precisión, pero suelen ignorar todo lo que no apoye su auto idealización. Cuando se plantean una tarea, a menudo sólo miden si sobrevivirán. Esto les lleva a ver sólo sus puntos fuertes, ignorando sus debilidades y necesidades. Su conversación interior es la siguiente *"¿Tengo los recursos para sobrevivir? ¿Sí? Entonces estoy preparado"*. Las personas que siguen este patrón de supervivencia creen que pueden sobreponerse a cualquier cosa, así que anulan las señales de angustia de su propio cuerpo con una actitud de "no importa, es sólo una herida superficial". Sin embargo, al anular el cuerpo, no suelen poner en peligro su propia supervivencia. Si una herida es realmente mortal, le prestarán atención.

Cuando miden a los demás, vuelven a tener en cuenta sólo si los demás pueden ayudarles a conseguir lo que quieren, por lo que sólo prestan atención a cosas como: *"¿Dices la verdad?"* y *"¿Tienes capacidad para cumplirlo?"*. Mientras tanto, ignoran los sentimientos, necesidades, esperanzas y deseos de la otra persona. En general, no referencian ni miden en absoluto a los demás, y a menudo no tienen ni idea de lo que pasa con ellos.

Siempre tienen una intención que limita y distorsiona su percepción. Su constante intención subyacente es: *"Yo soy más grande que tú"*, mientras que su intención en primer plano es lo que sea que estén tratando de lograr en el momento. Ambas intenciones sesgan su percepción y distorsionan su proceso de medir.

Tampoco tienen en cuenta la situación en su conjunto. Sólo referencian los recursos de que disponen personalmente para realizar la tarea, pero no referencian la ayuda disponible de los demás. Este *referenciar* selectivo recrea su experiencia esperada de *"no hay ayuda para mí"* y confirma su creencia de que *"tengo que hacerlo todo yo solo"*. Este es un ejemplo de cómo una creencia filtra la percepción y moldea la experiencia para que confirme la creencia en cuestión.

Su habitual ignorar y maltratar su cuerpo se ve facilitado por un error en su proceso de medir, en el que confunden su cuerpo con su voluntad. Cuando una persona con patrón agresivo mide realmente su cuerpo, se siente vulnerable, cosa que odia. Eso echa por tierra su ilusión de invencibilidad. Así que evitan medir su cuerpo y pasan a medir su voluntad. Mientras que su cuerpo es limitado, su voluntad es inmensa, así que en lugar de medir la capacidad de su cuerpo para hacer la tarea, miden su voluntad de hacerla. Debido a este error a la hora de medir, tienden a empujarse a ir demasiado rápido y demasiado lejos. A menudo llevan su supervivencia al límite. Cuando están completamente acorralados, pueden incluso elegir la muerte antes que sentir su cuerpo y sus necesidades.

Las personas con patrón agresivo tampoco suelen medir las limitaciones y capacidades corporales de los demás. Piensan para sí: *"Si yo puedo, tú puedes"*, lo que les lleva a exigir cosas irracionales a los demás, como *"¡Sólo es un tobillo roto! Supéralo"*. Recibir este tipo de trato suele abrumar a los demás y hace que quieran evitar a quienes siguen el patrón agresivo.

El valor de referenciar y medir

La lista de problemas anterior demuestra lo importante que es referenciar y medir para cuidar de uno mismo y navegar con destreza por la vida. Para obtener información precisa, debes ser capaz de referenciar lo que estás midiendo. Si te mides a ti mismo, debes poder referenciar tu propio centro para obtener una lectura precisa. Si mides a otras personas, debes ser capaz de sentirlas.

Además, debes ser capaz de dejar de lado cualquier objetivo que tengas y poner tu atención en percibir lo que realmente hay, no en confirmar tu objetivo. Aquí es donde las personas con patrón agresivo se pierden. Suelen distorsionar el proceso de medir para apoyar sus propios intereses.

Pensamientos del patrón

La charla mental de alguien que sigue el *patrón agresivo* es *"puedo y lo haré"*. Ven su voluntad personal como la fuente de su gran habilidad, incluso más que su fuerza. Celebran el triunfo de su voluntad personal con pensamientos como: *"Todo es cuestión de voluntad"* y *"Tiene que ser duro ser bueno"*. Sus otros pensamientos habituales son los relacionados con sacar ventaja a los demás, como *"Soy superior"* y *"Eres estúpido, débil, estás equivocado, etc."*, junto con los relacionados con no *confiar en otros*, como *"Sabía que no podía confiar en ti"*.

Tal vez recuerdes que cada uno de los patrones de supervivencia tiene una secuencia característica de pensamientos que surgen al ver que otra persona tiene algo que desea. Por ejemplo, para el patrón de escapar, la secuencia es algo así como *"Tú lo tienes. Yo lo quiero. Imaginaré que lo tengo"*. Para el patrón de fusionarse, es más como *"Tú lo tienes. Yo lo quiero. Conseguiré que me lo des"*. Para el patrón de soportar, es más frecuente *"Tú lo tienes. Yo lo quiero. He fracasado"*. Aquí, para el patrón agresivo, la secuencia es *"Tú lo tienes. Lo quiero. Lo tomaré"*. Nada de andarse con rodeos sobre cómo se siente uno al respecto – sólo una intención fuerte y directa de conseguirlo. Para las personas con patrón agresivo, el deseo conduce directamente a la acción.

Comportamientos del patrón

Las personas que siguen el patrón agresivo tienden a hacer las cosas a lo grande, incluso sin proponérselo. Por naturaleza, tienen un gran flujo de energía y tienden a ser exuberantes. Un gran ejemplo de esto es Tigger en *Winnie the Pooh*, que está constantemente saltando arriba y abajo, presumiendo de *"¡Dar botes es lo que mejor hacen los Tiggers!"*.

Nivel alto de carga y acción rápida

Los cuerpos de las personas con patrón agresivo están habituados a que una gran carga pase a la acción. Quieren acumular una carga y descargarla inmediatamente utilizándola para *hacer* algo. Después, quieren volver a acumular la carga. Quieren acción y más acción, no sentimiento ni contemplaciones.

Ciclo de carga-descarga saludable

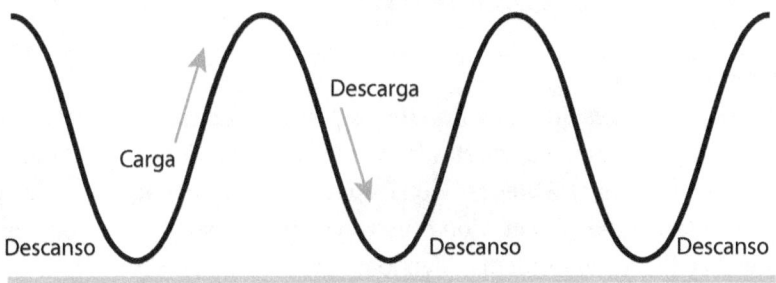

El patrón agresivo, atascado en alto nivel de carga

277

A las personas con patrón agresivo les resulta difícil simplemente sostener una carga elevada en el cuerpo, dejar que madure pacientemente hasta convertirse en un conocimiento maduro y, sólo entonces, actuar a partir de ese conocimiento maduro. Ejercer este tipo de paciencia requiere tanto un enraizamiento sólido como un recipiente lo suficientemente fuerte como para sostener la carga mientras madura, y aunque las personas que siguen este patrón de supervivencia tienen un recipiente fuerte, normalmente carecen del enraizamiento necesario.

Temen un estado de baja nivel de carga como una especie de debilidad, por lo que no pueden dejar que su cuerpo descanse en la parte de bajo nivel de carga del ciclo de carga/descarga, la parte en la que sentiría de forma natural sus necesidades y recibiría lo que necesita. Esto significa que no pueden dejar que su cuerpo atraviese el ciclo completo de necesidad, llenado, plenitud, acción, descarga y descanso. En lugar de ello, intentan permanecer perpetuamente en la parte de nivel alto de carga del ciclo. Como hemos dicho antes, su patrón de tensión es *mantenerse arriba.*

Ser grande y mandar

Tal vez recuerdes que cada uno de los patrones de supervivencia moldea la atención de la persona de ciertas formas específicas. Con el patrón de escapar, la atención tiende a alejarse de la situación física del aquí y ahora para dirigirse a otras dimensiones. Con el patrón de fusionarse, la atención tiende a salir del yo y fijarse en los demás y en lo que quieren. Con el patrón de soportar, la atención tiende a ir hacia dentro y abajo y quedarse atascada allí. En el patrón agresivo, la atención y la energía tienden a ir hacia arriba y hacia fuera para reclamar y controlar el espacio que les rodea.

Como ya hemos dicho, las personas con patrón agresivo intentan controlarse a sí mismas, a los demás y la situación para garantizar su propia supervivencia[9]. Llevan a cabo esto haciéndose más grandes, más fuertes y superiores de alguna manera, y menospreciándote. A menudo lo hacen en forma de retos e intimidación, como criticar tu trabajo, insultarte, devaluarte o hacer que te equivoques de alguna manera. Si te mantienes firme y te enfrentas a ellos cara a cara, se relajarán y te aceptarán como a un igual, pero si les desafías, subirán la apuesta y lucharán por el dominio.

Disfrutan ejerciendo el poder y teniendo un efecto sobre los demás, pero tienden a evitar que los demás les afecten, ya que eso les provocaría sentimientos de vulnerabilidad. Por eso suelen buscar trabajos y situaciones en los que puedan influir en los demás desde una posición de autoridad, como ser policía, predicador o profesor. También les gusta desafiarse a sí mismos y a los demás, por lo que gravitan hacia situaciones competitivas y peligrosas, como los deportes, la extinción de incendios y el ejército.

Ponerse a prueba

Desafiarse a sí mismos suele consistir en poner a prueba su cuerpo llevándolo al límite. Las personas con patrón agresivo se encuentran a menudo al límite, cargadas de adrenalina y probándose a sí mismas poniendo a prueba su cuerpo y su voluntad. Para ver este comportamiento en acción, entra en YouTube.com y mira la película *Steep*, que está colgada allí por secciones. *Steep* muestra a atletas temerarios esquiando en pendientes "imposibles de esquiar" con inclinaciones superiores a 50 grados, provocando avalanchas que casi los matan. Cuando uno de los esquiadores pierde su apuesta y muere en una avalancha, los demás se lo toman con calma.

Son capaces de lograr estas hazañas porque no escuchan los sentimientos del cuerpo, sino que sólo lo vigilan para detectar daños que pongan en peligro su vida. Mientras el cuerpo siga funcionando, están "listos para seguir". Centran su voluntad en lo que quieren conseguir y luego doblegan el cuerpo a su voluntad. Perciben las señales y necesidades del cuerpo, pero deciden ignorarlas y anularlas. Esto es fundamentalmente diferente de la experiencia de las personas en los patrones de escapar y fusionarse, que no perciben claramente las señales y necesidades del cuerpo.

Este hábito de llevar sus cuerpos al límite significa que con frecuencia se encuentran en un estado adrenalínico. De hecho, para muchos, es su estado preferido. Se han convertido en adictos a la adrenalina y puede que no se sientan vivos a menos que estén mirando a la muerte a la cara. Esta es en parte la razón por la que algunos soldados que han visto combate se sienten incómodos en la vida civil y vuelven a alistarse para poder regresar al campo de batalla.

Poner a prueba a otros

Las personas que adoptan el patrón agresivo utilizan su astucia callejera para evaluar rápidamente a los demás y averiguar quién tiene poder y quién no – quién es fuerte, quién es listo, quién tiene influencia. Recogen esta información poniendo a prueba (consciente o inconscientemente) la fuerza y la sinceridad de quienes les rodean. La prueba es un pulso de energía que envían desde su propio centro directamente al centro de la otra persona. Se parece mucho al ping que utiliza un submarino para medir la distancia a otro submarino. Luego observan qué tipo de pulso de energía se refleja. ¿Es un eco fuerte y claro que dice: *"Te veo y estoy aquí"*. O es un eco débil y borroso que dice *"Estoy más o menos aquí; no me hagas daño"*. O no hay ningún eco, que dice *"No estoy realmente aquí"*.

Si eres energéticamente sensible, puedes sentir este pulso cuando los conoces por primera vez y te están evaluando. La sensación puede ir desde un golpecito hasta algo parecido al talón de una mano golpeándote en medio del pecho. A menudo, esta prueba energética va acompañada de una prueba verbal o física más evidente, como un desafío, un insulto, una pregunta intrusiva o un golpe en el hombro. El objetivo de la prueba es ver hasta qué punto resistirás un ataque – ¿te mantendrás firme o te derrumbarás? Es una prueba de compañeros de armas, diseñada para separar a los fuertes de los débiles, a aquellos de los que pueden depender cuando las cosas se ponen difíciles de aquellos a los que tendrán que cargar.

Ni que decir tiene que la experiencia de ser golpeado energética, verbal o incluso físicamente es desagradable para todos los demás. Desgraciadamente, los que están profundamente atrapados en el patrón pueden hacer la prueba con tanta fuerza que resulte mezquina e hiriente, o incluso se convierta en un abuso verbal o físico descarado. Los otros normalmente no suelen entender la función de estas pruebas, por lo que sólo ven el abuso y pasan por alto el miedo que hay detrás.

Poner a prueba la autoridad

Las personas con patrón agresivo respetan la autoridad real (lo que para ellos significa autoridad basada en la competencia), pero no respetan la autoridad basada meramente en el título o el cargo de alguien y ponen a prueba toda autoridad que encuentran para ver si merece respeto. Es un ejemplo más de su necesidad de ponerse a prueba constantemente a sí mismos y a los demás. También son rebeldes: les encanta ir al límite, saltarse las normas y reventar el contenedor. Así que si estás en una posición de autoridad, espera que te desafíen y causen problemas, sólo para ver cómo los manejas.

En entornos de grupo, las personas con patrón agresivo tienden a infundir miedo al resto del grupo. Esto se debe a muchas causas: su gran energía natural, su estilo agresivo, su forma de poner a prueba a todo el mundo (especialmente al líder) y sus intentos de dominar al grupo. También se debe a su hábito inconsciente de rastrear energéticamente a los demás como un depredador rastrea a su presa. Las personas sensibles pueden sentir esto como una sensación de sondeo o una ligera presión sobre ellos, y lo más probable es que les asuste. El lado positivo de esta capacidad de rastreo es que las personas con patrón agresivo suelen ser capaces de seguir el flujo de energía de una persona, de un grupo o de una situación, la cuál es un talento muy útil para cualquiera que se dedique al liderazgo o la sanación.

En cualquier situación de grupo, aquellos con las estrategias de defensa más agresivas tenderán a dominar el grupo, a menos que haya un líder capaz de controlarlos. Si diriges un grupo, debes ser capaz de controlar a los miembros con patrón agresivo, o el grupo no podrá funcionar. Ten en cuenta que quieren que tengas éxito. Necesitan algo más grande que ellos en lo que poder confiar, pero también les aterroriza que utilices su confianza para hacerles daño. Así que tendrán que ponerte a prueba – repetidamente – antes de poder confiar en ti.

Extraer energía de los demás

Cuando se asustan de verdad y entran de lleno en el patrón, las personas con patrón agresivo sacarán energía de cualquier fuente, incluyendo a todos los demás en la habitación. Para crear esa posibilidad, harán algo que ponga nerviosos y adrenalínicos a los demás. A continuación, atraerán hacia sí la carga de la sala. Se trata de una estrategia de supervivencia, y su uso demuestra lo asustados que están. No quieren que se sepa que tienen miedo ni que se vea que utilizan a los demás de esta manera, así que si tú diriges el grupo, tendrás que llamarles la atención. También tendrás que enseñarles cómo conectarse a campos energéticos más grandes que los humanos y cómo extraer energía de ahí, en lugar de hacerlo de otras personas.

Preparados para la lucha

Cuando se enfrentan a un peligro, las personas con patrón agresivo cambian firmemente hacia su centro y aceleran su cuerpo con adrenalina. Estas acciones amplifican su voluntad y energía a medida que se mueven para evaluar el peligro y enfrentarse a él. Esto les hace buenos en una crisis: sensatos, competentes, valientes, pragmáticos y capaces de tomar el control.

Estas son las personas más propensas a luchar por una causa – a ocupar las barricadas, a encabezar el ataque y a sacrificar sus vidas. Durante los atentados terroristas del 11 de septiembre de 2001, cuando los pasajeros de uno de los aviones secuestrados contraatacaron a los secuestradores y el avión se estrelló en Pensilvania, los hombres que lideraron la carga pertenecían casi con toda seguridad al patrón agresivo. Las personas con patrón agresivo defenderán al desvalido de otros agresores, siempre que siga siendo el desvalido y no desafíe su propio dominio.

Dado que se sienten cómodos y eficaces a la hora de sostener y ejercer el poder, a las personas con patrón agresivo se las suele conocer como las personas que pueden hacerlo, a las que los demás recurren en busca de iniciativa y valor para cumplir una misión. Su principal limitación en este papel es que tienden a creer que la fuerza es la solución a todos los problemas. Muchos de los elegidos como líderes de guerra y generales siguen, de hecho, este patrón de supervivencia.

Por supuesto, toda esta inflación y voluntad siguen sin hacer que las necesidades de la persona con patrón agresivo desaparezcan. Sus necesidades siguen existiendo, aunque sean repudiadas, negadas y atacadas. Aunque estén enterradas en su inconsciente, siguen influyendo en su comportamiento. Puedes medir la profundidad de su herida observando cuánto ataca y avergüenza la vulnerabilidad y las necesidades de los demás.

La experiencia del tiempo del patrón

Las personas con patrón agresivo experimentan el tiempo como si este se precipitara hacia el futuro, así que no hay tiempo que perder. ¡Tienen que actuar ya!

Vida emocional del patrón

Sentimientos ignorados

Como las personas con patrón agresivo no suelen referenciar a los demás, a menudo no saben lo que sienten los demás. Los sentimientos de los demás ni siquiera aparecen en su conciencia. Tampoco son conscientes de la mayoría de sus propios sentimientos. Su intención inconsciente es sobrevivir, no conocer plenamente su propia experiencia interior. Como ven los sentimientos de debilidad y necesidad como una amenaza para su supervivencia, suelen reprimirlos e ignorarlos. Así que la vida emocional de las personas con patrón agresivo está filtrada y limitada por su patrón. Y, al igual que las personas atrapadas en otros patrones, no se dan cuenta de que están viendo una imagen filtrada y distorsionada.

Miedo proyectado

En lugar de sentirlos, proyectan sus miedos en los demás. Ven a los demás como débiles y temerosos, mientras que se ven a sí mismos como fuertes y seguros de sí mismos. Su práctica de intimidar a los demás apoya esta proyección, ya que en realidad crea miedo en los demás.

Pero puede que ni siquiera sean conscientes de que están asustando a los demás, aunque todo el mundo a su alrededor lo sepa. ¿Por qué? Porque su medidor del miedo no funciona. Imagina que cada uno de nosotros nace con un medidor en su interior que registra cuánto miedo siente. Hace mucho tiempo, en la situación en la que la persona con patrón agresivo pensó que iba a morir, su medidor del miedo marcó la lectura máxima. Pero no puedes actuar si estás congelado por el terror. Así que, como parte de su voluntad de sobrevivir, cortó los cables de su medidor del miedo y lo desactivó. Ahora, en lugar de mostrar cero cuando está a salvo y máximo cuando está en peligro, su medidor de miedo marca máximo todo el tiempo. La aguja no se mueve, así que no le dice nada. Y él lo ignora de todos modos.

Tener un medidor del miedo roto no sólo hace que una persona sea incapaz de sentir su propio miedo, sino que también hace que sea incapaz de saber cuándo está asustando a los demás. Por eso, las personas con patrón agresivo no suelen darse cuenta de que están asustando a los que les rodean. Y si les indicas que te están asustando, normalmente dirán que eres un cobarde, en lugar de reconocer que están dando miedo.

Enfadarse y estallar contra los demás

La emoción por defecto de las personas con patrón agresivo es la ira. Cuando reciben demasiada energía y se sienten abrumados, experimentan la energía extra como ira. Tal vez recuerdes que las emociones por defecto de los patrones de supervivencia anteriores han sido el miedo, la vergüenza y la culpa, emociones que hacen que una persona retroceda y se retraiga, emociones que disminuyen la energía de la persona y su capacidad para luchar por la supervivencia. La ira tiene el efecto contrario: añade energía al sistema de la persona y la hace más capaz de luchar por su supervivencia. En una situación de riesgo vital, da a la persona más capacidad para sobrevivir. Esta oleada de energía adicional es parte de la razón por la que las personas con el patrón agresivo suelen ser capaces de sobrevivir a situaciones que matarían a otros.

Sin embargo, en la mayoría de los conflictos interpersonales, pasar automáticamente a la ira y estallar contra la otra persona sólo empeora las cosas. No aborda las necesidades reales del patrón agresivo y hace que la otra persona esté aún menos dispuesta a comprometerse y a confiar. Por desgracia, las personas con patrón agresivo suelen sentirse con derecho a estallar contra los demás a su antojo. Sus racionalizaciones y excusas son muchas, como *"no puedo evitarlo"*, *"me obligaste a hacerlo"*, *"te lo merecías"* y *"vamos, mariquita, en realidad no duele tanto"*.

En realidad, su ira proviene de sus necesidades ocultas, alimentadas por su terror a necesitar algo de alguien. Pero las personas atrapadas en este patrón de supervivencia no quieren darse cuenta de ello, porque ver esto echaría por tierra su fantasía de invencibilidad. En lugar de asumir la responsabilidad de que están estallando contra los demás, quieren que los demás lo aguanten. Esto no es justo ni saludable. Estallar contra los demás es violento y abusivo. Una gran parte del trabajo de sanación para los que están atrapados en este patrón es ver el efecto que sus acciones tienen en los demás, renunciar a su sentido del derecho y asumir la responsabilidad de gestionar su propia energía.

Cuando hacen explotar a otros, la explosión también sirve para descargar parte de la carga que se ha acumulado en su interior. Cuando la energía acumulada en su interior es demasiada para ellos, descargarla es un mecanismo de autocorrección, una forma de regular su sistema a la baja.

Si vives con alguien que sigue este patrón de supervivencia, tienes que aprender a defenderte. Y tienes que exigirle que renuncie a su derecho a estallar contra ti a su antojo, porque no lo hará hasta que tú se lo exijas. Hasta que no exijas respeto, no te respetarán. Y hasta que no exijas respeto, no confiarán en ti. Por desgracia, así es como funciona su prueba. ¿Te valoras lo suficiente como para luchar por ti mismo? Si es así, te respetarán y te valorarán, y quizá confíen en ti. Si no te valoras, ellos tampoco lo harán. Es la ley de la selva, ¿recuerdas?

Vivir con alguien con un alto nivel de energía

Vivir con personas con patrón agresivo puede resultar agotador y abrumador. Incluso cuando no están enfadados o alterados, sino simplemente exuberantes, la cantidad de energía que circula por su sistema puede ser suficiente para hacerte sentir abrumado y desencadenar en ti las defensas de tus propios patrones de supervivencia. Uno de mis clientes expresó su consternación al respecto comentando: *"¡Dios mío, esta gente no tiene botón de apagado!"*.

Interacción con los demás

Más que cualquier otro patrón de supervivencia, el patrón agresivo se define por su estilo de interacción. La herida fue: *"Confié en ti y no estuviste a mi lado"*. A partir de ahí, las personas con patrón agresivo concluyeron: *"No debo volver a confiar en nadie"*. Pero siguen necesitando interactuar con los demás, así que su problema es: *"¿Cuál es la forma más segura de interactuar con los demás cuando no puedes confiar en ellos?"*. Y la solución, por supuesto, es controlarlos. Si a esto le añadimos la gran energía natural de quienes siguen este patrón, tenemos la estrategia defensiva del patrón agresivo: dominar a los demás para controlarlos.

Su enfoque general tanto de las relaciones como de la resolución de problemas es pragmático. No es moral, romántico ni personal. Es simple y directo: "¿Qué debo hacer para conseguir lo que quiero?". Como la fuerza es su principal herramienta y confiar en otros no es una opción, su enfoque suele ser: "¿Cómo de grande e intimidatorio tengo que ponerme para coaccionarte a hacer lo que quiero?". O puede convertirse en: "¿Cómo puedo engatusarte para que hagas lo que quiero?".

Cuando la confianza y el amor no están sobre la mesa, todo se ve como una tarea y no como parte de una relación. Y al realizar la tarea, la cuestión no es cómo te sientes al respecto, sino si puedes hacerlo. ¿Eres capaz? La competencia es fiable, aunque las relaciones no lo sean. Por eso, las personas con patrón agresivo valoran la competencia por encima de todo. Por eso, tienden a poner a prueba la competencia de todo el mundo. Si tienes algún tipo de relación con una persona que sigue este patrón de supervivencia, espera que te ponga a prueba.

Como hemos dicho antes en la sección sobre referenciar, las personas que siguen este patrón tienden a referenciarse a sí mismas, pero no a los demás ni a sus necesidades. Su actitud es: *"Si no puedes seguirme el ritmo, no te quiero en mi equipo"*. Te presionarán a ti y a sí mismos hasta que encuentren el límite. Si tienes un límite, tienes que decirles cuál es porque no lo tomarán como referencia y no se darán cuenta. Cuando les digas cuál es tu límite, recuerda hablar desde tu centro, como se detalla más adelante en la sección sobre comunicación.

Las personas con patrón agresivo suelen ser atractivas, seguras de sí mismas y dominantes. Al principio, esto puede resultar muy atractivo, sobre todo en los hombres, pero deja de serlo cuando descubres que esperan que les sigas el ritmo.

Amor romántico

Las personas atrapadas en el patrón agresivo de supervivencia suelen tener relaciones sentimentales con alguien más pequeño, más joven, más débil y más tranquilo, alguien que dependa emocionalmente de ellas y que no desafíe su autoridad o su fuerza. La necesidad de su pareja mantiene la conexión emocional sin que el patrón agresivo tenga que sentir su propia necesidad. Si su pareja se hace más fuerte y le desafía, a menudo le atacará, le quitará poder y le rechazará porque la seguridad que le proporciona tener poder sobre su pareja es más importante para él que la conexión emocional.

Recordemos que, cuando eran niños, las personas con patrón agresivo solían entregar su corazón a alguien que les fallaba cuando lo necesitaban. Por eso, de adultos, desconfían del amor, porque creen que sólo les hará vulnerables de nuevo. Una relación amorosa profunda y emocionalmente unida volverá a despertar su terror central porque reconstela la experiencia de necesitar emocionalmente a otro ser humano. Por eso, las personas atrapadas en este patrón de supervivencia suelen evitar enamorarse profundamente.

Si fueron traicionados de niños, esperan inconscientemente ser traicionados de nuevo y proyectan esa traición en los demás, por lo que a menudo ven traición incluso cuando no existe. Cuando eso ocurre, necesitan que la otra persona se mantenga firme en sí misma y les entregue de vuelta la proyección.

Por lo general, las personas que están atrapadas en este patrón de supervivencia son incapaces de confiar plenamente en nadie. Sólo pueden confiar poco a poco, y te pondrán a prueba y te desafiarán a medida que se vayan abriendo poco a poco. Si deciden que eres seguro, tal vez consigan lo que quieren y entablen una relación contigo. Si deciden que no eres seguro, se desentenderán y te dejarán.

Sexualidad

En términos de sexualidad, el factor que rige es que, en la medida en que todavía están atrapados en la respuesta de lucha o huida, su corazón sigue desconectado. Esto significa que el sexo puede estar más relacionado con sentirse bien que con el apego emocional. A menudo son muy sexuales, pero para ellos puede tratarse más de sentirse poderosos que de sentirse conectados. Cuando tienen demasiada energía en el cuerpo – lo que ocurre a menudo – el sexo es una forma de descargar parte de esa energía. Suelen querer llevar las riendas de la interacción y puede que sientan verdadero placer al mover y dar placer a su pareja, pero no les apetece tanto entregarse a que les muevan a ellos. Entregarse a la otra persona les produce miedo, por lo que suelen evitarlo.

Su forma de abordar el conflicto

A diferencia de quienes siguen los tres primeros patrones de supervivencia, las personas con patrón agresivo no evitan el conflicto. Algunos dirían incluso que les encantan los conflictos y, de hecho, tienen muchas razones para hacerlo. Les encantan los retos y el peligro. Durante una pelea, sienten la emoción y la adrenalina de la batalla, lo que les hace sentirse más vivos. Y esperan ganar. Recuerda, estos son los niños que ganaron las batallas de la infancia, no los que las perdieron.

A menudo tienen una historia en la que se les ha dicho que son "demasiado" o "demasiado grandes". Así que, para ser aceptados por los demás, han tenido que retraerse y reprimir su propia energía. Luchar les libera de tener que contenerse y ser pequeños. Es una oportunidad – y una excusa – para relajarse por fin y hacer correr su energía a pleno rendimiento, lo cual es estimulante. Para ellos, liberarla puede ser un gran alivio.

También consiguen descargar la energía de los sentimientos que están reprimiendo (como el miedo, la pena o la vergüenza), pero sin tener que sentirlos realmente. En lugar de eso, todos esos sentimientos reprimidos se convierten en ira y se les permite estallar fuera del cuerpo durante la pelea. Este desahogo les limpia y les ayuda a relajarse. A veces buscan activamente una pelea sólo para descargar su energía reprimida. Si alguna vez has visto a unos tipos entrando en un bar un viernes por la noche buscando pelea, probablemente sea esto lo que están haciendo.

Escalar

Cuando se les desafía, las personas con patrón agresivo devuelven el desafío; cuando se les ataca, contraatacan. Y no se limitarán a enfrentarse a ti, ojo por ojo. Suben la apuesta. Aumentarán su energía, tamaño y ferocidad. Se pondrán de pie, se inflarán, sacarán pecho, ensancharán los hombros, avanzarán hacia ti y se pondrán en tu cara para intimidarte.

Por lo general, saben medir muy bien cuánta presión es necesaria para que te eches atrás, así que su respuesta puede estar bien calibrada, pero si lo necesitan, intensificarán su presión tanto como sea necesario para ganar. Esto puede incluir volverse mezquino, amenazador o violento. No retrocederán, a menos que sea la única forma de sobrevivir. Ante una oposición abrumadora, se retirarán estratégicamente. Pero nunca se rendirán y rara vez se disculparán.

A menudo, los demás se sorprenden de la fuerza con la que reaccionan incluso ante un pequeño desafío. ¿Por qué reaccionan así? Porque inconscientemente viven cada reto y cada conflicto como una lucha potencial por su propia supervivencia.

Generalmente no experimentan sentir miedo. Recuerda, su medidor del miedo está roto. En su lugar, simplemente experimentan más energía, ira y determinación para ganar. A menudo, su reacción se parecerá a la de un animal salvaje acorralado, pero un animal depredador, no una presa. Su reacción será visceral y física, una exhibición feroz de dientes y garras, en lugar de una fría refutación razonada.

Armas utilizadas en un conflicto

Las armas a las que recurren las personas con patrón agresivo en una pelea suelen ser obvias y contundentes, no ocultas o precisas. Utilizan el garrote, no el cuchillo; el bombardeo masivo, no el ataque quirúrgico.

Su ira suele adoptar la forma de una enérgica explosión o tormenta. Es grande y ruidosa, pero no dirigida con precisión, y tiende a arrasar todo lo que está cerca. A veces se parece mucho a la rabieta de un niño pequeño. En esos momentos, es más fácil ver que están desahogando su terror, sin llegar a sentirlo realmente.

Cuando te lancen una explosión, ponte de lado. No recibas la lanza en el pecho ni la fuerza de la explosión dentro del cuerpo. Intenta que la explosión te rodee, no que te atraviese. Imagina que tu hombro es como la proa de un barco y que divide la gran ola de energía que viene hacia ti, obligándola a pasar rodeándote, en vez de a través de ti.

La explosión sale horizontalmente, así que otra forma de evitarla es ir enérgicamente hacia arriba o hacia abajo, si puedes. El talento del patrón de soportar es muy útil en este caso. Imagina que puedes descender a las profundidades de la tierra, donde una explosión en la superficie no te hará daño. O sumergirte bajo la ola de energía, como lo harías si estuvieras buceando bajo una ola en la playa. Si no tienes ese talento, haz lo que puedas para agacharte y cubrirte.

Si tienes los talentos del patrón de escapar, puedes usarlos para subir energéticamente, pero si dejas tu cuerpo, la persona con patrón agresivo sentirá que te vas, se sentirá abandonada e inconscientemente aterrorizada, y te atacará por eso también. La mayoría de las personas descubren que su mejor defensa es salir físicamente de la habitación o utilizar una de las otras estrategias mencionadas.

Escucha en busca de la semilla de la verdad

Si eres capaz de mantenerte presente durante la tormenta, intenta escuchar la semilla de la verdad en su diatriba. La persona con patrón agresivo te está hablando de sus sentimientos y necesidades, mientras intenta desesperadamente no sentirlos. Si puedes escuchar esa parte de verdad y devolvérsela, es posible que él pueda oírla y reconocerla. Eso le quitará algo de combustible a su rabieta e incluso puede que la detenga por completo. Las personas con patrón agresivo se orientan hacia la verdad, así que si la verdad es que su necesidad ha sido escuchada y está a punto de ser satisfecha, su tormenta perderá fuelle. Sin embargo, no tomes sobre ti la tarea de gestionar sus necesidades y su energía. Esa es su tarea y su responsabilidad. Puedes ayudarles a aprender a gestionar sus necesidades y su energía, pero no lo conviertas en tu responsabilidad.

Su dificultad para disculparse

Cuando se le preguntó por qué las personas con patrón agresivo rara vez se disculpan, un hombre que sigue el patrón lo explicó así:

La creación del patrón en mi cuerpo implicó abandonar por completo mi corazón y desplazar mi atención hacia la voluntad y el poder. La herida original entró a través del corazón y mi decisión fue: "No permitiré que vuelvas a hacerme eso. No permitiré que me vuelvan a romper el corazón así, por lo que mi corazón nunca volverá a estar disponible".

Entonces toda mi energía se usó para ser muy grande y fuerte, y mi corazón se cerró. Y entonces me volví incapaz, literalmente incapaz, de sentir los sentimientos de los demás. No podía saber si había herido a alguien. No podía saber si había aterrorizado a alguien. Sólo podía rastrear mis propios sentimientos, y no muy bien, porque la mayor parte del tiempo estaba insensible al dolor y al miedo en mí también. Todo el mecanismo para protegerme depende de no poder sentir dolor ni miedo, ni mío ni de nadie. Esa insensibilidad me mantiene a salvo.

Para disculparme, tengo que abandonar todo ese mecanismo de autoprotección. Para disculparme, tengo que darme cuenta de que acabo de herir a alguien y de que realmente tiene sentimientos, y esa conciencia había desaparecido por completo antes. Y que sus sentimientos son importantes, lo cual también había desaparecido por completo. Y que no tengo ningún privilegio especial para ir por ahí aniquilando a cualquiera que me cabree.

Y la petición de desprenderme de esa protección me hace sentir tan desnudo y tan vulnerable. Es como si perdiera toda la protección que tengo en el mundo. Mi protección se basa en que mi corazón esté cerrado. Para pedir perdón, tengo que volver a abrir mi corazón. Tengo que volver a conectar con otro ser humano. Tengo que darme cuenta de este rastro de cadáveres que hay detrás de mí, esta estela de destrucción. Y tengo que darme cuenta de lo increíblemente poco hábil que soy para ver lo que les pasa a otras personas y lo que necesitan. Y esa es una puerta muy difícil de atravesar.

Esencialmente, se han blindado con insensibilidad, y cuando esa armadura se rompe por primera vez, todo lo que pueden sentir es su propia angustia. Eso, por sí solo, es abrumador y es todo lo que pueden manejar. Sienten que su propia supervivencia está en juego, así que toda su atención se centra en su propia angustia y supervivencia. Antes de que la armadura se resquebraje, están realmente convencidos de que son invulnerables y de que nada puede hacerles daño. Pero en el momento en que vuelven a abrir su corazón, esa convicción muere y vuelven a ser vulnerables. Y entonces la angustia original – y todas las angustias desde entonces – empiezan a empujar de nuevo hacia la conciencia, creando una enorme ola de vulnerabilidad y dolor.

Sólo después de que la mayor parte de su propia angustia haya sanado y se encuentren en un lugar más estable, un lugar en el que su propia supervivencia esté asegurada, podrán prestar atención a las necesidades de los demás. Si no pueden llegar a un lugar seguro y estable, volverán a su patrón y estallarán de nuevo, intentando protegerse. Por supuesto, esto sólo agrava el problema.

Así que la pregunta – "*¿Por qué no te disculpas?*" – les parece una invitación al suicidio. Abrir esa puerta les parece una amenaza para su propia supervivencia, y el principal objetivo de su patrón es garantizar su supervivencia. Así que hasta que una persona con patrón agresivo no aprenda a tolerar sentirse vulnerable y aprenda a calmarse, no podrá prestar atención a la angustia que ha causado a los demás y ni siquiera podrá iniciar el proceso de disculparse por ello.

Estilo de comunicación

Las personas con patrón agresivo casi siempre tienen un objetivo: hay algo que quieren y están actuando para conseguirlo. Normalmente, su comunicación forma parte de esa acción. Suele ser fuerte, directa e impulsada por sus objetivos. Puede que intenten controlar la situación influyéndote o intimidándote. Pueden intentar seducirte o persuadirte para que te unas a su plan. Pueden intentar demostrarte que estás equivocado y ganar la pelea. Puede que se desahoguen gritando y enfureciéndose. O puede que estén avivando la energía entre vosotros dos para ahuyentar sus sentimientos de necesidad o vulnerabilidad. Lo único de lo que puedes estar seguro es de que su comunicación no es una conversación trivial: es una comunicación con un propósito.

Las habilidades y talentos de quienes llevan este patrón suelen convertirlos en buenos comunicadores y personas de éxito. Tienen una presencia convincente, a veces incluso carismática. Utilizan su voluntad y sus habilidades energéticas para captar la atención de todo el mundo y dirigirla hacia sus objetivos. Como dice Anodea Judith en *Eastern Body, Western Mind* (traducido al español como *Cuerpo de Oriente, mente de Occidente*): *"Pueden engatusarte con su dulzura, impresionarte con su elocuencia, ordenarte con la claridad de sus argumentos y aturdirte con su franqueza"*.[10]

Lo que hace que su comunicación sea tan convincente es que hablan directamente desde su propio centro a tu centro. Esto tiene un impacto energético en tu sistema mucho más poderoso que el significado de sus palabras. Sientes la energía golpear tu cuerpo de la misma manera que una persona que está parada en el oleaje siente la fuerza de una gran ola cuando golpea su cuerpo. Es muy probable que la fuerza de su energía te conmueva. Puede organizarte en torno a su intención, como cuando un general reúne a sus tropas en los últimos momentos antes de una batalla. O puede desorganizarte e incapacitarte, y hacer que te rindas. O puede ponerte en la reacción de tu propio patrón de supervivencia. Lo que es seguro es que sentirás la fuerza de su comunicación.

Comunicarse con ellos

Para que te tomen en serio, debes acercarte lo más posible a hablar de la misma manera que ellos lo hacen. Es decir, debes estar en tu propio centro y hablar directamente desde tu centro a su centro. Para ello, enfoca tu atención en el centro de tu propio cuerpo y lleva tu conciencia a tu centro. Ponerte de pie puede ayudarte a sentir más tu propio centro y tu fuerza. Párate firmemente sobre tus dos pies. Siente tu propio centro desde dentro y habla desde ahí. Envía tus palabras directamente a su centro, no a un lado en alguna parte. Si no lo haces, a menudo no darán mucha importancia a lo que dices, y puede que ni siquiera te oigan.

También puede ayudar posicionarse de algún modo para estar físicamente por encima de ellos. Una mujer dijo que cuando discutía con su marido, más alto y más fuerte que ella y con patrón agresivo, siempre intentaba llegar a las escaleras y subir unos peldaños para que su cabeza quedara por encima de la de él. Esto le daba un poco más de tamaño y sensación de fuerza, y hacía que él la mirara hacia arriba, en lugar de hacia abajo.

Si quieres que te escuche alguien que sigue este patrón de supervivencia, di la verdad, por mal que suene; recuerda que, por encima de todo, escuchan la verdad. Utilizan la verdad para orientarse en el mundo, así que les importa mucho la verdad. Tienen un detector de mentiras tremendo, así que debes ser congruente; es decir, tus palabras deben coincidir con lo que realmente sientes. Esto es fundamental. Si hablas desde tu centro, lo más probable es que esto ya esté ocurriendo. Pero si tienes un plan oculto y tratas de manipularles, lo notarán, se asustarán (inconscientemente), entrarán en patrón, se enfadarán y estallarán contra ti.

No intentes manipular a las personas que siguen este patrón de supervivencia. Recuerda que todo su sistema se centra en detectar la manipulación y oponerse a ella. No tienen miedo de tu ira ni de tu odio, pero tienen miedo de ser manipulados, así que díselo directamente. Puedes decirles cualquier cosa, siempre que seas honesto y congruente.

Si quieres que presten atención a algo, muéstrales cómo el prestarle atención les beneficia a ellos y a su supervivencia. Recuerda que son pragmáticos y se organizan en torno a la supervivencia. No esperes que se preocupen por algo sólo porque tú te preocupas por ello. Eso puede ser cierto para tu patrón de supervivencia, pero no para el suyo. Muéstrales por qué les importa lo que tú quieres.

Su manera de quejarse de algo

Cuando tienen una necesidad o una queja, las personas con patrón agresivo probablemente la expresen como un menosprecio. No mencionarán el hecho de que tienen una necesidad, y probablemente ni siquiera sean conscientes de ello. Lo que harán será devaluar lo que sea (o a quien sea) que no les esté dando lo que necesitan. Lo insultarán, lo tacharán de estúpido, débil, equivocado, flojo, incompetente, etc. Si no les estás dando lo que necesitan, el menosprecio irá dirigido a ti. Si eres capaz de escuchar la necesidad que hay detrás del menosprecio, puedes responder y darles lo que necesitan. Eso les gustará, aunque sigan negando la existencia de la necesidad. Tu capacidad para escuchar su necesidad real también hará que confíen más en ti.

Su forma de pedir ayuda

Cualquiera de nosotros antes de pedir ayuda, tenemos que creer que la ayuda está disponible, que hay alguien ahí fuera que quiere – y puede – ayudarnos. Por desgracia, las personas con patrón agresivo no tienen este tipo de confianza en los demás, ya que es exactamente así como fueron heridas. Por eso es raro que *pidan* ayuda. Hacerlo los pone en una posición de inferioridad y los vuelve vulnerables otra vez, así que en lugar de pedir ayuda, suelen exigir u ordenar lo que necesitan.

Cuando se pongan a criticar o a exigir, intenta recordar que su ataque está cubriendo una necesidad enterrada. Si el ataque va dirigido a ti, puede que te sientas tan desorientado por la explosión de energía y herido por el menosprecio que no seas capaz de recordarlo. Pero si eres capaz de mantenerte lo suficientemente presente como para asegurarles que te preocupas por sus necesidades y preguntarles qué necesitan, es posible que encuentren el camino hacia ello. Sin embargo, es posible que primero tengas que capear una tormenta emocional. Cambiar su orientación interna para sentir sus necesidades les aterroriza, y puede que necesiten ponerte a prueba para ver si realmente puedes estar a su lado cuando bajan la guardia.

Recuerda que para ellos se trata de una reacción visceral, no lógica. En esencia, se trata de un animal herido. Están heridos, asustados e inquietos. Para ayudarles, enraízate profundamente, guarda silencio y espera. Si tienen una tormenta emocional, no la tomes dentro, aunque vaya dirigida a ti. Gira de lado y deja que pase de largo. Imagina un escudo a tu alrededor que divide la corriente – como un arado divide la tierra – y hace que pase rodeándote, no a través de ti. Recuérdate a ti mismo que no se trata tanto de ti como dicen. Pero escucha también la semilla de la verdad enterrada en sus quejas y acusaciones. En algún lugar, te están diciendo lo que necesitan. Al desahogar su terror y su rabia, puede que incluso hayan resuelto el problema ellos mismos. Recuerda que su ira es un mecanismo de autocorrección.

Las personas con patrón agresivo rara vez muestran su vulnerabilidad, por lo que la mayoría de la gente no la espera ni sabe cómo sostener espacio para ello. La mayoría de las personas también se distraen tanto con la tormenta emocional que no pueden escuchar la necesidad que hay debajo de ella. Si eres capaz de sostener espacio para su vulnerabilidad, capear el conflicto que supone revelarla y escuchar su verdadera necesidad, te convertirás en alguien muy valioso a sus ojos.

Hacer una petición al patrón

Cuando hagas una petición a alguien que se encuentre en el patrón agresivo, tendrás que hacer lo que se ha descrito anteriormente en *Comunicarse con ellos*, es decir, hablar desde tu centro y ser congruente y honesto.

Sé conciso

No te vayas por las ramas con preguntas indirectas del tipo: *"Me pregunto, si no sería mucha molestia, si podrías, en algún momento, ser capaz de encontrar en tu corazón _____"*. A las personas con patrón agresivo no les importa la cortesía, sino la verdad y la acción. Intentar pasar por el tamiz de la cortesía para llegar a la petición real sólo hace que se confundan, se impacienten y se enfaden. Cuanto más les cueste entender lo que realmente les estás pidiendo, más se enfadarán. Y su enfado os distraerá a los dos de la petición real. Así que deja de intentar ser educado y diles lo que quieres. Sé directo, breve y claro.

No justifiques tu petición

Evita también justificar tu petición. Si te pones a decir "deberías", "me lo debes", "si me quisieras, lo harías" y cosas por el estilo, estás haciendo que se sientan menos inclinados a acceder a tu petición, en lugar de más. En primer lugar, no les importan tus justificaciones. No se sienten obligados por las normas de los demás ni por el principio social de reciprocidad. Si les haces un regalo, lo aceptan como un regalo, no como una obligación de darte algo a cambio. Si luego intentas convertir tu regalo en un intercambio diciéndoles que te deben algo a cambio, estás tocando una fibra sensible de su mecanismo de supervivencia. Pensarán que intentas manipularles, se desatará el viejo terror de supervivencia de su primera herida y tendrán que luchar contra ti sólo para protegerse.

En segundo lugar, cuando empiezas a justificar tu petición, es probable que se sientan desafiados, lo que les llevará a contraatacar automáticamente. Incluso en una situación en la que estarían encantados de satisfacer tu petición, si no están de acuerdo con tu justificación, tendrán que luchar y vencerla antes de poder atender a tu petición real. No cuestionar tu justificación sería ceder poder y territorio, lo que les debilitaría ante peticiones similares en el futuro. No pueden permitirlo, así que se sentirán obligados a negar tu justificación antes de prestar atención a tu petición real. Recuerda que siempre están observando la dinámica de poder de la situación.

En tercer lugar, tu justificación sólo desvía su atención de tu petición. Es poco probable que les convenza, pero en cambio es muy probable que os lleve a los dos a una discusión inútil sobre la validez de tu justificación. Les gusta pelear y probablemente lo hagan mejor que tú, así que no les des una excusa para hacerlo. Mantén tu petición concisa y directa.

Su respuesta a una solicitud

Lo más probable es que su respuesta sea pragmática: accederán si ven que les beneficia y se negarán si no es así. No dudes en explicarles en qué les beneficia, pero no esperes que se conformen con tu palabra. Tendrán que comprobarlo por sí mismos. Cuando vean en qué les beneficia, el cumplimiento de tu petición pasará a formar parte de su estrategia de seguridad y querrán hacer lo que les pediste.

Elogiar al patrón

Cuando quieras elogiar a una persona con patrón agresivo, haz todo lo posible por hablar directamente desde tu centro a su centro. Si no estás presente en tu centro cuando expresas tu apreciación, es posible que evalúen lo que dices como poco importante o falso, y simplemente lo descarten. O puede que esté tan distraído por el hecho de que "no estás realmente ahí" que ni siquiera pueda escuchar tus palabras.

También debes expresar tu elogio en su lenguaje, referenciando lo que ellos valoran. Valoran la competencia por encima de casi todo, así que es más probable que se sientan valorados si comentas lo bien que han hecho algo en lugar de si te centras en lo correctamente que lo han hecho o en lo bien que te lo estás pasando con ellos.

Como ocurre con todo lo relacionado con los patrones de supervivencia, no se trata de una receta única. Además de tener en cuenta qué patrones siguen y qué valoran esos patrones, también tendrás que considerar sus valores personales. Si observas atentamente sus respuestas, probablemente serás capaz de darte cuenta de cuándo tu halago ha dado en el clavo y cuándo no.

Cómo salir del patrón agresivo

Cuando te das cuenta de que has entrado en un patrón, lo primero que tienes que hacer es salir del patrón y volver a estar presente. El patrón de supervivencia está distorsionando tus percepciones y tu experiencia. De hecho, lo más probable es que tu patrón de respuesta a esta angustia esté empeorando las cosas, en lugar de mejorarlas. Una vez que vuelvas a estar en presencia, podrás encontrar la mejor manera de responder a la situación actual.

Señales de que estás en el patrón agresivo

- estás lanzando energía a los demás

- sientes la necesidad de dominar a los demás

- estás en lucha o huida, acelerado y listo para luchar

- no estás referenciando los sentimientos y necesidades de los demás

- estás referenciando sólo tu propia fuerza y voluntad, mientras ignoras tus propias debilidades, sentimientos y necesidades

La solución: Necesitas conectar con algo amoroso que sea más grande que tú y dejar que te contenga.

Para salir del patrón agresivo

Conecta con algo más grande que tú que te sostiene y te protege.

Ejercicio:

Dobla las rodillas, respira hondo y centra tu atención en tu interior.

- ¿sientes miedo? ¿dolor? ¿vergüenza?

Desplaza tu atención hacia tu conexión con la tierra.

- enraízate bien profundo dentro de la tierra

- siente tu conexión con ella

- envía la ira, el dolor y el miedo hacia abajo dentro de la tierra

- pide a la tierra que envíe apoyo y seguridad hacia arriba a tu cuerpo

- ábrete a ello y recíbelo

Desplaza tu atención hacia arriba, a tu conexión con el universo y/o la divinidad.

- siente tu conexión con ello

- pídele que envíe apoyo y seguridad hacia abajo a tu cuerpo

- ábrete a ello y recíbelo

Recuérdate a ti mismo: *"Estoy a salvo. No estoy solo. Tengo ayuda y apoyo".*

Para obtener más información sobre cómo salir del patrón, consulta el Capítulo 13, *Cómo salir del patrón*, en la página 377.

Recuerda, siempre que estés en patrón, tu primer trabajo es salir del patrón y volver a la presencia.

Sanación del patrón agresivo

La necesidad de desarrollo de las personas con patrón agresivo es sentirse seguras al ser sostenidas, contenidas y protegidas por algo más grande que ellas – algo bueno y amable, pero también más fuerte y capaz que ellas. Dentro de esta seguridad, necesitan que todas sus partes sean aceptadas, valoradas y reflejadas, especialmente las partes pequeñas, débiles y necesitadas. Esto es lo que les devolverá la confianza en otros.

Sentirse sostenidos y protegidos de esta manera les permitirá terminar las tareas de desarrollo de la fase de acercamiento, de las que hemos hablado antes. Necesitan sanar la división amor-poder en su psique volviendo a reconocer como propios y a valorar su amor, su corazón y su conexión con los demás, y después integrando el amor y el poder en su interior. Tienen que ser capaces de sentir la fuerza y la necesidad al mismo tiempo.

En términos psicológicos, esta integración debe producirse en dos ámbitos diferentes. En el ámbito del tamaño, necesitan integrar su grandeza con su pequeñez, es decir, su fuerza con su vulnerabilidad y sus necesidades. En el reino de la conexión, necesitan integrar su unicidad con su separatividad, su unidad con su individualidad.[11]

Sentirse defendido y protegido

Para completar ese proceso, necesitarán vivir varias experiencias profundas de sanación. En primer lugar, necesitan sentirse defendidos por otra persona. Tiene que ser una experiencia corporal, una sensación-sentida de estar protegido. Recuerden que su herida central fue *no* haber sido protegidos durante un momento de vulnerabilidad y, por lo tanto, haber tenido que sobrevivir por sí mismos mediante un acto de pura fuerza de voluntad.

Se puede organizar un psicodrama de sanación en el que alguien amenace a la persona con patrón agresivo y otra persona lo proteja. Tanto la amenaza como la protección tienen que ser reales para el cuerpo de la persona, así que hay que encontrar un área en la que la persona sea realmente vulnerable, incluso hoy, y una forma de protegerla que sea real para ella. Si está dispuesta a aceptar la protección, su cuerpo empezará a recablearse, relajándose gradualmente en la seguridad de la protección. Sin embargo, esto no ocurrirá de golpe, sino poco a poco. Se sentirá algo protegido, se relajará un poco, sentirá algo de su propia necesidad, se alarmará, volverá a comprobar su protector, decidirá si está bien y se relajará un poco más. Este ciclo puede durar horas, mientras su cuerpo digiere la nueva experiencia de estar protegido y experimenta con la confianza real en esta protección.

Sentirse contenido

En segundo lugar, las personas con patrón agresivo necesitan sentirse contenidas energéticamente por alguien o algo que sea más grande y fuerte que ellas, pero también amable y cariñoso. La contención amorosa les demuestra que no son un monstruo demasiado grande y malo para vivir en una sociedad humana. También enseña a su cuerpo a contener su propia energía y sus emociones. Al darles un modelo de poder integrado con amor, les muestra que no tienen por qué tener miedo de su propio poder y que éste puede integrarse con su amor.

La experiencia de ser contenido energéticamente también enseña a la persona que hay límites a lo que puede hacer y a lo que está permitido. Por supuesto, pondrá a prueba el contenedor, e incluso puede llegar a tener una rabieta total contra él, pero si éste puede resistir su ataque y no responde con un contraataque, empezará a relajarse y a calmarse. Su cuerpo sentirá por fin la presencia de algo más grande, pero cariñoso, y se sentirá más seguro.

Al sostener pero no tomar represalias, el contenedor más grande se gana su confianza. Así puede enseñarle que sus actos tienen límites y consecuencias. Es un paso crucial que se perdió de niño. Una persona que adoptó este patrón de supervivencia necesita aprender que puede ser todo lo que es, sin tener que ser todo lo que hay. Tiene que aprender que es mejor cooperar con el mundo que intentar dominarlo.[12]

Reapropiarse de su vulnerabilidad y de sus necesidades

A medida que una persona con patrón agresivo empieza a sentirse protegida y contenida, también podrá empezar a rendirse gradualmente a sentir su propia vulnerabilidad y necesidades, a pedir lo que necesita y a recibirlo de los demás. Este proceso puede producirse lentamente durante un largo periodo de tiempo, como ocurre a veces en terapia, o puede producirse rápidamente en respuesta a una crisis potencialmente mortal, como un ataque al corazón o un diagnóstico de cáncer.

Tanto si ocurre lenta como rápidamente, deben estar presentes varios ingredientes clave para que la experiencia suavice, en lugar de reforzar, su patrón de supervivencia. En primer lugar, debe darse cuenta de que es algo que no puede superar sólo con su voluntad y que necesita esta ayuda para sobrevivir, ya que sólo se rendirá para sobrevivir. Se trata de una rendición estratégica, no de un colapso. Ten en cuenta que algunas personas que siguen este patrón de supervivencia elegirán no rendirse y no sobrevivirán. Esa es simplemente su elección.

En segundo lugar, debe llegar una ayuda fuerte y capaz que le proporcione lo que necesita. Como siempre, no aceptará la ayuda sin más, sino que la pondrá a prueba. Si los ayudantes pasan la prueba, se relajará y aceptará un poco de la ayuda que necesita. Entonces comenzará el mismo proceso cíclico: al aceptar algo de lo que necesita, empezará a sentir su necesidad más vívidamente, se alarmará, se acelerará y volverá a poner a prueba a los ayudantes. Si los ayudantes vuelven a pasar la prueba, se relajará y tomará dentro un poco más, y el ciclo volverá a empezar.

Si estás cuidando a alguien que sigue el patrón agresivo y te pone a prueba y te desafía continuamente, no significa que estés fracasando. Significa que estás teniendo éxito. Te está desafiando porque, cada vez que toca sus necesidades reales, se siente aterrorizado y tiene que tranquilizarse respecto a tu competencia. Cada vez que superas la prueba, confía un poco más en ti. Si no pasaras la prueba, simplemente te descartaría e intentaría hacerlo todo él solo.

Para que esta experiencia le haga confiar más en otros, debe ver que no fue su propia competencia, sino algo fuera de él, lo que le hizo superar la crisis. Poco a poco, aprenderá que hay algo fuera de él en lo que puede confiar, algo de lo que puede depender para que le proteja y le mantenga a salvo. Para sanar su herida central, las personas con patrón agresivo necesitan sentirse contenidas, protegidas y lo bastante seguras como para suavizarse en su herida original. En especial, necesitan tocar su terror congelado, sentarse con él mientras se derrite y dejar que el terror les atraviese. Con el tiempo, necesitan volver a sentir todos sus sentimientos y vulnerabilidades.

Dado que en un principio renegaron de su niño interior para sobrevivir, su proceso de reapropiación incluirá admitir que realmente tienen un niño interior y que sus necesidades son válidas e importantes. A continuación, tendrán que asumir la responsabilidad de gestionar a su niño interior y satisfacer sus necesidades. Esto incluye aprender a pedir lo que necesita, en lugar de exigirlo, y aprender a tolerar la frustración y la decepción de no salirse siempre con la suya. Poco a poco, tendrán que reintegrar al niño interior en su yo adulto.

Al hacerlo, tendrán que renunciar a su imagen idealizada de sí mismos como superiores y supercompetentes, y volver a verse como seres humanos corrientes. Esto incluirá aprender a detectar sus propias debilidades y necesidades, y no sólo sus puntos fuertes. El hábito de su patrón es ver sólo sus puntos fuertes. Para equilibrarlo, tendrán que practicar el desplazamiento intencionado de su atención hacia sus debilidades y necesidades. Esto incluye sentir los límites de su cuerpo y respetarlos. Incluye medir lo que *no* son capaces de hacer, en lugar de medir sólo lo que *son* capaces de hacer. Significa hablar a los demás de sus necesidades, en lugar de hablar de sus capacidades. En resumen, significa centrarse en el autocuidado en lugar de en la supervivencia, y confiar en que los demás se preocupan por ellos y les ayudarán.

El trabajo con la ira

Con algunos de los otros patrones de supervivencia, hemos hablado de lo importante que es desenterrar la ira reprimida y liberarla. Con el patrón agresivo, suele haber muy poca ira reprimida, ya que es la emoción que se expresa con más frecuencia y con la que la persona con patrón agresivo se siente más cómoda expresando. Pero está siendo alimentada por otras emociones reprimidas, como el dolor, el miedo, la pena y la vergüenza, y esas emociones necesitan salir a la superficie y liberarse.

Sin embargo, hay una forma de trabajar la ira que las personas con patrón agresivo necesitan con frecuencia, y es ser sujetadas físicamente mientras desatan su ira. Debido a que podían hacer estallar el contenedor de sus padres, incluso cuando eran niños, y probablemente han hecho estallar muchos contenedores desde entonces, temen que ningún contenedor pueda contener los jamás. Se dicen a sí mismos: "Nadie puede sujetar mi energía. Soy demasiado. Nunca es seguro". Para sentirse seguros por fin, necesitan sentirse sujetados por un contenedor que sea más fuerte que ellos. En muchos casos, inmovilizarlos físicamente es la mejor manera de proporcionarles esa experiencia.

Durante los 16 años que dirigí grupos de hombres, la necesidad de sentirse sujetado dentro de un contenedor fuerte surgía regularmente en uno u otro de los hombres, incluso en hombres que seguían otros patrones de supervivencia. Lo resolvíamos colocando al hombre en el centro de la sala, de pie y rodeado de todos los demás hombres del grupo. Todos le agarraban de un brazo, una pierna o el cinturón, y le inmovilizábamos todo lo posible.

Luego le hacíamos moverse un poco para probar nuestra capacidad de sujetarle con seguridad. Si el grupo no estaba seguro de poder inmovilizarlo con seguridad mientras estaba de pie, le hacía tumbarse en el suelo, boca arriba o boca abajo, con los brazos y las piernas extendidos. Esto nos permitía utilizar nuestro peso y nuestra fuerza para inmovilizarlo. Cuando estábamos seguros de que podíamos sujetarle y de que nadie saldría herido, hiciera lo que hiciera, le invitaba a dar rienda suelta a su rabia. Aunque no se sintiera enfadado en ese momento, estar inmovilizado de esa manera generalmente le enfurecía. Al principio intentaba algunos movimientos diferentes para poner a prueba nuestro contenedor. Luego, cuando se sentía cada vez más seguro, se desataba toda su furia y luchaba contra nosotros hasta agotarse. Durante este proceso, aprendía que su ira y su fuerza eran finitas, y que otros hombres que le querían podían contenerle y mantenerle a salvo. Y aprendió estas cosas a través de su cuerpo, no de su mente. (Aunque este ejemplo se refiere a un grupo de hombres, este ejercicio puede ser igual de valioso cuando se utiliza con mujeres o niños. Sólo hay que asegurarse de que el grupo puede inmovilizar con seguridad a la persona, incluso en plena rabia, para que nadie salga herido).

Como el grupo estaba formado por hombres que seguían todos los patrones de supervivencia, todos sacaron cosas distintas de este proceso. Los que tenían miedo de su ira aprendieron que no era tan temible. Los que sólo necesitaban liberar su rabia de forma segura pudieron hacerlo y se sintieron aliviados. En el caso de los que utilizaban la rabia para encubrir otras emociones, sus emociones reprimidas solían aflorar en cuanto descargaban la rabia y se sentían contenidos y protegidos. Este último escenario suele ser el de las personas con patrón agresivo. Sólo cuando confían en que el contenedor les sujetará y protegerá, aflora su terror. Por lo tanto, para ellos, el trabajo con la ira es una puerta para experimentar finalmente su terror central.

Adquirir una sensación-sentida de seguridad

A medida que las personas con patrón agresivo disuelven su terror y adquieren una sensación-sentida de seguridad en su cuerpo, son capaces de hacer algo que nunca antes habían hecho: dejar de defender su propio centro y, en su lugar, simplemente descansar en él. Es un cambio enorme. Les permite atender a su corazón y a sus necesidades, en lugar de centrarse en reforzar su férrea voluntad. Ahora, pueden permitir que las cosas simplemente les muevan. En lugar de mover el mundo, pueden permitir que éste les mueva a ellos. Por primera vez, pueden tomar dentro el placer de dejarse llevar.

Una advertencia: a medida que las personas con patrón agresivo se sanan y desaparece la antigua amortiguación, empezarán a sentirse muy sensibles y vulnerables. Pasarán por una época en la que sentirán que casi cualquier cosa puede conmocionarles. No están acostumbradas a ser tan vulnerables y eso les asusta. Es una señal de que están llegando a su trauma central y su medidor del miedo vuelve a funcionar.

A medida que se disuelva el patrón, también se disolverá su ilusión de supercompetencia, y puede que teman estar perdiendo sus capacidades. En realidad, lo único que están perdiendo es una ilusión. Lo que están ganando es la capacidad de referenciar con precisión sus necesidades. Si necesitan algo que les reoriente, proponles un reto que les ayude a crecer. Por ejemplo, rétales a medir sus debilidades, en lugar de sus fortalezas, o rétales a pedir ayuda de forma habitual. Les gustan los retos y pueden utilizarlos para orientarse.

Aprender autocontención

Las personas con patrón agresivo también necesitan aprender a contener su propia energía. Hasta que no lo hagan, los demás no estarán a salvo de sus ataques. En primer lugar, deben renunciar a la creencia de que tienen derecho a estallar contra los demás. Para ello, tienen que admitir que estallar contra los demás es abusivo y que nadie "se lo merece". Requiere renunciar a la creencia de que son superiores y reconocer que los demás son seres humanos iguales, no meros sirvientes u objetos para su uso. Como siempre ocurre con las personas que siguen este patrón de supervivencia, la decisión de renunciar a este privilegio será práctica, no moral. Lo harán sólo para conseguir algo que desean más que el privilegio de estallar contra los demás. Por ejemplo, un hombre que seguía este patrón preguntó a su profesora cómo manejar un conflicto en su relación amorosa. Sabiendo cómo abordaría él una decisión así, su profesora aprovechó la oportunidad para plantearle la elección en los términos más crudos posibles. Le dijo: *"Puedes tener ese amor que tanto valoras o puedes tener el privilegio de estallar contra los demás cada vez que te enfades. No puedes tener las dos cosas. ¿Cuál quieres más?"*.

La crudeza de la elección le sobresaltó. No quería creerlo, pero su profesora le estaba hablando claro, de centro a centro, y no podía ignorarlo. Pasó unos minutos retorciéndose y buscando alguna manera de tener ambas cosas, pero después de ver que su afirmación era cierta, se rindió a la verdad y eligió renunciar a su derecho a estallar contra la gente. Entonces se encontró afligido durante una semana más o menos, como si hubiera perdido algo querido. Esto no es infrecuente. A medida que renuncian a su superioridad y privilegios, las personas con patrón agresivo pueden llegar a necesitar llorar sus pérdidas, igual que un niño cuando renuncia a la libertad de hacer berrinches a su antojo.

Aprender a contener su propia energía también requiere cambiar su relación interna con su propio crítico interior. En lugar de pensar que la voz de su crítico interior es su propia voz y permitirle que ataque a los demás a su antojo, tendrá que desidentificarse de su crítico interior y aprender a proteger a los demás de sus ataques. Esto incluye no dejar que utilice su boca para culpar y criticar a los demás.

Para llegar a ser una persona segura para los demás, también es necesario ser capaz de reconocer cuándo se está acelerando y entrando en este patrón, y darse un tiempo para calmarse antes de descargar su energía estallando contra alguien. Por lo general, esto significa ir a otro lugar durante unos minutos y desahogarse o calmarse allí. En términos psicológicos, significa aprender a regular a la baja su sistema. Son expertos en regular su sistema acelerándolo. Para sanar, también tienen que aprender a calmarse y tranquilizarse.

Aprender a funcionar desde la paz interior

Para las personas que siguen el patrón agresivo, el paso final para llegar a ser capaces de contener y regular su propia energía es aprender a funcionar sin usar adrenalina. Esto significa aprender a funcionar desde un estado interior tranquilo y centrado, en lugar de desde un estado adrenalínico y acelerado. Para aquellos lectores que hayan estudiado el sistema nervioso, significa funcionar desde el sistema nervioso parasimpático, en lugar de desde el simpático. Funcionar desde este estado les permite terminar el día o la tarea con el depósito lleno, en lugar de vacío.

Si quieres experimentar en tu cuerpo la diferencia entre estos dos estados, prueba el siguiente ejercicio: En primer lugar, acelérate dando un pequeño paseo. Esto significa entrar en un estado de parcialmente adrenalizado que te proporcione energía extra. Si vives en Estados Unidos, esto puede parecerte normal, ya que Estados Unidos es una sociedad adicta a la adrenalina. Si no estás seguro de cómo acelerarte, prueba esto: *convierte el paseo en un concurso*. Oblígate a caminar más rápido de lo normal. Márcate un objetivo que te exija ir más rápido de lo que te resulta cómodo. Tu cuerpo se acelerará para conseguirlo.

Mientras caminas, date cuenta de tus sensaciones y percepciones:

- *¿Qué estás sintiendo?*

- *¿Dónde se centra tu atención?*

- *¿Está en el mundo que te rodea o en tu objetivo?*

- *¿Qué te parece ahora tu entorno?*

Al terminar el primer paseo, espera al menos media hora para que tu sistema se relaje y vuelva a su estado inicial, y da un segundo paseo. Esta vez, camina con una sensación de placer, en lugar de con una sensación de tarea. En lugar de apresurarte, simplemente pasea. Pon tu atención en tus cinco sentidos y en el placer de caminar: simplemente estar aquí y ahora. Si sueles tener prisa, esto puede resultarte muy extraño, y puede que tengas que reducir la velocidad y volver a centrarte en tus sentidos cada vez que tu viejo hábito te acelere.

Mientras caminas desde el placer, observa de nuevo tus sensaciones y percepciones:

- *¿Qué sientes ahora?*

- *¿Dónde está centrada tu atención ahora?*

- *¿Te parece que tu entorno es diferente ahora?*

Es probable que el mundo te parezca diferente y que notes una sensación inusual de tranquilidad y satisfacción en tu cuerpo. Este es el estado que quieres aprender a mantener a lo largo del día, incluso mientras realizas tus tareas y asuntos habituales.

Habilidades energéticas necesarias

En cuanto a las habilidades energéticas, las personas que siguen este patrón de supervivencia ya son bastante hábiles con el centro y el yo / no yo, por lo que necesitan centrarse sobre todo en el enraizamiento y en mantener su límite, es decir, en contener su propia energía. (Para obtener descripciones más detalladas de cada una de las cuatro habilidades energéticas, consulta *Sanación del patrón de escapar* en la página 109.)

Su necesidad humana y su necesidad espiritual

La necesidad humana de las personas con patrón agresivo es volver a sentirse seguras confiando y necesitando a otros, especialmente cuando están necesitadas y son vulnerables. Su necesidad espiritual es volver a conectar con su propio Ser Superior y su propia chispa interna de Divinidad. Esto disolverá su miedo de toda la vida de que su propia esencia es de alguna manera mala o malvada. A medida que sanan la división amor-poder y recuperan su conexión con la Divinidad, se darán cuenta de que ellos también son fundamentalmente buenos. Esto les permite ver la bondad en los demás también.

Para obtener más ayuda a la hora de determinar en qué patrones entras, visita *www.The5PersonalityPatterns.com.*

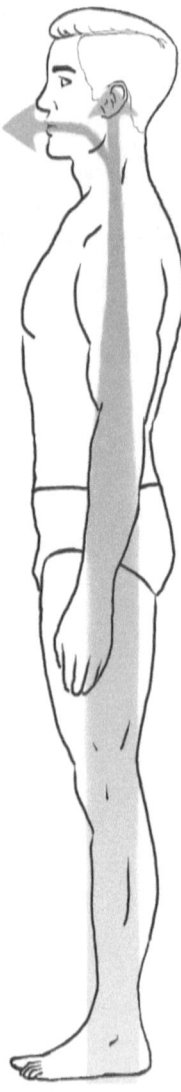

El patrón rígido – cuerpo y flujo de energía

- 11 -

El patrón rígido

"Yo soy mi desempeño. Tú también lo eres".

Como todos los patrones de supervivencia, el patrón rígido es un patrón de sujeción del cuerpo, condicionado en el cuerpo por el trauma, que crea un hábito particular de atención. Aquí el hábito consiste en desviar la atención de la experiencia interna hacia un conjunto externo de Reglas y estándares. El énfasis se pone en la corrección: tanto en ser correcto como en encontrar lo que es incorrecto y arreglarlo. Esto crea un sesgo negativo de la atención: desvía la atención de la persona de lo que está bien a lo que está mal, de la satisfacción y el placer a la mejora de lo que aún no es perfecto.

A diferencia de los cuatro primeros patrones, este patrón de supervivencia no suele ser causado por un acontecimiento traumático identificable. En muchos casos, la niña* simplemente es adoctrinada en la Iglesia del Único Camino Correcto. Si éste es el único reflejo que recibe de sus padres y su comunidad, crece pensando: "Ésta es quien soy yo".

Para tener una sensación-sentida de cómo sería crecer dentro de este patrón, imagina que todas las mañanas de tu infancia te levantas con tus

---

* Para evitar el engorro de tener que decir continuamente "él o ella", asignaré un sexo al niño descrito en cada capítulo y luego me ceñiré a ese sexo a lo largo de todo el capítulo. Por ejemplo, en este capítulo, asumiré que el niño es una niña. Sin embargo, los cinco patrones se dan en ambos sexos, y todo lo que se dice sobre la niña en este capítulo podría haberse dicho igualmente sobre un niño.

hermanos y hermanas, te pones la mano sobre el corazón y recitas solemnemente al unísono: "Juro lealtad a las Reglas y a los Estándares que éstas protegen. Mis propios sentimientos y necesidades no importan. Debo obedecer las Reglas". Aunque en realidad nadie hace esto, se parece mucho a la experiencia silenciosa e interior de quienes adoptaron el patrón rígido. (A veces pondré "Reglas" en mayúsculas en este capítulo para dar una idea de la autoridad casi divina que las Reglas tienen para los que se mantienen dentro de este patrón).

Rango de funcionamiento

Como ocurre con los demás patrones, este patrón de supervivencia existe en un amplio espectro de funcionalidad, desde los que se rigen completamente por el patrón hasta los que lo llevan el patrón ligeramente. La variación entre los que siguen el patrón rígido radica sobre todo en el grado de flexibilidad con el que perciben el mundo y responden a él. Los individuos menos funcionales son más rígidos, mientras que los más funcionales son más flexibles.

En el extremo inferior del espectro, tenemos a los que están totalmente atrapados en el patrón: personas muy restringidas, controladas, inhibidas y rígidas en su forma de pensar, sentir y actuar. Su vida está estrictamente regulada por las Reglas que deben seguir. Cualquier transgresión de esas Reglas les resulta alarmante. Hay que corregirla y restablecer el orden. A menudo predican sus reglas a los demás. Los miembros de sectas religiosas fundamentalistas suelen pertenecer a este grupo.

En el rango medio, tenemos a personas que siguen viviendo dentro de la visión del mundo del patrón, pero sus Reglas son mucho menos estrictas. Pueden ser capaces de tolerar mucha más diversidad en los pensamientos y acciones de quienes les rodean, pero siguen creyendo que tienen razón. Son fuertes en las habilidades y talentos del patrón, pero siguen teniendo una necesidad muy fuerte de verse bien y desempeñarse bien. Les cuesta dejarse llevar por hacer el tonto, la espontaneidad, la alegría o el juego.

En el extremo superior del espectro, tenemos a quienes, por lo general, pueden permanecer presentes mientras utilizan las habilidades y talentos del patrón. Aunque siguen siendo muy conscientes de la forma y la estructura, son capaces de ver que la esencia de algo es más importante que su forma. En consecuencia, valoran su experiencia interior y sus sentimientos por encima de su desempeño. Suelen tener una energía viva y vibrante.[1]

Los dones del patrón rígido

Cuando una persona utiliza cualquiera de los patrones, practica continuamente las habilidades que requiere ese patrón. Con el tiempo, se vuelve excepcionalmente competente en esas habilidades concretas. A medida que sana las heridas que crearon el patrón y es capaz de desviar su atención del patrón y volver a la presencia, las habilidades que ha adquirido permanecen con ella y se convierten en los dones del patrón. Ahora puede emplear sus habilidades excepcionales para responder a las necesidades del momento presente. Aunque algunas de las estructuras físicas permanecen en su cuerpo, ha salido del patrón de defensa y ha entrado en los dones del patrón.

Los dones del patrón rígido son los dones de la forma y la estructura. En el mejor de los casos, las personas con patrón rígido son Maestros de la Forma. Aman la forma y la estructura y suelen utilizarlas en su trabajo. Pueden percibir y trabajar con patrones en todos los modos de percepción. Cuando trabajan con patrones de tiempo, tienen buen ritmo y pueden ser percursionistas o bailarines. Cuando trabajan con patrones espaciales, pueden ser arquitectos, diseñadores, pintores o escultores de talento. Cuando trabajan con patrones de sonido, pueden ser buenos con la música y los idiomas. Suelen ser hábiles con las palabras y la gramática, y se les suele dar bien plasmar ideas en palabras. Son capaces de descomponer las ideas en partes y mostrar cómo están conectadas todas las partes.

También son Maestros del Orden – de las categorías, las listas, los mapas, los sistemas y el análisis. Saben cómo encaja todo, pero no tienen necesidad de forzarlo. Dan instrucciones claras y siguen bien las indicaciones.

Cuando están en los dones del patrón, sienten un gran respeto por las reglas sociales, culturales y legales; conocen las reglas y comprenden su valor. Al ser tan conscientes de la forma, los que poseen los dones del patrón son buenos percibiendo y respetando los límites, ya sean psicológicos, espaciales o legales. Distinguen claramente entre el yo y el otro, y suelen sostener un límite energético claro a su alrededor, que los demás a menudo pueden sentir. (Cuando están atrapados en el patrón, su límite energético es rígido y los demás pueden percibirlo como "el Muro"). También tienden a hacer divisiones claras de las cosas, como el espacio, el tiempo, el dinero y los recursos.

Son las personas que personifican la funcionalidad del hemisferio izquierdo del cerebro. Su pensamiento es lineal, más que no lineal. Se especializan en el pensamiento y el razonamiento claros, lógicos y metódicos, y destacan en el pensamiento y el análisis sistemáticos. Por eso son muy buenos en tareas lógicas y secuenciales y en la resolución de problemas.

En el mejor de los casos, las personas con patrón rígido tienen una atención fuerte y centrada. Tiende más hacia un enfoque estrecho o en un punto, que hacia un enfoque de campo, por lo que, aunque ven una parte del panorama con una claridad excepcional, pueden perderse la visión de conjunto. Suelen tener una gran capacidad para no perder de vista los detalles y ser minuciosos y precisos en todo lo que hacen. Son capaces de priorizar bien, dividir las tareas grandes en pasos más pequeños, y luego poner esos pasos en orden y completarlos, uno a uno. Son persistentes y decididos y quieren terminar cualquier tarea que empiezan. Esto forma parte de mantener el mundo en orden. Su voluntad está bien desarrollada y pueden aplicarla a cualquier tarea que emprendan.

El desempeño es importante para ellos y quieren ser competentes en todo lo que hacen. Tienen buen aspecto y desempeñan con habilidad y energía. Al abordar cualquier tarea, tienen un plan y están preparados para ejecutarlo. Están comprometidos con la excelencia y pueden disfrutar del trabajo bien hecho, incluso cuando no hay recompensa o reconocimiento externo.

Son responsables en la mayoría de cosas, y lo son especialmente a la hora de hacer y cumplir acuerdos. Cumplirán un acuerdo sólo porque han dicho que lo harán. Esto forma parte del mantenimiento del orden. Suelen llegar puntuales a las citas y a menudo llegan pronto.

La clave para aprovechar los dones del patrón está en aprender a sentir y valorar la propia experiencia interior, en aprender a "sentir el camino" a través de un proceso o situación, en lugar de pensar el camino a través de él.

Ejemplos

- Inspector Javert en *Los Miserables*

- Jessica en *Besando a Jessica Stein*

- El personaje de Annette Bening en *American Beauty*

- El personaje de Richard Gere en *Shall We Dance*

- la ciudad en blanco y negro representada en la película *Pleasantville*

- Mitt Romney

- Hillary Clinton

- la bibliotecaria arquetípica, que intenta mantener todo en orden y a todos callados

Nombres alternativos

- Compulsivo
- Industrioso
- el triunfador
- el niño disciplinado
- el niño apresurado

Ejercicio – Estar atrapado en el patrón

Ver sólo los defectos

Este ejercicio está diseñado para que tengas una sensación-sentida de lo que es estar atrapado en el patrón rígido, excesivamente centrado en el orden y la corrección. Cuando vivas esta experiencia, intenta no juzgarla, sino simplemente darte cuenta de lo familiar o no que te resulta, y de cómo sería vivir así todos los días.

Siéntate cómodamente, con la columna relativamente recta, y cierra los ojos. Inspira profundamente y exhala varias veces. Al exhalar, deja que cualquier energía sobrante fluya fuera del cuerpo con la respiración.

Vuelva a abrir los ojos y lee este párrafo. A medida que leas, te darás cuenta de algunos **erreres** ortográficos, gramaticales y de puntuación. Observa cómo cada uno de los errores parece saltarte desde la página, diciendo "**¡¡Míírame!!**". Para darte esta experiencia visual, he puesto los errores en negrita más grande, pero esto es lo **que que** parecen todo el tiempo a alguien en el patrón rígido. Así es para ellos leer un libro y encontrarse con una errata, al menos si la **gramátca** y la **ortograffía** correctas formaban parte de las Reglas en su infancia.

Fíjate en lo difícil que te resulta ver el párrafo sin que tu atención se dirija inmediatamente a los errores. Observa cómo los errores parecen gritar: "¡Arréglame!". De hecho, cuando pasaste por primera vez a esta página del libro, ¿no fueron tus ojos inmediatamente a las letras más grandes y en negrita? Bienvenido a la experiencia diaria de quienes siguen el patrón rígido.

Y esta experiencia no ocurre sólo cuando están leyendo un libro, sino que se aplica a todo en sus vidas, al menos a todo lo que está cubierto por sus Reglas. Toda la vida se ve de esta manera de alto contraste, en blanco y negro, correcto e incorrecto. Para que te hagas una idea, intentemos ver de esta manera a uno de tus conocidos o parientes lejanos (pero no utilices a nadie que esté cerca de ti, por razones que pronto quedarán claras). Elige a alguien y recuérdalo tan vívidamente como puedas – su aspecto, su voz y su forma de actuar. Tómate un tiempo para que esa imagen se desarrolle en tu mente.

Ahora deja que se forme otra imagen en tu mente, una imagen de su yo ideal – de su yo perfecto. Deja que esa imagen sea lo más vívida posible. ¿Qué altura debería tener? ¿Cómo deberían cambiar los rasgos de su cara para que fueran perfectos? ¿Cómo deberían cambiar las proporciones de su cuerpo para que tuviera un cuerpo ideal? ¿Y su voz? ¿Cómo sonaría su voz perfecta? ¿Con un tono diferente? ¿Más resonante? ¿Menos nasal? Y luego está la cuestión de su ropa: ¿cómo vestiría su yo ideal? ¿Mejores zapatos? ¿Arrugas en los pantalones? ¿Una camisa a juego? Y, por supuesto, está su comportamiento: ¿cómo se comportaría su yo ideal, en lugar de cómo se comporta habitualmente? Tómate también un tiempo para dejar que esta imagen ideal se desarrolle plenamente.

Ahora toma la imagen ideal y superponla sobre la imagen de la persona tal y como es en realidad, de modo que se revele cada diferencia, de modo que cada defecto destaque con la misma viveza que las letras más grandes y en negrita. Cuando le mires ahora, observa cómo la mayor parte de tu atención se centra en sus defectos, en lugar de en él o ella como persona. Fíjate en que cada defecto te parece más grande e importante que antes. Date cuenta de que una parte de ti de repente quiere arreglar esos defectos, quiere empezar a hacerle pequeñas sugerencias para que mejore. Después de todo, te gusta, ¿verdad? ¿Y no sería más feliz si fuera más ideal? Es lo menos que puedes hacer para ayudarle . . .

Ahora inspira profundo y suelta todo eso al exhalar. Si queda algo en tu cuerpo, vuelve a inspirar profundo y déjalo salir al exhalar.

Ahora tómate un tiempo para reflexionar sobre lo que acabas de vivir:

- *¿Cómo de fácil o difícil te resultó prestar atención a las erratas?*

- *¿Y a los defectos de la otra persona?*

- *¿Te pareció natural y fácil, o tuviste que esforzarte para conseguirlo?*

- *¿Qué pensamientos o sentimientos surgieron al hacerlo?*

- *¿Qué pensamientos o sentimientos parecían interponerse en el camino?*

- *¿Cómo sería vivir así todo el tiempo?*

Ejercicio – Los dones del patrón

Ver el orden y la estructura internos

En el ejercicio anterior experimentaste estar atrapado en el patrón rígido y ver sólo los errores. Ahora vamos a experimentar los dones del patrón. Mientras realizas este ejercicio, fíjate en lo familiares o desconocidas que te resultan estas experiencias y considera cómo sería tener estas habilidades y dones siempre a tu alcance.

Uno de los dones del patrón rígido es la capacidad de percibir las estructuras y patrones inherentes en todo lo que nos rodea. Por ejemplo, al leer poesía, un poeta a menudo verá u oirá el patrón rítmico de cada verso, así como el esquema de rima de todo el poema. Al escuchar música, un músico no sólo oye la melodía y el ritmo, sino también cada nota de cada acorde, con lo que percibe la estructura interna de cada acorde. En el interior de un edificio, un arquitecto o interiorista puede ver no sólo los objetos, sino también los ritmos y patrones de su disposición. También puede ver los espacios entre los objetos y los patrones creados por los espacios.

Para hacerte una idea de cómo es la experiencia de ver estructuras y patrones inherentes, intenta mirar el dorso de tu propia mano. Al principio, lo más probable es que sólo veas una mano. Pero intente mirar más de cerca. Observa los tendones mientras mueves los dedos. ¿Puedes ver cómo cada tendón está unido a un dedo? ¿Puedes ver cómo transfiere los movimientos de los músculos más arriba del antebrazo cuando tira para enderezar ese dedo?

Ahora trata de dirigir tu atención hacia los vasos sanguíneos del dorso de la mano. ¿Puedes trazar toda la red de venas? ¿Puedes empezar a ver cómo la sangre de cada dedo se acumula en venas más grandes a medida que se desplaza hacia el corazón?

Ahora imagina que puedes ver los huesos del interior de tu mano. Probablemente recuerdes cómo están dispuestos los huesos por haber visto modelos o fotografías. Intenta presionar con los dedos de tu otra mano esta mano y sentir las formas y movimientos de cada hueso. Al mover la mano, fíjate en cuánto puedes percibir de cómo encajan entre ellos los huesos y cómo se mueven unos contra otros. ¿Cómo sería percibir automáticamente estructuras internas y patrones como éste todo el tiempo?

Cuando escuchas una conferencia o una presentación, puedes descubrir la estructura interna de la conferencia prestando atención a las frases clave y ensamblándolas en tu mente en un esquema de lo que se está presentando. Al

313

leer un libro, puedes subrayar las frases clave de cada capítulo y releer sólo las partes subrayadas para crear de nuevo un esquema de lo que se está presentando.

Podemos observar un ejemplo que puede darte la experiencia de ver inicialmente sólo una masa enmarañada de información . . . y luego ver cómo su estructura interna emerge de la maraña y se vuelve clara para ti. Vuelve a la página de los Principios al inicio de este libro y léelos de nuevo. Ahora que has leído la mayor parte de este libro, ¿puedes ver cómo la esencia de todo el libro está expuesta en esas primeras páginas? ¿Puedes ver que los Principios son la estructura interna del mapa de la personalidad que se describe en el libro? Este es un ejemplo de cómo la estructura interna de algo emerge del todo.

Pregúntate:

- *¿Te ha ocurrido esto alguna vez?*

- *¿Cómo de fácil o difícil te ha resultado percibir las distintas estructuras internas y patrones que hemos considerado? ¿Los ritmos y rimas? ¿Las estructuras de acordes? ¿Los objetos y espacios? ¿Las estructuras de la mano?*

- *¿Cómo de fácil o difícil te ha resultado ver cómo los Principios se relacionan con todo el libro?*

- *¿Qué pensamientos o sentimientos surgieron al ver estas relaciones?*

- *¿Cómo sería ver con frecuencia las estructuras internas y los patrones de esta manera?*

Los orígenes del patrón rígido

Hay muchos caminos que un niño puede seguir para adoptar un patrón de supervivencia concreto. A medida que las necesidades de ese niño interactúan con su situación, encuentra su propio camino único, por lo que las generalizaciones sólo son exactas en términos generales. Pueden explicar el camino de la mayoría de las personas hacia un patrón, pero no pueden explicar todos los casos.

Hay dos caminos que suelen llevar a una niña a desarrollar el patrón rígido de supervivencia. La situación menos común se produce cuando los padres y la situación del hogar son caóticos y desestructurados, pero esta niña en particular necesita la seguridad de un entorno ordenado y estructurado. En este caso, la niña adopta el patrón rígido como forma de introducir más orden y estructura en su vida. Ella misma crea el orden y la estructura que necesita como reacción a su ausencia.

La situación más común se produce cuando uno o ambos progenitores están tan atrapados en el patrón rígido que hacen demasiado hincapié en las Reglas y el orden en el hogar. Creyendo que es la mejor manera de ser, se lo exigen a su hija. La niña absorbe el patrón rígido de la misma manera que absorbe su lengua materna.

Desarrollar la confianza en tu propia guía interna

Entre los tres y los cinco años, aproximadamente, a medida que la niña va siendo cada vez más capaz de ejercer su propia voluntad y actuar en el mundo, surge una nueva necesidad de desarrollo. Ahora que puede hacer muchas cosas, también se enfrenta a muchas opciones. Puede abrazar a su hermano o pegarle. Puede agarrar el juguete que quiere o pedirlo educadamente. Las distintas acciones tienen consecuencias diferentes, y la niña se pregunta: *"¿Cómo elijo?"*. Ahora que *puede* hacer, necesita una forma de decidir *qué* hacer.

En el escenario ideal, sus padres le enseñan a elegir por sí misma. Le orientan, le ponen límites y le enseñan modales, por supuesto, pero también inician el proceso de enseñarle a encontrar sus propias respuestas en su interior. Al principio, se limitan a reflejarle lo que parece sentir. Diciéndole cosas como *"pareces triste"* o *"pareces enfadada"*, le ponen nombre a sus sentimientos. A medida que crece, le dan opciones y le ayudan a utilizar sus sentimientos para evaluarlas. Poco a poco, le enseñan a encontrar sus propias respuestas en su interior.

A través de este proceso, aprende a referenciar sus propias sensaciones y sentimientos corporales como información para tomar sus decisiones. Aprende que puede utilizar sus sensaciones y sentimientos como guía interna para sus decisiones, además de la guía externa que le dan sus padres. A medida que toma decisiones adecuadas para ella, aprende que puede confiar en sí misma.

Para desarrollar la confianza y la seguridad en uno mismo, todos tenemos que pasar por este mismo proceso. Tenemos que aprender a autorreferenciarnos, es decir, a referenciar el centro de nuestro cuerpo y nuestros propios sentimientos. Ahí es donde podemos encontrar nuestras propias respuestas a las preguntas básicas, como "¿Cómo me siento?". "¿Qué quiero? "¿Me gusta o me disgusta esto?". "¿Prefiero éste o aquél?".

Aprender a sentir tu propio centro y referenciarlo a la hora de tomar decisiones es la base para conocerte y confiar en ti mismo. Es la fuente de la verdadera confianza en uno mismo, la que surge de la confianza en uno mismo y del conocimiento de la propia verdad. En última instancia, la capacidad de referenciar tu propio centro es la fuente de la autenticidad y la clave para desarrollar un yo auténtico.

Cuando la vida interior del niño no le es reflejada

Sin embargo, ¿qué ocurre si los padres no pueden ver y reflejar los sentimientos y la esencia de su hija? Recuerda que la niña no se ve a sí misma directamente, sino a través de los ojos de sus padres. Todo aquello que sus padres le reflejan, es lo que ve con más claridad. Todo aquello que sus padres no le reflejan, puede que ni siquiera lo note. Al prestar atención a algo, sus padres le demuestran que tiene valor y es importante para ellos. Al ignorar algo, le están mostrando que no es importante y que no tiene valor.

Por lo tanto, si sus padres están ciegos a ciertas partes de ella, ella tenderá a volverse ciega a esas partes también. Si sus padres no son capaces de reflejar su propio corazón y esencia, puede ser muy difícil para ella sentir y referenciar a esas partes de sí misma. Y si sus padres tampoco son conscientes de su propia esencia y no hacen referencia a sí mismos cuando toman sus propias decisiones, ella no tendrá un modelo de cómo hacerlo. Puede que ni siquiera se dé cuenta de que eso es posible.

Este es el centro de la herida de quienes adoptaron el patrón rígido: su vida interior no les era reflejada y no aprendieron a referenciarla como fuente de guía interna. En su lugar, la atención se centró únicamente en su superficie – en su apariencia y desempeño – y se les enseñó a utilizar un conjunto de Reglas externas como guía. Así que viven sus vidas intentando ajustarse a esas Reglas externas, sin ser conscientes de que se están perdiendo su auténtico yo y la guía que éste les proporcionaría.

Al igual que las personas con patrón de fusionarse, no aprendieron a autorreferenciarse. Sin embargo, tampoco aprendieron a referenciar a los demás. En cambio, aprendieron a referenciar las Reglas.

Padres atrapados en el patrón rígido

Dado que las personas con patrón rígido suelen casarse entre sí, es posible que ambos padres de la niña sean creyentes de la Iglesia del Único Camino Correcto. En ese caso, ambos consideran que se trata de una enseñanza sabia y creen que esta formación es lo mejor que pueden hacer por su hija. Consideran que adoctrinar a su hija en este patrón de supervivencia es un acto de amor, y se lo ofrecen con esa intención. A continuación, los padres modelan concienzudamente estas prioridades en su propio comportamiento y se las enseñan a sus hijos. Hacen hincapié en las reglas y formas de vida y en la importancia de desempeñar de acuerdo a ellas, pero prestan poca atención a los sentimientos o deseos personales. Se enseña a la niña que sólo hay un

Único Camino Correcto para todo. Sólo se elogia el desempeño perfecto, y todo lo demás se critica y corrige, o se ignora.

Se ignoran muchas cosas. Los padres no son espontáneos, ni juguetones ni hacen el tonto. No hacen nada sólo por divertirse, sólo por los sentimientos que evoca. De hecho, temen el juego y la espontaneidad por considerarlos "frívolos" o "descontrolados". A menudo, se sienten incómodos con las muestras de afecto o las emociones fuertes. Y modelan esta evitación de la espontaneidad y el afecto y se la imponen a su hija.

Los padres con patrón rígido suelen retirar su conexión de corazón a la niña por cualquier error o travesura. Normalmente, los padres no son conscientes de que lo están haciendo. Como no rastrean conscientemente su propio corazón, no se dan cuenta de que han abandonado su conexión de corazón con su hija. Creen que simplemente están enseñando a la niña lo que es correcto, pero cuando desvían su atención de amarla para corregir su error, cierran su corazón. La niña siente la pérdida sutil del amor de sus padres y aprende a corregirse a sí misma para mantener la conexión de corazón y el amor. Conscientemente, puede que no se sienta herida, o que ni siquiera sepa que ha ocurrido algo.

Un amigo me contó una historia que muestra cómo se desarrolla este escenario y cómo este patrón de supervivencia se transmite de generación en generación. Me dijo,

> *El padre de mi madre era bautista danés, una religión bastante severa. Nunca lo conocí, pero por las historias que me han contado, probablemente seguía el patrón rígido. Mi madre dice que solo la abrazó una vez en toda su vida, cuando ella tenía 28 años y él sabía que tal vez no volvería a verla, ya que ella se marchaba de su pequeña ciudad para ir a Alaska.*
>
> *También me contó que un día, de niña, iba saltando por la acera de la ciudad y silbando para sí misma. Cuando su padre dobló la esquina y la pilló, la reprendió por "ser tan frívola". Parece que se lo tomó muy a pecho, porque de adulta ya no volvió a saltar ni a silbar. En cambio, adoptó el patrón rígido, sacó muy buenas notas en el colegio y fue la mejor de su promoción.*
>
> *Una de las cosas que aprendió casi a la perfección fue gramática y pronunciación, y creo que estaba orgullosa de ello, porque se esmeró en enseñármelas. La aprendí tan pronto y tan bien que todos los exámenes de gramática de la escuela primaria me parecían una pérdida de tiempo. Las únicas respuestas que sabía eran las correctas, así que todos los exámenes eran fáciles. Durante la mayor parte de mi vida, me*

consideré afortunado por haber aprendido la gramática y la pronunciación tan bien y tan joven.

No fue hasta que llevé 20 años de trabajo interior que descubrí que yo también había sido herido durante esas lecciones de gramática. La escena que me vino a la memoria era de cuando tenía unos cuatro años. Había encontrado un bicho increíble en el jardín y estaba muy emocionado por mi descubrimiento. Corrí a la cocina para enseñárselo a mamá y contarle todo sobre mi maravilloso y asombroso bicho. Todo mi cuerpo rebosaba de sentimientos y emoción por mi maravilloso bicho. Pero, en mi prisa por contarlo todo, mi gramática no era del todo correcta. Así que mi madre no pudo compartir mi emoción y mis sentimientos y, en su lugar, empezó a corregir mi gramática.

Mirando hacia atrás, no recuerdo haberme sentido herido en aquel momento. Fue sólo una de las muchas, muchas correcciones. En lugar de sentirme herido, centré mi atención en lo que ella consideraba importante. Llegué a la conclusión de que "mis sentimientos no importan, pero mi gramática sí", así que aprendí gramática perfecta y adopté el patrón rígido. No fue hasta 40 años más tarde, después de hacer mucho trabajo interior, cuando pude recordar aquel momento y sentir por fin el corazón roto que no sentí cuando era niño.

Esta historia ilustra cómo de sutil puede ser la herida que origina este patrón de supervivencia: cómo puede mezclarse con amor genuino y cómo las personas que adoptan este patrón a menudo ni siquiera se dan cuenta de su alienación gradual de su propia vida interior de sentimientos y, por tanto, no se sienten heridas en absoluto. Incluso pueden sentirse afortunados por haber recibido una instrucción tan buena.

Se trata de un tipo de herida diferente al que hemos visto antes. No hay un daño grave e identificable ni un acontecimiento traumático, como en los patrones de supervivencia anteriores. A menudo, no hay un sentimiento intenso que alerte al niño de que algo malo le está ocurriendo. Se trata más bien de un adoctrinamiento gradual en la Iglesia del Único Camino Correcto y la Iglesia del Desempeño Personal. Algunos de los que adoptaron el patrón rígido lo pasaron mucho peor, por supuesto, pero este ejemplo muestra lo sutil que puede ser la herida que da lugar a este patrón.

Sin embargo, no todos los niños a los que sus padres tratan así desarrollan el patrón rígido. Depende mucho del niño. A medida que la niña experimenta el continuo ritmo de la crítica y la corrección, tomará uno de estos dos caminos.

Una niña más centrada en su corazón sentirá la devaluación de sus sentimientos como una herida profunda. Se sentirá poco querida y normalmente se culpará a sí misma. Será incapaz de abandonar sus sentimientos lo suficiente como para desempeñar según las Reglas y ganarse la aprobación de sus padres, así que probablemente decidirá "no doy la talla" y "no soy lo bastante buena". Una niña así tiene más probabilidades de desarrollar el patrón de fusionarse.

Por otro lado, a una niña menos centrada en su corazón le resultará más fácil abandonar sus sentimientos lo suficiente como para ganarse la aprobación de sus padres, así que probablemente decidirá "puedo dar la talla, sólo que aún no lo he conseguido" y se dedicará a superarse constantemente. También creerá "no soy lo bastante buena", pero lo pensará como "*aún no soy lo bastante buena*". Tomar este camino la llevará directamente al patrón rígido. Irónicamente, esta niña se sentirá querida. De hecho, creerá que criticar a alguien para ayudarle a mejorar es un acto de amor. Pensará que "criticar es cuidar".

Dado que uno o ambos progenitores suelen enseñárselo literalmente al niño, el patrón rígido se transmite más directamente de generación en generación que cualquier otro patrón de supervivencia.[2] Al igual que los demás patrones, este patrón se crea por una situación que impide la realización de una importante tarea de desarrollo. La tarea que se le escapa a esta niña es el desarrollo de una sensación-sentida de su propio centro y la capacidad de referenciar su propia sabiduría interior y sus sentimientos en busca de orientación. En lugar de ello, se la entrena para que se guíe únicamente por autoridades externas. Como su crítico interior es una amalgama de todas esas voces externas de autoridad, éste se hace muy fuerte y ella llega a creer que la voz de su crítico interior es su propia voz.

El crítico interior como progenitor

Normalmente, una persona que desarrolla el patrón rígido tiene al menos un progenitor con patrón rígido. Aunque no siempre es así, es frecuente. Estos padres se relacionan con la niña principalmente desde su crítico interior, en lugar de hacerlo desde su corazón. Ven el mundo entero a través de un filtro de correcto/incorrecto, bueno/malo, sin matices de gris. Es posible que sientan poca empatía por su hija y que sólo sean capaces de amarla condicionalmente. Para una niña pequeña e indefensa, puede ser una experiencia muy dolorosa.

La crítica como cuidado

La incapacidad de los padres para integrar internamente lo bueno y lo malo también significa que su propio medidor de "suficientemente bueno" nunca se ha desarrollado y no pueden percibir cuándo algo es "suficientemente bueno". Para ellos, sólo la perfección es suficientemente buena, y cualquier cosa inferior a eso no es nada. Su creencia interna es: "A menos que sea perfecto, no valgo nada". Entonces transmiten esto a su hija como "A menos que seas perfecta, no vales nada". Como los padres no pueden valorar a su hija tal y como es, ella no aprende a valorarse tal y como es. En cambio, hereda su perfeccionismo.

La niña se enfrenta a una actitud general de juicio y corrección. Se evalúan las cosas, se comprueba que son imperfectas, se critican y se mejoran, pero no simplemente se aman o se aprecian. Hay poco asombro o deleite en algo. Por el contrario, la crítica es constante. Los padres realmente creen que están ayudando a su hija a ser más perfecta señalando constantemente sus defectos. Este es el enfoque de "criticar es cuidar" de las relaciones humanas. El hábito de los padres de evaluarla y corregirla constantemente es todo lo que conoce, así que eso es lo que absorbe y cómo aprende a tratarse a sí misma.

No pueden ver a su hija como un ser completo, sino sólo como una niña buena o mala, en función de su comportamiento. Como ella sólo se ve a sí misma en el reflejo que ellos le dan, tampoco puede verse a sí misma como un ser completo, sino sólo como una niña buena o una niña mala. Al intentar ser una buena chica y ganarse su amor, adopta su hábito de evaluación y corrección constantes y lo vuelve contra sí misma.

Ver al niño como un proyecto

Puesto que los padres que permanecen identificados con su crítico interior no pueden valorar su propio ser, tampoco pueden valorar el ser de su niña. No pueden valorarla y amarla tal como es. En su lugar, valoran y aman a la niña idealizada en la que intentan convertirla. Para los padres de patrón rígido, mejorar a su niña sustituye a quererla tal y como es. La niña se convierte en un proyecto, en lugar de un Ser, y la gestión del proyecto sustituye a la confianza en el crecimiento y el desarrollo naturales de la niña.

Sin embargo, como los padres se centran en su imagen de la niña ideal en lugar de en su niña real, a menudo son incapaces de evaluar con precisión su etapa actual y sus capacidades. Tienden a esperar demasiado, empujándola a situaciones para las que no está preparada. Al intentar seguirles el ritmo, se adelanta a su ritmo natural, toma demasiadas responsabilidades y empieza a comportarse como una pequeña adulta en lugar de como una niña. En psicología, esta situación se denomina "desarrollo precoz", y forma parte de lo que otros autores han destacado al referirse al "niño apresurado."

Vivir en un estado policial

Puesto que el crítico interior de cualquier persona funciona como una especie de policía interior – que hace cumplir las Reglas recibidas y castiga los comportamientos inaceptables – tener un crítico interior feroz es un poco como vivir en un estado policial. Tienes que mantenerte bajo estricto control, porque vives con miedo a que llamen a la puerta. Cuando aún no te has des-identificado de tu crítico interior, la situación es aún peor porque no hay un «tú» separado de la policía – tú eres la policía y la policía eres tú.

Las personas con patrón rígido suelen tener un crítico interior feroz y permanecen identificadas con él, por lo que sus Reglas son estrictas y le obe-decen sin rechistar. Cuando se convierten en padres, son incapaces de tolerar en su hijo sentimientos y comportamientos que se salten las Reglas, como ser autoindulgente, infantil, animal, apasionado, sensual o sexual.[3] Del mismo modo, este tipo de padres no son capaces de relajarse y disfrutar siendo diver-tidos, espontáneos o haciendo el tonto, porque este tipo de libertad interior podría desembocar en sentimientos o comportamientos inaceptables. Aun-que estos comportamientos son parte natural de la infancia, los padres casti-gan y avergüenzan a la niña por ellos, y ella aprende a evitarlos.

Emociones y percepciones prohibidas

Con frecuencia, las Reglas internas de los padres también prohíben los "sen-timientos negativos", como la ira, el odio, los celos, la envidia y la desesperación. Así que esos sentimientos son desterrados de la familia y sustituidos por una falsa positividad. El proceso de prohibición y sustitución de las emociones nega-tivas puede aplicarse de forma ligera o intensa, pero su efecto es siempre con-fundir al niño y hacerle desconfiar de sus propios sentimientos y percepciones.

Veamos algunos ejemplos. De pequeño, uno de mis clientes entró un día en la cocina y anunció: *"¡Odio a mi hermano!"*. A lo que su madre respon-dió: *"Cariño, no odias a tu hermano, quieres a tu hermano"*. Como, en ese momento, estaba realmente sintiendo un odio intenso por su hermano, la res-puesta de su madre desordenó sus sentimientos internos y le confundió. En lugar de recibir ayuda para procesar y resolver sus sentimientos, salió de la cocina con una capa adicional de conflicto interno.

Otra clienta describió un ejemplo mucho más extremo. Cuando tenía unos tres años, vio cómo un coche atropellaba y mataba a un perro delante de su casa. Se puso histérica y, mientras uno de sus padres la llevaba a casa para calmarla, el otro limpiaba a escondidas el cadáver y la sangre. Luego la sacaron a la calle y le dijeron: *"Mira. No hay sangre. No hay perro. No ha pasado nada".* En su intento de calmarla, le estaban enseñando a desconfiar de lo que veía con sus propios ojos. Décadas después, su desconfianza en sí misma seguía minando su capacidad para desenvolverse en el mundo.

La perfección como la meta de la vida

La herida aquí es una manipulación tanto de la atención de la niña como del entorno exterior para darle la impresión de que puede ser una persona perfecta en un mundo perfecto. Entonces adopta la convicción de sus padres de que la perfección es el objetivo de la vida y hace todo lo posible por alcanzarla.

Acción defensiva

Para mantener sus sensaciones y sentimientos internos silenciados y bajo control, la niña debe encontrar una forma de contener y estrechar el flujo de energía a través de su cuerpo. Para ello, tensa los músculos y reduce la respiración. Esto disminuye su sensibilidad a los estímulos internos y le proporciona cierta protección frente a sentimientos, deseos y acciones incorrectos.

Con el tiempo, aprende a restringir habitualmente el flujo de energía y sensaciones a través de su cuerpo. Cada vez que surge un sentimiento o un impulso, se comprueba si es correcto. Si no lo es, se tensa interiormente para reprimirlo. Aprende a contener automáticamente todos los sentimientos e impulsos internos para no tener ninguno incorrecto. En lugar de ello, hace todo lo posible por sentir, pensar y actuar como dictan las Reglas. Intenta ajustarse a la imagen ideal que le han dado de sí misma. Intenta ser perfecta. En lugar de aprender a *ser* ella misma, aprende a *desempeñarse a* sí misma.

Resultados de la acción defensiva

Las consecuencias de esta lucha interna por la autocontención y la autocorrección son muchas. Repasémoslas.

Tensión para mantener el control

En su interior, la persona con patrón rígido está inmersa en una guerra perpetua contra sus propios impulsos naturales y espontáneos. Debe mantener una tensión física y mental constante para controlar tanto lo que experimenta como lo que expresa, y para limitar ambas cosas a lo que es "apropiado". Inconscientemente, teme que, si se relaja, ocurra algo malo y tendrá serios problemas.[4]

También es probable que proyecte su miedo a expresarse libremente en el mundo que la rodea. Ver a otros expresarse espontáneamente le hace aún más difícil mantener su propio control interior, por lo que a menudo intenta detenerlos. Tomemos, por ejemplo, al predicador del fuego del infierno y el azufre que siente una necesidad constante de arremeter contra "esos fornicadores". Podemos preguntarnos, ¿de dónde viene su presión interna? ¿Por qué tiene una necesidad tan intensa de controlar el comportamiento de los demás?

Al librar esta constante guerra interna contra sus propios impulsos, se vuelve excesivamente disciplinada. Cuando su disciplina interna es fuerte, suele haber pocas evidencias en la superficie de la batalla interior. En circunstancias normales, no siente ningún conflicto interno y no es consciente de la tensión que arrastra. Pero cuando su fuerte disciplina interna se ve debilitada por el alcohol, la enfermedad o la oportunidad, sus pasiones internas pueden estallar de repente. Éste es el origen del clásico caso de la persona con patrón rígido de vacaciones, en el que una bibliotecaria mansa y sexualmente reprimida de una pequeña ciudad de Estados Unidos acaba bailando en topless sobre una mesa en un bar de Río de Janeiro.

Desarrollar un crítico interior feroz

Para controlar rigurosamente sus impulsos, su crítico interior se vuelve muy fuerte, a veces incluso cruel y punitivo. Como mínimo, permanece identificada con él, lo que provoca los efectos ya mencionados. Como el crítico interior sólo se centra en lo que está mal, desarrolla un sesgo negativo de atención, que hace que lo que está mal parezca mucho más grande e importante que lo que está bien. También ve el mundo a través de un filtro de bueno/malo, blanco/negro, correcto/incorrecto, que acentúa aún más el contraste.

Necesidad de mejorarlo todo

La persona con patrón rígido nunca desarrolla un medidor interno de "suficientemente bueno", un déficit que le hace creer que sólo la perfección es suficiente y que cualquier defecto es condenable. Como es incapaz de medir la importancia relativa de un fallo concreto en el conjunto del proyecto, una sola coma mal colocada o una palabra mal dicha pueden arruinarle todo el proyecto. Las cosas carecen de proporción y perspectiva, y las imperfecciones parecen enormes, mientras que las partes buenas hacerse más pequeñas a la vista. Aunque se trata de una perspectiva muy útil para un corrector de textos, no es útil para la vida en general y la felicidad personal.

Llega a considerarse a sí misma, a los demás e incluso a las experiencias como cosas que hay que mejorar, en lugar de placeres que hay que apreciar. Para ella, un desempeño correcto es más valioso que la autoexpresión o el ser.

Miedo a cometer un error

También puede tener dificultades para tomar decisiones que deban basarse en sentimientos personales.[5] Como se le ha enseñado a ignorar sus sentimientos internos y a utilizar un conjunto de reglas externas para guiarse en la vida, no ha tenido práctica en utilizar sus sentimientos para tomar decisiones. Nunca ha aprendido a referenciar su instinto y su corazón para aprovechar la sabiduría de su cuerpo sobre si algo será bueno o malo para ella, o incluso si lo quiere. En lugar de eso, le enseñaron a guiarse por las Reglas a la hora de tomar una decisión. Pero, ¿y si las Reglas no dicen nada sobre esta decisión en concreto? ¿Y si se trata de una decisión personal que debe basarse en sentimientos personales. Como "¿Quiero a esta persona? ¿Quiero casarme con ella?».

En tal situación, puede sentirse perdida e incapaz de decidir. Entonces, el miedo a cometer un error se convierte en su principal sentimiento, y puede intentar evitar decidir entrando en demora, confusión o el análisis de datos irrelevantes. Las personas con patrón rígido quieren que sus elecciones sean limpias y claras e intentarán evitar, en la medida de lo posible, las decisiones desordenadas o turbias.

Buen desempeño

Es la niña que decide "yo puedo hacerlo" y se dedica a desempeñarse bien. Se desempeña con éxito en muchas situaciones y se convierte en una gran triunfadora. Es muy organizada y productiva, y puede que los demás envidien su vida perfecta en su casa perfecta con su marido y su familia perfectos.

Abandono de uno mismo

Para convertirse en la niña que los demás quieren en lugar de la niña que es, tiene que abandonarse a sí misma e ignorar sus propias percepciones, sentimientos, impulsos y deseos. Su autoabandono no es coaccionado por la violencia o la fuerza; es un acto de amor por su parte. Es uno de esos regalos que los niños hacen tan fácilmente desde sus corazones indefensos.

Sin embargo, a nivel inconsciente, aprende que un amor profundo y sincero requiere renunciar a su autonomía y hacer lo que el Amado quiera.[6] Esta creencia inconsciente tendrá un profundo efecto en sus relaciones amorosas adultas más adelante. Entraremos en esto más en la sección sobre relaciones.

Una vaga sensación de insatisfacción

Como es incapaz de desarrollar un yo auténtico, se vuelve "apropiada" en lugar de auténtica. La corrección es más importante que la intimidad en sus relaciones, tanto con los demás como consigo misma. Puede que haya poca alegría, deleite, asombro, aventura, riesgo o espontaneidad en su vida. Barbara Brennan resume bien la experiencia de las personas con patrón rígido: *"El mundo exterior es perfecto, el mundo psicológico interior está negado y la esencia central no existe. Bajo el barniz . . . existe el vago temor lejano de que algo falta y de que la vida pasa de largo. Pero no están seguros. Al fin y al cabo, puede que esto sea todo lo que hay".*[7]

Predicar

A menudo, las personas con patrón rígido intentan defenderse de esta vaga sensación de insatisfacción y falta de sentido de la vida mediante una cruzada para mejorar a los demás o a sí mismos, lo que les lleva a convertirse en fanáticos de todo tipo o en adictos a la superación personal, o ambas cosas. Además de ser verdaderos creyentes en la Iglesia del Único Camino Correcto, a menudo son predicadores del Único Camino Correcto.

En resumen, a medida que se va formando el patrón rígido, la niña aprende a suprimir su propia experiencia interna y nunca aprende a valorar su guía. En su lugar, aprende un conjunto de reglas externas y llega a confiar en ellas para que la guíen. A medida que se concentra más y más en desempeñarse bien de acuerdo con esas Reglas, se une a la Iglesia del Único Camino Correcto.

La tarea inacabada de quienes siguen el patrón rígido es aprender a confiar en uno mismo, a ser auténticos, naturales y espontáneos. Literalmente, necesitan aprender a sentir su camino por la vida.

El patrón rígido en pleno apogeo
Señales corporales

Puesto que la energía sigue a la atención y el flujo de energía en el cuerpo contribuye a darle forma a medida que crece, el hábito de contener y estrechar el flujo de energía a través del cuerpo hace que éste adopte en realidad una apariencia contenida, e incluso rígida.

Las personas con patrón rígido suelen ser atléticas, en forma y activas, y sus ojos son brillantes y vivaces. Al observarlos, vemos que el cuerpo es esbelto, proporcionado y armonioso, con una sensación de que los movimientos están integrados y coordinados, aunque pueden iniciarse desde la periferia, más que desde el centro.

Hay una tensión y tirantez general en el cuerpo; no está suelto ni flácido. Sin embargo, las personas con patrón rígido son incapaces de percibir esta tensión, ya que no tienen nada con lo que compararla, ni sentido de lo que sería un estado de relajación real. Creen que la tensión *"soy yo"* y no pueden concebirse sin ella. También es posible que tengan una postura rígidamente correcta, rígida y recta, en lugar de una postura más fluida o sensual.

Debido a su constante autocensura interna, la cara puede tener un aspecto rígido, de madera. Por lo general, también tienen la mandíbula apretada o tensa, y utilizan la constante tensión de la mandíbula para mantener el control sobre lo que dicen y expresan.[8] La mayoría de las veces, su ira se mantiene dentro, pero cuando la expresan, suele salir en forma de palabras mordaces, otra expresión de la tensión mantenida dentro de la mandíbula.

Con el tiempo, a medida que una persona distorsiona repetidamente el libre flujo de su atención y energía vital para evitar sentir plenamente su propia angustia interior, su cuerpo y su mente se condicionan para mantener automáticamente esta forma de ser. Al tratar de sentirse más segura, aprende a mantener inconscientemente un cierto patrón de tensión en su cuerpo y su mente. Este patrón de tensión se conoce como "patrón de sujeción" del patrón de personalidad.

En este caso, el patrón de tensión consiste en *contenerse*, en no permitir que los impulsos incorrectos lleguen a la superficie. Para lograrlo, se forma una coraza muscular dentro del cuerpo, que toma la forma de un tubo hueco que rodea el centro. El tubo forma una especie de pared interna que impide que la energía se mueva hacia fuera o hacia dentro. Esto separa eficazmente su centro de su conciencia a nivel de piel, lo que permite a las personas con patrón rígido desempeñarse de acuerdo con las reglas sin que se interpongan demasiados

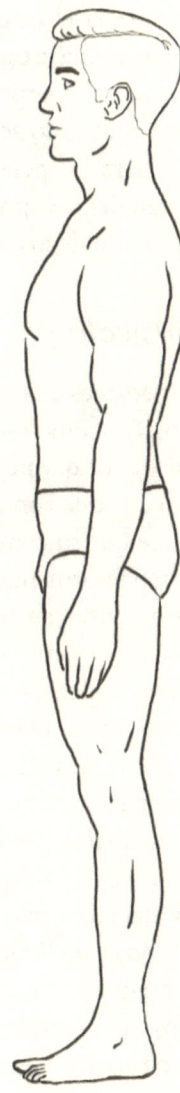

El patrón rígido – forma típica del cuerpo

sentimientos o impulsos de su centro. Como no pueden sentir su centro, las personas con patrón rígido a menudo dicen sentirse "vacías" o "huecas".

Esta constricción tubular interna es la manifestación física de la crítica interna de la persona, ya que tensa el cuerpo para controlar tanto su corriente energética interna como su flujo hacia el exterior en expresión. Esta pared tubular es la estructura interna más rígida creada por cualquiera de los patrones de supervivencia. Además de dar al cuerpo su forma tensa y esbelta, esta estructura interna hace que el patrón rígido sea el más estático de los patrones de supervivencia, y el que genera los pensamientos y sentimientos más consistentes e inmutables a lo largo del tiempo. Por el contrario, el patrón de fusionarse es el más cambiante y fluido de los patrones.

Psicología

El principal problema de las personas con patrón rígido es su falta de confianza en su propia experiencia interna como fuente de guía y autenticidad personal. Normalmente, no tienen ni idea de que podrían tener un yo más auténtico que su experiencia normal, por lo que este concepto puede resultarles confuso. Al mismo tiempo, su convicción de que su comportamiento actual es correcto puede ser tan fuerte que se opondrán ferozmente a la idea de que no es auténtico.

Las personas que siguen este patrón de supervivencia suelen tener una estructura del yo fuerte y rígida. Si observamos el grado de rigidez de la estructura psíquica interna de una persona, podemos ver un espectro que va desde una estructura muy laxa (con un límite poroso entre el interior y el exterior) hasta una estructura muy rígida (con un límite casi impenetrable entre el interior y el exterior). Las personas que siguen los patrones de desarrollo más tempranos, como los patrones de escapar y fusionarse, tienden a tener una estructura psíquica más suelta y un límite más poroso. Los que siguen el patrón rígido, que es el patrón que se desarrolla en una etapa más avanzada, tienden a tener una estructura psíquica más fuerte y rígida y un límite inflexible. Podemos decir que el patrón rígido está sobreestructurado, mientras que los patrones de fusionarse y escapar están infraestructurados. Así como los que siguen los patrones anteriores necesitan desarrollar más estructura interna y límites más fuertes, los que siguen el patrón rígido necesitan suavizar sus estructuras internas y límites y permitir que las cosas se vuelvan más fluidas y flexibles.

La fuerte estructura del yo de las personas con patrón rígido se apoya en una fuerte voluntad. Este patrón se desarrolla sólo después de que la voluntad se pone en marcha en el niño, porque la ejecución de su estrategia de seguridad requiere el uso constante de la voluntad para controlar tanto la experiencia interior como el desempeño exterior. Como resultado, las personas que adoptan este patrón de supervivencia desarrollan una voluntad muy fuerte. Sin embargo, su voluntad no está necesariamente bajo su control voluntario. A menudo es su crítico interior, y no su yo, quien dirige su voluntad.

Al carecer de una sensación-sentida de sí mismos para expresarse en el mundo, la sustituyen por una imagen de su yo ideal y la expresan. Para ajustarse a esta imagen idealizada de sí mismos, ejercen un control interno constante sobre todos sus pensamientos, sentimientos e impulsos. Esto ocurre principalmente por debajo del nivel de conciencia, por lo que no son conscientes de ello. Hasta donde ellos saben, son más correctos y apropiados de forma natural que la mayoría de la gente. Sin darse cuenta, están desempeñándose a sí mismos en lugar de ser ellos mismos.

Su desempeño correcto se mantiene mediante un proceso constante, en su mayor parte inconsciente, de autocontención, autojuicio y autocorrección. Se comprueba que todos los sentimientos e impulsos internos sean correctos y, si no son correctos, se reprimen sin piedad. He conocido a personas con patrón rígido que se ponían físicamente enfermas nada más empezar a sentir un impulso o deseo prohibido. Sólo años más tarde, después de mucha terapia y flexibilización interna, fueron capaces de devolver el impulso original a la conciencia y comprender lo despiadadamente que había sido reprimido.

En general, el corazón y los sentimientos han sido rechazados y a la mente se le ha asignado hacer el trabajo del corazón: responder a la pregunta: "¿Cómo me siento y qué quiero?". Para la mente, ésta es una tarea imposible. No puede sentir ni querer. Sólo puede comprobar las reglas de cómo debe sentir y qué debe querer.

Referenciar las Reglas

Esto lleva a las personas con patrón rígido a desarrollar un tipo de referenciación que no hemos tratado anteriormente. Con los patrones de supervivencia anteriores, hemos diferenciado entre referenciar al yo y referenciar a los demás. Aquí tenemos un tercer tipo de referenciación: referenciar las Reglas. En muchos sentidos, este hábito inconsciente de atención es el centro del patrón rígido. En lugar de escanear su propio estado interno para descubrir *"¿Qué quiero?"* o escanear el estado interno de quienes les rodean para descubrir *"¿Qué quieres que quiera?"*, estas personas escanean las Reglas para descubrir *"¿Qué debería querer?"*.

Y, como las Reglas se sostienen dentro del superego – y las personas con patrón rígido confunden su superego con su yo – las experimentan como sus propias Reglas, no como algo que se les impone desde fuera. Su experiencia interior es: *"Éstas son las reglas correctas. Este es el Único Camino Correcto, la forma en que las cosas deberían ser"*. Para ellos, este Único Camino Correcto es obvio, y la incapacidad de otras personas para ver esta verdad obvia es desconcertante. La idea de que a otras personas no les importen realmente las Reglas y no las utilicen como guía es algo más que desconcertante para ellos: es impensable.

Esta referencia constante a las Reglas conforma toda la experiencia que la persona tiene del mundo. Su atención no se dirige a "¿Estoy a salvo?" o "¿Me quieres?". Ni tampoco a la diversión o los sentimientos personales. En cambio, su atención se dirige habitualmente a "¿Esto está bien?". Y como todas las percepciones pasan también por el filtro de lo correcto/incorrecto, todo lo que está en su conciencia se percibe como correcto o incorrecto, bueno o malo, acertado o equivocado.

Esto puede provocar un cambio en la percepción visual del mundo. He oído a varias personas que siguen este patrón de supervivencia describir este cambio visual de forma similar. Un hombre lo expresó así: *"El mundo entero parece un dibujo que sólo muestra los contornos de las cosas. Todo en blanco y negro, correcto e incorrecto, sin sombreado ni color alguno. Un entorno estéril de límites duros y afilados. Es casi como si se hubieran trazado pequeñas líneas negras en todo el mundo para resaltar los límites de todo, y luego se hubiera eliminado todo el color. El dibujo muestra dónde va todo y cómo funciona, pero no hay emoción ni diversión ni corazón"*.

Obviamente, esto limita y distorsiona el mundo visto por alguien que sigue el patrón rígido. Pero recordemos que todos tenemos algún tipo de proceso de filtrado, creado por nuestros propios patrones de supervivencia. Cada uno de nosotros sólo ve una pequeña parte del mundo, y cada uno confunde su parte con el mundo entero.

Experimentar la vida a través de las palabras

Sin embargo, el patrón rígido lleva este cambio de percepción un paso más allá, en el sentido de que las personas que siguen este patrón tienden a experimentar el mundo a través de las palabras, en lugar de a través de las percepciones sensoriales. La mayoría de la gente procesa su experiencia como percepciones sensoriales, es decir, como imágenes, sonidos, sensaciones, sabores y olores. Experimentan el mundo y el yo inicialmente a través de los cinco sentidos y luego se esfuerzan por expresar su experiencia con palabras. Para ellos, las palabras son sólo una forma de comunicar su experiencia a los demás, y la experiencia suele ser más compleja y matizada de lo que pueden expresar con palabras.

Esto es muy diferente de la experiencia de las personas que están profundamente atrapadas en el patrón rígido. Suelen experimentar el mundo a cierta distancia, a través de sus palabras internas más que a través de sus sentidos. Como han sido entrenados para ignorar sus sensaciones corporales, se centran en las palabras y a menudo son poco conscientes de las percepciones sensoriales subyacentes. Al recordar el pasado, tienden a recordar sus experiencias como palabras, en lugar de como sensaciones, sonidos, imágenes, etc. en bruto. En lugar de esforzarse por encontrar las palabras que describan la inmensidad o el matiz de su experiencia sensorial, ya tienen las palabras. Para ellos, lo que falta es la experiencia sensorial.

Sin embargo, no saben qué parte de la experiencia se están perdiendo. La única experiencia de la que son conscientes es la que nombran las palabras en su mente, por lo que las palabras necesarias para describirla están inmediatamente a su disposición. Cuando se preguntan por qué a otra persona parece costarle tanto encontrar las palabras para describir una experiencia, es probable que lleguen a la conclusión de que la otra persona es simplemente estúpida o deficiente en algún sentido. Un hombre lo describió así:

> Durante la primera mitad de mi vida, nunca tuve un sentimiento o una experiencia para la que no tuviera ya las palabras. Las palabras me venían fácilmente. Cuando veía a otras personas esforzarse por encontrar las palabras para sus experiencias, pensaba que tenían ese problema porque eran estúpidas o ignorantes. Nunca se me había ocurrido que la gente pudiera tener experiencias sensoriales o emocionales que estuvieran más allá de lo que las palabras podían describir fácilmente; desde luego, a mí no me había ocurrido. Entonces, en algún momento cuando tenía 30 o 40 años, después de mucho trabajo interior, empecé a tener experiencias internas para las que aún no tenía palabras. Había pasado de ser consciente sólo de las palabras que tenía en la cabeza a ser consciente de las percepciones sensoriales en bruto que precedían a las palabras. Aquello me dejó alucinado. Nunca había soñado con algo así. De repente, el resto de la gente no parecía tan estúpida. Parecía que tenían algo que yo había echado de menos toda mi vida.

Esta tendencia a experimentar la vida a través de las palabras en lugar de a través de los sentidos hace que las personas con patrón rígido sean muy buenas en la comunicación verbal, pero también estén muy perdidas fuera del ámbito verbal. El problema es el siguiente: las palabras no son la experiencia. Su excesiva concentración en el plano verbal tiende a aislarles de la experiencia sensorial subyacente. Cuando se quedan dentro de las cajas mentales creadas por sus palabras, se pierden la mayor parte de su experiencia real. Como dijo Alfred Korzybski: "El mapa no es el territorio". Si habitualmente reemplazas el territorio por el mapa, no puedes experimentar realmente el territorio ni aprender nada nuevo de tu experiencia en él.

Creencias

Hay un Único Camino Correcto para todo

La creencia organizadora de las personas con patrón rígido es que sólo hay un Único Camino Correcto para todo. Para los que están fuera del patrón, esto parece ridículo, pero para los que están atrapados en el patrón, esto es simplemente La Verdad. Esta creencia puede estar tan arraigada en ellos que ni siquiera sean conscientes de ella. Sin embargo, es lo que organiza toda su vida. Estos son los verdaderos creyentes incuestionables que son tan comunes en la religión, la política y muchos otros ámbitos de la vida.

Las personas con patrón rígido piensan, más que las de otros patrones de supervivencia, que su creencia organizativa es compartida por todo el mundo. Creen que todo el mundo está de acuerdo en que hay un Único Camino Correcto, pero que algunas personas están equivocadas sobre cuál es ese Camino Correcto. Por eso están convencidos de que corregir el comportamiento de los demás es un acto de servicio.

Vivir este Camino Correcto es su objetivo. Creen que es alcanzable y tienen muchas ganas de conseguirlo. Es su imagen de la perfección, al menos de la perfección según la versión del Único Camino Correcto que les enseñaron. Y, de hecho, se pueden encontrar muchas versiones diferentes del Único Camino Correcto, dependiendo del grupo que esté predicando.

A veces se rebelan contra el Camino Correcto de sus padres y adoptan un nuevo Camino Correcto, junto con su política, moral, comportamiento, actitudes, emociones, estilo de vestir, etc. prescritos. Pero no han cuestionado su convicción central de que sólo existe un Único Camino Correcto, simplemente han adoptado uno nuevo. Sea cual sea el Único Camino Correcto que siguen, se sienten impulsados a mejorarse constantemente a sí mismos y a los que les rodean para cumplir los elevados estándares de la forma que han elegido.

El orden es fuente de seguridad

Otra creencia importante para quienes están atrapados en este patrón es que el orden es fuente de seguridad. Consciente o inconscientemente, creen que el desorden y el caos traen peligro, por lo que deben ser evitados y corregidos. Estas son las personas que creen fervientemente que "la limpieza está al lado de la piedad" y que el desorden es una ofensa contra Dios.

El desorden, por tanto, despierta ansiedad, y temen las críticas y los castigos por ello. Restaurar el orden les tranquiliza. Cuando están alterados, suelen calmarse limpiando y restableciendo el orden siempre que pueden. Si sus padres también seguían el patrón rígido, ser sucio o desordenado probablemente les acarreaba críticas o castigos. Por el contrario, si sus padres eran desorganizados y caóticos, crear orden puede haber sido uno de sus métodos infantiles para crearse cierta sensación de seguridad.

Los errores deben castigarse

Castigar los errores forma parte del intento de la persona con patrón rígido de restablecer el orden. Si se ha cometido un error, se ha producido un desorden, y quien lo haya causado debe ser descubierto, culpado y castigado. En los hogares rígidos, ésta es la rutina normal y esperada. Si ha ocurrido algo malo, hay que culpar y castigar al culpable, así que hay que buscarlo.

Por eso, muchas personas que siguen el patrón rígido se asustan en cuanto alguien comete un error. Temiendo que se les culpe, intentan protegerse declarándose inmediatamente inocentes y atribuyendo la culpa a otra persona. Por otro lado, si sospechan que son realmente responsables, su miedo puede ser intenso y se ponen a defender estridentemente su acción. A las personas con patrón rígido no se les ocurre la idea de que "fue sólo un accidente" y de que "podemos arreglarlo sin castigar a nadie", y si se lo sugieres, es probable que pongan cara de perplejidad.

Eres tu desempeño

Otra creencia importante para las personas con patrón rígido es que uno es lo que hace, es decir, "uno es su desempeño". Tu valor está en tus logros, no en tu ser. No se te ama por tu ser. "El amor hay que ganárselo" y "sólo la perfección es digna de amor". Una vez más, esto puede haber sido literalmente cierto en su infancia, por lo que su creencia se basa en la experiencia real.

Del mismo modo, las conexiones y relaciones humanas son consideradas menos importantes que el desempeño. Como la conexión personal no les granjeó el amor y la aprobación de sus padres, tienden a creer que las conexiones personales no forman parte del éxito en la vida. Esta creencia se hace especialmente evidente en el lugar de trabajo porque esperan que sea una fría meritocracia en la que los ascensos se basen únicamente en el desempeño. Cuando se contrata o asciende a otros por sus conexiones personales en lugar de por su desempeño o sus cualificaciones, suelen frustrarse y quejarse: *"¡No es justo!"*.

El trabajo tiene valor, el juego no

Una creencia relacionada con la anterior es que sólo el trabajo tiene valor, mientras que el juego no. Las personas de patrón rígido creen que no se les permite jugar hasta que no hayan terminado todo el trabajo y, de alguna manera, el trabajo nunca está terminado del todo. En situaciones extremas, puede que ni siquiera se tomen un descanso hasta que todo el trabajo esté hecho. Esto se apoya en su creencia de que la diversión es peligrosa y da miedo, ya que podría ocurrir algo espontáneo, permitiendo que se escape un impulso incorrecto. Así que, para mantenerse a salvo, "Todo es trabajo, y trabajamos todo el tiempo".

Sólo ciertos sentimientos son válidos y admisibles

Cuando se trata de sentimientos, su creencia es que algunos sentimientos son válidos y admisibles, y otros simplemente no lo son. Para ser válidos, los sentimientos tienen que ser razonables y correctos. Los sentimientos incorrectos se descartan. Un rechazo de este tipo podría sonar así:

"Pero me da miedo".

"Oh, vamos. No puedes tener miedo de un ratón".

El mensaje básico aquí es: "No se te permite tener ese sentimiento". Otra forma de decirlo es: "Los sentimientos deben justificarse". Cuando una persona cree que no puede tener un sentimiento concreto hasta que tenga una buena razón para tenerlo, tendrá que construir un argumento para su sentimiento antes de poder expresarlo. Por eso, cuando alguien que sigue el patrón rígido intenta describir sus sentimientos, a menudo empieza a sonar como si estuviera presentando un argumento jurídico en lugar de una declaración personal de sentimientos. Esta necesidad de justificar sus sentimientos también la lleva a poner excusas y a culpar a los demás de sus sentimientos.

Los sentimientos personales no importan

Una de las creencias más importantes de quienes siguen este patrón de supervivencia es que sus sentimientos personales no son importantes. Creen que sus sentimientos no tienen valor intrínseco: a nadie le importan, nadie quiere oír hablar de ellos y deben mantenerse bajo control en todo momento. Su atención se centra en la *forma* de su comportamiento, no en los sentimientos que lo motivan. Por eso tienden a parecer formales y controlados.

Del mismo modo, mantener una conexión de corazón con los demás no es importante ni se espera de ellos. Su diálogo interior silencioso sobre las conexiones con el corazón suele ser más o menos así: *"No cuentes con ello. No es para tanto. Está sobrevalorado".* Sólo es importante la desempeño correcta y adecuada.

Miedos

Imperfección

Las personas con patrón rígido temen la imperfección en cualquiera de sus formas. Temen cualquier desviación de las formas y Reglas aprobadas y, más en general, temen fracasar, el desorden, cometer errores y parecer tontos. En conjunto, sus temores se reducen al miedo a la crítica y a la pérdida de amor. Como todo el mundo, quieren la aprobación, pero no esperan obtenerla por nada que no sea un desempeño perfecto. Por lo general, han sido condicionados de esta manera por unos padres rígidos que no podían aprobar nada que no fuera un desempeño perfecto.

Tomar la acción equivocada

El miedo a cometer un error lleva a menudo a las personas con patrón rígido a temer cualquier acción, no sea que resulte ser una acción equivocada. En una situación en la que las Reglas no especifican lo que está bien y lo que está mal, se ven obligados a buscar en sí mismos pistas sobre lo que deben hacer. Pero como no han desarrollado su propia guía interna, no disponen de ningún mecanismo para decidir qué hacer. Como creen que *deberían* ser capaces de decidir, pueden sufrir un ataque de crítico interior y caer en una duda y una autocrítica paralizantes. O pueden volverse hacia el exterior y centrarse en recopilar más datos sobre la situación, con la esperanza de que alguna información adicional incline la balanza. Si esto funciona, llegarán a una decisión, pero si no, entrarán en el bucle continuo conocido como "parálisis por análisis". En cualquier caso, retrasar la decisión sirve para amortiguar un poco el miedo a equivocarse.

Experiencias incontroladas

Hay otro miedo importante que viene con el patrón rígido, y es el miedo a las experiencias nuevas y descontroladas – experiencias como ser movido espontáneamente, enamorarse, desmoronarse, y caer en general.[9] Experiencias como estas implican navegar en aguas inexploradas, ir a lugares que están fuera del mapa y fuera de las Reglas, y posiblemente incluso en contra de las Reglas. Permitir tales experiencias requiere relajar el estricto control interno utilizado para permanecer dentro del Único Camino Correcto, por lo que abre las puertas interiores y puede permitir que algún sentimiento o impulso incorrecto surja a la conciencia. Y eso podría llevar a hacer algo incorrecto. Por eso, quienes siguen este patrón de supervivencia suelen evitar las experiencias nuevas o imprevistas.

Defensas psicológicas

Como ocurre con todos los patrones de supervivencia, las defensas psicológicas que utilizan las personas con patrón rígido son intentos de sentirse seguras en un mundo inseguro. Dado que este patrón de supervivencia es más mayor en términos de desarrollo que los demás, tiene más habilidades de desarrollo y, por tanto, más defensas psicológicas. Veamos cada una de ellas.

Seguir las Reglas

La defensa psicológica más obvia utilizada por las personas que adoptaron el patrón rígido – la que impregna cada célula de su cuerpo – es seguir las Reglas. Harán referencia a las Reglas en lugar de a sí mismos casi todo el tiempo. Cuando pasen de referirse a sí mismos a referirse a las Reglas, verás que pasan de lo personal a lo universal, de lo concreto a lo abstracto y de sentir (corazón) a razonar (cabeza).

Crear orden

Conductualmente, esto implica poner las cosas en su forma correcta, lo que significa limpiarlas, ordenarlas, corregirlas y mejorarlas. Cuando las personas con patrón rígido están disgustadas, suelen ponerse a limpiar y ordenar las cosas: lavar los platos, pasar la aspiradora, ordenar. Restablecer el orden y la limpieza les tranquiliza. Aunque puede que no tenga nada que ver con la verdadera causa de su malestar, al menos es algo que pueden controlar y arreglar, alguna parte de su mundo en la que pueden restablecer el orden. Puede que ni siquiera sean conscientes de que son infelices, pero si ves que de repente empiezan a limpiar con celo, probablemente estén disgustados.

Planificar y predecir

También intentarán tenerlo todo bajo control planificando y prediciendo lo que va a ocurrir. Si las cosas se desarrollan según lo previsto, se sentirán relajados y felices. Pero si ocurre algo inesperado, se desordenan y se alteran. Por lo general, no les gustan las sorpresas (a menos que formaran parte del plan).

Corregir y sancionar las infracciones de las Reglas

Otra faceta de su intento de crear seguridad para sí mismos siguiendo las Reglas puede verse en su respuesta a las violaciones de las Reglas por parte de los demás. Intentarán defender el orden correcto corrigiendo, criticando y castigando las violaciones de las Reglas por parte de los demás. Cuando veas que esto ocurre – quizás dirigido a ti – recuerda que lo que estás viendo también ocurre constantemente dentro de ellos, ya que su crítico interior censura y corrige constantemente sus sentimientos e impulsos internos. La crítica dirigida a ti es sólo una fracción de la autocrítica que se produce en su interior a cada momento.

Toda esta corrección significa que muchos sentimientos, pensamientos y deseos incorrectos han sido aplastados y hundidos de nuevo en lo profundo del inconsciente. Siguen existiendo, por supuesto, pero son negados, repudiados y atacados tanto en uno mismo como en los demás. Son atacados en el yo a través de la autocrítica, el autocastigo e incluso, en los fanáticos religiosos la mortificación de la carne. Un ejemplo de ello es el monje de la película *"El Código Da Vinci"*, que se ciñe un cinturón de clavos alrededor del muslo para mantener un dolor constante. Se trata de un comportamiento extremo, sin duda, pero no es tan diferente de lo que les ocurre internamente a muchas personas con patrón rígido. Cuando empiezan a explorar su experiencia interior en terapia, a menudo se horrorizan ante la violencia del mecanismo que llevan dentro y que aplasta sus deseos incorrectos y los hunde de nuevo en el inconsciente.

Su intensa represión de pensamientos y sentimientos incorrectos a menudo se ve favorecida por el hecho de proyectarlos en los demás. Esto permite a las personas con patrón rígido exteriorizar su lucha interior inconsciente y representarla en el mundo exterior. Ahora pueden acusar a otra persona de tener los deseos prohibidos. Ahora pueden condenar justamente a los infractores y ofrecerles ayuda para que mejoren y vuelvan al Único Camino Correcto. Este es el tema principal de los fanáticos de todo tipo: *"Algo va mal. Pero no está en nosotros, sino en ellos. Debemos corregirlo en ellos"*.

Orgullo

Una defensa relacionada con la anterior implica enorgullecerse de su propia corrección y de lo bien que están siguiendo las Reglas. Para ellos existe un apoyo interno real y duradero y una satisfacción por el trabajo bien hecho, por seguir las instrucciones y completar la tarea. Esto incluye estar personalmente limpio, aseado, bien vestido, tener buenos modales y comportarse bien. Aunque, por lo general, se trata simplemente de apoyar el buen desempeño, en sus formas extremas, esta defensa psicológica puede convertirse en una meticulosidad fanática por los detalles minúsculos de la vestimenta y el comportamiento.

Intelectualización

La supresión de sensaciones y sentimientos incorrectos se facilita retirando la mayor parte de la conciencia del cuerpo y del corazón y trasladándola a la mente. Esto permite a la mente declarar que están teniendo sentimientos y deseos apropiados según las Reglas, sin demasiada interferencia del cuerpo.

Logros

Otra defensa psicológica utilizada por las personas con patrón rígido es el logro. Como no creen que su ser sea intrínsecamente valioso, la única forma de sentirse personalmente valiosos es triunfando de acuerdo con un conjunto de Reglas externas. Una forma de conseguirlo es desempeñarse bien. Un desempeño es "bueno" cuando cumple la norma aceptada y recibe la aprobación de los demás. Ejemplos comunes son ganar mucho dinero, ser aclamado por la crítica y ser celebrado por un logro.

Otra prueba de éxito es ganar una competición, la que sea. Puede ser una carrera a pie en el patio de recreo, un concurso de ortografía, un debate o las Olimpiadas. Puede ser ganar el partido, ganarse el corazón de alguien, conseguir un ascenso o ser elegido. Es una prueba de valor por comparación con el desempeño de otra persona.

En la película *American Beauty*, Annette Bening hace un magnífico trabajo retratando esta necesidad de triunfar para poder verse a sí misma como "una ganadora". Es agente inmobiliaria y en una escena se dispone a enseñar una casa. En respuesta a un ataque de inseguridad, se enfrenta a un espejo y empieza a darse bofetadas en la cara, gritando: *"¡No soy una perdedora! ¡Soy una ganadora! Venderé esta casa hoy mismo"*. Aunque se trata de una muestra chocante de comportamiento externo, es una descripción exacta de la violencia interna que utilizan los que están atrapados en el patrón rígido para mantenerse desempeñándose al máximo nivel.

Tener razón o ser superior

Sentirse valioso mediante la comparación también puede lograrse teniendo razón o siendo superior. Esto puede venir de cualquier tipo de comparación, siempre que la persona que la utilice salga ganando. Por ejemplo, en la moral, podría incluir proclamar: *"¡Mi camino es el correcto!"*. En un campo de conocimiento, puede consistir en ser un experto o simplemente un sabelotodo que proclama: *"¡Yo tengo razón!"*. En los acontecimientos deportivos, puede consistir en ganar la competición y proclamar: *"¡Soy el mejor!"*.

En todas estas situaciones, la victoria puede ser muy real y legítimamente ganada. Lo que la convierte en una defensa psicológica es que la persona con patrón rígido la utiliza como fuente de valor. Como ha perdido el contacto con su valor intrínseco – con lo preciado de su propio Ser – no puede sentir su propio valor y valía directamente y debe recurrir a una fuente de valor sustitutiva para sentirse digna.

Esta desconexión del valor intrínseco y el intento de sustituirlo por un valor externo no se limita a las personas que siguen el patrón rígido. La mayoría de la gente experimenta esta desconexión interior. Y la mayoría de la gente busca en el exterior el logro y la aprobación para sentirse valiosa, pero las personas con patrón rígido se lanzan a la tarea con un celo excepcional. Dado que su imagen idealizada de sí mismos y su crítico interior son tan dominantes en su psique, tienen una necesidad interior más fuerte de conseguir logros. Y como son más avanzados en su desarrollo que las personas que siguen los otros patrones de supervivencia, tienen más habilidades y capacidades de desarrollo que aplicar a la tarea.

Mantenerse constantemente ocupado

Otro mecanismo de defensa utilizado por las personas con patrón rígido es la velocidad en sí misma. Sentir realmente la experiencia interior suele requerir ir más despacio y tomarse un tiempo para sentirla. Por eso se suele decir que "la velocidad mata el sentimiento". Al mantenerse constantemente ocupadas, las personas con patrón rígido son capaces de suprimir sentimientos que aflorarían si redujeran la velocidad y relajaran su atención. Esta actitud está codificada en el viejo dicho "Las manos ociosas son el taller del diablo", que implica sutilmente que los impulsos personales son obra del diablo. Aunque quienes siguen otros patrones de supervivencia también utilizan este mecanismo de defensa, ninguno lo hace tan implacablemente como quienes están atrapados en el patrón rígido. Y como estas personas suelen utilizar el trabajo como método para mantenerse ocupadas, tienden a trabajar gran parte del tiempo, lo que, por supuesto, les ayuda a desempeñarse mejor y a lograr más.

El Muro

La última defensa psicológica es una que no se puede ver con los ojos, pero que muchas personas pueden sentir con el cuerpo. Se trata de un "muro" energético que las personas con patrón rígido suelen crear a su alrededor. Estará alrededor de un metro de su cuerpo, y para alguien que sea energéticamente sensible, la experiencia de chocar contra él puede ser casi tan palpable como chocar contra un muro físico. Te dice: *"Alto. Este es mi límite. No entres"*.

Por supuesto, todo el mundo tiene (o debería tener) un límite energético más o menos en ese lugar. Cumple la misma función para el cuerpo que la membrana celular para la célula: regula lo que entra y lo que sale. Sin embargo, un límite energético saludable es más permeable y flexible, y por lo tanto más capaz de adaptarse a situaciones cambiantes, que el Muro creado por las personas con patrón rígido. Su muro es mucho más rígido de lo que sería un límite sano.

Relación con uno mismo

Las personas atrapadas en el patrón rígido confunden su superego con su yo. No experimentan su auténtico yo y, por lo general, ni siquiera saben que existe. No forma parte del territorio aprobado en el que están acostumbrados a operar, por lo que suelen necesitar ayuda para empezar siquiera a experimentarlo.

Si son conscientes de que no se sienten del todo reales, acogerán con agrado esta ayuda, aunque con cierta inquietud sobre a dónde puede llevarles. Si creen que su desempeño es su yo real y auténtico, es probable que defiendan esa creencia, posiblemente con ferocidad. Pueden afirmar que están siendo auténticos porque tienen un sentimiento determinado, pero cuando se les pregunta cómo saben que tienen ese sentimiento, harán referencia a las Reglas o a algo fuera de ellos, en lugar de a una sensación personal, sentida, corporal.

Aunque perciban a un bebé como algo precioso e innatamente adorable, no suelen percibirse a sí mismos como algo precioso e innatamente adorable.

Relación con el crítico interior

A diferencia de los patrones de escapar y fusionarse, que son claramente preverbales, el patrón rígido es un patrón claramente verbal. Depende en gran medida del desarrollo del superego y de sus tres componentes – la imagen ideal de sí mismo, el alabador interno y el crítico interior – que no pueden surgir hasta que el lenguaje y el pensamiento conceptual se hayan puesto en marcha.

El patrón rígido se desarrolla en las personas que están fuertemente identificadas con su crítico interior, y para la mayoría de las personas con patrón rígido, esa identificación permanece durante toda su vida. Cuando su crítico interior habla, lo oyen como si fuera su propia voz. En cierto sentido, el patrón rígido es el resultado de un crítico interior que se desarrolla en exceso y crece hasta convertirse en el Comandante en Jefe Interior. Asume las funciones ejecutivas del ego central y dirige literalmente la vida de la persona. Juzga cada pensamiento y sentimiento y crea una necesidad constante de ser más perfecto. Cuando algo está fuera de lugar, el crítico interior lo ataca. Estos ataques pueden dirigirse a uno mismo o a los demás. Cuando la persona está angustiada, su crítico interior también la ataca por estarlo, lo que, por supuesto, lo empeora todo. El ataque del crítico interior puede ser muy cruel. Para desviarlo de sí misma, puede dirigirlo hacia fuera y dejar que ataque a los demás.

El crítico interior también censura pensamientos, sentimientos e impulsos, y normalmente no permite que los incorrectos lleguen siquiera a la conciencia. El proceso de autocensura funciona así:

Comienza a surgir algún sentimiento, necesidad o impulso personal → antes de que llegue a la conciencia, es comprobado por el superyó para ver si es correcto → a menos que sea correcto, es aplastado de nuevo sin piedad por el crítico interior.

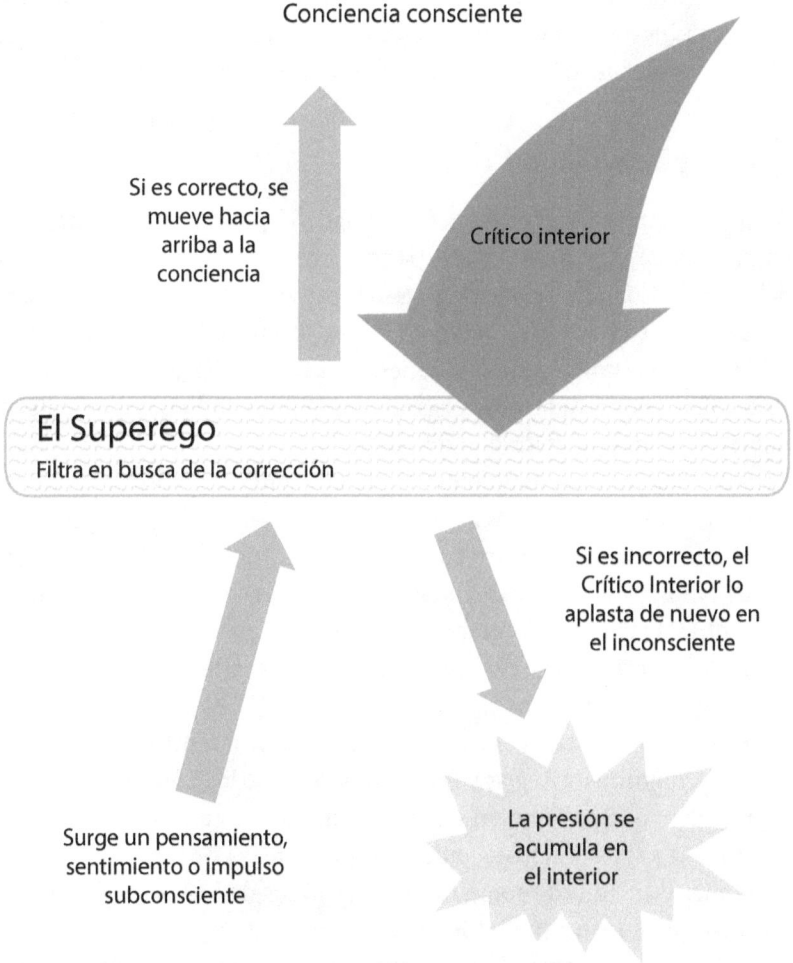

El proceso de autocensura

Si la persona con patrón rígido siente este conflicto interno, sólo siente que "algo va mal". Entonces su mente empieza a buscar lo que está mal, pero busca en el lugar equivocado. En lugar de acudir a su sensación-sentida interna para descubrir qué es lo que está mal, su mente empieza a comparar cada parte de su experiencia actual con la imagen ideal de sí misma que mantiene dentro de su superego. Lo que no es ideal se pone de relieve y se corrige con otro ataque crítico.

Como su crítico interior aplasta continuamente sus sentimientos, impulsos y necesidades hundiéndolos de nuevo en el inconsciente, todo lo que vemos en la superficie es su incesante crítica de sí misma y de los demás. Sin embargo, si somos capaces de mirar con suficiente profundidad, podemos percibir su lucha interior. Ver cómo su verdadero yo vuelve a ser aplastado con tanta saña es desgarrador. En terapia, cuando la clienta por fin es capaz de percibir esta violencia en su interior, a menudo rompe a llorar.

Rasgos de personalidad

Veamos ahora los rasgos de personalidad del patrón rígido. Éstas son las características de una persona con patrón rígido cuando se encuentra dentro del patrón. Cuando simplemente están presentes y no en el patrón, estas cualidades pueden estar silenciadas o incluso ausentes. En esos momentos, es probable que siga mostrando los dones del patrón, como la capacidad para seguir los detalles y mantenerse organizado. Pero cuando están en patrón, su apariencia será más parecida a lo que sigue.

Hay muchas formas diferentes de patrón rígido, dependiendo de lo que era Correcto y Bueno a los ojos de sus padres o maestros. Así, una persona con patrón rígido puede ser conservadora o liberal, fundamentalista o socialista, cabeza de familia o ama de casa, líder o seguidora, mojigata o experta en sexo tántrico, niña de las flores o monja. Una vez más, no es la forma concreta lo que define el patrón rígido, sino la sustitución de la guía interna del yo auténtico por la forma y sus reglas externas.

Lo primero que notarás es que esta persona se ve a sí misma como la guardiana de un conjunto de Reglas y Estándares. No sólo las sigue al pie de la letra, sino que quiere que tú también las sigas. También notarás cierta formalidad en su forma de hablar y actuar, como si se guiara más por el protocolo que por lo que siente. Ve el mundo sobre todo en términos de bueno y malo, correcto e incorrecto, adecuado e inadecuado, todo según sus reglas. Este énfasis en lo correcto tiende a desplazar el simple hecho de aceptar y apreciar las cosas tal y como son. En lugar de deleitarse con la diversión o la belleza de la vida, su atención se centra habitualmente en cómo pueden mejorarse las cosas. Por lo tanto, no puede apreciar fácilmente nada que no sea completamente perfecto.

También te darás cuenta de que esta persona trabaja muy duro. A sus ojos, el propósito de la vida es mejorarse a sí misma, a los demás y al mundo. Es un proyecto que hay que completar. Cree que la satisfacción llegará *cuando* todo esté terminado y perfecto, así que se lanza a la acción. Cuando sus esfuerzos la dejan sintiéndose insatisfecha, llega a la conclusión de que no ha hecho lo suficiente, así que se lanza a la acción. Esto crea un estado constante de frustración en su interior, ya que siempre espera que el siguiente logro o mejora le proporcione una sensación de satisfacción y contento, pero en realidad nunca lo hace. Sin embargo, no cuestiona sus supuestos básicos. Cuando está bajo presión, duplica y redobla sus esfuerzos tanto para hacer las cosas bien como para estar bien. Cuando ya no puede contener su frustración, se vuelve crítica y se enfada.

Mientras intenta contener su frustración y mantener todo bajo control, también notarás un aire tirante en ella. Esta naturaleza tirante suele estar presente en las personas con patrón rígido. Son tirantes con el dinero: son frugales y prefieren ahorrarlo a gastarlo. Son tirantes con el tiempo: son puntuales o llegan pronto, y no les gusta llegar tarde (ni que otros lleguen tarde). Son tirantes con el orden: quieren las cosas ordenadas, limpias y en su sitio. Y son tirantes con los elogios y el agradecimiento: no son capaces de dar mucho de eso. Freud acuñó el término "retentivo anal" para describir esta estrechez, pero la jerga moderna suele ser "culo apretado".

Sin embargo, su duro trabajo y esfuerzo les compensa, ya que son personas que se desenvuelven eficazmente en el mundo. Tienen un desempeño excepcional; son activos y ambiciosos, y a menudo se les considera expertos. Son personas limpias, bien vestidas y educadas. Tienen un buen trabajo y una casa bonita. Y puede que tengan un cónyuge perfecto (que también sigue el patrón rígido) y una familia perfecta. La impresión general es la de una máquina bien engrasada, de un "hacer humano" en lugar de un "ser humano". Mitt Romney es un buen ejemplo de ello: según muchas medidas, parece perfecto, pero hay cierta rigidez y falta de autenticidad en él.

Cómo recrean sus heridas tempranas

Como ocurre con todos los patrones de supervivencia, las personas con patrón rígido tienden a recrear sus propias heridas tempranas mediante las mismas cosas que hacen para intentar mantenerse a salvo. Este proceso es inconsciente, por supuesto, pero es muy eficaz para perpetuar el patrón manteniendo el tipo de relaciones y experiencias que tuvieron en la infancia.

Una forma de recrear la herida de su infancia es presentarse a sí mismos como su desempeño y sus logros, en lugar de como su ser, sus sentimientos y sus necesidades. Entonces, cuando se les admira y ama por sus logros, se refuerza su creencia de que su ser y su yo no son dignos de amor. Y como el amor no penetra hasta su centro, se siente de alguna manera insatisfactorio. Entonces, puede que lleguen a la conclusión de que algo va mal en la relación y la dejen, o puede que intenten lograr más, lo que reinicia el ciclo.[11] En cualquier caso, su creencia de que sólo son dignos de amor por su desempeño se ha visto reforzada, en lugar de cuestionada.

También recrean sus heridas infantiles corrigiéndose continuamente, haciéndose a sí mismos lo que les hicieron a ellos. En realidad, su crítico interior les está corrigiendo, pero como creen que su crítico interior *son* ellos, lo toman por su propia voz.

Pensamientos del patrón

La rigidez de las personas con patrón rígido no se limita a sus tensiones musculares, sino que se extiende incluso a su forma de pensar y percibir. Cuando están atrapadas en el patrón, todo su pensamiento se desarrolla dentro de un conjunto de categorías conocidas, organizadas en cajas ordenadas dentro de la mente. Este hábito de "pensar en cajas" exige encajar todo lo que experimentan en estas categorías conocidas. Las categorías ya existen: son todas las categorías del mundo conocido y aprobado, y se han heredado como parte del Único Camino Correcto, o se han descubierto más tarde para apoyarlo. Como las personas con patrón rígido son literalmente incapaces de "pensar fuera de la caja", todas las nuevas experiencias se deben apretujar de alguna manera en las cajas disponibles.

Procesar sus experiencias de este modo es tanto un intento de mantener todo en su sitio como un intento de controlar su experiencia para que no ocurra nada que desafíe el orden establecido. Cuando las personas con patrón rígido tienen una experiencia que no pueden encajar en ninguna de las casillas disponibles, experimentan una especie de terremoto interno. Todo su mundo conocido es puesto en cuestión y es probable que se alteren emocionalmente. Cuando se asustan, entran aún más en el patrón, como hace cualquiera. A medida que profundizan en el patrón, se contraen energéticamente y las cajas de su cabeza se hacen aún más pequeñas y apretadas. Su atención se contrae en un punto de enfoque y se esfuerzan aún más por clavarlo todo y meterlo en las cajas existentes. A menudo, aparecen surcos entre sus ojos a medida que insisten cada vez más en CÓMO DEBEN SER LAS COSAS.

Otras personas, cuyo pensamiento es más fluido y flexible, pueden encontrar este proceso de pensar en cajas frustrante e incluso físicamente doloroso. Por ejemplo, una mujer psíquicamente sensible contó que, al entrar en casa de una persona que estaba profundamente *atascada en el patrón rígido*, se agarró la cabeza y gritó: *"¡Deja de hacer cajas en mi cabeza!"*. Así que, si te sientes constantemente encajonado cuando hablas con una persona en particular, considera la posibilidad de que esté atascada en el patrón rígido.

El diálogo mental de alguien que sigue el *patrón rígido* no es *"puedo"* o *"no puedo"*, sino *"debería"* o *"no debería"*. Se trata de hacer que las cosas sean como deberían ser, de corregirse y mejorar a uno mismo, a los demás y al mundo. Otros pensamientos frecuentes son:

"Sólo hay un Único Camino Correcto».

"¿Cuál es el Camino Correcto?"

"Tiene que ser difícil para ser bueno".

"Si quieres que algo se haga bien, tienes que hacerlo tú mismo".

Tal vez recuerdes que cada uno de los patrones de supervivencia tiene una secuencia característica de pensamientos que surgen al ver que otra persona tiene algo que desea. Para el patrón de escapar, la secuencia es algo así: *"Tú lo tienes. Yo lo quiero. Imaginaré que lo tengo"*. Para el patrón de fusionarse, es más como: *"Tú lo tienes. Yo lo quiero. Conseguiré que me lo des"*. En el caso del patrón de soportar, suele ser: *"Tú lo tienes. Yo lo quiero. He fracasado"*. Para el patrón agresivo, dice: *"Tú lo tienes. Yo lo quiero. Lo tomaré"*.

Aquí, para el patrón rígido, la secuencia es más como: *"Lo tienes. Yo lo quiero. Deberías dármelo"*. Así que su petición no será una apelación personal a tu corazón, sino un argumento lógico de que alguna Verdad o Regla abstracta requiere que se lo des. Incluirá algo como *"porque lo prometiste"*, o *"porque somos familia"*, o *"porque eso es lo que hacen los amigos"*. O puede que vayan directamente a conseguirlo por sus propios medios. Entonces su secuencia de pensamientos será más parecida a: *"Tú lo tienes. Yo lo quiero. Tengo que esforzarme más. Si trabajo lo suficiente, yo también puedo conseguirlo"*.

Comportamientos del patrón

Centrarse en la apariencia y el desempeño

Cuando una persona se encuentra en el patrón rígido, su atención se dirige al mundo exterior, no al mundo interior. Se centra en la apariencia y el desempeño, en la superficie del cuerpo, no en el centro ni en el corazón. Asimismo, su atención se dirige a la forma de cada actividad, no a su esencia. Son leales a la forma y la ejecutan con diligencia, incluso sin comprender por qué la forma es como es o cómo apoya la esencia de la actividad. Mientras practican la forma, generalmente no saben cómo se sienten al hacerlo – eso no forma parte de su conciencia.

El buen desempeño es muy importante para las personas con patrón rígido. Están comprometidas con la excelencia en todo lo que hacen y trabajarán duro para conseguirla, incluso sin recompensas externas como el aprecio, la fama o un sueldo decente. Para ellos, la excelencia es un objetivo en sí mismo – no sólo un medio para alcanzar otro fin – y esto a veces puede llevar a conflictos con los demás. En primer lugar, no suelen entender que los demás puedan tener ideas diferentes sobre lo que constituye la excelencia o un esfuerzo razonable. En segundo lugar, a menudo no entienden que a los demás no les importa el orden y la excelencia de la misma manera que a ellos. Inconscientemente, esperan que todo el mundo quiera esforzarse tanto como ellos y acaban decepcionados cuando no se cumplen sus expectativas.

Asimismo, valoran la competencia y quieren dominar todo lo que intentan. Trabajarán sin descanso para conseguir el desempeño ideal, perfecto, incluso en cosas triviales, como que todos los platos que están preparando para la cena terminen de cocinarse en el mismo momento exacto, o pasar la aspiradora hasta que no quede ni una sola huella o mota de polvo en la alfombra.

Evitar cambios y pasos en falso

Su miedo general a cometer errores y fracasar se manifiesta de muchas maneras en la vida cotidiana de las personas con patrón rígido. Por ejemplo, les suele gustar que las cosas sigan igual, ya que se sabe que eso está bien y es correcto. Suelen ir al mismo restaurante y comer lo mismo. Puede que mantengan sus muebles ordenados de la misma manera durante años. Todos los días van al trabajo por el mismo camino. Pagan las facturas pronto, a veces el mismo día que las reciben. Los viajes y las vacaciones se planean, no son espontáneos. Como temen que algo vaya realmente mal si permiten que se produzcan cambios repentinos o drásticos, necesitan que todos los cambios sean graduales, para estar seguros de que todo irá bien.

Al iniciar un proyecto, su miedo a dar un paso en falso puede manifestarse también como una necesidad de ver todo el camino hacia su objetivo – cada paso y cada detalle – antes de dar siquiera el primer paso hacia él. Hace muchos años, lo vi claramente cuando trabajaba en un taller de escenografía.

Recibimos un gran pedido de una escenografía complicada, con muchos planos y esquemas. El dueño, que seguía el patrón rígido, desapareció en la oficina durante tres días para estudiar los planos, mientras los demás nos quedábamos sentados, esperando de brazos cruzados las instrucciones.

Al tercer día, su hermano, que era el capataz y seguía el patrón agresivo, llegó al final de su paciencia y entró furioso en la oficina para poner las cosas en marcha. A través de la puerta cerrada de la oficina, pudimos oírle gritar: *"En el tiempo que has estado aquí sentado preparándote, ¡yo podría haber construido la maldita cosa! Y si hubiera estado mal, ¡podría haberla vuelto a construir!».* Patrones diferentes con necesidades diferentes.

Exceso de responsabilidad

Las personas con patrón rígido también tienen un fuerte sentido de la responsabilidad personal para mantener las cosas en orden y hacer que todo vaya bien. A menudo esto les lleva a asumir la responsabilidad de cosas que están fuera de su control y no son realmente su trabajo. Como trabajadores, se esfuerzan y trabajan más que los atrapados en cualquiera de los otros patrones de supervivencia, aunque es posible que se atasquen en detalles triviales y no trabajen con eficacia, como se ha ilustrado anteriormente. Algunas personas atrapadas en este patrón creen que deben terminar una actividad sólo por haberla empezado – incluso leer un libro o ver una película – como si abandonarla a mitad de camino alterara de algún modo el Orden del Universo.

Organización

Las personas que adoptan el patrón rígido de supervivencia suelen ser excelentes en el seguimiento de los detalles y en mantenerlo todo organizado. Saben dónde están las llaves del coche, qué hora es y cuánto tardarán en llegar a su destino. Suelen hacer listas para no desviarse de su tarea. Tener a alguien que pueda controlar los detalles y mantener todo en orden es necesario para cualquier organización, y el responsable suele querer tener a alguien así a su alcance. Los directores generales, los presidentes e incluso los gurús suelen tener un ayudante con patrón rígido caminando un par de pasos detrás de ellos.

Resolver problemas

Como se les da bien resolver problemas y les satisface encontrar soluciones, las personas con patrón rígido tienden a ver todo como un problema que hay que resolver. Abordan la resolución de problemas de forma ordenada y metódica, analizando lo que tienen delante y deduciendo la respuesta de forma lógica. Esto es muy diferente de la forma en que las personas con patrón de escapar encuentran una solución. Simplemente salen a otra dimensión y *obtienen* la respuesta, en lugar de buscarla lógicamente. Sintonizan con ella, en lugar de deducirla. Observar cómo dos personas que siguen estos dos patrones diferentes resuelven el mismo problema, cada una a su manera, puede ser asombroso.

Por ejemplo, supongamos que cada una de ellas ha perdido las llaves del coche. Para encontrarlas, la persona con patrón rígido retrocederá en su mente hasta el momento en el que tenía las llaves y, a continuación, avanzará metódicamente en el tiempo, recordando todos los lugares a los que fue y todo lo que hizo, incluso reproduciendo sus movimientos, hasta que encuentre las llaves. Por el contrario, es más probable que la persona con patrón de escapar entre dentro de sí mismo, sintonice psíquicamente con la frecuencia de las llaves de su coche, les llame a voces y espere una respuesta. Luego seguirá esa respuesta, casi como el sonido de un móvil perdido, para encontrar las llaves.

Respeto a la autoridad

Como ya hemos dicho, las personas con patrón rígido sienten un gran respeto por la autoridad – por quienes les indican las Formas y Reglas correctas. Por ello, son muy conscientes del lugar que les corresponde dentro de cualquier jerarquía de autoridad. Son respetuosos y obedientes con los que están por encima de ellos en la jerarquía, y estrictos con los que están por debajo. Como se sienten más cómodos dentro de estructuras autoritarias, tienden a gravitar hacia instituciones autoritarias, como el ejército, la policía y las religiones estrictas.

Formalidad

Este énfasis en la corrección, en seguir las Reglas y Formas adecuadas, a menudo hace que las personas con patrón rígido sean formales, incluso cuando otros serían informales. Moldea todos los aspectos de su comportamiento y lo hace ligeramente más estudiado y correcto de lo que sería en otras circunstancias. Observar de cerca este efecto del patrón rígido puede darte una ventana a su mundo interior inconsciente, y especialmente a su preocupación por la corrección y la mejora.

Sus acciones suelen seguir el protocolo adecuado. Por ejemplo, al saludar a alguien y elegir entre un apretón de manos, un abrazo o un saludo, es más probable que se guíen por la forma que les han enseñado que por una sensación-sentida. Para decidir, se preguntan inconscientemente *"¿Qué es lo correcto?"* en lugar de la pregunta más personal y sincera: *"¿Qué quiero?"* o *"¿Qué le gustaría a él/ella?»*.

Su lenguaje también suele ser formal y correcto, incluso rebuscado, lo que se refleja en la gramática y la elección de palabras. Llaman a las cosas por sus nombres correctos, no por sustitutos populares o términos de argot. Hablan con frases más largas y formales que con otras más cortas y desenfadadas. Su forma de hablar se parece más a la de un escrito formal que a la de una conversación informal.

Calificar y corregir

Las personas que siguen este patrón de supervivencia también sienten una presión interior para señalar su propia corrección y la incorrección de los demás. Esto se debe a su creencia de que ser más perfecto es – o debería ser – el objetivo de todo el mundo en la vida. Corregir a los demás es, por tanto, una forma de ayudarles a mejorar; es una demostración de que les importan.

Las personas con patrón rígido también sienten una presión interna para señalar *quién* es el culpable de algo, incluso cuando el asunto es trivial y la identidad del transgresor es irrelevante para lo que intentan decir. Esto se debe a su creencia de que hay que culpar y castigar los errores para mantener el orden del mundo. Naturalmente, los demás se dan cuenta de esta constante culpabilización y señalamiento, y a menudo se sienten criticados, enfadados o heridos.

Las personas que siguen el patrón rígido también tienden a valorarse a sí mismas y a los demás en función de lo bien que están mejorando. Cuando intentan felicitar a un amigo por un nuevo comportamiento que les gusta, en lugar de hacerlo de forma personal diciendo *"Me gusta mucho cómo has hecho eso"*, a menudo lo expresarán como una valoración impersonal diciendo algo como *"Lo estás haciendo mucho mejor que antes"*. Si la amiga que recibe este mensaje también es de patrón rígido, se sentirá vista y halagada. Pero si no lo es, probablemente notará el juicio implícito y se sentirá herida.

Experiencia del tiempo del patrón

Las personas con patrón rígido suelen ser puntuales o llegar pronto, ya que llegar tarde es una violación de las Reglas y, por lo tanto, les provoca ansiedad. En su experiencia, el tiempo avanza de forma rígida y mecánica. No es flexible, ni se atasca, ni avanza deprisa, como ocurre con otros patrones de supervivencia.

Vida emocional del patrón

Ansiedad

La fuerte necesidad de las personas con patrón rígido de ser siempre correctas y de hacer siempre lo correcto hace que vivan con el miedo constante de cometer un error. Esto crea una tensión constante en su interior, una tensión que sienten como una sensación general de ansiedad, y a veces incluso de pánico.[12]

Esta tensión interior también se manifiesta como una carga constante en el cuerpo. Al no poder expresarse libremente, su descarga se ve restringida. Esto provoca de forma natural que se acumule una carga en el cuerpo, lo que crea tanto una sensación de ansiedad como una necesidad inquieta de estar *haciendo* algo. La única forma que conocen de descargar la energía sobrante es pasar a la acción y hacer aún más. Este es el mecanismo que les da fama de ser implacablemente enérgicos, como el conejo de Energizer.

La mera presencia de desorden provoca ansiedad en las personas con patrón rígido. Sin embargo, su angustia interior no suele expresarse como un sentimiento personal de ansiedad, sino como una crítica al desorden y a quienes lo causan. Para darse cuenta de su propia ansiedad, tendrían que autorreferenciarse y sentir su experiencia interior, y eso es menos cómodo que referenciar las Reglas y quejarse de su incumplimiento.

Por otra parte, restablecer el orden les tranquiliza. Cuando están ansiosos o disgustados, suelen ponerse a limpiar y ordenar las cosas para tranquilizarse. Su principio operativo es "un lugar para cada cosa y cada cosa en su lugar", y si visitas su casa, es probable que veas sus CD archivados alfabéticamente por artista, sus libros ordenados en estanterías por tema y autor, y sus calcetines emparejados y colocados en el cajón de la cómoda. Las mujeres pueden guardar sus conjuntos de sujetadores y bragas doblados y emparejados, ordenados por colores en el cajón, mientras que los hombres pueden tener un tablero de clavijas en el garaje con el contorno de cada herramienta dibujado en él para mostrar el lugar adecuado para esa herramienta.

Juicio y resentimiento

Como hemos dicho antes, cada uno de los patrones de supervivencia tiene su propia emoción por defecto, y la emoción por defecto para las personas con patrón rígido es la ira, que normalmente aparece como alguna combinación de juicio, culpa, crítica y resentimiento. En cualquier momento en que un exceso de energía afecte a su sistema y entren en patrón, empezarán a sentir algún tipo de ira. Este enfado no significa necesariamente que algo vaya mal, sólo que están abrumados, que han entrado en patrón y que necesitan empezar a tomar medidas para salir del patrón y volver a la presencia.

Sin embargo, a medida que surge la ira, se crea un conflicto interior porque sentir ira va en contra de las Reglas, a menos que esté claramente justificado y sea justo. Así que, al principio, la ira se mantiene dentro y se niega, mientras la mente busca una justificación justa. Cuando la encuentra, la ira mantenida dentro estalla en un torrente de juicios y acusaciones.

La ira suele tener su origen en una necesidad o deseo enterrado, que se expresa en forma de condena o resentimiento hacia quienes pueden tener o hacer lo prohibido. Ver a los demás disfrutar de lo que les está prohibido despierta su deseo de tenerlo, y su condena es una forma tanto de reprimir su propio deseo como de desahogar su rabia por no tenerlo. Así que cuando te critiquen, busca el sentimiento y la necesidad subyacentes e intenta preguntarle sobre ello. Tienden a referirse a las Reglas, más que a sí mismos, así que cuando quieren algo de ti, es más probable que digan: *"Deberías dármelo"*, que *"Lo quiero"*.

Sentimiento reprimido

Las personas con patrón rígido desconfían y a menudo reprimen sus sentimientos, por lo que pueden parecer controladas y formales, o incluso frías y distantes. Recuerda que el patrón de sujeción de una persona con patrón rígido es "contenerse", en el sentido de contener el flujo de sentimientos e impulsos del cuerpo. Para ellos, un sentimiento no es un punto de partida para explorar y expresar su vida interior, sino una parte del desempeño de sí mismos, por lo que debe realizarse correctamente.

Los padres que siguen este patrón de supervivencia suelen desalentar las expresiones efusivas de sentimientos en su hija, de modo que ésta aprende a mantener una contención "adecuada", en lugar de expresarse plenamente. Si los padres se avergüenzan de las expresiones de afecto, lo más probable es que le enseñen a ella a avergonzarse también de ellas.[13] Una niña que crece en un hogar así puede sentir muchas cosas por dentro, pero como no llega a expresarlas, no desarrolla la habilidad para poner en palabras lo que siente ni para reconocer el hecho siquiera de que está sintiendo.

Estallidos de histeria

A veces, sin embargo, una persona con patrón rígido no puede contener toda la energía que lleva dentro. A veces, se acumula tanta energía dentro de su recipiente cerrado y rígido que éste estalla. Cuando esto ocurre, la presión y los sentimientos escapan aleatoriamente en todas direcciones y la persona se pone histérica. Esta descarga repentina la desorienta y, al verse arrastrada por sus miedos y fantasías de fracaso y rechazo, entra en una espiral energética. Un gran ejemplo de este tipo de descarga histérica ocurre en la película *Besando a Jessica Stein,* en la escena en la que Jessica revela su relación lésbica a una amiga íntima.

Aunque este torbellino energético en la psique de la persona suele ser muy emocional y dramático, está causado más por la presión que se descarga que por un sentimiento auténtico. Se genera en la cabeza, en sus fantasías, y no a partir de sus sensaciones corporales. De hecho, este proceso de descarga suele enmascarar sentimientos y sensaciones corporales reales. Si intentas calmar a alguien que está sumido en este tipo de histeria, centrar tu atención en sus fantasías sólo alimentará su histeria y sus giros. Dirigir su atención de nuevo a sus sensaciones corporales le dará un punto de referencia del mundo real que detendrá gradualmente el torbellino.

Las explosiones histéricas de las personas con patrón rígido son fundamentalmente diferentes de las explosiones de las personas con patrón agresivo. La explosión de patrón agresivo es un mecanismo de autocorrección. Está diseñada para descargar su presión interna de modo que puedan volver a funcionar y presionar a los que les rodean para que cumplan sus deseos. Durante la explosión, la persona con patrón agresivo se mantiene orientada a la realidad y a lo que quiere y no quiere.

Por el contrario, la explosión histérica de la persona con patrón rígido carece tanto de poder como de propósito. No devuelve la funcionalidad a la persona ni apoya su intención. Es más probable que haga que los que la rodean teman *por* ella, que la teman a ella. Es el resultado de la ruptura de su contenedor de corrección, más que un acto intencionado.

También es importante señalar que cualquier persona puede volverse histérica, tanto si sigue el patrón rígido como si no. Sin embargo, la histeria es más común en quienes adoptaron este patrón, especialmente en las mujeres de patrón rígido. Dado que los arrebatos emocionales van en contra de las Reglas para los hombres, es más probable que los hombres de patrón rígido que se sienten abrumados se vuelvan intransigentes que histéricos. Cada género maneja sus emociones de la manera que las Reglas han aprobado para su género.

Interacción con los demás

El estilo de contacto de las personas con patrón rígido es ser apropiado, lo que suele significar que se centran en el desempeño y el protocolo. Suelen ser atractivas, a veces casi ideales: arregladas, pulcras, bien educadas, bien vestidas y cumplidoras. Tienen mucha práctica. Para alguien que crece en una familia de patrones rígidos, el mero hecho de participar en la vida familiar exige un buen desempeño.

Las personas que siguen este patrón de supervivencia utilizan acuerdos para organizar su mundo. Cumplirán sus acuerdos contigo, y necesitan que tú cumplas tus acuerdos con ellos. Cuando no lo haces, se desorientan y se angustian. Y cuando están angustiados, se vuelven aún más rígidos. Como dijo un hombre: *"Me vuelvo inflexible. Si hemos llegado a un acuerdo, necesito que lo cumplamos. Cambiarlo me molesta. Y cuando me enfado e intento hacer cumplir el acuerdo, parece que te regaño".*

Puesto que creen que el propósito de la vida es mejorar, es probable que quieran mejorar no sólo ellos, sino también quienes les rodean y las organizaciones en las que participan.

Amor romántico

En las relaciones románticas, las personas con patrón rígido suelen querer mejorar tanto la relación como la pareja o el cónyuge. De hecho, consideran que ayudar al otro a mejorar es un acto de amor, ya que así es como les expresaron el amor en la infancia. Uno de mis clientes lo explicaba así: *"Cuando tenía 20 años, todavía creía que 'criticar es cuidar' y que querer a alguien significaba ayudarle a mejorar, así que naturalmente me comportaba así con mis novias. Como las quería, les corregía la pronunciación y la gramática, esperando que sintieran lo mucho que me importaban. Para mi sorpresa, no se sentían queridas ni cuidadas. Se sentían criticadas y heridas. Esto me confundía, ya que yo solo intentaba ayudar. Así me había querido mi madre, ¿por qué no sentían mi amor ahora? Después de que un par de novias me dijeran lo mismo, aprendí a guardarme las correcciones para mí mismo, pero no fue hasta que entré en terapia a los 30 años cuando descubrí que la crítica no es realmente una expresión de amor en absoluto."*

Cuando una persona con patrón rígido siente que algún aspecto de la relación no es lo suficientemente bueno, es probable que lo convierta en un proyecto y empiece a intentar arreglarlo. Cuando su cónyuge siente la presión de sus planes y sugerencias de mejora, está experimentando lo que ella sintió de sus padres. Esto es lo que le presentaron como Amor.

Y, cuando su pareja es inapropiado o imperfecto de alguna manera, es probable que abandone su conexión energética de corazón a corazón con él. Consciente o inconscientemente, su pareja lo percibirá como una pérdida repentina de amor. La forma en que él interprete la pérdida repentina de la conexión amorosa dependerá de su propia historia y patrones. Por ejemplo, si sigue el patrón de fusionarse, utiliza esa conexión para orientarse en el mundo, por lo que sentirá profundamente la pérdida de la conexión y puede desorientarse. Entonces es probable que su propio crítico interior lo ataque, diciéndole que el amor se alejó porque él es inadecuado y "no lo suficientemente bueno". Como siente esta crítica en su interior, probablemente pensará que viene de fuera, lo que le llevará a acusar a su pareja de patrón rígido de criticarle. La pareja responde que no ha dicho ni una palabra, y como no es consciente de que se les ha caído la conexión de corazón, en realidad no tiene ni idea de cómo ha contribuido a la angustia de su pareja. Como puedes imaginar, muchas peleas empiezan así. (En este ejemplo, se ha utilizado "él" y "ella" para mantener los papeles lo más claros posible, pero los miembros de la pareja podrían ser tanto de ambos sexos como del mismo).

Recuerda también que, en la infancia, las personas con patrón rígido abandonaron su propio yo interior por amor a sus padres. Fue un acto de amor desenfrenado y aprendieron que los sentimientos desenfrenados son peligrosos y pueden llevar a cosas malas. Esta creencia es inconsciente, pero alimenta su necesidad de moderación y precaución a la hora de manejar sus emociones personales cuando son adultos. En una relación amorosa, a menudo les hace reacios a entregarse al amor profundo e incondicional. Inconscientemente, temen que el amor desenfrenado vuelva a costarles su autonomía y les obligue a hacer lo que diga el Amado.[14]

Incluso cuando ven a su amante como perfecto, sus expresiones de amor y deseo suelen ser controladas y adecuadas, en lugar de apasionadas e impulsivas. Desconfían de sus propios sentimientos, y el miedo inconsciente antes mencionado les hace contenerse. Por eso, en lugar de realizar impulsivamente algún gesto salvaje y apasionado, su atención se desvía hacia algo más seguro, más comedido y ordenado. Esto no significa que no amen profundamente, sólo que normalmente no llegan a sentirse arrastrados por ello, y que su pareja no recibe el regalo de su pasión desenfrenada.

Las tres etapas de las relaciones amorosas

Para casi todo el mundo, enamorarse implica cierta idealización de la persona amada. Esto es bueno y nos ayuda a mantenernos enamorados de quienes hemos elegido. Pero también ayuda a crear las tres etapas por las que suelen pasar las relaciones amorosas, a menudo llamadas "romance", "lucha de poder" y "cocreación".

En la etapa romántica, aún no conoces realmente a la otra persona, así que es fácil proyectar en ella todo lo que quieres que sea tu amante. Entonces te enamoras perdidamente – pero estás enamorado de tu amante de fantasía, no de la otra persona. Es como si hubieras pegado una máscara de tu amante ideal sobre su cara, de modo que no puedes ver su rostro real – pero te encanta la máscara que ves.

A medida que pasa el tiempo y le conoces mejor, ves cada vez más cosas que no se ajustan a tu imagen ideal. Deja la tapa del váter levantada o el tubo de dentífrico destapado. No entiende un chiste o no comparte tus ideas políticas. Se le cae un poco la máscara y luchas para volver a ponérsela. Te quejas e intentas que vuelva a ser tu amante ideal, pero se queda corto una y otra vez. Tú te esfuerzas aún más por cambiarle, y él se esfuerza más por cambiarte a ti. Esta lucha de ida y vuelta por cambiar al otro es lo que marca la segunda etapa de la relación, la lucha por el poder.

Para pasar a la tercera etapa, conocida como co-creación, tienes que llegar a conocer quién es realmente la otra persona, abandonar tu esperanza inconsciente de que puedes cambiarla y decidir que es suficientemente buena, tal y como es. Tienes que pasar de amar a tu ideal romántico a amar a un simple ser humano. Este último cambio es difícil, y muchas personas – independientemente de los patrones que sigan – nunca son capaces de hacerlo.

Sin embargo, este cambio es especialmente difícil para las personas con patrón rígido, por dos razones. En primer lugar, su medidor de "suficientemente bueno" no funciona. Y en segundo lugar, llevan toda la vida enamorados de la perfección, que se han dedicado a perseguir en todos los aspectos de su vida. Ver ahora que su amante tiene defectos pero sigue siendo digna de amor pondría en entredicho uno de los principios organizadores de su vida. Para salir de este dilema, tendrían que hacer el trabajo interior necesario para sanar la herida de su centro y abandonar su romance de toda la vida con la perfección.

La búsqueda del cónyuge ideal

Mientras las personas con patrón rígido sigan atrapadas en su romance con la perfección, seguirán persiguiendo su sueño de patrón rígido de tener un cónyuge perfecto. En ese caso, tienen cuatro opciones:

1. Pueden idealizar a su cónyuge lo suficiente como para creer que se ajusta a su imagen ideal. Esto significa mantener la máscara en su cónyuge para siempre.

2. Pueden casarse con un cónyuge ya "ideal", que debe entonces mantener la ilusión. En este caso, el cónyuge acepta llevar la máscara para siempre y, de hecho, se esfuerza por mantenerla. Un cónyuge que también sigue el patrón rígido puede que ya tenga este objetivo. Para conseguirlo, las personas con patrón rígido suelen casarse entre ellas. Puede que no estén de acuerdo con determinadas Reglas, pero ninguno de los dos cuestiona la premisa subyacente de que deben vivir de acuerdo con las Reglas e intentar desempeñarse de forma ideal en todo momento.

3. Pueden tener relaciones a corto plazo mientras esperan a que aparezca la pareja perfecta.[15] Esto puede adoptar la forma de relaciones de baja inversión con amantes que son claramente imperfectos, pero "servirán por ahora". O puede alternar con la opción nº 1, en la que se enamoran de alguien que "es perfecto", pero luego retroceden cuando se les cae la máscara de la perfección. Cuando su idealización se tambalea, ver a la otra persona como meramente humana rompe la atracción y la relación termina.

4. Pueden intentar mejorar a su cónyuge para que se ajuste a su imagen ideal. Los cónyuges que siguen otros patrones de supervivencia pueden intentar adaptarse a este programa de mejora, pero en última instancia no pueden ganar, y por lo general no les gusta intentarlo.

Hay una variante de esta opción que es más saludable, aunque sigue estando dictada por el patrón rígido. En esta variante, ambos cónyuges siguen el patrón rígido, pero su búsqueda por mejorarse a sí mismos, el uno al otro y la relación les lleva a hacer suficiente trabajo interior para "romper" finalmente el patrón y llegar a ser capaces de estar en presencia. En el camino, sin embargo, su relación se centrará principalmente en hacer el trabajo de crecimiento interior, por lo que la espontaneidad, el juego y simplemente ser suficiente a menudo faltarán.

Sexualidad

En la sexualidad, el mantenimiento de la forma correcta a menudo eclipsa tanto los sentimientos tiernos como el deseo apasionado de las personas atrapadas en este patrón. A menudo se inhiben la sensualidad y la espontaneidad, para que no desemboquen en sentimientos o acciones incorrectos. Dependiendo de las reglas que sigan, el sexo puede estar ausente o ser mecánico o, alternativamente, pueden haber estudiado para convertirse en expertos en desempeño sexual. O, si su adoctrinamiento de alguna manera no incluyó nada sobre sexo, éste puede ser el único lugar donde las reglas *no* se aplican, por lo que se sienten libres para dejarse llevar y seguir sus impulsos.

Su enfoque del conflicto

Al primer indicio de conflicto, ya sea interno o externo, las personas con patrón rígido se contraen por dentro, tanto energética como muscularmente, para contenerse y controlarse. Se sujetan a sí mismas automáticamente por dentro para censurarse y asegurarse de que sólo tienen sentimientos y respuestas correctos. También se vuelven más lógicos y razonables al desviar su atención de los sentimientos e intentar resolver el problema emocional con la mente. Si eres tú quien tiene sentimientos difíciles, es probable que desarrollen un argumento lógico para explicar por qué no deberías tener esos sentimientos o por qué tus sentimientos no importan. No te lo tomes como algo personal: ellos también minimizan sus propios sentimientos mediante esta misma estrategia de convencerte a ti mismo de salir de ellos. Por muy exasperante que te resulte, la minimización de tus sentimientos no va dirigida a ti personalmente, sino al control de los sentimientos en general. Te estás dando cuenta de cómo reprimen sus propios sentimientos, día tras día.

Cuando se concentran intensamente en resolver el problema de hecho detrás del conflicto, su atención se estrecha hasta un enfoque puntual, profundizando en los detalles y desmontando las cosas para ver cómo funcionan. Este proceso de desmontaje es su forma habitual de resolver todos los problemas, y tiene éxito en muchas situaciones. Sin embargo, cuando se vuelve contra ti en un momento de vulnerabilidad emocional, puede resultarte penetrante y angustioso.

Como enfadarse probablemente va en contra de sus Reglas, también minimizarán y reprimirán inconscientemente su propia ira. La reprimirán y tratarán de controlarse diciéndose internamente "*pórtate bien, pórtate bien, pórtate bien . . .*" hasta que no puedan contenerla más y se desborde. Puede que ni siquiera sepan que están enfadados hasta que empiecen a decirlo en voz alta y lo escuchen en sus propias palabras.

Cuando aparece, su ira suele tomar la forma de juicio y resentimiento. El juicio se refiere a alguna norma que se está incumpliendo y suele adoptar la forma de crítica o ataque a lo que es incorrecto o imperfecto. El resentimiento surge al ver que otra persona consigue tener lo que quiere, aunque su deseo pueda ser inconsciente.

Armas utilizadas en un conflicto

Como las personas con patrón rígido son expertos en la concentración y la precisión, estas habilidades se convierten en sus armas. Su ira suele ser aguda y mordaz, y sus armas puntiagudas y precisas.

Su ataque suele consistir en palabras mordaces y punzantes: palabras de crítica, sarcasmo o insulto. El ataque suele tener una cualidad íntima y personal, como una daga en el corazón. O puede ser más como una bomba de relojería: un comentario que detona más tarde, cuando por fin te das cuenta de lo que han dicho. O puede ser más como un veneno, un insulto que carcome tu autoestima con el tiempo. Si han pasado del enfado caliente del momento inmediato a un enfado frío a largo plazo, puede que ni siquiera lo digan en voz alta. Puede que se limiten a soltar un comentario de despedida del tipo: *"¿De verdad creías que podría llegar a querer a alguien como tú?"*. O el clásico dardo envenenado desde la puerta: *"Y fingí todos esos orgasmos"*.

A las personas con patrón rígido se les da mejor darte donde más te duele que las que siguen cualquier otro patrón de supervivencia. Llevan una lista mental de tus defectos y puntos débiles, así que saben exactamente dónde clavarte el puñal. Fíjate en lo diferente que es esto de la ira de las personas con patrón agresivo, cuyas armas se basan más en la fuerza contundente.

Sin embargo, esas son las grandes armas, las que se utilizan durante una pelea importante. En el día a día, es más probable que simplemente te critiquen mientras intentan remodelarte para que encajes en su imagen ideal de cónyuge, hijo, amigo, etc. Lo que estás oyendo es su crítico interior intentando mejorarte, igual que hace con ellos durante todo el día. Estás recibiendo una dosis de su propio infierno interior. Intenta escuchar la semilla de la verdad en sus críticas – te están hablando de sus sentimientos y necesidades, sin sentirlos conscientemente.

Estilo de comunicación

Las personas con patrón rígido tienden a utilizar la comunicación para transmitir hechos e información más que sentimientos. Es más probable que se comuniquen para resolver un problema que para crear un estado de sentimientos, como alegría, belleza o diversión. Su atención se centra más en alcanzar un objetivo o desempeñar una tarea que en expresar una experiencia personal.

E incluso cuando expresa una experiencia personal, el hábito inconsciente de la persona es referenciar las reglas en lugar de referenciarse a sí misma, lo que hace que su atención se desplace de lo personal a lo universal, de lo concreto a lo abstracto y de sentir en el corazón a razonar en la cabeza. Este comportamiento surge de su convicción profunda e inconsciente de que *"Mis sentimientos no importan, no son importantes, sólo las Reglas son importantes"*. Bajo esta convicción se esconde un corazón muy joven, tierno y roto, pero tomar conciencia de ello requiere un considerable trabajo interior, e incluso entonces, cuando está atrapada en el patrón, no puede sentir su corazón.

Quienes siguen este patrón de supervivencia también tienden a utilizar sus comunicaciones para predicar y sermonear – sobre todo acerca de cómo podrían o deberían mejorarse las cosas. Es una expresión natural de su mecanismo automático de corrección interna. Simplemente están diciendo a los demás lo que su propio crítico interior les dice continuamente. Pero, por supuesto, los demás sienten el juicio que hay detrás del sermón y desean que pare.

Palabras, no sentimientos, imágenes o energía

La mayor parte de su comunicación se envía y recibe a través de las palabras, no de los sentimientos ni de la conciencia psíquica. Cuando escuchan una canción, suelen oír más la letra que la melodía. Cuando te escuchan hablar, tienden a centrarse en las palabras que utilizas, pero no en *cómo* las verbalizas ni en los sentimientos que hay detrás de ellas. Cuando son ellos los que hablan, eligen cuidadosamente las palabras que transmitirán su significado exacto, pero no son tan cuidadosos con la inflexión o el tono que utilizan. Debido a este sesgo, una persona que sigue el patrón rígido puede ser completamente inconsciente de que su inflexión está contradiciendo sus palabras. Por ejemplo, puede gritar con voz enfadada: *"Dije que te quería, ¿no?"* y no entender por qué no sientes su amor. Al fin y al cabo, está ahí, en sus palabras, tan claro como el agua.

Como no emiten ni escuchan intencionadamente ningún canal no verbal, suelen pensar que las palabras son *todo* en una comunicación, y que no hay nada más. Esto significa que pueden no darse cuenta de ninguna otra forma de comunicación – una mirada, un sentimiento, un estallido de energía, una imagen psíquica – y es probable que se pierdan lo que les envías, a menos que lo pongas en palabras.

Para quienes *no* tienen un patrón rígido, las palabras pueden ser sólo una fracción de toda la comunicación. Para ellos, las palabras son una puerta hacia un sentimiento, una imagen o un campo de energía que contiene el significado que se transmite. Pero para las personas con patrón rígido, las palabras son el principio y el final de la comunicación. Para ellos, las palabras en sí mismas contienen el significado y no son una puerta a otra cosa.

Desgraciadamente, la mayoría de nosotros ignoramos por completo que las personas con patrones diferentes utilizan las palabras de forma distinta. La mayoría de nosotros creemos que nuestra manera de hacer algo es la misma que la de los demás. Como nunca hemos experimentado nada que no sea a nuestra manera, ni siquiera somos conscientes de que *hay* otras maneras. Nuestra ignorancia de las diferentes maneras de hacer las cosas es la fuente de muchos malentendidos. Muchas peleas de pareja se reducen a *"¡Te lo dije!"* frente a *"¡No me lo dijiste!"*. Y ambas personas tienen razón, según su propia experiencia. Lo veo con frecuencia en mi trabajo con parejas. Comprender las diferencias en sus patrones de supervivencia – y las consiguientes diferencias entre sus estilos de comunicación – es la clave para resolver muchas de estas peleas.

Comunicarse con ellos

En primer lugar, céntrate en tus palabras – no en tu inflexión, ni en tus sentimientos, ni en tu capacidad para enviar imágenes psíquicas de mente a mente. Las personas con patrón rígido hablan palabras – no sentimientos ni energía. Si las palabras no son tu fuerte, es posible que tengas que practicar para mantener la atención en tus palabras hasta que puedas hacerlo lo suficientemente bien como para que una persona con patrón rígido entienda lo que estás diciendo.

En segundo lugar, hazlo de la Forma Correcta. Es decir, cumple las formas y reglas que ellos valoran. Ten en cuenta sus Reglas a la hora de decidir cuándo y dónde hablar con ellos, cómo empezar, cómo dirigirte a ellos y cómo exponer la información que quieres que oigan. Ten en cuenta sus Reglas a la hora de decidir cómo vestirte para la conversación e incluso a qué distancia de ellos debes sentarte o ponerte. Recuerda que tienen un límite espacial y energético a su alrededor, y que necesitan que lo respetes. Un hombre que sigue el patrón rígido lo expresó de esta manera: *"Si estoy en patrón cuando mantengo una conversación con alguien, parte de mí está prestando atención a la selección de palabras que utiliza. Y si la selección de palabras no encaja con lo que están intentando decir, me resulta difícil seguir escuchando porque, 'espera un momento, esa era la palabra equivocada'. Si la forma de vestir de la persona es incoherente con lo que se está presentando, eso también crea un conflicto en mí. Es como si mi atención se sintiera atraída magnéticamente por cualquier cosa que no esté bien".* Respetar las reglas y formas que valoran las personas con patrón rígido no significa que te estés rindiendo a ellas. Es una forma práctica y pragmática de presentar tu información de forma que puedan recibirla. Si infringes las Reglas, puede que estén tan distraídos por la infracción de las Reglas que simplemente sean incapaces de escucharte.

Ayudarles a gestionar su crítico interior

Cuando te comuniques con personas atrapadas en el patrón rígido de supervivencia, puede que también tengas que ayudarles a gestionar su crítico interior y su miedo a ser castigados si hacen algo mal. Puedes ayudarles dándoles la razón siempre que puedas, incluso en pequeñas partes de lo que digan. Tu acuerdo y tu validación calman su miedo y acallan a su crítico interior, que de otro modo podría estar gritándoles sin parar. Después de que haya expuesto su punto de vista, empieza tu respuesta con un *"tienes razón"* o *"lo entiendo"*, o algún tipo de acuerdo, por pequeño que sea. No hace falta que estés de acuerdo con todo lo que han dicho, ni siquiera con su argumento principal. Sólo tienes que estar de acuerdo con alguna pequeña parte. Esto les ayuda a relajarse por dentro para poder escuchar tu respuesta. Sin alguna afirmación, pueden estar tan distraídos por un ataque de su crítico interno que ni siquiera pueden escuchar lo que estás diciendo.

Si te sientes constantemente encajonado cuando hablas con ellos, es señal de que han entrado en patrón y están intentando organizar lo que dices haciendo cajas mentales. Su miedo les ha hecho ponerse rígidos por dentro, y también ha hecho que sus cajas mentales sean más rígidas. Si tienes su permiso para hablarles de esta manera, pregúntales si pueden suavizar su pensamiento por un momento para dejar entrar nuevas posibilidades. Que sea una pregunta, no una exigencia. Sin hacerles sentir equivocados, pregúntales si pueden tomarse un momento para respirar y expandirse, o quizá intentar suavizar un poco el enfoque de su visión. Hacer estas cosas les ayuda a ablandarse por dentro y a abrirse un poco a escuchar algo nuevo.

Su forma de quejarse de algo

Cuando las personas con patrón rígido tienen una necesidad o una queja, probablemente la expresarán como un ataque a lo que no quieren, en lugar de como una petición de lo que sí quieren. Declararán que lo que no quieren es incorrecto, malo, inapropiado o contrario a las Reglas. Este es un ejemplo de cómo su atención se desplaza del ámbito personal hacia las Reglas cuando intentan justificar un deseo personal. Dado que, en su mundo, las Reglas importan, pero los sentimientos personales no, es más probable que presenten su deseo como *"Deberías"* que como *"Quiero"*. Están argumentando por qué *deberías* hacer lo que ellos quieren, en lugar de pedir simplemente lo que ellos quieren. Escucha el sentimiento o la necesidad personal que se esconde tras su queja y respóndele, si puedes.

Su forma de pedir ayuda

La forma en que las personas con patrón rígido piden ayuda es esencialmente la misma que la descrita anteriormente. Es probable que la petición se exprese como juicio, crítica, culpa o resentimiento por lo que no quieren, en lugar de como petición de lo que sí quieren. Si sus acusaciones te angustian, primero tendrás que enraizarte y calmarte para no distraerte con las acusaciones, y luego indagar en lo que realmente quieren. Si no puede identificar qué es lo que quiere, es posible que tengas que ayudarle a encontrarlo. Y puesto que el deseo personal puede provocar ansiedad en ellos, es posible que también tengas que alejar a su crítico interior y asegurarles que te parece bien que tengan un deseo personal. Puede ser un proceso delicado y complicado. Pero cada uno de los patrones de supervivencia tiene sus propias dificultades con el deseo y cada uno necesita ayuda para superarlas.

Pedirles ayuda

A la hora de pedirles ayuda, lo primero que hay que saber es que a las personas con patrón rígido les encanta ayudar. Recuerda que también les gusta resolver problemas y que se les da muy bien. La resolución de problemas es una forma que les funciona bien, así que cuéntales que tienes un problema y pídeles ayuda para resolverlo. Si están de acuerdo, plantea tu problema utilizando "yo" y sin culparles, acusarles o criticarles en modo alguno. Si insinúas que han hecho algo mal, activarás su crítico interior y desbaratarás todo el proceso.

Después de exponerles el problema, déjales lidiar con él y encontrar una solución. Esto puede llevar algún tiempo, pero se quedarán con ello. Son buenos en esto. Cuando presenten una posible solución, elógiala si te sirve o, si no, al menos alaba sus esfuerzos. Si la solución todavía no funciona para ti, diles por qué y deja que sigan lidiando con el problema.

Ten en cuenta que, una vez que les hayas pedido ayuda, tenderán a asumir automáticamente la responsabilidad de resolver tu problema. Inconscientemente, empieza a parecerles un problema *suyo*, así que si quieres mantener el control sobre cómo se resuelve, tendrás que decírselo explícitamente. Está bien que quieras mantener el control, pero normalmente ellos no se darán cuenta de que lo han convertido en *su* problema y están empezando a asumirlo, así que las cosas irán mejor si dices en voz alta que quieres tener la última palabra sobre cómo se resuelve.

Hacer una petición al patrón

Supongamos que ya sabes lo que quieres que haga por ti una persona con patrón rígido y estás preparado para hacerle una petición concreta – ¿entonces qué? De nuevo, recuerda que darte lo que quieres es un éxito para ella, y a ella le encanta tener éxito. Primero, pregúntale si le parece bien que le digas lo que quieres que haga. (Al hacer esta pregunta, estás respetando sus límites y su autonomía.) Si dice "Sí", dale instrucciones claras y lógicas para que las siga. Dile qué resultado quieres, por qué es importante para ti y *cómo dártelo*. La parte de *cómo dártelo* debe expresarse en términos del comportamiento que quieres de ella – exactamente lo que quieres que haga y diga. No le pidas que te lea la mente o que averigüe cómo dártelo; en lugar de ello dile cómo dártelo. Quiere instrucciones que pueda seguir, aunque no las entienda. Así que no te limites a decir: *"Quiero que me hagas feliz"*. *Lo* más probable es que ya esté intentando hacerte feliz, pero no sabe cómo. Dile qué acciones concretas puede tomar para hacerte feliz. Esto aliviará su confusión y le dará un camino claro hacia el éxito.

Una vez leí un informe de una sesión de terapia de pareja que ilustra con elegancia el valor de dar instrucciones claras en lugar de insistir en leer la mente (aunque no revela de qué patrones de supervivencia se trata). La queja de la esposa era*: "No me quiere"*. El marido afirmaba que sí la quería y que hacía todo lo que se le ocurría para demostrarle que la quería, pero nada la satisfacía. Entonces el terapeuta preguntó a la esposa: *"¿Cómo sabes que no te quiere?"*. Y la mujer respondió: *"Porque no actúa como si lo hiciera"*. Sabiendo que no podía leer la mente de la esposa y que no sabía a qué comportamientos se refería, el terapeuta preguntó: *"¿Y cómo actuaría si te quisiera?»*. «Bueno, cuando llega a casa del trabajo, antes de quitarse el abrigo, entraría en la cocina y me daría un beso y un abrazo», dijo la esposa. *"¿Y cómo aprendiste eso?"*, preguntó el terapeuta, a lo que ella respondió: *"Eso es lo que hacía siempre mi padre"*. Entonces fue sencillo para el terapeuta dirigirse al marido y preguntarle si estaría dispuesto a hacer eso cada noche. Enormemente aliviado porque por fin tenía la fórmula mágica para hacer feliz a su mujer, el marido dijo inmediatamente *"Sí"*. Cuando el terapeuta preguntó a la mujer si eso demostraba que la quería, ella sonrió y dijo que sí.

Esta historia pone de relieve la importancia de no esperar que los demás lean tu mente, sino, en su lugar, decirles qué acciones concretas quieres que lleven a cabo. Mientras que los que adoptaron los patrones de escapar y fusionarse pueden haberse vuelto muy hábiles a la hora de leer lo que sienten los demás y qué hacer para hacerles más felices, los que adoptaron el patrón rígido no desarrollaron esas habilidades. Así que no pidas a las personas con patrón rígido que te lean la mente – no pueden hacerlo. En lugar de eso, explícales exactamente lo que quieres que hagan.

Por último, asegúrate de decirles cómo pueden saber que han tenido éxito. Siempre revisan su trabajo, y buscarán esta confirmación, así que diles qué deben buscar. Cada vez que lo vean, tendrán una buena sensación, y eso les motivará para seguir haciendo lo que les has pedido.

Su respuesta a una petición

Lo más probable es que respondan a tu petición referenciando lo que sería correcto según el conjunto de reglas y formas que siguen. Para obtener su respuesta, se remitirán a las Reglas en lugar de a sí mismos o a otros. En general, su respuesta será educada, formal y correcta – de acuerdo con su Único Camino Correcto.

Ten en cuenta que, si están profundamente atrapados en el patrón rígido, sus deseos y preferencias personales ni siquiera fueron consultados, por lo que su respuesta automática ahora no es garantía de que no se resientan de esta elección más tarde, cuando sus sentimientos personales empujen en contra de su respuesta correcta.

Elogiar al patrón

Al igual que con el resto de patrones de supervivencia, cuando quieras elogiar a las personas con patrón rígido, debes expresarlo en *su* idioma, haciendo referencia a lo *que* valoran y a lo que prestan atención. Dado que valoran el orden y la corrección, es más probable que se sientan apreciados si destacas lo bien organizada o diseñada que está su creación, en lugar de lo única y original que es. Como valoran el éxito y los logros, es probable que prefieran que les felicites por su éxito a que les hables efusivamente de cómo te hace sentir su éxito.

También les resultará más fácil aceptar tu apreciación si la hace específica y verificable. No se limitarán a tomarse al pie de la letra lo que les digas – sino que comprobarán su veracidad (o lo hará su crítico interior). Probablemente tengan una norma que prohíbe atribuirse méritos por cosas que realmente no han conseguido, así que tendrás que darles alguna prueba junto con tu elogio. Dales detalles concretos de lo que más te ha gustado y no te ofendas si te hacen más preguntas al respecto. Sólo están tratando de encontrar pruebas para poder verificar y reclamar su éxito. Recuerda que no pueden tener una sensación a menos que puedan justificarla.

Como ocurre con todo lo relacionado con los patrones de supervivencia, no se trata de una receta única. Además de tener en cuenta qué patrones siguen y qué valoran esos patrones, también tendrás que considerar sus valores personales. Si observas atentamente sus respuestas, probablemente serás capaz de darte cuenta de cuándo tu elogio ha dado en el clavo y cuándo no.

Cómo salir del patrón rígido

Cuando te das cuenta de que has entrado en un patrón, lo primero que tienes que hacer es salir del patrón y volver a estar presente. El patrón de supervivencia está distorsionando tus percepciones y tu experiencia. De hecho, lo más probable es que tu patrón de respuesta a esta angustia esté empeorando las cosas, en lugar de mejorarlas. Una vez que vuelvas a estar en presencia, podrás encontrar la mejor manera de responder a la situación actual.

Señales de que estás en el patrón rígido

- estás intentando meter todas tus experiencias en las categorías y cajas conocidas

- estás tratando de poner todo el mundo en orden

- intentas mejorar a otros que no lo quieren

- estás siguiendo las reglas de una autoridad externa, en lugar de referenciar tu propia sensación-sentida para guiarte

- crees que eres tu desempeño y que todo tu valor está en tus logros

La solución: Tienes que centrarte en tus sentimientos y sensaciones como fuente de tu guía interna.

Para salir del patrón rígido

Cambia tu atención de lo correcto a algo suave, lúdico o placentero. Puede ser cualquier tipo de placer, satisfacción o deleite.

Ejercicio: Simplemente menea tu culo.

Ejercicio: Cambia tu atención de un enfoque contraído y centrado en un punto a un enfoque de campo abierto y expandido.

Suaviza el enfoque de tu mirada: deja que se convierta en una mirada suave.

- en lugar de mirar activamente, simplemente posa suavemente tus ojos en la escena.

- en lugar de mirar objetos individuales, simplemente absorbe toda la escena en su conjunto.

- en lugar de mirar los objetos, mira los espacios que hay entre ellos.

- Deja de intentar que todos los objetos de tu campo visual sean distintos y estén separados. Deja que se mezclen un poco, como en un cuadro impresionista.

Para más información sobre cómo salir del patrón, consulta el Capítulo 13, *Cómo salir del patrón*, en la página 377.

Recuerda, siempre que estés en patrón, tu primer trabajo es salir del patrón y volver a la presencia.

Sanación del patrón rígido

La necesidad de desarrollo no satisfecha de las personas con patrón rígido es que todas sus partes sean vistas, valoradas y amadas – especialmente las partes jóvenes, necesitadas y vulnerables. Además, necesitan sentirse queridas y amadas simplemente por su ser, sin tener que *hacer* nada.

Para sanarse, tienen que avanzar hacia los sentimientos, en lugar de hacia las formas y las reglas. Sus tareas de desarrollo consisten en aprender a sentir y valorar sus propios sentimientos y necesidades, a confiar en sus propios sentimientos como fuente de guía interna y a permitir que el flujo total de su energía vital se mueva a través de su cuerpo.

Aflojar el Único Camino Correcto

Su primer paso para salir del patrón rígido suele ser el simple descubrimiento de que hay más de un Único Camino Correcto en la vida, que los demás suelen seguir caminos completamente distintos y que algunos de esos otros caminos podrían ser valiosos para ellos. El estudio de un mapa de patrones de personalidad suele llevar a las personas con patrón rígido a este descubrimiento. Cualquier mapa de patrones de personalidad proporciona la sorprendente noticia de que existen diferencias fundamentales y legítimas entre las personas. Y si se trata de un mapa especialmente bueno, también muestra que existen diferencias fundamentales en la forma en que las personas experimentan la realidad. Para las personas con patrones rígidos, estos descubrimientos pueden ser alucinantes. Comprobarán y volverán a comprobar el mapa con la gente que les rodea, pero en cuanto se den cuenta de que el mapa es más fiel a la vida real que su antigua creencia, su convicción de que sólo hay un Único Camino Correcto empezará a disolverse.

Como todos los patrones de supervivencia, el patrón rígido es una solución a un problema. El problema al que se enfrentan quienes siguen el patrón rígido es: "¿Cómo sé qué hacer? ¿A quién recurro para que me guíe?". Para renunciar a las Reglas como fuente de orientación, necesitan una fuente de orientación mejor. Esto puede parecer una transición sencilla, pero en realidad no lo es, porque en un nivel más profundo, en el nivel de niño necesitado enterrado en lo más profundo de su psique, la pregunta es: "¿Cómo conservo el amor de mamá y papá?". Esta pregunta está cargada de toda la intensidad emocional de la necesidad de amor y seguridad de un niño pequeño.

A menudo, su primer paso fuera de la solución del Único Camino Correcto es empezar a ver sus limitaciones. A medida que la persona empieza a darse cuenta de que las Reglas externas no son la única fuente de Verdad y Sabiduría, naturalmente empieza a buscar otras fuentes de orientación. Esto abre la posibilidad de darse cuenta de sus sentimientos y preguntarse qué orientación le ofrecen. Suele seguir un largo periodo de experimentación, durante el cual reúne datos sobre las ventajas de confiar en sus sentimientos y utilizarlos como guía.

Volverse hacia dentro en busca de información

Este giro hacia el interior es monumental. Ahora se está referenciando a sí misma – precisamente lo que le fue desaconsejado hacer durante su infancia. Dirige su atención hacia dentro, hacia su propia experiencia, en lugar de hacia fuera, hacia las Reglas. A medida que descubre que su experiencia interior contiene información útil, empieza a valorarla. Poco a poco, se da cuenta de que su propio cuerpo y su corazón pueden guiarla, y de que las formas externas pueden apoyar sus acciones, en lugar de restringirlas.

Dado que su primera herida consistió en ignorar sus sensaciones y emociones – especialmente las de la niña necesitada – su sanación requiere aceptar, amar y valorar todas esas partes. Y, en última instancia, incluye descubrir y llorar su antigua angustia por no haber sido valorada o vista. Su sanación debe encarnarse físicamente: debe ser una sensación-sentida en el cuerpo, no sólo una idea en la mente. Al final, requiere destronar a la mente como fuente de toda sabiduría y aprender a confiar también en las sensaciones y emociones del cuerpo como fuente de sabiduría.

El trabajo corporal suele ser muy útil en esta exploración. Ayuda a suavizar los patrones de tensión muscular crónicos que ha utilizado para constreñir el flujo de sentimientos y energía vital a través de su cuerpo. También le devuelve la atención, una y otra vez, a sentir sus sensaciones corporales en bruto, sin inventar una historia sobre ellas ni tener que hacer nada al respecto. El trabajo corporal del Método Rosen es particularmente útil para devolver suavemente la atención de una persona a sus sensaciones corporales.

Desidentificarse de su crítico interior

Las personas con patrón rígido necesitan ayuda para ver como todo el día, todos los días, filtran todas sus percepciones a través de la visión del mundo buena/mala de su superego, y como esto en realidad distorsiona su percepción del mundo, en lugar de agudizarla. Una vez que ven esto, el comentario bueno/malo en su mente se vuelve menos convincente, y pueden prestar más atención a explorar sus propias sensaciones en bruto, en lugar de limitarse a etiquetar esas sensaciones como buenas o malas.

Puesto que los que están atrapados en el patrón rígido no han completado el paso de desarrollo de desidentificarse de su crítico interior, necesitan completar esa separación. (Para obtener más información sobre cómo desidentificarse del crítico interior, consulta el capítulo *Las habilidades básicas necesarias para el trabajo interior*). A medida que esa separación avanza, se abrirá más espacio en su interior para explorar nuevas experiencias. Cada vez serán más capaces de percibir simplemente sus sensaciones y sentimientos corporales, tanto positivos como negativos, sin tener que juzgarlos. En lugar de etiquetarlos instantáneamente, pueden empezar a explorar sus sensaciones y sentimientos como una fuente de información tanto sobre sí mismos como sobre el mundo.

Una vez que tengan suficiente seguridad y apoyo, pueden empezar a explorar la posibilidad de relajar su rígido control interno y ver si siguen estando bien. Incluso pueden intentar romper algunas reglas para ver qué pasa. En este punto de la terapia, suelo sugerirles que experimenten un poco con esto. Les ayudo a elegir una regla que estén dispuestos a violar. Luego intentan romperla, ya sea en sesión o como deberes para casa. Tanto si su reacción inmediata es de euforia como de ansiedad, todo forma parte del proceso de conocerse a sí mismos. Poco a poco, cada vez tienen menos miedo de lo que pueda pasar si son imperfectos.

Ser un desastre y seguir siendo amado

En algún momento, las personas con patrón rígido necesitan experimentar ser un desastre y aun así seguir siendo amadas. Esto no significa sólo que no se les critique. También significa que la otra persona sigue manteniendo una conexión amorosa de corazón con ella durante todo el episodio de desorden. Esto es muy importante, ya que cometer errores en la infancia solía resultar en la pérdida de la conexión amorosa de corazón con los padres.

A medida que se sientan más seguros de que realmente hay algo digno de amor dentro de ellos, empezarán a explorar conexiones más profundas de corazón con los demás. Con el tiempo, incluso pueden llegar a esperar una conexión de corazón con ciertas personas y ser capaces de darse cuenta cuando esa conexión desaparece.

Explorar el placer y la diversión

Otra área importante de exploración para las personas con patrón rígido es entregarse a las sensaciones placenteras y aprender a valorar algo "sólo porque se siente bien". Esta área incluye explorar el juego, la diversión, la alegría y el hacer el tonto. Para algunas personas con patrón rígido, el hacer el tonto puede ser casi aterrador, ya que es imposible hacerlo de forma apropiada.

Otras prácticas para explorar el placer pueden ir desde simplemente abrirse profundamente al sabor de una fresa hasta dejarse arrastrar completamente por una sobrecarga de placer sexual al hacer el amor. Un hombre con el que trabajé se sorprendió cuando uno de sus profesores le dijo: *"Tu camino espiritual es aprender a tolerar el placer"*. Como estaba atrapado en el patrón rígido, sus reglas internas le habían estado impidiendo entregarse completamente al placer en cualquiera de sus formas, no fuera que hiciera algo "inapropiado". Ahora, puesto que un respetado maestro le había dado una nueva regla, no sólo tenía permiso, sino incluso la obligación de explorar este nuevo territorio.

Relajar el Muro

Gradualmente, la práctica de entregarse al placer y confiar en los impulsos de su cuerpo empieza a relajar el Muro energético que les rodea, y se encuentran profundamente conmovidos por la vida sin preocuparse por lo que es correcto. Aunque el patrón de defensa consistía en contraer los músculos y la psique para restringir el flujo de energía y sentimientos a través del cuerpo, poco a poco pueden llegar a ser capaces, en entornos seguros, de dejar que la energía fluya libremente a través de su sistema y entregarse a las oleadas de sentimientos.

El trabajo con la ira

El trabajo con la ira que necesitan las personas con patrón rígido suele implicar descubrir las formas en que fueron heridas por los requisitos de las Reglas, y luego permitirse sentir su ira por cada una de esas heridas. Sentir la rabia y el dolor les reconectará con el corazón roto enterrado bajo el dolor. Entonces, permanecer con el corazón roto les reconectará con sus propias necesidades negadas y enterradas.

Forjar esta cadena de reconexiones internas es fundamental para completar la tarea de desarrollo inacabada del patrón rígido, que es formar una fuerte conexión con su propio corazón, esencia y ser. Hacer esto permite a las personas con patrón rígido enfrentarse a su miedo a no ser reales,[16] descubrir que *son* reales y desarrollar un auténtico sentido de sí mismas.

Habilidades energéticas necesarias

En términos de habilidades energéticas, las personas que adoptaron el patrón rígido de supervivencia suelen ser ya bastante hábiles en el "yo / no yo" y en sostener su límite, por lo que necesitan centrarse sobre todo en el enraizamiento y el centro. Con el tiempo, a medida que se disuelve su rígida estructura tubular interior, pasarán por un periodo de confusión y pérdida de competencia, pero pronto será sustituida por una competencia nueva, más suave y desde el corazón. (Para obtener descripciones más detalladas de cada una de las cuatro competencias energéticas, consulta *Sanación del patrón de escapar* en la página 109.)

Su necesidad humana y su necesidad espiritual

Para sanar su herida central, las personas con patrón rígido necesitan tomar conciencia tanto de su esencia individual como de su esencia unitiva como experiencias de sensación-sentida reales. Mientras crecían dentro del patrón, lo más probable es que no experimentaran directamente ninguna de las dos esencias, por lo que ni su yo ni su conexión con lo divino les parecían palpables. Ahora, su necesidad espiritual es sentir personalmente estas dos esencias, y su necesidad humana es sentir y ser auténticos, más que apropiados.

Si deseas más ayuda para determinar en qué patrones entra,
visita *www.The5PersonalityPatterns.com*

- 12 -

Patrones primarios y secundarios

Ahora que hemos visto cada patrón de supervivencia por separado, veamos cómo aparecen combinados. Al considerar las distintas combinaciones de patrones, utilizaremos sólo la primera letra de cada patrón, de modo que

E = escapar
F = fusionarse
S = soportar
A = agresivo
R = rígido

Cuando hablemos de posibles pares de patrones de supervivencia (sin tener en cuenta cuál es el primario y cuál el secundario), pondremos un signo más (+) entre las letras. Por ejemplo, E+F indica tanto el patrón de escapar como el de fusionarse. Cuando hablemos de patrones primarios y secundarios, utilizaremos una barra oblicua (/), como en E/F o F/E, indicando el patrón primario antes de la barra y el patrón secundario o de respaldo después.

Como ya se ha señalado, una persona suele seguir dos patrones de supervivencia.* Siempre que su sistema entre en una situación de abrumación, recurrirá primero a su patrón primario. Es su primer método para amortiguarse

---

* En este capítulo asumiré que el individuo es un hombre. Sin embargo, todo lo que se diga del hombre en este capítulo podría haberse dicho también de una mujer.

de la sensación de abrumación. Si esa estrategia de defensa no resuelve el problema, pasará a su patrón de respaldo.*

A medida que aumenta la angustia en su sistema, a veces se puede ver cómo una persona pasa de su patrón primario a su patrón secundario. A medida que el patrón secundario toma el control, se puede ver cómo su flujo de energía particular, sus comportamientos y su estrategia de seguridad sustituyen a los del patrón primario. Por ejemplo, la persona puede pasar de escapar a pelear (E/A), o puede pasar de ser complaciente a predicar modales (F/R).

Sin embargo, el cambio no siempre es tan blanco o negro. Cuanto más haya integrado los dos patrones de supervivencia, más influirán los comportamientos de uno de ellos en su otro patrón. Cuanto menos los haya integrado, más bruscamente cambiará su comportamiento cuando pase de su patrón principal a su patrón de reserva. Además, el primer patrón puede darse sobre todo internamente y ser difícil de ver desde fuera. Si es sutil e interno, puede que la persona ni siquiera sea consciente de ello.

El patrón secundario también puede utilizarse para controlar los aspectos indeseables del patrón primario. Por ejemplo, el patrón rígido se utiliza a menudo para intentar contener el patrón agresivo e imponerle algunos modales (A/R). Del mismo modo, el patrón de soportar puede utilizarse para frenar el patrón agresivo (A/S). O el patrón rígido puede utilizarse para poner orden y estructura al patrón de escapar (E/R).

Además, si los padres siguen un patrón de manera firme, su hijo* suele aprender las habilidades del patrón aunque no adopte el patrón como estrategia de supervivencia. En este caso, el niño adquiere los dones del patrón, pero cuando se encuentra en apuros, adopta otro patrón de supervivencia para intentar protegerse. Por ejemplo, si ambos padres siguen el patrón rígido, es probable que el niño aprenda a poner orden y a manejar los detalles, aunque nunca adopte el patrón rígido. O, si ambos padres siguen el patrón de escapar, lo más probable es que su hijo sea psíquicamente sensible, aunque no adopte el patrón de escapar. En su casa, gran parte de la conversación ocurría psíquicamente – "en las ondas psíquicas" – así que aprendió a poner allí su atención para averiguar lo que ocurría.

---

* La observación de que cada persona realiza dos patrones, dispuestos como uno primario y otro de apoyo, me llegó a través de las enseñanzas orales de Lynda Caesara. Ella la recibió como enseñanza oral de Harley SwiftDeer Reagan, quien la obtuvo de un psicoterapeuta, cuyo nombre desconozco. No he visto este conocimiento en ninguna otra fuente. Harley SwiftDeer ya ha fallecido, pero se puede contactar con su organización, la Tribu de los Ciervos, a través de su sitio web, www.dtmms.org.

Las combinaciones posibles

Recuerda que cuando un niño pone a prueba una estrategia de seguridad determinada, lo que intenta es sentirse más seguro amortiguándose a sí mismo de su abrumadora sensación de angustia. Pero, para que funcione, debe tener las habilidades necesarias para ejecutar la maniobra requerida. Cada vez que emplea esa estrategia de seguridad, está practicando ese conjunto de habilidades y, si adopta ese patrón de supervivencia, las practicará con frecuencia. Cuanto más tiempo dedique a ese patrón en particular, más se fortalecerá ese conjunto de habilidades. De este modo, cada patrón de supervivencia requiere y perfecciona un conjunto específico de habilidades.

Dado que los patrones de supervivencia corresponden a diferentes etapas del desarrollo infantil, los patrones más tempranos tienen menos habilidades de desarrollo y son los menos autosuficientes, mientras que los patrones más tardíos tienen acceso a más habilidades de desarrollo y son más autosuficientes. Así, una persona que sigue E+F tiene el menor número de habilidades de desarrollo, mientras que una persona que sigue A+R tiene el mayor número de habilidades de desarrollo (aunque le faltan algunas habilidades perceptivas y relacionales importantes que están muy desarrolladas en los patrones más tempranos).

Veamos ahora las posibles combinaciones de patrones para ver qué habilidades están más presentes o ausentes en cada combinación. Aquí no nos centramos en qué patrones son primarios y secundarios, sino sólo en lo que crea cada combinación de patrones.

E+F – Fuertes habilidades para la creatividad y la conexión, junto con una flexibilidad y fluidez excepcionales. Muy perceptivos en los canales energético y emocional. Dado que ambos patrones son tan jóvenes desde el punto de vista del desarrollo, tienen pocos cimientos y pocas habilidades de desarrollo, por lo que la persona puede tener dificultades simplemente para funcionar en la vida. Dado que ambos patrones se forman antes de que la fuerza y la voluntad entren en funcionamiento, la asertividad es débil.

E+S – Creativo y enraizado. Gran capacidad para escapar y resistir, y gran conciencia de las intenciones de los demás y de la energía en general. Pueden llegar a pasar desapercibidos y hacerse casi invisibles. Más habilidades de desarrollo que los anteriores, pero la asertividad sigue siendo débil.

E+A – Fuerte conciencia energética y gran energía. Ambos patrones ignoran el cuerpo y sus necesidades, por lo que estas personas suelen ignorar y abusar del cuerpo mientras manejan esa energía. No están enraizados, pero suelen ser capaces de operar tanto en el ámbito psíquico como en el físico.

E+R – Capaces de plasmar su creatividad. Son muy mentales; tienden a quedarse en la cabeza e ignoran su experiencia de sensación-sentida. Pueden sentirse incómodos con las emociones. Tienden a tener cuerpos delgados, ya que ambos patrones tienden a ser delgados o esbeltos.

F+S – Más centrado en el corazón, con gran capacidad para conectar y enraizar. Sensibles a las necesidades de los demás, especialmente a la necesidad de espacio. Viven en el cuerpo, pero sin poder. Suelen tener cuerpos más redondos y pesados, ya que ambos patrones tienden en esa dirección.

F+A – Quiere conectar y dominar a la vez, ser blando y duro a la vez, por lo que tiene grandes cambios de humor a medida que la sensación-sentida del centro va y viene. Es la combinación más problemática porque el patrón agresivo ataca la necesidad del patrón de fusionarse. Esta combinación es menos frecuente que las demás.

F+R – Fuertes habilidades para conectar, complacer y hacer lo que se espera, pero ambos patrones ignoran el yo para hacerlo. No están enraizados; no tienen sensación-sentida de su centro. Desean ayudar a los demás y hacer lo correcto.

S+A – Fuertes habilidades tanto para el enraizamiento como para el uso de la energía, por lo que es capaz de ejecutar una gran energía sin volverse inestable. Ésta es la única combinación en la que ambos patrones tienen una sensación-sentida de centro. El cuerpo tiende a ser musculoso y necesita ejercicio.

S+R – Fuertes habilidades para el enraizamiento, la resistencia y el orden, creando una fuerza paciente y organizada, o una rectitud obstinada. Ambos patrones son precavidos, por lo que esta persona no se arriesga.

A+R – Gran energía, combinada con precisión y creerse siempre con razón. Estas personas tienen una gran potencia de fuego y buena puntería, por lo que son capaces de utilizar el poder con eficacia para cumplir sus objetivos, ya sea para bien o para mal. Ambos patrones tienden a ignorar las necesidades de los demás.

Patrones primarios frente a patrones secundarios

La cantidad de tiempo que una persona pasa en su patrón primario de supervivencia frente a su patrón secundario también varía. La división puede ser 50/50, 70/30, o incluso 10/90. La división también puede variar de un entorno a otro, en función de lo que cada entorno suscite en la persona.

Dado que los patrones más tempranos tienen conjuntos de habilidades de desarrollo más pequeños y los patrones más tardíos tienen conjuntos de habilidades de desarrollo más grandes, pasar de un patrón de supervivencia a otro puede significar ganar o perder habilidades. También puede sentirse como un cambio de edad, como si se estuviera envejeciendo o rejuveneciendo. Cuando pasas de tu patrón primario a tu patrón de respaldo, puedes sentir este efecto y experimentarlo como una ganancia o una pérdida.

Dado que los patrones de supervivencia más mayores tienen más recursos a su disposición, tener un patrón más mayor como patrón de reserva es más funcional. A medida que la situación empeora y la persona se siente más angustiada, cambiar a un patrón más mayor significa que dispone de más habilidades para tratar de manejar su angustia. Tener un patrón más joven como respaldo tiende a ser menos funcional, ya que significa que, a medida que aumenta la angustia, te quedas con menos recursos para manejarla. Te das cuenta de que has perdido algunas de las habilidades que tenías hace un momento, y esto te causa aún más angustia.

Cuando los patrones de supervivencia de una persona están más próximos entre sí en la edad de desarrollo, el cambio de patrones supone menos ganancia o pérdida de capacidades. Por el contrario, cuando los patrones de una persona están más alejados en edad de desarrollo, el cambio implica más ganancias o pérdidas. Por eso, a una persona que practica E/A o E/R puede gustarle el aumento de habilidades y puede pasar mucho tiempo en su patrón de respaldo. Su división puede ser 30/70. Por otro lado, a una persona que hace A/E o R/E puede no gustarle la pérdida de capacidad y puede intentar evitar entrar en su patrón de respaldo. En esta situación, las habilidades del patrón de respaldo siguen influyendo en su patrón primario, pero puede que sólo entre en su patrón de respaldo cuando se encuentre en una situación de angustia extrema, por lo que su división puede ser de 90/10.

Cuando pienses en estas diferentes combinaciones de patrones, recuerda que la mejor opción es no estar en ningún patrón. El objetivo es la presencia, una presencia que incluye las capacidades y habilidades que has perfeccionado mientras estabas en tus patrones, pero que te deja libre para utilizar esos dones conscientemente.

- 13 -

Salirte de patrón

CUANDO TE DAS CUENTA DE que has entrado en un patrón, lo primero que tienes que hacer es salir del patrón y volver a estar presente. Al principio, esto puede parecer contraintuitivo. Después de todo, entraste en un patrón para amortiguar el impacto en ti de una experiencia difícil. ¿Por qué querrías eliminar ese amortiguador y enfrentarte a la experiencia desagradable sin él?

Hay varias razones. En primer lugar, el patrón de supervivencia está distorsionando tus percepciones y tu experiencia. Puede que el malestar no sea tan grave como parece a través del filtro del patrón. E incluso si es tan grave, necesitas verlo con claridad para encontrar la mejor manera de responder a él. Seguir un mapa distorsionado no te llevará adonde quieres ir.

Segundo, mientras estés en patrón, tu respuesta será dictada por el patrón. Será la respuesta automática del patrón, aunque esa respuesta probablemente no sea la mejor opción en este momento. De hecho, es probable que la respuesta del patrón empeore las cosas, no que las mejore.

En tercer lugar, como el patrón de supervivencia se formó cuando eras mucho más joven y tenías menos recursos, es probable que ahora tengas mejores opciones. Cuando salgas del patrón y vuelvas a estar presente, volverás a tener acceso a todos los recursos y a la madurez que tanto te ha costado desarrollar. Una vez que vuelvas a estar en presencia, podrás encontrar la mejor manera de responder a la situación actual.

Una vez que te has dado cuenta de que estás dentro del patrón, debes decidir salir del patrón. Luego debes hacer las cosas que te sacan del patrón y te devuelven a estar presente. Aquí tienes algunas prácticas que te ayudarán a salir del patrón y volver a la presencia. Esta lista es sólo un comienzo – a medida que encuentres nuevas prácticas que te devuelvan a estar presente, añádelas a la lista.

Recuerda, siempre que estés en un patrón, tu primer trabajo es salir del patrón y volver a la presencia.

Pon en práctica tus habilidades energéticas básicas

No importa en qué patrón de supervivencia hayas entrado, el primer paso para salir del patrón es poner tu atención en tus habilidades energéticas básicas. A menudo, poner en práctica las cuatro habilidades te sacará del patrón; como mínimo, te ayudará enormemente. Atiende a cada una de ellas por turnos. Cuanto más las hayas practicado, más fácil te resultará. Por eso es tan importante practicarlas con frecuencia. Es mucho más fácil ponerlas en práctica cuando te sientes seguro y relajado, y cuanto más las conozca ya tu cuerpo, más fácil te resultará hacerlas cuando estés angustiado.

Aprender a mantener tus habilidades energéticas básicas implica el mismo tipo de proceso por el que pasaste de niño cuando estabas aprendiendo a andar. Recuerda cuando eras pequeño y estabas aprendiendo a andar y a mantener el equilibrio. Era difícil. Eras torpe. Te caías a menudo. Una y otra vez, te levantabas y practicabas un poco más. Cuanto más practicabas, más estable te volvías. Poco a poco, se hizo más fácil. Poco a poco, te convertiste en un experto en mantener el equilibrio. En cuanto comenzabas a perder el equilibrio, tu cuerpo lo detectaba al instante y tomaba medidas correctivas.

Hoy en día, mantener el equilibrio es algo natural. La mayoría de las veces, ni siquiera piensas conscientemente en ello. Tu cuerpo se encarga de ello a nivel inconsciente y mantiene el equilibrio automáticamente. Ése es el lugar al que quieres llegar con cada una de las habilidades energéticas básicas: un mantenimiento automático, inconsciente y encarnado de cada habilidad.

Aquí tienes la lista de habilidades energéticas básicas, previamente descritas en el Capítulo 5. Practícalas en el orden que más te convenga.

- centro

- enraizamiento

- límite

- yo / no yo

Volver a tu centro (una práctica de cinco segundos)[1]

Ésta es una sencilla práctica de centrado, adaptada de la forma en que Wendy Palmer enseña ejercicios de aikido a líderes para ayudarles a encarnar las diversas cualidades de un buen liderazgo. Es la forma más sencilla y rápida que conozco de volver a tu centro. Si dedicas cinco segundos a esta práctica cada hora, en pocas semanas se convertirá en algo natural:

1. Permite que tu espalda esté recta, pero no rígida.

2. Inhala una vez subiendo por la columna vertebral.

3. Exhala una vez bajando por la columna vertebral.

Utilizar la técnica KA de frotamiento de 4 puntos

Esta técnica procede de la Kinesiología Aplicada y consiste en frotar cuatro puntos de la parte frontal del cuerpo a la vez, durante el tiempo que se considere necesario. Los dos puntos inferiores están situados a unos dos centímetros a cada lado del ombligo. La mayoría de las personas utiliza el pulgar para un punto y los dos primeros dedos de la misma mano para el otro. Los dos puntos superiores también están a unos cinco centímetros de distancia, justo debajo de la clavícula, a cada lado del esternón. En términos de acupuntura, se les conoce como K-27. Quienes estén familiarizados con la Técnica de Liberación Emocional (EFT) los reconocerán como los Puntos Claviculares.

Simplemente frota los cuatro puntos siempre que necesites calmar tu cuerpo. Hazlo hasta que sientas un cambio o hasta que se te cansen las manos. Si te encuentras respirando profundamente, es señal de que tu cuerpo se está relajando.

Desplaza tu atención de la historia y las emociones hacia tus percepciones en bruto

Cada vez que estás en un patrón o perdido en cualquier tipo de reacción, probablemente te estás contando una historia sobre lo que está ocurriendo. La historia proviene de tu pasado, de algo que te ocurrió en ese entonces, pero que tal vez no te esté ocurriendo ahora. Cada vez que aprietas ese botón, esa historia se reproduce en tu cabeza a todo color. Es una respuesta condicionada. Sin embargo, pertenece al pasado, no al presente, por lo que realmente está nublando tu conciencia del presente y haciéndote sentir las emociones asociadas a la historia, en lugar de percibir lo que realmente está sucediendo justo en este momento.

Para salir de tu reacción y volver al presente, aparta la historia. Desplaza tu atención de la historia y sus emociones a tu experiencia sensorial en bruto en este momento: a los sonidos que oyes, al color de la camisa de alguien, a las sensaciones de calor o frío en tu piel o a la sensación-sentida de presión en tu cuerpo. Prestar atención a las percepciones sensoriales en bruto interrumpe la historia y te devuelve al presente. Puede que no te gusten las percepciones sensoriales en bruto, pero te serán más útiles que perderte en la vieja historia y la reacción que provoca. Cuando vuelvas al presente, podrás componer una respuesta adaptada a la situación actual, en lugar de repetir la reacción condicionada del pasado.

Calma tu cuerpo

A menudo, la angustia que te lleva a entrar en patrón también cambia la fisiología de tu cuerpo, poniéndote en estado de lucha o huida o alguna respuesta de estrés similar. Calmar el cuerpo es un paso crucial para salir del patrón. Hay muchas maneras de calmar tu cuerpo para que puedas volver al presente. He aquí algunas de ellas:

- Ralentiza la respiración: realiza exhalaciones largas y lentas con los labios fruncidos.

- Desplaza tu atención hacia las sensaciones en bruto del cuerpo, especialmente las placenteras, y aléjate de las emociones, los significados o tu historia sobre ellas.

- Haz yoga, contemplación en silencio o meditación.

- Túmbate boca abajo sobre la tierra o la hierba.

- Acurrúcate en el regazo o en los brazos de alguien.

- Pon una mano en el centro del pecho y palpa esa zona.

- Toma un baño o una ducha caliente o siéntate en una bañera de hidromasaje.

- Recibe un masaje en los pies, un masaje facial, caricias en la cabeza o cualquier masaje suave.

- Cambia del hemisferio izquierdo al hemisferio derecho del cerebro.

- Suaviza tus ojos, enfoca suavemente tu visión.

- Canta o escucha música que toque tu corazón.

- Céntrate en la belleza, la alegría, el amor o el placer.

Utiliza la práctica de hacerte preguntas

Otra herramienta que puede resultarte útil es la práctica de hacerte preguntas. Es como una afirmación, en el sentido de que está diseñada para dirigir tu atención en la dirección que has elegido. Sin embargo, se diferencia de una afirmación en que no es una orden ni una declaración de tu nuevo enfoque. En lugar de eso, dirige suavemente tu atención en la dirección deseada. Incluso si te rebelas contra las afirmaciones, es probable que la práctica de hacerte preguntas te funcione bien.

La esencia de la práctica de hacerse preguntas consiste simplemente en hacerte una pregunta sobre tu experiencia actual que desplace *ligeramente* tu enfoque en la dirección deseada. La forma básica de la pregunta es *"¿Cómo sería esta experiencia si me sintiera un poco más _____?"*.

Introduce en el espacio en blanco la cualidad hacia la que te gustaría avanzar. Por ejemplo, supongamos que te has dado cuenta de que tiendes a ser demasiado serio y quieres añadir más alegría a tu vida. Puedes dirigir tu atención en esa dirección preguntándote con frecuencia: *"¿Cómo sería esta experiencia si sintiera un poco más de alegría?"*. A continuación, observa cualquier respuesta que surja en tu conciencia. No intentes forzar ningún cambio. Simplemente formula la pregunta y observa lo que surge.

Fíjate también en que no estás pidiendo un gran cambio. Eso probablemente está más allá de lo que tu sistema puede permitir sin reaccionar en contra. Así que sólo planteas un pequeño cambio en tu experiencia interior. Si sólo parece tolerable un cambio muy pequeño, puedes formular la pregunta así: *"¿Cómo sería esto si sintiera sólo 1% más de alegría?"*. Por otro lado, si un cambio más grande parece que te funciona, pon las palabras adecuadas para ello.

Puedes utilizar la práctica de hacerte preguntas para cambiar tu conciencia en la dirección que desees cultivar: hacia la alegría o la seriedad, la libertad o la responsabilidad, el estado de alerta o la somnolencia, o incluso la propia presencia. Sólo tienes que averiguar qué cualidad quieres cultivar y ponerla en el espacio en blanco. A continuación, fíjate en la magnitud del cambio que te parece tolerable en este momento y utiliza esas palabras.

Después de hacerlo durante un tiempo, observa si está funcionando para cambiar tu postura habitual de atención en la dirección que deseas, y luego ajusta tu práctica tanto cómo sea necesario. He conocido a personas que han permanecido con una sola cualidad durante todo un año, mientras ésta reorganizaba gradualmente su forma de ver el mundo.

He aquí algunas sugerencias para cada uno de los patrones de supervivencia:

- Patrón de escapar – explora: "la sensación en mis pies", "la conexión con la tierra"

- Patrón de fusionarse – explora: "la sensación en mi centro", "el apoyo de la tierra"

- Patrón de soportar – explora: "la expansión", "el movimiento" o "la energía que fluye hacia arriba y hacia fuera"

- Patrón agresivo – explora: "sentirse seguro", "protegido", "apoyado", "contenido"

- Patrón rígido – explora: "el placer", "la alegría", "la suavidad"

Utilizar EFT ("tapping")

También puedes tratar directamente tus sentimientos de abrumación haciendo algo para disolverlos. Hay muchas herramientas y técnicas buenas para ello, y puede que quieras probar varias antes de decidirte por una que te funcione bien.

La herramienta que me ha resultado más rápida, sencilla y eficaz es la llamada Técnica de Liberación Emocional (TLE, por sus siglas en español), también conocida por sus siglas en inglés EFT (Emotional Freedom Technique). Consiste en hacer tapping en los meridianos de energía de tu cuerpo para limpiar las interrupciones energéticas causadas por experiencias abrumadoras y traumáticas. A menudo, esta técnica eliminará la sensación de abrumación y restaurará tu sistema a una presencia sana y tranquila en pocos minutos. Las formas básicas de EFT son bastante simples y fáciles de aprender. Para aprender lo básico, recomiendo los tutoriales y vídeos del sitio web de Gary Craig en www.emofree.com, o asistir a talleres y formaciones. Busca un instructor bien formado y certificado. También puedes aprender lo básico leyendo *The EFT Comprehensive Training Resource, Level 1* por Ann Adams y Karin Davidson. Cuando enseño EFT, ese es el libro que recomiendo a mis alumnos.

Ayudar a otros a salir de patrón

Lo más importante que puedes hacer para ayudar a los demás a salir de patrón es salirte tú mismo de patrón. Siempre que estás en patrón, estás generando tensión en todos los que te rodean, y esa tensión tiende a hacer que ellos también entren en patrón. Así que el mayor favor que puedes hacer a tus amigos, familiares y compañeros de trabajo es estar en presencia, en lugar de estar en patrón. Si puedes hacerlo, aunque sea parte del tiempo, la gente notará un gran cambio.

Sostener un espacio para los demás de forma que salgan del patrón y vuelvan a la presencia es un tema muy importante. Sin embargo, es un tema demasiado amplio para incluirlo en este libro. En su lugar, planeo tratarlo en un futuro libro centrado en la sanación de los patrones.

Romper tus patrones

Además de volverte muy hábil para detectar y liberarte de un patrón de supervivencia concreto, también es posible "romper" ese patrón. Una serie de experiencias sanadoras – que disuelvan el trauma central o los traumas centrales que condicionaron tu cuerpo a entrar en el patrón – pueden lograr esto. A medida que se disuelve cada trauma, se elimina parte del combustible que estaba impulsando la estrategia de seguridad. Cuando se ha eliminado suficiente combustible, se llega a un punto de inflexión: la perspectiva cambia y se empieza a buscar la seguridad en la presencia, en lugar de buscarla en la estrategia de seguridad del patrón. Una vez roto, un patrón pierde gran parte de su fuerza impulsora.

Por desgracia, esto no elimina por completo el patrón de supervivencia de tu cuerpo. Siguen existiendo restos del mismo en las estructuras físicas de tu cuerpo, en tu sentido de la identidad y, a menudo, en tus hábitos de atención y flujo de energía. Cuando estés lo suficientemente angustiado, seguirás entrando en ese patrón. Pero ahora, se requiere mucho más estrés para que entres en el patrón, y cuando sucede, es una experiencia mucho más leve. Tu antigua convicción de que esta estrategia te salvará ha desaparecido, sustituida por una claridad que quiere regresar a la presencia. En la vida diaria, experimentas una especie de libertad de la reactividad y el drama que nunca antes habías conocido. Y conservas los dones y talentos del patrón.

A medida que tu antigua reactividad emocional retrocede, tu atención se vuelve más estable. En lugar de revolotear en interminables reacciones, se mantiene más fácilmente en el presente. Sin esos miles de desvíos involuntarios, la vida se vuelve más fácil. Esta estabilización de la atención es inmensamente valiosa – de hecho, es el objetivo de muchas prácticas de meditación y atención. Estos desvíos involuntarios son uno de los principales obstáculos que impiden a un meditador adentrarse en estados más profundos de conciencia, por lo que la sanación de las heridas centrales que alimentan estos desvíos puede ser muy útil para cualquier persona que participe en una práctica de meditación.

Cómo sanar lo suficiente las heridas centrales de cada uno de los patrones para romper el patrón, una vez más, excede lo que se puede abordar aquí, pero planeo cubrirlo en un futuro libro sobre la sanación de los patrones.

- 14 -

Conclusión

Hᴇᴍᴏs ᴠɪsᴛᴏ ǫᴜᴇ ɴᴜᴇsᴛʀᴀ ᴠɪsɪóɴ habitual del mundo no es completa. Es sólo una parte de la realidad, filtrada y distorsionada por los patrones de supervivencia en los que estamos atrapados. Hemos aprendido sobre las etapas de desarrollo y las tareas que todos tenemos que completar para convertirnos en adultos maduros. Hemos aprendido sobre cada uno de los patrones de supervivencia y cómo surgen a partir de quedarse atascado en una etapa de desarrollo concreta, incapaz de completar las tareas de esa etapa.

A estas alturas, probablemente ya reconozcas qué patrones de supervivencia sigues y hayas empezado a ver cómo esos patrones organizan tu vida y distorsionan tu experiencia del mundo. Tal vez esta toma de conciencia haya comenzado a aflojar el dominio que esos patrones tienen sobre ti, y tal vez también te haya dado un poco más de espacio interior para sentir tu centro y conocerte a ti mismo. Tal vez incluso hayas empezado a realizar algunas prácticas para salir de tus patrones y volver a la presencia.

Ahora surgen algunas preguntas: ¿Cómo vas a utilizar lo que has aprendido para disminuir tu sufrimiento y mejorar tu vida? ¿Cómo vas a utilizarlo para relacionarte más hábilmente contigo mismo y con los que te rodean?

Para disminuir tu sufrimiento y el de los que te rodean, debes aprender a reconocer cuándo has entrado en patrón. Y entonces debes tomar medidas para salir del patrón. Ese es el camino que te llevará más a la presencia, día a día. Ese es el camino que te liberará de la prisión de tus patrones de supervivencia. Y ese es el camino que permitirá que tu esencia irradie su luz hacia el mundo.

El mundo necesita tu esencia.
No te engañes pensando que no eres importante.
Nadie más puede cantar tu canción.
Nadie más puede aportar tus dones al mundo.
Te necesitamos.

Notas finales

Introducción

1. Wilhelm Reich, *Character Analysis* (Nueva York, Farrar, Straus and Giroux, Tercera edición ampliada, 1949), p. 355.

El patrón de escapar

1. Lynda Caesara, enseñanza oral sobre los patrones, 2014.
2. Barbara Ann Brennan, *Light Emerging* (Nueva York, Bantam Books, 1993), p. 209.
3. Brennan, *Light Emerging*, p. 209.
4. Anodea Judith, *Eastern Body, Western Mind* (Berkeley, CA, Celestial Arts, 1996), p. 59.
5. Stephen M. Johnson, *Character Styles* (Nueva York, W. W. Norton & Company, 1994), p. 76.
6. Johnson, *Character Styles*, p. 75.
7. Johnson, *Character Styles*, p. 89.
8. Linda Kohanov, *The Tao of Equus* (Novato, CA, New World Library, 2001), pp. 160-161.
9. Barbara Ann Brennan, *Hands of Light* (Nueva York, Bantam Books, 1987), p. 112.

El patrón de fusionarse

1. Lynda Caesara, enseñanza oral sobre los patrones, 2014.
2. Alexander Lowen, *The Language of the Body* (Nueva York, Collier Books, 1971), p. 162.
3. Johnson, *Character Styles*, p. 111.
4. Lowen, *The Language of the Body*, p. 162.

5. John Bowlby, citado en Susan Johnson, *Becoming an Emotionally Focused Couple Therapist, The Workbook* (Nueva York, Routledge, 2005) p. 102.
6. Johnson, *Character Styles*, p. 102.
7. David *Wilcox, Break in the Cup*, en *The Very Best of David Wilcox* (2001, A & M Records).
8. Brennan, *Light Emerging*, p. 217.

El patrón de soportar

1. Jay Suzer, *An Essay on Education and Instruction of Children*, 1748, citado en Johnson, *Character Styles*, pp. 198-199.
2. Kruger, J. G., 1752, citado en Johnson, *Character Styles*, p. 199.
3. Judith, *Eastern Body, Western Mind*, p. 19.
4. Lowen, *The Language of the Body*, p. 214.
5. Brennan, *Hands of Light*, p. 121.
6. Johnson, *Character Styles*, p. 210.
7. Johnson, *Character Styles*, p. 220.
8. Johnson, *Character Styles*, p. 219.
9. Judith, *Eastern Body, Western Mind*, pp. 199-200.
10. Brennan, *Light Emerging*, p. 236.
11. Johnson, *Character Styles*, p. 219.
12. Johnson, *Character Styles*, p. 219.
13. Judith, *Eastern Body, Western Mind*, p. 197.
14. Judith, *Eastern Body, Western Mind*, p. 197.
15. Brennan, *Light Emerging*, p. 236.
16. Johnson, *Estilos de carácter*, p. 228.
17. La primera vez que aprendí el Grito para despejar dudas fue en una conferencia de hombres en 1984, donde lo enseñó Martin Keogh. No sé dónde lo aprendió.

El patrón agresivo

1. Johnson, *Character Styles*, p. 158.
2. Brennan, *Light Emerging*, p. 225.
3. Alexander Lowen, *Bioenergetics* (Nueva York, Penguin Books, 1976), p. 160.
4. Lowen, *Bioenergetics*, p. 159.

5. Kohanov, *The Tao of Equus*, capítulo 5.
6. Anodea Judith, comunicación privada, 2014.
7. *Anything You Can Do*, en el musical *Annie Get Your Gun* de Irving Berlin, 1946.
8. Lynda Caesara, enseñanza oral sobre los patrones, ~2008.
9. Lowen, *Bioenergetics*, p. 160.
10. Judith, *Eastern Body, Western Mind*, p. 326.
11. Johnson, *Character Styles*, p. 158.
12. Henry Cloud, *Changes That HealCambios que sanan* (Grand Rapids, MI, Zondervan Publishing House, 1992), p. 115.

El patrón rígido

1. Lowen, *Bioenergetics*, p. 167.
2. Johnson, *Character Styles*, p. 271.
3. Johnson, *Character Styles*, p. 274.
4. Johnson, *Character Styles*, p. 275.
5. Johnson, *Character Styles*, p. 280.
6. Johnson, *Character Styles*, pp. 283-284.
7. Brennan, *Light Emerging*, p. 245.
8. Lowen, *The Language of the Body*, p. 271.
9. Lowen, *The Language of the Body*, p. 271.
10. Judith, *Eastern Body, Western Mind*, p. 272.
11. Judith, *Eastern Body, Western Mind*, p. 271.
12. Lowen, *The Language of the Body*, p. 255.
13. Johnson, *Character Styles*, p. 283.
14. Johnson, *Character Styles*, pp. 283-284.
15. Brennan, *Light Emerging*, p. 247.
16. Brennan, *Light Emerging*, p. 247.

Salirte de patrón

1. Adaptado de Wendy Palmer y Janet Crawford, *Leadership Embodiment* (San Rafael, CA, The Embodiment Foundation, 2013), p. 46.

Bibliografía

Almaas, A. H., *Essence: The Diamond Approach to Inner Realization* (York Beach, ME, Samuel Weiser, 1986)

Almaas, A. H., *The Pearl Beyond Price: Integration of Personality into Being: An Object Relations Approach* (Berkeley, CA, Diamond Books, 1988)

Brennan, Barbara Ann, *Hands of Light: A Guide to Healing Through the Human Energy Field* (Nueva York, Bantam Books, 1987)

Brennan, Barbara Ann, *Light Emerging: The Journey of Personal Healing* (Nueva York, Bantam Books, 1993)

Brown, Byron, *Soul Without Shame: A Guide to Liberating Yourself from the Judge Within* (Boston, Shambala, 1999)

Cloud, Henry, *Changes That Heal: How to Understand Your Past to Ensure a Healthier Future* (Grand Rapids, MI, Zondervan Publishing House, 1992).

Cloud, Henry, y Townsend, John, *Boundaries: When to Say Yes, When to Say No to Take Control of Your Life* (Grand Rapids, MI, Zondervan Publishing House, 1992).

Heller, Laurence y LaPierre, Aline, *Healing Developmental Trauma: How Early Trauma Affects Self-Regulation, Self-Image, and the Capacity for Relationship* (Berkeley, CA, North Atlantic Books, 2012).

Johnson, Susan, *Becoming an Emotionally Focused Couple Therapist, The Workbook* (Nueva York, Routledge, 2005)

Johnson, Stephen M., *Characterological Transformation: The Hard Work Miracle* (Nueva York, Norton, 1984)

Johnson, Stephen M., *Humanizing the Narcissistic Style* (Nueva York, Norton, 1987)

Johnson, Stephen M., *Character Styles* (Nueva York, Norton, 1994)

Judith, Anodea, *Eastern Body, Western Mind: Psychology and the Chakra System as a Path to the Self* (Berkeley, CA, Celestial Arts, 1996)

Kohanov, Linda, *The Tao of Equus: A Woman's Journey of Healing and Transformation through the Way of the Horse* (Novato, CA, New World Library, 2001).

Levine, Peter, *Waking the Tiger: Healing Trauma* (Berkeley, CA, North Atlantic Books, 1997)

Lowen, Alexander, *The Language of the Body* (Nueva York, Collier Books, 1971)

Lowen, Alexander, *Bioenergetics* (Nueva York, Penguin Books, 1976)

Newton, Michael, *Journey of Souls: Case Studies of Life Between Lives* (St. Paul, MN, Llewellyn Publications, 1994)

Newton, Michael, Destiny *of Souls: New Case Studies of Life Between Lives* (Woodbury, MN, Llewellyn Publications, 2000)

Palmer, Wendy y Crawford, Janet, *Leadership Embodiment: How the Way We Sit and Stand Can Change the Way We Think and Speak* (San Rafael, CA, The Embodiment Foundation, 2013).

Pierrakos, John C., *Core Energetics: Developing the Capacity to Love and Heal* (Mendocino, CA, LifeRhythm Publication, 1987)

Reich, Wilhelm, *Character Analysis* (Nueva York, Farrar, Straus and Giroux, Tercera edición ampliada, 1949).

Índice

Sobre el autor

Steven Kessler ha sido psicoterapeuta desde hace 40 años y ha estudiado muchos mapas diferentes de la personalidad y muchas modalidades de sanación, incluyendo la Estructura del Carácter, el Eneagrama, la PNL, el trabajo energético y EFT (técnicas de liberación emocional). Es experto y formador certificado en EFT.

Desde 1984, Steven ha impartido a cientos de grupos y talleres en los EE.UU. e internacionalmente, ayudando a hombres y mujeres a sanar sus heridas y desarrollarse plenamente como adultos. Más recientemente, ha impartido más de cien clases y talleres formando a otros terapeutas en el uso de EFT. De 2006 a 2010, Steven dejó su práctica privada durante 2-3 meses al año para trabajar en las bases militares de EE.UU., tanto en América del Norte como en el extranjero, ayudando a los soldados y sus familias a sanar las heridas de la guerra.

Steven tiene un máster en Psicología Transpersonal por la Universidad John F. Kennedy y ha pasado muchos años estudiando mitología, antropología y la evolución de la conciencia humana. Durante más de 40 años ha seguido diversas prácticas espirituales y de meditación, incluidos 16 años en la escuela de meditación Diamond Heart. Desde 2004, ha sido alumno de Lynda Caesara, estudiando la estructura del carácter, la percepción directa de la energía y el chamanismo en el linaje del Abuelo Dos Osos y la tradición de los Videntes del Sur.

Para obtener información sobre conferencias, talleres y cursos
de formación, visita *www.The5PersonalityPatterns.com*
o ponte en contacto con Steven Kessler en
info@The5PersonalityPatterns.com.